国家双高"铁道机车专业群"系列 立体化教材
——城市轨道交通车辆应用技术专业

# 城市轨道交通供电系统

主　编 ◎ 刘峻峰　周　勇　王闪闪

副主编 ◎ 席振超　苟长贵　李建民

主　审 ◎ 李英锋

西南交通大学出版社
·成都·

图书在版编目（CIP）数据

城市轨道交通供电系统 / 刘峻峰，周勇，王闪闪主编. --成都：西南交通大学出版社，2023.10
ISBN 978-7-5643-9522-3

Ⅰ. ①城… Ⅱ. ①刘… ②周… ③王… Ⅲ. ①城市铁路 – 供电系统 Ⅳ. ①U239.5

中国国家版本馆 CIP 数据核字（2023）第 200066 号

Chengshi Guidao Jiaotong Gongdian Xitong
**城市轨道交通供电系统**

| | |
|---|---|
| 主编 / 刘峻峰　周　勇　王闪闪 | 责任编辑 / 张华敏 |
| | 特邀编辑 / 杨开春　陈正余 |
| | 封面设计 / 何东琳设计工作室 |

西南交通大学出版社出版发行
（四川省成都市金牛区二环路北一段 111 号西南交通大学创新大厦 21 楼　610031）
营销部电话：028-87600564　　028-87600533
网址：http://www.xnjdcbs.com
印刷：四川森林印务有限责任公司

成品尺寸　185 mm × 260 mm
印张　19.75　　字数　492 千
版次　2023 年 10 月第 1 版
印次　2023 年 10 月第 1 次

书号　ISBN 978-7-5643-9522-3
定价　55.00 元

图书如有印装质量问题　本社负责退换
版权所有　盗版必究　举报电话：028-87600562

# 前言

近年来，我国城市轨道交通发展迅速，伴随着运营线路与里程的不断增加，城市轨道交通系统对供电专业人才的需求越来越多。

为了适应快速发展的城市轨道交通对供电专业人才需求的增加和要求的提高，我们本着"理论适度，注重实际，系统全面，有机整合，适当综合"的原则，紧扣高职高专院校城市轨道交通专业（侧重于供电）的培养目标，依据轨道交通运输类教材指导委员会制定的标准，以学生为中心，以能力培养为导向，严格把握"三基五性"原则，编写了本教材。

本教材针对城市轨道交通供电系统的特点，对基础理论知识、常见设备、系统结构及系统运行、继电保护等方面的知识进行了详细介绍，内容与实际工作现场紧密结合，较好地反映了目前城市轨道交通供电系统的设备、结构和工作方式，同时注重知识更新，依据学科发展的现状和趋势，尽量融入当前城市轨道交通供电系统的新知识、新技术和新设备内容，力求使读者能够系统地学习城市轨道交通供电知识，全面了解城市轨道交通供电系统的实际状况。

本教材的一大特点是，将纸质教材与数字资源相结合。为了丰富教材内容，同时使学生易于理解相关知识，我们为书中重要的知识点配套了微课教学视频，并以二维码的形式嵌入书中，读者用手机扫描这些二维码即可在线观看和学习，推动并实现了学生在数字化环境中的自主性学习、个性化学习。

本教材适合作为高等职业院校城市轨道交通相关专业的教材，同时也可供现场技术人员学习参考。

本教材适合60个教学学时，教师可以根据需要作出调整，选择教学内容。

本教材由郑州铁路职业技术学院刘峻峰、重庆公共运输职业学院周勇、郑州铁路职业技术学院王闪闪主编，由郑州铁路职业技术学院席振超、中国铁路西安局集团公司苟长贵、郑州铁路职业技术学院李建民任副主编。具体编写分工如下：李建民编写第一章及第四章的第三节与第四节；席振超编写第二章及第三章的第一节与第二节；苟长贵编写第三章的第三节；王闪闪编写第七章及第四章的第一节与第二节；刘峻峰编写第五章及第六章的第一节与第二节；周勇编写第六章的第三节、第四节与第五节。全书郑州地铁集团有限公司高级工程师李英锋主审。

在本书编写的过程中，得到了郑州地铁集团有限公司的大力支持，并采用了他们的部分现场资料，在此深表感谢！

由于编者水平有限，书中不当之处在所难免，希望广大读者批评指正。

编 者
2023年2月

## 数字资源目录

| 序号 | 资源名称 | 资源类型 | 资源所在位置 | |
|---|---|---|---|---|
| 1 | 城市轨道交通系统概述 | 微课视频 | 第一章 | 第1页 |
| 2 | 电力系统概述 | 微课视频 | 第一章 | 第5页 |
| 3 | 城市轨道交通供电系统的构成与发展现状 | 微课视频 | 第一章 | 第14页 |
| 4 | 电力电缆简介 | 微课视频 | 第二章 | 第22页 |
| 5 | 高压断路器简介 | 微课视频 | 第二章 | 第30页 |
| 6 | 隔离开关简介 | 微课视频 | 第二章 | 第44页 |
| 7 | 负荷开关与熔断器简介 | 微课视频 | 第二章 | 第48页 |
| 8 | 防雷设备简介 | 微课视频 | 第二章 | 第53页 |
| 9 | 高压开关柜与组合电器简介 | 微课视频 | 第二章 | 第62页 |
| 10 | 变压器概述 | 微课视频 | 第三章 | 第71页 |
| 11 | 干式变压器简介 | 微课视频 | 第三章 | 第80页 |
| 12 | 整流器简介 | 微课视频 | 第三章 | 第86页 |
| 13 | 互感器简介 | 微课视频 | 第三章 | 第96页 |
| 14 | 接地相关知识 | 微课视频 | 第四章 | 第103页 |
| 15 | 城市轨道交通接地系统的构成与维护 | 微课视频 | 第四章 | 第107页 |
| 16 | 中性点接地之小接地电流系统 | 微课视频 | 第四章 | 第115页 |
| 17 | 中性点接地之大接地电流系统 | 微课视频 | 第四章 | 第118页 |
| 18 | 过电压及防雷保护 | 微课视频 | 第四章 | 第124页 |
| 19 | 继电保护的基础知识(一) | 微课视频 | 第五章 | 第133页 |
| 20 | 继电保护的基础知识(二) | 微课视频 | 第五章 | 第136页 |
| 21 | 城轨交通交流供电系统的保护方式(一) | 微课视频 | 第五章 | 第142页 |
| 22 | 城轨交通交流供电系统的保护方式(二) | 微课视频 | 第五章 | 第152页 |
| 23 | 城轨交通交流供电系统的保护方式(三) | 微课视频 | 第五章 | 第159页 |

续表

| 序号 | 资源名称 | 资源类型 | 资源所在位置 | |
|---|---|---|---|---|
| 24 | 变压器保护 | 微课视频 | 第五章 | 第166页 |
| 25 | 城轨交通直流供电系统的继电保护 | 微课视频 | 第五章 | 第176页 |
| 26 | 微机继电保护 | 微课视频 | 第五章 | 第190页 |
| 27 | 自动重合闸 | 微课视频 | 第五章 | 第204页 |
| 28 | 城轨交通供电系统对电气主接线的要求 | 微课视频 | 第六章 | 第215页 |
| 29 | 城轨交通主变电所的主接线形式与应用实例 | 微课视频 | 第六章 | 第218页 |
| 30 | 城轨交通供电系统中压网络的主接线与应用实例 | 微课视频 | 第六章 | 第225页 |
| 31 | 牵引变电所的作用与要求 | 微课视频 | 第六章 | 第236页 |
| 32 | 牵引变电所的主接线形式及运行方式 | 微课视频 | 第六章 | 第240页 |
| 33 | 降压变电所的主接线形式及运行方式 | 微课视频 | 第六章 | 第250页 |
| 34 | 牵引供电系统概述 | 微课视频 | 第七章 | 第255页 |
| 35 | 接触网概述 | 微课视频 | 第七章 | 第257页 |
| 36 | 柔性接触网 | 微课视频 | 第七章 | 第273页 |
| 37 | 刚性接触网 | 微课视频 | 第七章 | 第286页 |
| 38 | 接触轨 | 微课视频 | 第七章 | 第298页 |

# 目录

**第一章　城市轨道交通供电系统概述** ·················································· 1
　第一节　城市轨道交通系统概述 ·················································· 1
　　一、城市轨道交通的分类 ···················································· 1
　　二、城市轨道交通系统的组成 ················································ 4
　第二节　城市轨道交通供电系统基础知识 ············································ 5
　　一、电力系统概述 ·························································· 5
　　二、城市轨道交通供电系统的结构组成 ········································ 14
　　三、城市轨道交通供电技术的发展现状 ········································ 15
　　四、城市轨道交通供电系统的功能及基本要求 ·································· 18
　思考题 ············································································ 21

**第二章　高压电气设备** ································································ 22
　第一节　电力电缆 ·································································· 22
　　一、电力电缆概述 ·························································· 22
　　二、城轨交通系统电力电缆敷设与常见故障 ···································· 27
　第二节　高压断路器 ································································ 30
　　一、断路器概述 ···························································· 30
　　二、真空断路器 ···························································· 34
　　三、断路器的操动机构 ······················································ 38
　第三节　隔离开关 ·································································· 44
　　一、隔离开关概述 ·························································· 44
　　二、隔离开关的结构及分类、命名 ············································ 45
　　三、隔离开关的实际应用 ···················································· 47
　第四节　负荷开关与熔断器 ·························································· 48
　　一、负荷开关概述 ·························································· 48
　　二、熔断器 ································································ 50
　第五节　防雷设备 ·································································· 53
　　一、雷电的产生及参数 ······················································ 53
　　二、防雷设备 ······························································ 55
　第六节　高压开关柜与组合电器 ······················································ 62
　　一、高压开关柜概述 ························································ 62

  二、气体绝缘组合电器（GIS）概述 ·············································· 65
  三、35 kV 开关柜 ························································· 66
  四、1 500 V 直流开关柜 ···················································· 67
  五、开关柜的维护 ························································ 69
 思考题 ·································································· 70

## 第三章　变压与整流 ························································· 71
 第一节　变压器 ··························································· 71
  一、变压器概述 ·························································· 71
  二、干式变压器 ·························································· 80
 第二节　整流器 ··························································· 86
  一、整流器概述 ·························································· 86
  二、24 脉波整流系统 ······················································ 90
  三、整流变压器的维护 ···················································· 95
 第三节　互感器 ··························································· 96
  一、互感器概述 ·························································· 96
  二、电压互感器 ·························································· 96
  三、电流互感器 ························································· 100
 思考题 ································································· 102

## 第四章　接地系统与过电压保护 ················································ 103
 第一节　接地系统概述 ····················································· 103
  一、接地系统基本知识 ··················································· 103
  二、接地的分类与工作接地的作用 ········································· 105
 第二节　城市轨道交通接地系统的构成与维护 ··································· 107
  一、城轨交通接地系统的接地原则、要求及构成 ······························ 107
  二、接地网 ····························································· 109
  三、城市轨道交通供电接地系统 ··········································· 111
  四、接地装置及维护 ····················································· 113
 第三节　中性点接地方式 ··················································· 114
  一、小接地电流系统 ····················································· 114
  二、大电流接地系统 ····················································· 118

## 第四节 过电压及防雷保护 ……………………………………………… 124
### 一、过电压分类 …………………………………………………… 124
### 二、防雷保护措施 ………………………………………………… 126
## 思考题 ………………………………………………………………… 132

# 第五章 城市轨道交通供电系统的继电保护 ………………………… 133
## 第一节 继电保护的基础知识 …………………………………………… 133
### 一、继电保护的作用 ……………………………………………… 133
### 二、继电保护的原理、分类与构成 ……………………………… 135
### 三、对继电保护装置的基本要求 ………………………………… 138
### 四、继电保护的发展 ……………………………………………… 141
## 第二节 城市轨道交通交流供电系统的保护方式 ……………………… 142
### 一、常见的交流电流保护 ………………………………………… 143
### 二、常见的接地保护 ……………………………………………… 152
### 三、电压保护 ……………………………………………………… 162
### 四、光纤纵联差动保护 …………………………………………… 163
### 五、城轨供电系统交流部分的保护配置 ………………………… 165
## 第三节 变压器保护 ……………………………………………………… 165
### 一、变压器保护概述 ……………………………………………… 166
### 二、变压器的非电量保护 ………………………………………… 167
### 三、变压器的纵联差动保护的原理与接线方式 ………………… 171
### 四、变压器相间短路的后备保护 ………………………………… 172
### 五、变压器接地短路故障的后备保护 …………………………… 174
## 第四节 城市轨道交通直流供电系统的保护方式 ……………………… 176
### 一、城轨牵引供电方式 …………………………………………… 176
### 二、城轨供电直流系统保护配置 ………………………………… 178
### 三、几种常见的直流保护 ………………………………………… 180
## 第五节 微机继电保护与变电所综合自动化系统 ……………………… 190
### 一、微机继电保护的作用 ………………………………………… 190
### 二、微机继电保护的特点 ………………………………………… 191
### 三、微机继电保护装置的硬件结构 ……………………………… 192
### 四、微机继电保护的软件构成 …………………………………… 200

五、综合自动化系统…………………………………………………………………………200
　第六节　自动重合闸与备用电源自投……………………………………………………………204
　　　一、自动重合闸的作用及基本要求…………………………………………………………204
　　　二、单侧电源线路三相一次自动重合闸……………………………………………………207
　　　三、自动重合闸装置与继电保护的配合……………………………………………………207
　　　四、直流保护自动重合闸……………………………………………………………………209
　　　五、备用电源自投……………………………………………………………………………209
　思考题………………………………………………………………………………………………214

## 第六章　城市轨道交通供电系统的 接线形式及其运行机理……………………………215

　第一节　城市轨道交通供电系统对电气主接线的要求…………………………………………215
　　　一、电气主接线的概念………………………………………………………………………215
　　　二、对电气主接线的基本要求………………………………………………………………216
　第二节　城市轨道交通主变电所的主接线形式与应用实例……………………………………218
　　　一、主变电所电气主接线……………………………………………………………………218
　　　二、主变电所电气主接线的应用实例………………………………………………………221
　第三节　城市轨道交通供电系统中压网络的主接线及应用实例………………………………224
　　　一、中压网络的电压等级……………………………………………………………………225
　　　二、几种常见的母线接线方式………………………………………………………………226
　　　三、几种常见的中压网络的接线方式与运行方式…………………………………………231
　　　四、典型中压网络的接线实例………………………………………………………………234
　第四节　城市轨道交通牵引变电所的主接线形式与应用实例…………………………………236
　　　一、牵引变电所的作用与要求………………………………………………………………236
　　　二、牵引变电所的主接线形式及其运行方式………………………………………………240
　　　三、典型牵引降压混合变电所的接线实例…………………………………………………247
　第五节　城市轨道交通降压变电所的主接线形式与应用实例…………………………………249
　　　一、降压变电所的负荷性质与分类…………………………………………………………249
　　　二、降压变电所主接线的特点及基本要求…………………………………………………249
　　　三、降压变电所典型电气主接线形式及其运行方式………………………………………250
　　　四、低压主接线与运行方式…………………………………………………………………253
　思考题………………………………………………………………………………………………254

## 第七章　接触网系统 ··· 255

### 第一节　接触网概述 ··· 255
一、牵引供电系统概述 ··· 255
二、城轨接触网的类型 ··· 257
三、城轨接触网的组成结构 ··· 259
四、城轨接触网的供电方式 ··· 262
五、城轨接触网的选型原则和技术特点 ··· 262
六、城轨接触网的工作特点及对它的基本要求 ··· 265
七、影响城轨接触网性能的基本参数 ··· 266
八、城轨交通系统的受流装置 ··· 268

### 第二节　柔性架空接触网 ··· 273
一、柔性架空接触网的结构 ··· 273
二、柔性架空接触网的分类 ··· 278
三、柔性悬挂方式的电分段 ··· 283
四、柔性架空接触网的要求、特点及工程案例 ··· 285

### 第三节　刚性架空接触网 ··· 286
一、刚性架空接触网的结构 ··· 287
二、刚性悬挂定位的安装方式 ··· 293
三、刚性悬挂方式的电分段 ··· 293
四、刚性和柔性接触网的过渡及比较 ··· 295

### 第四节　接触轨 ··· 298
一、接触轨系统概述 ··· 298
二、接触轨系统的分类 ··· 299
三、接触轨系统的结构 ··· 301
四、接触轨的电分段 ··· 302

### 思考题 ··· 303

## 参考文献 ··· 304

# 第一章 城市轨道交通供电系统概述

## 第一节 城市轨道交通系统概述

《城市公共交通常用名词术语》中将城市轨道交通定义为"通常以电能为动力,采用轮轨运转方式的快速大运量公共交通之总称"。目前,城市轨道交通已成为城市公共交通系统的一个重要组成部分,号称"城市公共交通的主动脉"。

微课视频:
城市轨道交通
系统概述

### 一、城市轨道交通的分类

根据建设部行业标准《城市公共交通分类标准》,我国城市轨道交通(以下简称为城轨交通)包括:地铁、轻轨、独轨、有轨电车、磁悬浮系统、市域快速轨道系统等。其中地铁与轻轨是我国城市轨道交通的主流方式。

(一)地铁

地铁是地下铁道交通的简称,它是一种在城市中修建的快速、大运量的轨道交通,采用电力牵引和钢轮钢轨体系,标准轨距为 1435 mm,主要在城市地下空间修筑的隧道中运行,当条件允许时,也可在地上或高架桥上运行。按照选用车型的不同,地铁可分为常规地铁和小断面地铁;根据线路客运规模的不同,又可为高运量地铁和大运量地铁。图 1-1 所示为检修库中的地铁车辆。

图 1-1 检修库中的地铁车辆

目前世界上一些著名的特大城市，如纽约、伦敦、巴黎、莫斯科、东京等以及我国的北京、上海、广州等城市，均已形成较大规模的城市轨道交通网络，且以地铁为主干，延伸到城市的各个方向。

地铁有以下特征：

（1）全部或大部分线路建于地面以下。

（2）建设费用高，周期长，成本回收慢。

（3）行车密度大，速度高。

（4）客运量大，单向高峰每小时客流运输能力可达到3万人次以上。

（5）地铁列车的编组数取决于客运量和站台的长度，一般为4~8辆。

（6）地铁车辆的消音减振和防火均有严格要求。

（7）地铁的电压制式以直流1500 V供电为主，部分采用直流750 V供电。

（二）轻轨

轻轨是一种中等运量的轨道交通系统，一般采用钢轮钢轨体系，主要在城市地面或高架桥上运行，线路采用地面专用轨道或高架轨道，遇繁华街区，也可进入地下或与地铁衔接。轻轨系统的车辆轴重较轻，施加在轨道上的荷载相对于地铁的荷载来说更轻，因而被称为轻轨。轻轨与地铁的不同之处主要在于其运量相对较小，采用较小型的车辆，线路曲线半径较小，线路的最大坡度较大，而其所采用的钢轨与地铁相同，所采用的信号设备、通信设备、机电设备以及运营管理均与地铁系统没有明显区别。图1-2所示为城市轻轨车辆。

图1-2 城市轻轨车辆

轻轨有以下特征：

（1）它是以钢轮和钢轨为车辆提供走行的一种交通方式，车辆由电力提供牵引动力，可以采用直流、交流或线性电机驱动。

（2）轻轨的建设费用比地铁低，每千米线路造价仅为地铁的1/5~1/2。

（3）轻轨交通的每小时单向运输能力一般为1.5~3.0万人次，介于地铁和公共汽车之间，属于中等运能的一种公共交通形式。

（4）轻轨线路可以为地面、地下和高架混合型，一般与地面道路完全隔离，采用半封闭或全封闭专用车道。

（5）轻轨车辆一般采用C型车辆，宽度为2600 mm。

（6）轻轨交通对车辆和线路的消音和减振有较高要求。
（7）轻轨的电压制式以直流 750 V 和 1500 V 供电为主。
（8）轻轨车站分为地面、高架和地下三种形式。

### （三）独轨交通

独轨交通的设想早在 19 世纪末就已经形成。1901 年，德国在鲁尔地区的三个工业城市之间，在险峻的乌珀河谷上空建成了一条快速交通线，车辆吊在架空的导轨下面，沿着导轨行驶。后来这三个城市合并成为乌珀塔尔市，这个独轨交通系统成为该市的一个标志。

独轨交通用作城市公共交通，开始进展比较缓慢。日本从德国引进专利后，近 30 年来开发了多种独轨铁路，在世界城轨交通中独树一帜。我国重庆市从日本引进的独轨交通系统现已经开始运营，如图 1-3 所示。

图 1-3 城市独轨交通

独轨交通采用高架轨道结构，按结构形式分为跨座式和悬挂式两种类型。前者车辆的走行装置（转向架）跨骑在走行轨道上，其车体重心处于走行轨道的上方。后者车体悬挂于可在轨道梁上行走的走行装置的下面，其重心处于走行轨道梁的下方。

独轨交通的优点：
（1）独轨交通线路占地小，可充分利用城市空间，适宜在大城市的繁华中心区建线，对城市景观及日照影响小。
（2）独轨交通构造较简单，建设费用低，为地铁的 1/3 左右。
（3）能实现大坡度和小曲线半径运行，可绕行城市的建筑物。
（4）一般采用轻型车辆，列车编组为 4~6 辆。
（5）转向架采用空气弹簧和橡胶轮结构，并采用电力驱动，故运行噪声低，乘坐舒适。
（6）独轨交通可架于空中，具有交通和旅游观光的双重作用。
（7）跨座式轨道梁采用预应力混凝土梁制成，悬挂式轨道梁一般为箱形断面的钢结构。

独轨交通的缺点：
（1）能耗大。由于其走行装置采用橡胶轮，它与混凝土轨面的滚动摩擦阻力比钢轮钢轨大，故其能耗比一般轨道交通约大 40%，且有轻度的橡胶粉尘污染。
（2）运能较小。单向高峰每小时客流运输能力为 1~2 万人次。

（3）独轨交通不能与常规的地铁、轻轨系统等接轨。
（4）道岔结构复杂、笨重、转换时间较长，从而延长了列车折返时间。
（5）若列车在区间运行时发生事故，疏散和救援工作的开展会很困难。

## 二、城市轨道交通系统的组成

城市轨道交通系统是由线路、车辆、供电系统、通信系统、信号系统、自动售检票系统、暖通空调、屏蔽门与防淹门、自动扶梯和电梯、消防系统、给排水系统和综合监控系统等组成的一个庞大、复杂的综合技术系统。其技术专业门类既包括传统的土木建筑、机械制造、电机电器，也包括属于高新技术的控制技术、网络技术、计算机技术、通信技术等。

### （一）线路

线路是轨道交通车辆和列车运行的基础。只有确保线路始终处于良好状态，才能保证列车按规定速度安全、平稳与不间断地运行，较好地完成旅客运输任务。城市轨道交通线路按其在运营中的作用分为正线、辅助线（含折返线、停车线、渡线、联络线、安全线及车辆段出入线等）和车场线。辅助线是为保证正线运营而配置的不载客列车运行的线路，如车辆段试车线、区间折返线等。车场线是车辆段内厂区作业与停放列车的线路。此外，为了城市轨道交通建设、运营和战略需要，还应设置与国家铁路相衔接的专用线。

城市轨道交通线路在城市中心地区宜设在地下，在其他地区，条件许可时可设在高架桥或地面上。正线设计为双线且列车单向右侧行车。由于行车速度高、密度大，对线路标准要求较高，一般要求铺设 60 kg/m 以上类型的钢轨。

### （二）车辆

城市轨道交通的车辆是用来运输旅客的工具，按有无动力可分为两大类：① 拖车（T），本身无动力牵引装置；② 动车（M），本身带有动力牵引装置。在运营时城轨列车一般采用动拖结合、固定编组的电动列车组形式。城轨车辆不仅要有良好的牵引、制动性能，保证运行安全、正点、快速，同时又要有良好的旅客服务设施，使旅客感到舒适、便捷。

### （三）供电系统

电能是城市轨道交通系统所必需的能源，电动车辆以及为轨道交通运营服务的所有机电设备，包括通风、空调、照明、通信、信号、给排水、防灾报警、电梯、电动扶梯等也都依赖并消耗电能。在城市轨道交通运营中，供电一旦中断，不仅会造成城市轨道交通运营的瘫痪，而且还有可能造成财产损失，甚至危及旅客生命安全。因此，安全、可靠而又经济合理的供电系统是城市轨道交通正常运营的重要条件和保证。

城市轨道交通供电电源一般取自城市电网，通过城市电网向轨道交通供电系统输送电能，经过轨道交通供电系统的变换，最后以适当的电压等级和一定的电流形式（直流或交流）供给各用电设备。

### （四）通信系统

城市轨道交通的通信系统是传递调度命令、运行权限、数据、图像等多种信息的综合数字系统，它包括：数字传输、电话交换、调度电话、有线和无线通信、闭路电视、有线广播、时钟、电源等设备系统。城轨通信系统要求高可靠、易扩充、组网灵活、独立采用通信网络，并能与公共通信系统联网。

### （五）信号系统

城市轨道交通的信号系统是保证列车运行安全和提高线路通过能力的重要设施。以前的列车运行主要是由驾驶员根据色灯信号机（红、黄、绿）进行操作，而城市轨道交通具有行车密度高、站间距离短和行车速度快等特点，其信号系统也从传统的方式，即以地面信号的显示传递行车命令，驾驶员按行车规则操作列车运行的方式，发展到按地面发送的信息自动监控列车速度和自动调整列车追踪间隔的方式，实现这一方式的关键设备是列车自动控制系统 ATC（Automatic Train Control System）。

### （六）其他

城市轨道交通系统除了包括以上系统外，还包括自动售检票、暖通空调、屏蔽（安全）门、自动扶梯和电梯等车站设施，消防系统、给排水系统等环控设施以及确保各系统安全正常运行的综合监控系统，这些也是城市轨道交通不可缺少的组成部分。

综合监控系统涉及的专业门类较多，主要包括电力监控系统、机电设备监控系统、屏蔽门监控系统、防淹门互联系统、火灾自动报警、广播系统、闭路电视系统、车载信息系统、车站信息系统、自动售检票系统、信号系统、时钟系统等。

## 第二节  城市轨道交通供电系统基础知识

### 一、电力系统概述

现代社会使用最广泛的能源就是电能。电力系统最根本的任务就是生产和传输电能，即将其他形式的能源转换成电能，并将电能提供给各类用户使用（包括城市轨道交通系统）。

微课视频：
电力系统概述

#### （一）电力系统的组成

发电机把机械能转换为电能，随后经变压器、电力线路等电力设备输送并分配到用户，用户的电动机、电炉、电灯等用电设备又将电能转换为需要的机械能、热能和光能等。这些发电、输电、配电和用电的所有装置及设备连接在一起组成了电力系统，如图1-4所示。

通常认为，电能的生产、输送、分配和使用是同时进行的。即在不考虑储能时，发电厂任何时刻发出的电功率必须等于该时刻用电设备消耗的电功率和电力网损耗的电功率之和。电力系统中的用电设备主要有电动机、电热装置、整流装置和照明设备等。所有用电设备所消耗的电功率总和称为电力系统综合用电负荷。综合用电负荷加上电力网的功率损耗就是发电厂应该供给的功率，称为电力系统的供电负荷。供电负荷再加上发电厂用电消耗的功率，就是各发电厂应该发出的功率,称为电力系统的发电负荷。随时间随机变化是电力系统负荷的一个重要特点。

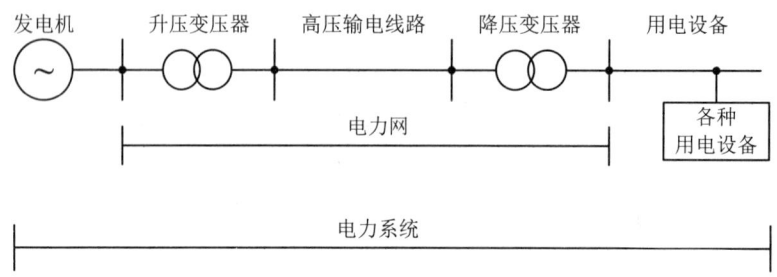

图 1-4 电力系统示意图

1. 发电厂

在电力系统中,发电厂是产生电能的场所,它可将其他形式的能源转换为电能。根据转换能源的不同,发电厂分为火电厂、水电厂和核电厂等,此外还有地热电厂、风力电厂、潮汐海洋电厂等。

1) **火电厂**

图 1-5 所示为火电厂的外景图。目前我国仍以火电厂居多,这些电厂多建在煤炭基地附近,其单机容量可达 600 MW(兆瓦)。如果把已做过功的蒸汽再供给用户作为热能,这种电厂又称为热电厂。

图 1-5 火电厂外景图

2) **水电厂**

水电厂又称为水电站或水力发电厂。它是建于江河之上,将水的落差产生的势能转换为电能的发电厂。水能发电不仅效率高,而且水能是在自然界不断循环的再生资源,具有用之不竭的特点。

为了充分利用水力资源,在水电站的上、下游集中一定的落差,形成发电的动能。按形成落差方式不同,水电站又分为以下三类:

(1)坝式水电站。它是在河道上建造很高的水坝或水闸,形成水库,使坝的上、下游形成尽可能大的落差。我国大型的水电站(如长江三峡水电站)即采用这种形式进行发电,如图 1-6 所示。

图 1-6 三峡水电站鸟瞰图

（2）引水式水电站。它是在具有相当坡度的河段上游筑一堤坝，拦住河水，然后用引水道（渠或隧道）将水直接引到厂房内，通过水轮发电机将水能转换为电能。我国中、小型水电站多采用这种形式。

（3）混合式水电站。它是堤坝式和引水式水电站的组合，兼有两种水电站的特点。广东省流溪河蓄能发电站采用的就是这种形式，只不过作为大亚湾核电站的配套工程，它发挥的不仅是发电的作用，更重要的是它具有调节电网电能质量的独特作用。

我国水能资源丰富，水能发电的潜力很大，目前世界最大发电机的容量为 750 MW。我国水轮发电机的单机容量为 700 MW，长江三峡电厂即装设了数台 700 MW 的水轮发电机。

2．电力网

电力系统中除发电机和用电设备外的部分称为电力网，简称电网。电力网由各种电压等级的输、配电线路和变（配）电站（所）组成。电力网是电力系统的重要组成部分，其任务是将电能从发电厂输送和分配到电能用户。它对于电力系统的可靠性和经济运行有着重要的意义。

电力系统是并网运行的，这是指在一个电力系统中，所有发电机和用户的用电设备是通过电力网连接在一起的。目前，我国的电网已基本上实现全国联网，形成四个同步运行电网：东北电网、三华电网（华北电网、华东电网、华中电网）、西北电网和南方电网。其中，东北电网与华北电网直流互联，西北电网与华中电网、华北电网直流互联，华中电网与南方电网直流互联，西藏电网将与西北电网直流互联。

1）输电网和配电网

电力网按其功能常分为输电网和配电网两大部分。输电网是由 220 kV 及以上的输电线路和与其相连接的变电所组成，是电力系统的主要网络，其作用是将电能输送到各个地区的配电网或直接输送给大型企业用户，常见的输电网络如图 1-7 所示。

配电网是由 110 kV 及以下的配电线路和与其相连接的配电所（或简单的配电变压器）组成，其作用是将电能分配并输送到各类用户。根据电压等级的不同，配电网通常分为高压配电网（66~110 kV），中压配电网（1~35 kV）和低压配电网（1 kV 及以下）。

图 1-7 常见的输电网

**2）变电所（站）和配电所（站）**

变电所（站）由电力变压器和配电装置组成，它具有变换电压、集中电能、分配电能、控制电能以及调整电压的作用。将电压升高的称为升压变电所（站），将电压降低的称为降压变电所（站）。配电所（站）最大的特点是不变换电压，只承担分配电能的任务。一般把变电所（站）分为以下3种：

（1）枢纽变电所（站）。它通常都有两个或两个以上电源汇集，进行电能的分配和交换，从而形成电能传输的枢纽。此类变电所（站）规模大，并采用三绕组变压器获得不同级别的电压，送到不同距离的地区。

（2）地区变电所（站）。其作用是供给一个地区用电，通常也采用三绕组变压器，高压受电，中压转供，低压直配。

（3）用户变电所（站）。此类变电所属于电力系统的终端变电所，直接供给用户电能，通常采用双绕组变压器。

## （二）电力系统的电压等级

输电技术发展的特点是努力减少线路损失（简称线损），减少线损的经济合理的方法是提高输电电压。由于电功率是电压和电流的乘积，电力线路输电功率一定时，输电电压越高，则电流越小，线损越小；另一方面，电流越小，则导线的载流部分的截面积越小，投资越小。但电压越高，对绝缘的要求越高。提高输电电压，与线路、变压器和断路器等的绝缘技术发展水平密切相关。

迄今为止，输电技术的发展史就是持续不断地提高电压等级、提高输送功率与输送距离的历史。1898年，美国研制出33 kV电力线针式绝缘子；1910~1914年，美国和苏联科学家发现电晕临界电压与导线直径成正比例，促使了铝线、钢芯铝绞线、扩径或分裂导线的使用；1906年美国发明11~500 kV电力线悬式绝缘子，并于1908年和1923年分别建成110 kV和220 kV输变电工程；1959年苏联建成500 kV输变电工程；1965年加拿大建成760 kV输变电工程；1985年苏联建成1150 kV输变电工程；2010年我国建成晋东南—南阳—荆门1000 kV输变电工程。

电压越高，对绝缘的要求越高，杆塔、变压器、断路器等的投资也越大。综合考虑这些因素，对应一定的输送功率和输送距离有一个最合理的电压等级。从设备制造角度考虑，为保证生产的系列性,应规定标准电压,用以确定元件、器件或设备的额定工作条件的电压。我国国家标准《标准电压》(GB/T156—2007)规定了电力系统以及相关设备的标准电压。其中,交流(或直流)系统的标准电压用"标称电压"表示;相关设备的标准电压用"额定电压"表示。该标准给出了三相交流系统的标称电压值有1000、750、500、330、220、110、66、35、20、10、6、3、1、0.38(单位为 kV)等电压等级,其值均为线电压。同一电力系统中往往有几种不同电压等级。最高电压等级是指该系统中最高的标称电压值。

同一电压等级下,电力线路和用电设备的额定电压与系统标称电压相等。用电设备都是按照额定电压来进行设计和制造的,在额定工况下运行时,具有最好的技术经济性能。

线路输送电功率时,会产生电压损失,沿线的电压分布往往是始端高于末端,沿线路的电压降落一般为10%。由于实际供电电压与系统标称电压正、负偏差绝对值之和不能超过标称电压的10%(35 kV 及以上),所以如果线路始端电压为标称值的105%,可以使其末端电压不低于标称值的95%。发电机往往接在线路始端,所以发电机的额定电压通常为标称电压的105%。

变压器一次侧接电源,相当于用电设备;二次侧向负荷供电,又相当于发电机,因此变压器一次侧额定电压应等于系统标称电压(直接和发电机相连的变压器一次侧额定电压应等于发电机额定电压)。升压变压器二次侧额定电压较系统标称电压高 10%;降压变压器二次侧额定电压则有两种,一种是较系统标称电压高10%,一种是高5%。

设置多种电压等级主要是为了满足不同输送容量、不同输送距离和不同用户的需要。各级电压线路输送能力(输送功率和输送距离)的大致范围如表1-1所示。从表中可见,线路电压等级越高,能够输送的电功率越大,能够传送电功率的距离也越远。

表 1-1 各级电压的输送容量与距离

| 线路电压/kV | 输送容量/MW | 输送距离/km | 线路电压/kV | 输送容量/MW | 输送距离/km |
| --- | --- | --- | --- | --- | --- |
| 3 | 0.1~1 | 1~3 | 220 | 100~500 | 100~300 |
| 6 | 0.1~0.2 | 4~15 | 330 | 200~800 | 200~600 |
| 10 | 0.2~2.0 | 6~20 | 500 | 1000~1500 | 200~850 |
| 35 | 2.0~10 | 20~50 | 750 | 2000~2500 | 500 以上 |
| 110 | 10~50 | 50~160 | 1000 | 4000~6000 | 1000 以上 |

(三)部分技术术语

(1)总装机容量:电力系统中实际安装的发电机组额定有功功率的总和,以 kW、MW、GW 计。

(2)年发电量:电力系统所有发电机组全年实际发出的电能的总和,以 kW·h(千瓦时)、MW·h(兆瓦时)、GW·h(吉瓦时)等计。

(3)最大负荷:在规定时间(如一天、一月或一年)内,电力系统总的有功功率负荷的最大值,以 kW、MW、GW 计。

(4)标称频率:电力系统设计选定的频率。按国家标准规定,我国交流电力系统的标称频率均为 50 Hz,简称工频。

(5)系统标称电压:用以标志或识别电力系统电压的给定值。

(6)电压等级:在电力系统中使用的标称电压值。

（7）系统最高电压：在正常运行条件下，在系统的任何时间和任何点上出现的电压的最高值，不包括由于系统的开关操作及暂态的电压波动所出现的瞬变电压。

（8）系统最低电压：在正常运行条件下，在系统的任何时间和任何点上出现的电压的最低值，不包括由于系统的开关操作及暂态的电压波动所出现的瞬变电压。

（9）供电点：供电部门配电系统与用户电气系统的联结点。

（10）供电电压：供电点处的线电压或相电压。

（11）用电电压：设备受电端上的线电压或相电压。

（12）用电电压范围：设备受电端上的电压范围。

（13）额定电压：通常由制造厂家确定，用以规定元件、器件或设备的额定工作条件的电压。

（14）电气接线图：主要显示电力系统中发电机、变压器、母线、断路器、电力线路之间的电气接线。

（四）电力网的结构与接线方式

1．电力网的结构

电力网主要是由变压器和不同电压等级的电力线路组成，通常一个大的电力网是由许多个子电力网互联而成的。电力网采用分层结构，一般可划分为输电网、高压配电网、中压配电网和低压配电网，如图1-8所示。

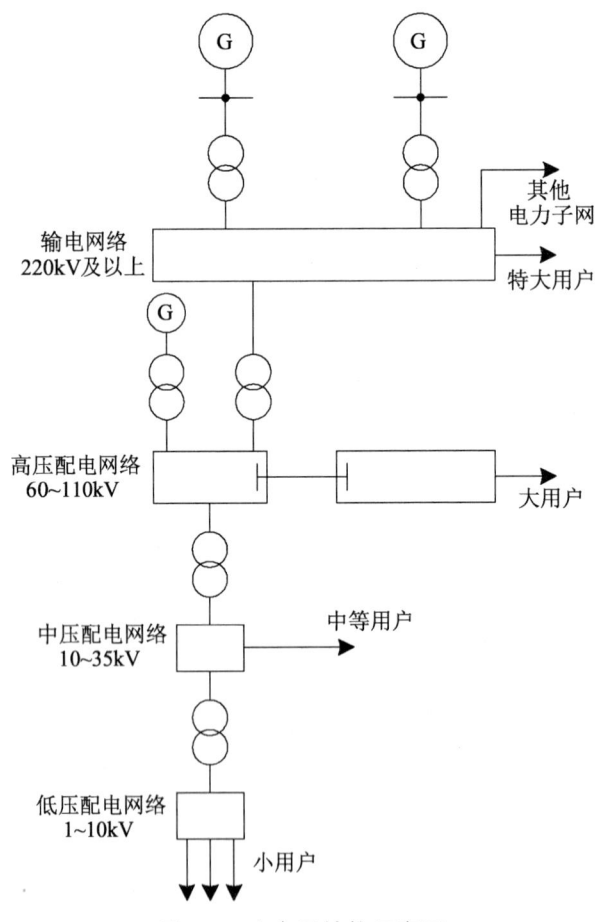

图1-8　电力网结构示意图

一级输电网一般是由电压为 330 kV 及以上的主干电力线路组成,它连接大型发电厂、大容量用户以及相邻电力子网。二级输电网的电压一般为 220 kV,它上接一级输电网,下连高压配电网,连接较大型的发电厂并向较大用户供电。配电网是向中等用户和小用户供电的网络。高压配电网通常用于城市和农村分片供电,也用于大用户供电;35 kV 与 10 kV 配电网是最为常用的中压配电网,主要用于各类中等用户的供电,也用于大工业企业的内部电网;3 kV 配电网只限于工业企业内部使用,且正在被 6 kV 配电网所代替。电压为 380 V 及以下的低压配电网主要用于各类动力与照明用电系统。

2．电力网的接线方式

电力网的接线方式大致可分为无备用和有备用两类。无备用接线的网络中,每一个负荷只能靠一条线路取得电能,单回路放射式、干线式和树状网络就是这一类形式,如图 1-9 所示。无备用接线电力网又称为开式电力网,其接线简单、经济、运行方便,但供电可靠性差,通常在中低压配电网中使用较多。

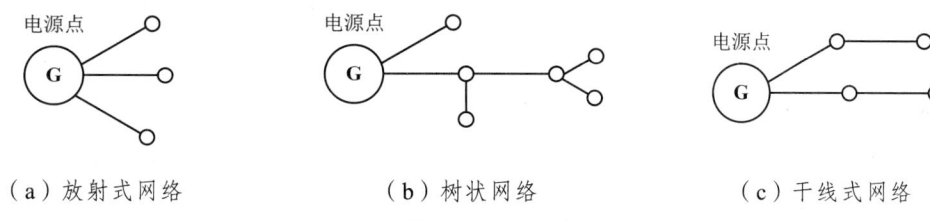

（a）放射式网络　　　　　　（b）树状网络　　　　　　（c）干线式网络

图 1-9　几种常见的无备用接线方式

在有备用的接线方式中,最简单的一类是在上述无备用网络的每一段线路上都采用双回路。这类接线同样具有简单和运行方便的特点,而且供电可靠性和电压质量都有明显的提高,其缺点是设备费用增加较多。

由一个或几个电源点和一个或几个负荷点通过线路连接而成的环形网络,是一类最常见的有备用网络。一般来说,环形网络的供电可靠性很高且比较经济,其缺点是调度比较复杂。几种常用的有备用网络接线,如图 1-10 所示。

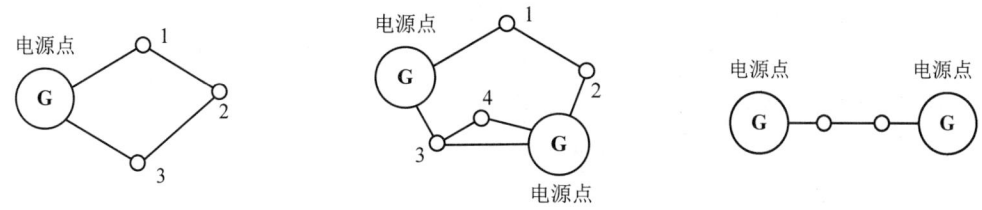

图 1-10　几种常见的有备用接线方式

有备用接线电力网又称为闭式电力网,其供电可靠性高,一条线路的故障或检修一般不会影响对用户的供电,但投资大且操作较复杂。其中,环式供电和两端供电方式较为常用,通常在高压配电网与输电网中运用。

3．电力系统中性点接地方式

电力系统中性点接地方式是指电力系统中的变压器和发电机的中性点与大地之间的连接

方式。中性点接地方式有：不接地（绝缘）、经小电阻接地、经高阻抗接地、经消弧线圈接地（谐振接地）、直接接地等。就主要运行特征而言，可将它们归纳为两大类：

（1）中性点直接接地或经小电阻接地，采用这种中性点接地方式的电力系统称为有效接地系统或大接地电流系统。

（2）中性点不接地、经消弧线圈接地或经高阻抗接地，从而使接地电流被控制到较小数值的中性点接地方式，采用这种中性点接地方式的电力系统称为非有效接地系统或小接地电流系统。

接地阻抗或接地电流的大小是相对的，因而有必要采用确切的指标来加以区分，相当多的国家（包括我国）都规定：凡是系统的零序电抗（$X_0$）和正序电抗（$X_1$）的比值，即 $X_0/X_1 \leqslant 3$ 的系统，均属于有效接地系统；反之，属于非有效接地系统。

现代电力系统中采用较多的中性点接地方式是：直接接地、不接地和经消弧线圈接地。在对绝缘水平的考虑占首要地位的 110 kV 及以上的高压电力系统中，均采用直接接地方式。在绝缘投资所占比重不太大的 35 kV 及以下中低压系统中，出于供电可靠性等方面的考虑，大都采用不接地或经消弧线圈接地的方式。不过，当城市配电系统中电缆线路的总长度增大到一定程度时，它会给消弧线圈的灭弧带来困难，系统单相接地易引发多相短路。所以，近几年来，一些大城市的配电系统改用中性点经低值（不大于 10 Ω）或中值（11~100 Ω）电阻接地，它们也属于有效接地系统。

（五）电力系统运行的基本要求与电能质量指标

电力系统运行的基本要求是：向用户提供可靠且符合电能质量指标的电能，保证电力系统自身运行的安全性和提高其运行的经济性。

电力系统的负荷功率是随时间变化而变化的，而且系统中任何时刻发电机发出的电功率也要与用户使用和电网损耗的功率一致。电力系统中发生故障时的暂态过程非常短暂，如不及时切除故障可能导致电力设备损坏，甚至危及整个系统运行的安全稳定性。电力系统是一种机网耦合的大规模复杂系统，受到扰动时可能出现系统不稳定，从而导致大面积停电甚至系统崩溃，给国民经济和人民生活带来巨大损失。电力系统的这些运行特点决定了电力系统运行的复杂性和对电力系统自动化水平的高要求。

频率和电压是电能质量的两个基本指标。此外，电能质量还包括谐波、三相电压不平衡、电压的波动和闪变、暂时过电压和瞬时过电压等。

下面简介电能质量的有关国家标准。

1．电力系统的频率

我国电力系统的标称频率为 50 Hz。国家标准规定：电力系统正常运行条件下频率偏差限值为 ±0.2 Hz，当系统容量较小时，偏差限值可以放宽到 ±0.5 Hz。在《全国供用电规则》中规定"供电局供电频率的允许偏差：电网容量在 300 万千瓦及以上者为 ±0.2 Hz；电网容量在 300 万千瓦以下者为 ±0.5 Hz。"实际运行中，从全国各大电力系统运行看，电网频率的偏差都保持在不大于 ±0.1 Hz。

2．供电电压

国家标准规定：35 kV 及以上供电电压正、负偏差绝对值之和不超过标称电压的 10%；

20 kV 及以下三相供电电压偏差不超过标称电压的 ±7%；220 V 单相供电电压偏差不超过标称电压的 −10% ~ +7%。

3．谐波

谐波是指电气量频率为基波整数倍的正弦波分量。对于我国使用的 50 Hz 电源来说，基波为 50 Hz，3 次谐波为 150 Hz，5 次谐波为 250 Hz，以此类推。

电力系统的发电机在正常稳态运行条件下，产生的电动势波形可以视为正弦波。如果电力系统中的所有元件都是线性的，电力系统中的电压和电流波形也都是正弦波。如果电力系统中的元件含有非线性元件，那么即使这些非线性元件上施加的电压是正弦的，但由于其非线性伏安特性，其电流也会发生波形畸变。由于阻抗的存在，这些畸变电流产生畸变的电压降，电网的电压波形也发生畸变，从而含有谐波。因此电力系统的非线性元件是电力系统的谐波源。

电力系统谐波不仅危害电力系统本身，也危害广大电力用户。谐波电流增加了电力系统和用户的损耗，并使设备温升增加，绝缘老化加速；谐波电流可能产生较高频率的电场，导致局部放电加剧，降低绝缘寿命；谐波电流和电机旋转磁场相互作用产生的脉动转矩使电机发生振动，可能损害电机设备。

对于电压谐波，最通用的衡量指标是总谐波畸变率 THD（Total Harmonic Distortion），定义为各次谐波电压有效值平方和的平方根与基波电压有效值的百分比，即

$$\mathrm{THD}_U = \frac{\sqrt{\sum_{2}^{N} U_n^2}}{U_1} \times 100\% \qquad (1\text{-}1)$$

式中　$U_n$——某次谐波电压的有效值；
　　　$U_1$——基波电压的有效值。

为了说明某次谐波分量的大小，常以该次谐波的有效值与基波有效值的百分比表示，称为该次谐波的含有量 HR（Harmonic Ratio）。第 $n$ 次电压谐波含有率为：

$$\mathrm{HR}_{U_n} = \frac{U_n}{U_1} \times 100\% \qquad (1\text{-}2)$$

4．三相电压不平衡度

三相电压不平衡度是指三相系统中三相电压的不平衡程度，用电压或电流负序分量与正序分量的均方根百分比表示。电压不平衡度的表达式为：

$$\varepsilon_{U_2} = \frac{U_2}{U_1} \times 100\% \qquad (1\text{-}3)$$

$$\varepsilon_{U_0} = \frac{U_0}{U_1} \times 100\% \qquad (1\text{-}4)$$

式中　$U_1$、$U_2$、$U_0$——工频三相电压的正序、负序和零序分量的有效值；
　　　$\varepsilon_{U_2}$ 和 $\varepsilon_{U_0}$——负序电压不平衡度和零序电压的不平衡度。

5．电压的波动和闪变

国家标准规定，电压的波动和闪变是指电力系统正常运行方式下，由负荷波动引起的公共连接点电压的快速变动及由此可能引起的人对灯闪的明显感觉。

## 二、城市轨道交通供电系统的结构组成

城市轨道交通供电系统的电源一般取自国家电力系统，即取自于所在城市的电网。也就是说，城市轨道交通供电系统是嫁接在城市电网上的一个相对独立的子系统，它对于电力系统来说是一个特殊的大用电户。

微课视频：
城市轨道交通供电系统的构成与发展现状

城市轨道交通供电系统可分为外部电源系统和内部电源系统两大部分，具体包括外部电源、主变电所或电源开闭所、牵引供电系统、动力照明供电系统、杂散电流腐蚀防护系统和电力监控系统等组成部分，其结构示意图如图 1-11 所示。

城轨交通的外部电源就是为城轨供电系统的主变电所或电源开闭所供电的外部城市电网电源。

内部电源系统是城市轨道交通供电系统的主体，主要由以下三个部分构成：中压环网供电系统、牵引供电系统和低压变配电系统。

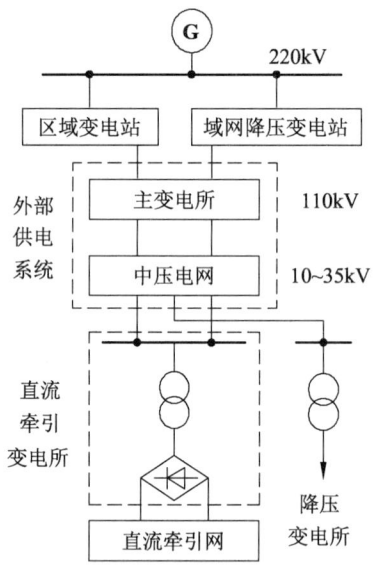

图 1-11 城市轨道交通供电系统示意图

（一）中压环网供电系统

城市轨道交通的电能直接取自城市或区域电网。中压环网是连接城市或区域电网和城市轨道交通供配电系统的纽带，其主要包括所有的主变电所和 35 kV 系统线路环网。实际应用中，中压环网通过中压电缆，纵向把上级的主变电所和下级的牵引变电所、降压变电所连接起来，横向把全线的各个牵引变电所、降压变电所连接起来，形成中压环网供电系统。中压环网供电系统不是供电系统中独立的子系统，但它却是供电系统的主要部分。

主变电所的功能是接收城市电网高压电源，经过降压后再为牵引变电所与降压变电所提供中压电源。电源开闭所的功能是接收城市中压电源，为牵引变电所、降压变电所提供中压电源，电源开闭所一般与车站牵引（或降压）变电所合建。

### （二）牵引供电系统

牵引供电系统的功能是将交流中压电压经降压整流变成直流1500V或直流750V的电压，为城轨列车提供牵引供电。

牵引供电系统是城市轨道交通供电系统的核心，负责向轨道交通车辆提供电能，其主要作用是降压、整流和传输电能。该系统主要包括牵引变电所、馈电线、接触网（或者接触轨）等。牵引变电所是牵引供电系统的心脏，它的主要作用是将中压环网送来的电能转换成满足要求的电能；馈电线则负责把合格的电能输送到轨道沿线的接触网上；接触网则负责把电能不间断地输送到运行的车辆设备上（主要指受电弓、接触轨等）。

### （三）低压变配电系统

低压变配电系统的主要作用是降压、分配和传输电能。它将交流中压电压降压变成交流220 V/380 V电压，为运营需要的各种机电设备提供低压电源，如向信号、照明、通风、排水、制冷等设备馈送电能。低压变配电系统主要包括降压变电所、多路馈线、动力照明配电系统等。

根据设置的位置不同，降压变电所可以分为车站降压变电所、车辆段或停车场降压变电所、控制中心降压变电所；根据主接线的形式不同，降压变电所又可以分为一般降压变电所、跟随式降压变电所；当降压变电所与牵引变电所合建时，将形成牵引降压混合变电所；另外，有的地面线路采用了箱式降压变电所。

### （四）杂散电流腐蚀防护系统

杂散电流腐蚀防护系统的功能是减少因直流牵引供电引起的杂散电流并防止其对外扩散，尽量避免杂散电流对城市轨道交通本身及其附近结构钢筋、金属管线的电腐蚀，并对杂散电流及其腐蚀防护情况进行监测。

### （五）电力监控系统

电力监控系统的功能是实时对城市轨道交通各变电所、接触网设备进行远程数据采集和监控。在城市轨道交通控制中心，通过调度端、通信通道和执行端（变电所综合自动化系统），对主要电气设备进行遥控（含遥调）、遥信、遥测，实现对整个供电系统的运营调度和管理。

## 三、城市轨道交通供电技术的发展现状

随着时代的发展、科技的进步，城轨供电技术发展非常迅速。下面从牵引网供电制式、中压网络、基础设备、控制保护与自动化等几个方面对城轨供电技术进行介绍。

### （一）牵引网供电制式

牵引网供电制式主要指电流制式、电压等级和馈电方式等。

1. 牵引网系统的电流制式

直流电相对交流馈电而言，其电动车辆具有调速范围大、调速方便、易于控制、启动制动平稳、接触网简单、投资省、电压质量高等优点，它不但适合于电阻启动控制方式，而且适用于斩波调压和变频调压等电子控制方式。目前，车辆无论采用直流牵引电动机或交流牵引电动机还是线性电动机驱动方式，牵引网系统基本上都采用了直流制式。

2. 牵引网系统的电压等级

世界上城市轨道交通中的直流牵引电压等级繁多，如 600 V、650 V、700 V、750 V、900 V、1000 V、1100 V、1200 V、1500 V 和 3000 V 等，其发展趋势是采用 IEC 标准中的 600 V、750 V 和 1500 V。中国国家标准规定为 750 V 和 1500 V 两种，其电压允许波动范围分别为 500～900 V、1000～1800 V。具体选用哪种电压等级要结合馈电方式，根据车辆、线路等工程特点综合比较确定。

3. 牵引网系统馈电方式、受流方式

牵引网系统中，常用的馈电方式有架空接触网和接触轨（第三轨）两种。车辆的受流方式一般有受电弓和受电靴两种。使用架空接触网馈电时，车辆的受流装置是受电弓，这种馈电与受流方式如图 1-12（a）所示。使用第三轨馈电时，车辆的受流装置是受电靴，这种馈电与受流方式如图 1-12（b）所示。

（a）接触网馈电与受电弓受流模式　　（b）第三轨馈电与集电靴受流模式

图 1-12　常用的两种馈电与受流模式

一般认为，电压等级与馈电方式是牵引网供电制式中的关键点，两者密切相关。对于一个具体的城市，电压等级与馈电方式的选择应该结合起来统一考虑。我国牵引网供电制式可以选择以下四种方式：直流 1500 V 架空接触网、直流 1500 V 接触轨、直流 750 V 架空接触网和直流 750 V 接触轨。

（二）中压网络

1. 电压等级

北京地铁 1 号线一期工程建设时，因 35 kV 设备绝缘要求高、设备体积大、价格高等，中压网络的电压等级采用的是 10 kV。20 世纪 90 年代建设上海地铁 1 号线、广州地铁 1 号线与 2 号线，因设备引进原因，牵引变电所的中压开关柜采用了国外的 33 kV 设备。

20世纪90年代末,随着35 kV中压开关柜设备小型化的发展及价格的下降,35 kV中压开关柜应用得愈加广泛。广州、深圳、南京及上海的后续建设线路都采用了35 kV中压网络。另外,在国外广泛应用的20 kV中压网络,目前在我国也已经成为城市轨道交通可以使用的电压等级。

2. 系统接线

随着环网技术的发展,国内城轨供电系统多采用环网接线形式。以负荷开关代替断路器作为车站变电所电源进线控制,构成环网接线系统,保护简单、运行灵活,这种接线系统已经在伊朗德黑兰城市轨道交通中成功应用,具有广阔的发展前景。

(三) 基础设备

1. GIS高压开关柜

当前,城市轨道交通工程中使用的110 kV和66 kV电压等级的气体绝缘金属封闭组合电器,已由敞开式室外设备发展为室内安装的高压气体绝缘金属封闭组合电器设备,并且由三相分箱发展为三相共箱,设备体积大大减小。

2. 变压器

变压器从油浸式逐步发展为体积小、质量轻、性能优的干式变压器,并由绝缘纸干式变压器向环氧树脂绝缘干式变压器发展。目前牵引变压器、配电变压器已全部采用环氧树脂绝缘干式变压器;主变压器因电压等级高、容量大,大多仍采用油浸式,但已有采用干式变压器的工程实例。

3. 牵引整流机组

随着大功率电子元器件的发展,牵引整流机组已由双机组等效12脉波整流,发展成为单机组12脉波整流和双机组等效24脉波整流,进一步降低了直流电压中的谐波含量。

4. 中压开关柜

20世纪80年代后我国开始引进国外中压断路器生产技术,制造出真空断路器和SF6断路器。其中,中压真空断路器的技术性能如额定电流、分断能力及使用寿命已得到很大提高。基于真空断路器的显著特点,目前城市轨道交通工程使用的中压断路器通常为真空断路器。

5. 直流快速开关柜

国内直流快速开关柜的发展历程大致如下:从20世纪60年代上海整流器厂的DS1、70年代上海立新电器厂的DS12开始,上海立新电器厂、西安电力整流器厂、西安电器设备制造厂、上海新联电器有限公司等进行了大量工作,最近几年江苏长江电气股份有限公司通过引进瑞士SECHERON技术,又将直流快速开关柜的国产化工作向前推动了一步。

6. 低压开关柜

低压开关柜由最早只有一种固定式,发展成固定式、插拔式、抽屉式并存且各具特点,适用国内低压开关柜不同要求。低压空气断路器已发展成智能化产品,塑壳开关的分断能力与保护性能也日益提高。

7．无功补偿装置

无功补偿装置由三相共补向分相补偿发展，同时向着多功能、智能化方向发展。无功功率补偿技术的改进和新技术应用归纳起来主要有以下几方面：

（1）由三相共补到分相补偿，以求达到更理想的补偿效果。

（2）由单一的无功补偿到同时具有滤波及抑制谐波功能的补偿装置，采用电抗器/电容器模块，有效防止供配电网的谐振并降低谐波分量。

（3）由晶闸管开关电路投切并发展为等电压投、零电流切的最佳投切模式。

（4）智能型自动补偿控制器和配电变压器的运行记录仪相结合，设有通信口，在软件的支持下可进行遥控、遥测、遥信。

（5）采用先进的 DSP（数字信号处理器），使补偿过程智能化。

（6）内设故障检测和自诊断程序，一旦有故障则自动显示故障信息供操作人员在排除故障时参考。

（四）控制、保护、自动化装置

随着基础设备的智能化以及控制技术、网络技术、计算机技术、通信技术的发展，控制、保护、自动化装置已由分立元器件发展成微机综合保护装置，这为变电所综合自动化创造了条件。同时，整个供电系统从以调度电话下达调度命令、人工操作，发展为由电力监控系统实现遥控、遥信、遥测等远动系统控制。

20 纪末 21 世纪初，随着计算机技术和网络技术的进一步发展，各种分立的自动化系统走向综合集成，各种自动化系统采用统一的计算机网络平台和软件体系，构成了综合监控系统。目前电力监控系统已经被集成到综合监控系统中，这有利于不同系统之间的数据互通、软硬件资源共享和运营管理水平的提高。

## 四、城市轨道交通供电系统的功能及基本要求

城轨供电系统是为城市轨道交通运营提供所需电能的系统，该系统不仅为城市轨道交通电动列车提供牵引用电，而且还为车辆段、车站等城市轨道交通运营其他设施提供电能，如照明、通风、空调、给排水、通信、信号、防灾报警、自动扶梯等。在城市轨道交通系统运营中，供电一旦中断，不仅会造成城市轨道交通运输系统的瘫痪，还会危及乘客生命与财产安全。因此，安全、可靠而又经济合理的电力供给是城市轨道交通正常运营的重要保证和前提。

（一）供电系统的功能

城轨供电系统是城市轨道交通运营的动力源泉，负责电能的供应与传输，为电动列车提供牵引供电，为车站、区间、车辆段、控制中心等其他设施设备提供所需的各种动力与照明用电，应具备安全可靠、技术先进、功能齐全、调度方便和经济合理等特点。其总体功能如下：

1．供电服务功能

城轨供电系统的服务对象除运送旅客的电动车辆外，还有保证旅客在旅行中有良好卫生环境和秩序的通风换气、空调设施、自动扶梯、自动售检票、屏蔽门、排水泵、排污泵、通

信信号、消防设施和各种照明等设备。在这个庞大的用电群体中，用电设备有不同的电压等级、不同的电压制式，供电系统就是要满足这些不同用途的用电设备对电源的不同要求，使城轨供电系统中的每种用电设备都能发挥各自的功能和作用，保证城轨系统能够安全、可靠地运营。

2．故障自救功能

系统的安全性、可靠性是供电系统的首要因素，无论供电系统如何构成，采用什么样的设备，安全、可靠的供电总是第一位的。在系统中，发生任何一种故障，系统本身都应有备用措施（接触网除外），以保证城市轨道交通的正常运行不受影响。双电源是构成供电系统的主要原则，当一路电源故障时，另一路电源应能保证正常供电。主变电所、牵引变电所和降压变电所为双电源、双机组；动力、照明的一级负荷采用双电源、双回路供电；牵引网和馈电区采用双边供电方式，这些都是系统故障自救功能的体现。

3．自我保护功能

系统应有完整、协调的保护措施，供电系统的各级继电保护应相互配合和协调，当系统发生故障时，应当只切除故障设备，从而使故障范围最小。系统的各级保护应当满足选择性、速动性、灵敏性和可靠性的要求。

4．防误操作功能

系统中任何一个环节的操作都应有相应的联锁条件，不允许因误操作而发生故障。防止误操作的联锁条件可以是机械的，也可以是电气的，还可以是电气设备本身所具备的或在操作规程上所规定的。防止误操作是保证系统安全、可靠运行的不可缺少的环节。

5．便于调度功能

供电系统应能在控制中心进行远程控制、监视和测量，并应能根据运行需要，方便灵活地进行调度，变更运行方式，分配负荷潮流，使系统的运行更加经济合理。

6．控制、显示和计量功能

系统应能进行就地和远程控制，可以方便地进行操作转换，同时系统各环节的运行状态应有明确的显示，使运行人员一目了然。各种电量的测量和电能的计量应准确，并便于运行人员查证和分析，牵引用电和动力照明用电应分别计量，以利于对用电指标进行考核与分析。

7．电磁兼容功能

城市轨道交通处于强电与弱电多个系统共存的电磁环境等，为了使各种设备或系统在这个环境中能正常工作且不对该环境中其他设备、装置或系统构成不能承受的电磁干扰，各种电气和电子设备的内部以及和其他系统之间的电磁兼容显得尤为重要。供电系统及设备在城市轨道交通这个电磁环境中，首先是作为电磁干扰源存在，同时也是被干扰的设备。在城市轨道交通电磁环境中，供电系统与其他设备、装置或系统应是电磁兼容的。

（二）对城轨供电系统的基本要求

城轨供电系统应满足安全性、可靠性、适用性、经济性、先进性的基本要求。

### 1. 安全性

城轨供电系统的安全性，是指在城市轨道交通工程运营过程中的安全程度。供电系统的安全性关系着乘客安全、运营人员安全、行车安全和设备安全等多个方面，而且各种安全性是相互联系、不可分割的。

供电系统设计时，一般从系统安全性和设备安全性两个方面进行分析研究。系统安全性分析一般包括联锁关系、继电保护、牵引网、直流牵引系统、综合接地系统、应急照明电源等方面；设备安全性分析一般包括变压器、牵引整流器、断路器、隔离开关、接地开关、电缆等方面。

### 2. 可靠性

城轨供电系统的可靠性是指城市轨道交通供电系统对列车及各种动力照明负荷的持续供电能力。

供电系统的可靠性是正常运营、事故处理、灾害救援等方面的前提条件。供电系统可靠性涉及规划、设计、运行管理等各个方面，并渗透到供电、变电、配电等不同环节。每一个环节的可靠性既包括电气原理的可靠性又包括电气设备的可靠性。例如变电所的可靠性包括变电所主接线的可靠性及组成主接线的断路器、变压器、母线等设备的可靠性。

供电系统设计时，应从各个环节着手，分析系统的故障现象，研究定性或定量的评定指标，提出提高可靠性的措施。其中，双电源供电方式是提高供电系统可靠性的重要手段。

根据城市轨道交通可靠性要求，供电系统应满足"N-1 准则"，又称为单一故障安全准则。按照这一准则设计的供电系统，系统的 $N$ 个元件中的任一独立元件（发电机、输电线路、变压器等）发生故障而被切除后，可以保证其他元件不过负荷，且电压和频率均保持在允许范围内，供电系统应能保持稳定运行和正常供电。

对于城市轨道交通电源网络来说，当一个电源退出时，另一个电源应能保证系统的正常供电，保证列车正常运行；当一个电源点（主变电所或电源开闭所）的两个电源都退出时，应从相邻电源点引入两路应急电源，提供一定的运输用电和必要的动力照明用电，维持城市轨道交通继续运行。

### 3. 适用性

城轨供电系统的适用性是指城轨供电系统的建设应满足建设目的与性能要求。设计是实现建设需求的首要环节，供电系统设计应根据实际需求进行，供电系统的建设标准、技术水平、设备档次、工期要求、投资等应与城市特点、本线功能定位及特殊要求相适应。

### 4. 经济性

城轨供电系统的经济性是指从项目全生命周期的角度实现供电系统费用的经济合理。在满足供电系统的安全性、可靠性、适用性的前提下，要重视供电系统的经济性。经济性不但要求节省工程投资，同时还要求降低运营成本，争取得到最佳的技术经济效果。

供电系统设计应优化电源网络结构，实现外部电源资源共享。另外，应尽可能地采用成熟设备、新型材料，做到经济合理与简便实用。

5．先进性

城轨供电系统的先进性体现在先进的设计理念、先进的系统方案、先进的设备及工艺、先进的管理手段等方面。供电系统应具有一定的先进性，但要兼顾系统基本功能、投资规模、运营成本、环保要求、操作灵活性等因素进行合理选择。

 思考题

1. 我国的电力系统中，常见的电压等级有哪些？
2. 电力网的接线方式有哪些？
3. 衡量电能质量的指标是什么？
4. 主变电所的功能是什么？
5. 牵引供电系统的功能是什么？
6. 城市轨道交通供电系统的功能是什么？
7. 对城市轨道交通供电系统的基本要求有哪些？

# 第二章 高压电气设备

城市轨道交通供电系统为地铁的运营提供了安全、高效、持续的供电，保障了城市轨道交通运行、照明、管理、监控、应急系统的可靠供电，但因设备多处于地下环境中，与地面作业存在差异。本章主要介绍城市轨道交通供电系统中各种电气设备的结构、功能及使用场景。

## 第一节　电力电缆

### 一、电力电缆概述

电力电缆是用于传输和分配电能的电缆，通常由几根或者几组导线围绕中心绞合而成，每组导线外层敷设有屏蔽层，保证了每组之间相互绝缘。电缆最外部包有绝缘的覆盖层，具有内通电、外绝缘的特性。

微课视频：
电力电缆简介

电力电缆能长期、安全可靠地传输大容量电能。它的主要功能与架空导线一样，在电力系统中传输和分配大容量的电能。与架空线的区别是电力电缆可在各种环境下敷设，安全隐蔽，不受外界气候变化的干扰，且维护工作量小，经久耐用。但电力电缆的结构比较复杂，制造工序多，产品价格要比架空导线高出几十倍，因此一般应用于不适合采用架空线路的场合。城市轨道交通系统电气设备多处于地下，空间狭小，更适合敷设电力电缆。

（一）电力电缆相关参数

1．额定电压

额定电压也称为标称电压，即电力电缆及其附件被设计和进行电性实验时的基准电压，是电气设备长时间工作时的最佳电压。

2．雷电冲击电压

雷电冲击电压是指电力电缆受瞬时雷电冲击时的最高耐受电压。

3．直流电阻

直流电阻反映了直流条件下，导体对电流的阻碍能力。计算公式为：

$$R = \rho \times L / S \qquad (2\text{-}1)$$

式中　$R$——直流电阻；
　　　$\rho$——导体电阻率；
　　　$L$——导体长度；
　　　$S$——导体横截面积。

4．交流电阻

交流电压下，线芯电阻由于集肤作用、临近作用而增大，此时的电阻称为有效电阻或者交流电阻。计算公式为：

$$R = R'(1+Y_S+Y_P) \tag{2-2}$$

式中　$R$——最高工作温度下的交流有效电阻；
　　　$R'$——最高工作温度下的直流电阻；
　　　$Y_S$——集肤效应系数；
　　　$Y_P$——近邻效应系数。

5．电容

电容反映了电力电缆储存电荷的能力，决定了电缆线路的输送容量。

（二）电力电缆的分类

1．按电压等级分类

**1）中低压电缆**

中低压电缆适用于固定敷设在额定电压 35 kV 及以下的输配电线路上作为输送电能用的电力电缆。

**2）高压电缆**

高压电缆适用于固定敷设在额定电压 66～220 kV 的输配电线路上作为输送电能用的电力电缆。

**3）超高压电缆**

超高压电缆适用于固定敷设在额定电压 330～750 kV 的输配电线路上作为输送电能用的电力电缆。

**4）特高压电缆**

特高压电缆适用于固定敷设在额定电压 1100 kV 及以上的输配电线路上作为输送电能用的电力电缆。

2．按绝缘材料分类

**1）油浸纸绝缘电力电缆**

油浸纸绝缘电力电缆是以油浸纸作绝缘的电力电缆，其具有应用历史最长、安全性高、使用寿命长、价格较为低廉等优点。其主要缺点是无法敷设在落差较大地段，而自从开发出不滴流浸纸绝缘后，解决了落差限制问题，使油浸纸绝缘电缆得以广泛应用。

**2）塑料绝缘电力电缆**

塑料绝缘电力电缆是绝缘层为挤压塑料的电力电缆。常用的塑料有聚氯乙烯（简称 PVC 电、聚乙烯（简称 PE 电）、交联聚乙烯（简称 XLPE）。塑料绝缘电缆具有结构简单、制造加工方便、质量轻、敷设安装方便、不受敷设落差限制等优点。因此被广泛用作中低压电缆，并有取代黏性浸渍油纸电缆的趋势。其最大缺点是存在树枝化击穿现象，这限制了它在更高电压中的使用。

**3）橡皮绝缘电力电缆**

橡皮绝缘电力电缆的绝缘层为橡胶加上各种配合剂，经过充分混炼后挤包在导电线芯上，经过加温硫化而成。它柔软，富有弹性，适合于移动频繁、敷设弯曲半径小的场合。

**3．按可燃性分类**

**1）普通电力电缆**

普通电力电缆的绝缘材料有一个共同的缺点是具有可燃性。当线路中或接头处发生故障时，电缆可能因局部过热而燃烧并导致扩大事故。

**2）阻燃电力电缆**

阻燃电力电缆在保持普通电缆的电性能和理化性能的同时，具有自熄性。该种电缆不易燃烧，且当电缆因自身原因起火或外部原因引燃时，在着火点熄灭后电缆不再继续燃烧，或燃烧时间很短（60 min 以内）。阻燃电力电缆的结构与相应的普通聚氯乙烯绝缘电力电缆和交联聚乙烯绝缘电力电缆的结构基本上相同，不同之处是阻燃电缆在电缆绝缘或护层中添加阻燃剂。由于其成本较低，能够阻滞、延缓火焰沿着电缆蔓延，使火灾不致扩大，因此它是防火电缆中大量采用的电缆品种。该电缆在火灾情况下有可能被烧坏而不能运行，但可阻止火势的蔓延，避免造成更大的损失。城市轨道交通地下电力电缆一般采用低烟、无卤阻燃电缆，地面或高架采用低烟阻燃电缆。

**3）耐火电力电缆**

耐火电力电缆在发生火灾时能持续工作（传送电流和信号），其本身延燃与否不在考虑之列。阻燃电缆在火灾发生时很快中止工作，其功能在于难燃、能自熄和不波及；而耐火电缆在火焰中具有一定时间的供电能力，在火焰燃烧情况下能保持该线路一定时间的正常运行。通俗地讲就是，万一失火，电缆不会一下就燃烧，回路比较安全。为消防救火和人员撤离提供电能和控制信号，从而大大减少火灾损失。

耐火电力电缆一般分为 A 类和 B 类：A 类可以在 950～1000 ℃ 下工作 90 min；而 B 类可以在 750～800 ℃ 下工作 90 min。

耐火电力电缆又分为有机型和无机型：有机型采用耐 800 ℃ 高温的云母带作为耐火层，有着造价低、生产长度不受限制、安装使用方便的特点；而无机型采用氧化镁作为绝缘材料，铜作为护套材料。该类型耐火电缆造价较高，生产长度有限制，安装使用较为繁琐。但耐火性较好，使用寿命较长。

耐火电力电缆适用于对防火有特殊要求的场合，一般情况下，耐火电力电缆比阻燃电缆价格要贵。在城市轨道交通供电系统中，为应急照明、消防设施供电的电缆，明敷时应采用低烟、无卤耐火铜芯电缆或矿物绝缘耐火电缆。

耐火电缆的结构和普通电缆基本相同，不同之处在于耐火电缆的导体采用耐火性能好的铜导体（铜的熔点为 1083 ℃），并在导体和绝缘层间增加耐火层。耐火层由多层云母带绕包而成。因为不同云母带的允许工作温度差异较大，因此电缆耐火性能的关键是云母带。

在导体外增加耐火层，多芯电缆相间用耐火材料填充，其特点是：在发生火灾以后的火焰燃烧条件下，仍能保持一定时间的供电。

城市轨道交通地下变电所控制电缆一般采用低烟、无卤阻燃铜屏蔽电缆，地面变电所控制电缆一般采用低烟阻燃铜屏蔽电缆，而所外控制电缆应设置铠装加以保护。城市轨道交通供电系统多采用交联聚乙烯绝缘电力电缆。

（三）电力电缆的结构

电力电缆由线芯、导体屏蔽层、绝缘层、绝缘屏蔽层、内衬层、金属屏蔽层、铠装层、外护套组成，如图 2-1 所示。

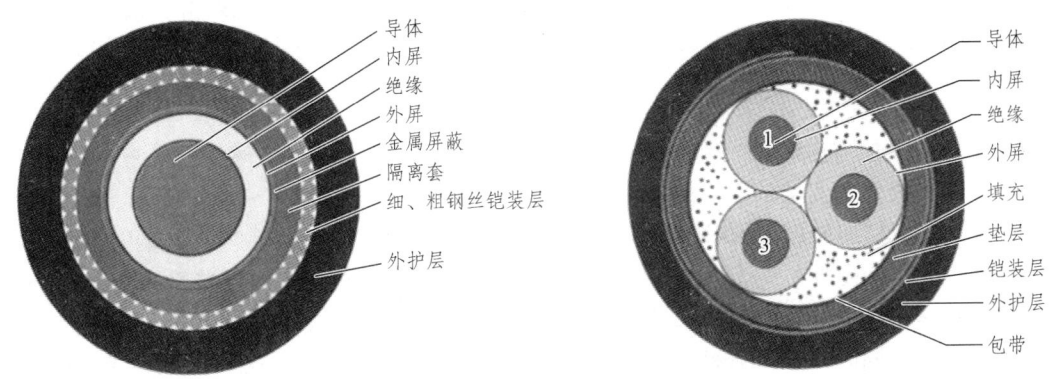

图 2-1　电力电缆的内部结构

1．导体

导体即线芯，材料大多为铜、铝，采取多根细丝绞合成束，之后通过紧压将紧压系数从 0.73 提升至 0.9 以上。它是电力电缆核心组件，用以传导电流。导体截面形状有圆形、半圆形、扇形和椭圆形等。导体本身具有电阻，通过电流时发热，导致电能损耗，所以理论上来讲，导体材质的电阻越小越好。

2．导体屏蔽层

导体屏蔽层是覆盖在电缆导体上的非金属层，油纸电缆的导体屏蔽材料一般用金属化纸带或半导电纸带。塑料、橡皮绝缘电缆的导体屏蔽材料分别为半导电塑料和半导电橡皮。一般而言，3 kV 及以下电缆不包裹导体屏蔽层，6 kV 及以上电缆必须包裹导体屏蔽层。

导体屏蔽层可以填平导体表面坑洼，减少乃至消除导体表面尖端效应，使导体与绝缘之间紧密接触，改善导体周边电场分布。

3．绝缘层（主绝缘）

电缆主绝缘具有耐受系统电压的特定功能，在电缆使用寿命周期内，要长期承受额定电压和系统故障时的过电压以及雷电冲击电压，保证在工作发热状态下不发生相对地或相间的击穿短路，因此主绝缘材料是电缆质量的关键。

交联聚乙烯是一种良好的绝缘材料，在城轨供电系统中有着较为广泛的应用，颜色为青白色半透明。其特性是：较高的绝缘电阻；能够耐受较高的工频、脉冲电场击穿强度；较低的介质损失角正切值；化学性能稳定；耐热性能好，长期允许运行温度 90 ℃；良好的机械性能，易于加工和工艺处理。

4．绝缘屏蔽层（外屏蔽层）

绝缘屏蔽层是挤包在电缆主绝缘上的非金属层，其材料也是交联材料，具有半导电的性质，体积电阻率为 500~1000 Ω·m。一般而言，3 kV 及以下低压电缆没有绝缘屏蔽层，6 kV 及以上的中高压电缆都必须包裹绝缘屏蔽层。

绝缘屏蔽层是电缆主绝缘与接地金属屏蔽之间的过渡，使之有紧密的接触，能够消除绝缘与接地导体之间的孔隙，消除接地铜带表面的尖端效应，改善绝缘表面周边的电场分布。

绝缘屏蔽层按照工艺分为可剥离型和不可剥离型，一般 35 kV 及以下中压电缆采用可剥离型，好的可剥离绝缘屏蔽具有良好的附着力，剥离后没有半导电颗粒残留。110 kV 及以上采用不可剥离型。不可剥离型屏蔽层与主绝缘的结合更紧密，施工工艺要求更高。

5．金属屏蔽层

金属屏蔽层包裹在绝缘屏蔽层外，金属屏蔽层一般采用铜带或铜丝，它是将电场限制在电缆内部以保护人身安全的关键结构，也是保护电缆免受外界电气干扰的接地屏蔽层。

在系统发生接地或短路故障时，金属屏蔽层是短路接地电流的通道，其截面积应根据系统短路容量、中性点接地方式计算确定，一般 10 kV 系统计算屏蔽层截面积推荐不小于 25 mm$^2$。

在 110 kV 及以上电缆线路中，其金属屏蔽层是由金属护套构成，既有电场屏蔽作用也有防水密封功能，同时还兼有机械保护功能。金属护套的材料和结构一般采用波纹铝护套、波纹铜护套、波纹不锈钢护套、铅护套等。另外还有一种复合护套，是采用铝箔贴在 PVC、PE 护套内的结构。

6．内衬层

内衬层包覆在多芯电缆的缆芯和填充物（如有的话）外面，且位于保护层下面的非金属包覆层。其作用是防止内护层受到腐蚀，并防止内护层在电缆弯曲时被铠装层破坏。

7．铠装层

在内衬层外缠绕有金属铠装层，一般采用双层镀锌钢带铠装。其作用是保护电缆内部，防止在施工、运行过程中机械外力对电缆的损伤，也兼有接地防护的作用。

铠装层有多种结构，如钢丝铠装，不锈钢铠装，非金属铠装等。

8．外护套

外护套是电缆的最外层防护，一般采用聚氯乙烯（PVC）和聚乙烯（PE），都是绝缘材料，采用挤包成形。按照技术要求，一般采用的是阻燃聚氯乙烯（PVC），它适应冬季寒冷和夏季炎热的要求，不开裂，不软化。

外护套的主要作用是密封，防止水分侵入，保护铠装层不受腐蚀，防止电缆故障引发的火灾扩大。在外护套上还打印有电缆的特性信息，如规格、型号、生产年份、制造厂、连续计米长度等。

## （四）电力电缆命名原则

电力电缆名称中应包含以下三部分内容：① 电缆应用场景；② 电缆结构材料；③ 其他重要特征。

名称首位为类别特征，随后依次为绝缘、导体、内护套、电缆屏蔽、铠装、外护套数字标记、其他特征。其中第一位至第五位用拼音字母表示，高分子材料用英文名第一个字母表示，每位1~2个字母。

第一位表示类别特征，如 ZR—阻燃、NH—耐火、DDZ—低烟低卤、WDZ—低烟无卤、TH—湿热地区用、FY—防白蚁等。

第二位表示绝缘材质，如 Z—纸、X—橡胶、V—聚氯乙烯、Y—聚乙烯、YJ—交联聚乙烯、F—氟橡胶

第三位表示导体材质，如 T—铜导体、L—铝导体、G—钢芯、R—铜软线。须注意一点，如导体为铜，则可在电缆名称中将 T 省略。

第四位表示内护套材质，如 Q—铅、L—铝、LW—波纹铝、V—聚氯乙烯、Y—聚乙烯、H—橡胶。

第五位表示其他特征，如 D—不滴流、F—分相、CY—充油、P—贫油、Z—直流。

第六位表示加强层材质，如 1—径向钢带、2—径向不锈钢带、3—径向钢带、纵向窄铜带、4—径向不锈钢带、纵向窄不锈钢带。

第七位表示铠装层，如 0—无铠装层、1—连锁钢带、2—双层钢带、3—细圆钢丝、4—粗圆钢丝。

第八位表示外护套材质，如 1—纤维外被、2—聚氯乙烯。

## 二、城轨交通系统电力电缆敷设与常见故障

### （一）电力电缆的敷设

#### 1．电力电缆的选用

城轨交通系统电缆敷设环境相对单一，但影响因素较多，如没有选择合适的电缆进行敷设，轻则电力设备损坏、供电系统中断，重则城轨交通系统短时瘫痪、危及乘客及工作人员人身安全。因此在选用电力电缆时应考虑以下几方面因素：

（1）敷设环境：如环境是否存在进水隐患、是否有白蚁滋生。

（2）敷设方式：人工敷设或机械敷设。

（3）用电设备：用电设备具体要求及技术参数影响。

（4）额定电压：匹配线路电压等级。

（5）导线截面：与保护装置相配套、长距离传输时的电压损失以及将来发展的需要等前提下，按产品额定载流量进行导线截面选择。

（6）保护层：根据具体敷设场景选择合适的电缆保护层。

#### 2．电力电缆的路径选择

电力电缆的路径选择，应符合下列规定：

（1）避免电缆遭受机械性外力、过热、腐蚀等危害。

（2）满足安全要求条件下使电缆较短。

（3）便于敷设、维护。

（4）避开将要挖掘施工的地方。

（5）充油电缆线路通过起伏地形时，使供油装置较合理配置。

3．电缆的计算长度

电缆的计算长度，应包括实际路径长度与附加长度。附加长度宜计入下列因素：

（1）电缆敷设路径地形等高差变化、伸缩节或迂回备用裕量。

（2）35 kV 及以上电压电缆蛇形敷设时的弯曲状态引起的增加量。

（3）终端或接头制作所需剥截电缆的预留段、电缆引至设备或装置所需的长度。

4．电力电缆敷设方式

电力电缆敷设方式有三种，即机械拖放敷设、机械牵引敷设、人工敷设。

（1）机械拖放敷设：是指将电缆盘架盘支架安装在牵引车上，通过牵引车的移动，将电缆敷设在预定线路上。机械拖放敷设适用于钢索悬吊架空敷设，长距离单根自埋敷设等。

（2）机械牵引敷设：是指将电缆盘架盘支架固定在地面上，通过机械牵引电缆，将电缆敷设在预定线路上。拖放用的机械大多为卷扬机、机动车等。采用卷扬机牵引敷设电缆，适合数量较多，相对较为集中的电力电缆敷设；采用机动车牵引敷设适用于电缆沟内敷设、直埋敷设等，也可用于钢索悬吊架空敷设。

（3）人工敷设。人工敷设电缆一般有两种方式，一种是人工展放，一种是人工传递。截面较大的电力电缆通常采用人工展放敷设，即所有施工人员先全部集中在电缆盘处，并从电缆盘处开始，每拉出一段就有一人上去用肩扛着放开电缆沿敷设路径向终点行进，截面较小的电力电缆和控制电缆通常采用人工传递敷设，即沿电缆敷设路径每隔一段就设一人，敷设时，电缆沿敷设路径由各点人员向终点传递，而人基本不动。

电力电缆敷设方式的选择，应视工程条件、环境特点和电缆类型、数量等因素，且按满足运行可靠、便于维护的要求和技术经济合理的原则来选择。

（二）电力电缆常见故障处理

1．电力电缆常见故障类型

电缆故障可概括为接地、短路、断线三大类，其故障类型主要有以下几方面：

（1）闪络故障。电缆在电压正常时处于良好的绝缘状态，不会存在故障。可一旦电压值升高到一定范围，或者一段时间后某一电压持续升高，就会瞬间击穿绝缘体，造成闪络故障。

（2）一相芯线断线或多相断线。在电缆导体连续试验中，电缆中的各个导体的绝缘电阻与相关规定相符，但是在检查中发现有一相或者多相不能连续，那么就说明一相芯线断线或者多相断线。

（3）三芯电缆一芯或两芯接地。三芯电缆的一芯或者两芯导体用绝缘摇表测试出不连续，然后又进行一芯或者两芯对地绝缘电阻遥测。如果芯和芯之间的绝缘电阻比正常值低许多,且这个绝缘电阻值高于 1000 Ω,则称之为高电阻接地故障;反之,就是低电阻接地故障。这两种故障都称为断线并接地故障。

(4)三相芯线短路。短路时接地电阻的大小是电缆三相芯线短路故障判断的依据。短路故障有两种:低阻短路故障、高阻短路故障。当三相芯线短路时,低于 1000 Ω 的接地电阻是低阻短路故障,相反则是高阻短路故障。

2．电力电缆常见故障原因

电缆故障最直接的原因就是绝缘降低而被击穿,归纳起来主要有以下几种情况:

(1)外力损坏。电缆故障中外力损坏是最为常见的故障原因。电缆遭外力损坏以后会出现大面积的停电事故。例如地下管线施工过程中,电缆因为施工机械牵引力太大而被拉断;电缆绝缘层、屏蔽层因电缆过度弯曲而损坏;电缆切剥时过度切割和刀痕太深。这些直接的外力因素都会对电缆造成一定的损坏。

(2)绝缘受潮。电缆制造生产工艺不精会导致电缆的保护层破裂、电缆终端接头密封性不够、电缆保护套在电缆使用中被物体刺穿或者遭受腐蚀,这些是电缆绝缘受潮的主要原因。此时,绝缘电阻降低,电流增大,引发电力故障问题。

(3)化学腐蚀。长期的电流作用会让电缆产生大量的热量。如果电缆绝缘长期处于不良化学环境中就会改变它的物理性能,使电缆绝缘老化甚至失去效果,电力故障会由此产生。

(4)长期过负荷运行。电力电缆长时间处于高电流运行环境中,如果线路绝缘层里有杂质或者老化,加上诸如雷电之类的外因过电压的冲击,超负荷运作会产生大量的热量,极易出现电力电缆故障。

(5)电缆及电缆附件质量。电缆及相关附件是两种重要的电缆材料,其质量问题对电力电缆的安全运行有直接影响。电缆及其附件、电缆三头的制作很容易出现质量问题。例如:电缆会因为运输、贮藏时封闭不严而受潮;绝缘管制造粗糙,厚度不均,管内有气泡;不能准确剥切预制电缆的三头;设计制作者没有根据要求制造电缆接头。另外,电缆产品设计时材料选用不恰当、防水性差也会造成电缆质量问题。

3．电力电缆的维护管理

电力电缆的正常运行是保证整个电力系统正常供电的关键,因此,加强电力电缆的日常运行维护与管理,对电力电缆实行动态化维护管理是十分必要的。

(1)加强电力电缆线路的日常巡查。为了确保电力电缆线路正常工作,必须在日常维护管理中加强电力电缆线路的日常巡查,及时发现并解决故障事故。在开展电力电缆线路的巡查工作时可以通过制定日常巡查表,全面加强电力电缆线路的维护管理。定期巡查的方式,不仅有助于巡查工作有序地开展,而且可以进一步分配、安排好工作人员各自的巡查工作。此外,应当结合具体的气候条件和环境,合理、适当安排工作人员开展线路巡检。

(2)加大电力电缆保护区的维护工作力度。若在电力电缆保护区内开展施工工作,必须加大电力电缆的维护与管理工作力度,确保施工现场安排专业的电力电缆维护工作人员,负责施工工作的监督与管理,注重保护现场的电力电缆线路。若在施工过程中出现电缆遭破坏的情况,必须及时安排维修人员进行故障排查与检修,保证电力电缆正常运行与供电。另外,在施工期间,电力电缆维护管理人员必须加强对保护区内的相关建筑物、土壤等的巡查,查看其是否出现下沉现象，并加强对电力电缆线路的巡查，确保其未出现线路外露现象，注意对保护区内的电力电缆线路做好保护工作与故障防范。

（3）定期维护电力电缆线路，避免出现线路外露情况。为了尽量避免电力电缆线路出现外露情况，维护人员必须定期维护线路。在巡查过程中，若发现外露线路，必须及时检查外露的电力电缆线路中的保护管、中间头、户外头等是否出现腐蚀或损失情况，接线端子、地线连接是否存在不牢固的现象，并检查户外接头的密封性是否符合标准规定。对在排查过程中存在问题的线路，必须及时采取有效措施进行维修与更换配件。

4．电力电缆日常维护要点

在日常电缆维护过程中，应注意以下几点：

（1）在电力电缆线路保护区内应尽量避免机械化施工。电力线路维护人员必须留在施工现场进行故障防范。注意提醒施工人员避免在电力电缆线路的敷设地面上进行挖掘作业，尽量避免导致电力电缆被损坏。

（2）在日常巡检中，应安排工作人员对电缆沟、瓷套管、终端头等位置进行定期清扫与打理；若电力电缆的接地电阻、绝缘电阻等检修质量不合格，则应当及时维修处理，并针对已严重锈蚀且其支架稳定性较低的情况，及时做好支架的稳定工作，提高其牢固性。

（3）注意做好电力电缆线路防腐蚀工作。在检修巡查过程中，若有电力电缆的外皮存在严重的腐蚀现象，必须结合其周边环境、土质等情况，及时就其实际原因进行处理。如果确因客观原因导致，应将该线段电缆进行穿管保护，用中性土壤补垫、覆盖；若发现局部外皮炭化，应考虑是否有外伤，并分析线路载流方面是否存在问题；若是载流不能满足，必须重新分配负荷或全线更换电缆。

## 第二节　高压断路器

### 一、断路器概述

断路器是电力系统中负责开断、关合和承载电流的开关装置。当断开电路时，若断开处电压大于 10 V，回路电流大于 80 mA 时，断开的瞬间断口处会产生电弧。由于电弧能量集中，温度极高，会对设备造成破坏。因此，现在的高压断路器都具有完善的灭弧装置。在故障状态时，依靠断路器和继电器配合准确迅速地切断故障短路电流，对整个电气系统起到保护作用。

微课视频：
高压断路器简介

断路器是整个供电系统中最重要的电气设备之一，它主要有控制与保护两方面的作用。

（1）控制作用：根据供电系统实际需求，将部分或者全部电气设备投入或退出运行。

（2）保护作用：在电力设备或线路发生故障时，将故障部分从供电系统中迅速切除，避免事故扩大，保护系统中其他电气设备不受损坏，保证电网非故障部分的正常运行。

因高压断路器在供电系统中担负着重要任务,所以必须满足以下基本要求:① 工作可靠;② 有强大的开断能力;③ 具有尽可能短的切断时间;④ 具有自动重合闸功能;⑤ 结构简单,造价低;⑥ 机械强度高。

(一)断路器的参数

1. 额定电压($U_N$)和最高工作电压

额定电压是指断路器正常工作状态下承载的标准电压。它决定了断路器的绝缘水平、总体尺寸和灭弧条件,在三相电路中,额定电压均指线电压。

最高工作电压是指断路器在运行中应能长期承受的最高电压,按照国家标准,额定电压在 220 V 及以下的设备,最高工作电压为额定电压的 1.15 倍,330 kV、500 kV 及以上的电压等级设备,最高工作电压为额定电压的 1.1 倍。输电线路有电压降,线路供电端母线额定电压高于受电端母线额定电压,断路器可能会在高于其额定电压下长期工作,因此断路器出厂时的鉴定电压以最高工作电压为准。

2. 额定电流($I_N$)

额定电流是指在标准环境下,断路器可长期通过的工作电流。当断路器长期按额定电流工作时,各部分发热不会超过规定允许值。额定电流很大程度上也决定了断路器载流部分的尺寸和结构。

3. 额定开断电流($I_{NK}$)

额定开断电流是指额定电压下断路器能正常开断的最大瞬时电流值,表明了断路器的开断能力。我国规定额定开断电流为:1.6 kA、3.15 kA、6.3 kA、8 kA、10 kA、12.5 kA、16 kA、20 kA、25 kA、31.5 kA、40 kA、50 kA、63 kA、80 kA、100 kA。

4. 额定峰值耐受电流

额定峰值耐受电流是指断路器在闭合状态下可通过的最大短路电流的峰值,约等于断路器额定开断电流周期分量有效值的 2.55 倍。

5. 额定短时耐受电流

额定短时耐受电流表明断路器能承受短路电流热效应的能力。额定短时耐受电流等于额定开断电流。

6. 额定短路持续时间

额定短路持续时间是指断路器在合闸位置时,能够承受额定短时耐受电流的时间。

7. 额定短路关合电流

额定短路关合电流是指在断路器进行重合闸时,保证断路器可正常开断且不会损坏其部件的最大短路电流。

8. 断流容量

断流容量表明断路器的开断能力,简称 $I_C$,单位为 MV·A。$I_C$ 的值需要经故障电流计算之后得出,具体公式如下:

$$I_C = \sqrt{3}EI_{NK} \tag{2-3}$$

式中　　$E$——额定电压，单位：kV；

　　　　$I_{NK}$——额定开断电流，单位：kA。

9．操作循环

操作循环是判断断路器操作性能的一项重要指标，我国规定的断路器操作循环如下：

　　　　自动重合闸操作循环：分 — θ — 合分 — t — 合分。

　　　　非自动重合闸操作循环：分 — t — 合分 — t — 合分。

其中：分表示分闸操作；合分表示合闸后立即分闸的动作；θ 表示无电流间隔时间，即断路器断开故障电路，从电弧熄灭起到电路重新自动接通的时间，标准时间为 0.3 s 或 0.5 s，也就是重合闸动作时间；t 为运行人员强送电时间，标准时间为 180 s。

（二）断路器的分类

1．按电压等级分

（1）高压开关设备。额定电压大于或等于 1 kV 的开关设备称为高压开关设备，一般包括断路器、负荷开关、隔离开关、高压熔断器。

（2）低压开关设备。额定电压低于 1 kV 的开关设备称为低压开关设备，一般包括自动空气开关、接触器、磁力启动器、闸刀开关、低压熔断器。

2．按灭弧介质作用和原理分

（1）油断路器：开断触头在变压器油中、灭弧介质为变压器油的断路器，可分为多油型和少油型。多油型断路器油量较多，内部变压器油既是灭弧介质，也是绝缘介质。多油型断路器内部油量过多，体积较大，但断流容量小且不易维护，现已基本淘汰。少油型断路器内部变压器油仅作为灭弧介质，油量较小。

（2）SF6 断路器：灭弧及触头开断后的弧隙绝缘介质是 SF6 的断路器。该断路器有着开断能力强、电气寿命长、绝缘水平高、密封性能好等特性。

（3）真空断路器：以高真空作为灭弧介质和触头开断后的弧隙绝缘介质的断路器，内部气体压力在 $133.322 \times 10^{-4}$ Pa 以下。真空断路器有着开断能力强、触头开距小、熄弧时间短、可频繁操作、没有火灾和爆炸的危险、不需要检修的优点。目前主要用在 35 kV 及以下需要频繁开断的场所。

（4）直流断路器：应用在城轨交通牵引变电所整流装置牵引侧及馈线侧的高压断路器，一般以开关柜形式出现。

（5）压缩空气断路器：以高速流通的压缩空气为灭弧触头开断后的弧隙绝缘介质的断路器。

（6）磁吹断路器：利用磁场的作用使电弧熄灭的一种断路器。

3．按应用场景分

（1）发电机断路器：控制和保护发电机用的断路器，断路器的额定电压在 17.5～36 kV 范围内，额定电流及额定短路开断电流极大，不需要快速自动重合闸。

（2）输电断路器：用于110（63）kV及以上输电系统中的断路器。其中110 kV、220 kV电压等级使用的断路器称为高压断路器，330 kV及以上电压等级使用的断路器称为超高压断路器。输电断路器除了要求具备快速自动重合闸功能外，还常要具备开合近区故障、失步故障、架空线路和电缆线路充电电流的能力。

（3）配电断路器：用于35 kV及以下的配电系统中的断路器。这类断路器要具备快速自动重合闸的功能。

### （三）高压断路器的基本结构

高压断路器的基本结构如图2-2所示，其中开断元件是断路器的核心部件，承担着设备的控制、保护、隔离任务，其他部件都是为了辅助其完成上述功能设置的。

1．开断元件

主要零部件：主灭弧室、主触头系统、主导电回路、辅助灭弧室、辅助触头系统、并联电阻。

功能：开断或关合电力线路，保护电力系统安全运行。

2．绝缘支撑元件

主要零部件：瓷柱、瓷套管、支柱、拉近绝缘子。

功能：支撑固定开断元件，保证开断元件对地绝缘，承受开断元件操作所产生的力及各种其他外力。

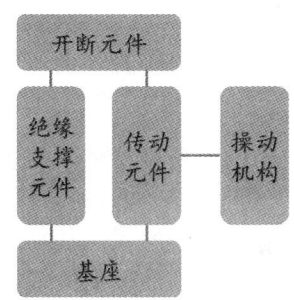

图2-2 高压断路器的结构

3．传动元件

主要零部件：连杆、齿轮、拐臂、液压管道、压缩空气管道。

功能：向开断元件提供分合闸所需作用力，实现规定的顺序操作。

4．操动机构

主要零部件：弹簧、液压、电磁、气动及手动机构本体及配件。

功能：提供能量给开断元件以完成分合闸操作。

5．基座

主要零部件：高压断路器本体底座。

功能：支撑、固定整台设备，使各部件构成一个整体。

### （四）高压断路器的命名

高压断路器的命名通常包含断路器类型、安装地点、额定电流、额定电压等信息，按国家制定的标准，断路器命名多为以下格式：

$$\boxed{1}\boxed{2}\boxed{3}-\boxed{4}\boxed{5}/\boxed{6}-\boxed{7}$$

第一位表示断路器类别代号。其中，S表示少油断路器，D表示多油断路器，L表示六氟化硫（SF6）断路器，Z表示真空断路器，K表示压缩空气断路器，C表示磁吹断路器，Q表示自产气断路器。

第二位表示设备安装地点。其中，N 表示户内，W 表示户外。

第三位表示设计序号，以数字形式表示。

第四位表示额定电压，单位为 kV。

第五位表示额外补充特性。其中，G 表示改进型，F 表示分相操作。

第六位表示额定电流，单位为 A。

第七位表示额定开断电流，单位为 kA。

例如，ZN28-12/630-25，即为户内型，设计序号 28，额定电压 12 kV，额定电流 630 A，额定开断电流 25 kA 的真空断路器；SN4-20G/8000-30，即为户外型，设计序号 4，额定电压 20 kV，改进型，额定电流 8 000 A，额定开断电流 30 kA 的少油断路器。

## 二、真空断路器

### （一）真空断路器的机械特性

真空断路器是以真空度约为 $10^{-4}$ Pa 的高真空作为灭弧介质和触头开断后的弧隙绝缘介质的断路器。因其可频繁操作、开断能力强等特点得到了广泛的应用。与其他断路器相比，真空断路器的工作原理只是灭弧介质不同。真空中没有导电介质，能够使电弧迅速熄灭。因此，断路器动触头与固定触头之间的距离很小。

真空断路器按安装方式不同可分为落地式真空断路器、悬挂式真空断路器、综合式真空断路器和接地箱式真空断路器。按灭弧室外壳材质可分为玻璃外壳式真空断路器和陶瓷外壳式真空断路器。按触头形状可分为横磁吹式真空断路器和纵磁吹式真空断路器。

真空断路器的触头为对接式结构，其机械特性参数与其他结构（如插入式）断路器不同。真空断路器的机械特性主要表现为动触头相对于静触头的运动特性。

（1）触头开距：当真空断路器处于分闸状态时，动、静触头之间的距离。

真空断路器的触头开距主要取决于额定电压、分断性质、耐压水平及寿命要求。适当增大触头开距可以提高绝缘水平；反之减小触头开距则可适应频繁操作，提高真空断路器的寿命。波纹管是真空灭弧室中最薄弱的元件，所以真空灭弧室的机械寿命主要取决于波纹管。通常而言，10 kV 真空断路器的开距在 8～12 mm 之间，35 kV 真空断路器开距在 30～40 mm 之间。

（2）合闸弹跳。真空断路器合闸速度较高且均采用对接式触头，合闸时就可能产生触头弹跳。这种弹跳会造成触头熔焊，产生过电压，且还会使波纹管因强迫振动而出现裂纹，导致灭弧室漏气，所以合闸弹跳越小越好

（3）接触行程：在合闸过程中，触头从接触到动触头开始到继续运动至静止所需距离，也就是触头弹簧的压缩距离，一般是开距的 20%～40%。

（4）合闸时间：从合闸回路有电流开始到所有触头都接触瞬间为止的时间间隔。

（5）分闸时间：从分闸回路有电流开始到所有触头都分离瞬间为止的时间间隔。

（6）合闸平均速度：合闸过程中 80% 行程的平均速度。合闸速度太低的话预期击穿时间较长，电弧存在时间长，触头表面电磨损大，会降低灭弧室的点寿命，但如果合闸速度过高，则容易产生合闸弹跳，影响灭弧室的机械寿命。

（7）分闸平均速度：分闸过程中 80% 行程的平均速度。通常来讲分闸速度越快越好，但过快的分闸速度容易引起分闸反弹过大，产生重燃现象。

## （二）真空断路器的结构

真空断路器按其结构的功能可分为以下六个部分：

（1）支架：安装各功能组件的架体。

（2）真空灭弧室：电路的关合与开断过程中的熄弧元件。

（3）导电回路：与灭弧室的动端及静端连接构成电流通道。

（4）传动机构：把操动机构的运动传输至灭弧室，实现灭弧室内触点的合、分操作。

（5）绝缘支撑：将各功能元件架接起来满足断路器的绝缘要求。

（6）操动机构：断路器合、分闸的动力驱动装置。

户外真空断路器多为瓷套式真空断路器。图 2-3 所示为常用的 ZW32 型户外真空断路器。

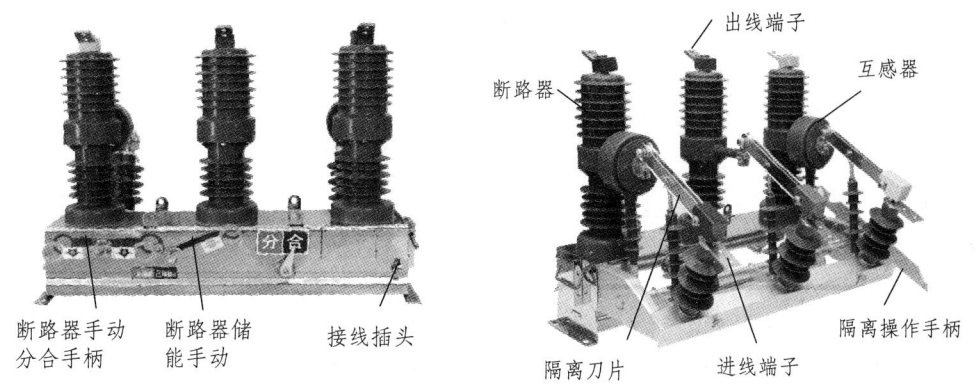

图 2-3 ZW32 型户外真空断路器的外形结构

## （三）真空断路器灭弧室结构

真空断路器的核心部件为真空灭弧室，它是由屏蔽筒、两端的金属盖板和波纹管组成的密封容器。真空灭弧室内有一对触头（静触头和动触头）分别焊接在各自的导电杆上，波纹管的另一端口与动端盖板的中孔焊接，动导电杆从中孔穿出外壳。由于波纹管可以在轴上自由伸缩，因而这种结构既能实现在灭弧室外带动动触头做分合运动，又能保证真空外壳的密封性。

真空灭弧室的结构如图 2-4 所示。

真空断路器的工作原理大致如下：真空灭弧室内部有密封在真空中的一对触头，用以实现电力电路的接通与分断，其绝缘介质为高真空。当断开一定数值电流时，动、静触头分离的瞬间，电流收缩聚集到触头刚分离的某一点或某几点上，极间电阻剧烈增大、温度急剧升高，直至发生电极金属蒸发现象，同时形成极高的电场强度，导致剧烈的场间发射和间隙的击穿，产生真空电弧，当工作电流接近零时，触头间距增大，真空电弧的等离子体很快向四周扩散，电弧电流过零后，触头间隙的介质迅速由导电体变成绝缘体，电流被分断，开断结束。

真空断路器的结构及绝缘方式决定了其拥有以下特点：

（1）触头开距小，开合动作快。

（2）寿命长，适用于频繁操作场景。

（3）燃弧时间短，触头烧损轻。

（4）结构较为紧凑，占地空间小。

（5）灭弧室几乎不需要检修，维修工作量小。

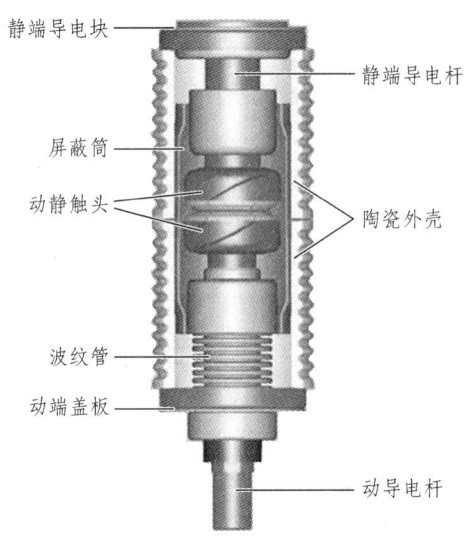

图 2-4 真空断路器的内部结构

（6）防火、防爆性能较好。

（7）制造难度高，成本高。

（8）无法直观监视真空度变化。

（9）开断小电流有可能产生较高过电压。

## （四）真空断路器的安装及检修

### 1．真空断路器的安装

根据真空断路器的特点，在其安装过程中应注意以下几点：

（1）安装前进行完善的检查，主要为外观和内部两部分，真空灭弧室、传动机构、绝缘支撑等部件必须是完整无损、无异物且符合相关规定。

（2）严格执行安装要求，明确安装规程。合规选择各元器件安装所需紧固件。

（3）着重检查极间距离，上下出线位置、距离必须符合技术规章要求。

（4）安装工具需满足装配要求且保持清洁。在灭弧室附近紧固螺丝时不准使用活扳手。

（5）转动关节处需涂抹润滑油。

（6）安装调试合格后应对断路器进行清洁，确保各零部件的可调连接部位均用红点标记。接线处涂抹防腐油脂。

### 2．真空断路器的检修

日常工作中，真空断路器几乎不需要进行检修，但需定期检测真空度以确保其正常运行，保障设备安全。测试方法主要有以下三种：

（1）绝缘电阻测量法：用 1000 V 兆欧表测量动、静触头两端的绝缘电阻，若电阻大于 500 mΩ 则可判定真空度良好。

（2）耐压试验法：向动、静触头施加交流工频电压，持续耐压 1 min。若无击穿则可判定真空度良好。

（3）专用仪器检测法：用专用真空度检测仪检查，可直接测出真空度数值。

## （五）六氟化硫（SF6）断路器

六氟化硫（SF6）断路器是一种以 SF6 气体为绝缘介质的断路器。其灭弧原理为利用高压 SF6 气体流向低压区时产生的强力气流吹熄触头间电弧。SF6 断路器的绝缘性能和灭弧特性都大大高于油断路器，但由于造价较高且 SF6 气体在应用、管理、运行方面的要求较高，因此主要应用于 110 kV 以上电压等级的电力线路上。

### 1．SF6 气体的特点

SF6 气体无毒、无色、无臭、不易燃，在常温状态下极为稳定，惰性远超氮气，密度约为空气密度的 5 倍。在三个大气压时，SF6 气体的绝缘性能与变压器油相等，压力越高则绝缘性能越好。在同等条件下，其绝缘性能是空气的 2~3 倍。SF6 气体灭弧能力极强，自由开断时，其灭弧性能是空气的 100 多倍。纯 SF6 气体对金属和绝缘材料无腐蚀作用。

SF6 气体也存在一定的负面影响，主要体现在以下两方面：

（1）断路器开合过程中会产生对生物有害的分解物。

（2）SF6 本身为温室气体，易造成温室效应危害生态环境。

### 2．SF6 断路器的特点

（1）性能稳定，开断电流大。

（2）适用于超高压大容量电力系统。

（3）灭弧介质强度恢复较快，可不并联电阻开断各种故障线路。

（4）结构简单，占地面积小。

（5）极少漏气，连续开断次数多。检修周期长。

（6）制作工艺要求较高，制造成本高。

### 3．SF6 断路器的类型

常见的 SF6 断路器按对地绝缘方式不同可分为落地罐式 SF6 断路器和绝缘子支柱式断路器。

#### 1）落地罐式 SF6 断路器

该断路器触头及灭弧室位于接地且充有 SF6 气体的金属罐中，用环氧树脂支撑绝缘子完成触头与罐壁间的绝缘，用瓷套管引出绝缘线。图 2-5 所示为落地罐式 SF6 断路器。

落地罐式 SF6 断路器结构重心低，抗震性能较好，断流容量大，可按实际需求加装电流互感器，也可与隔离开关、接地刀闸、避雷器组成 GIS 设备；但落地罐式断路器也有罐体制造耗材多、用气量大、造价高的缺点。

#### 2）绝缘子支柱式 SF6 断路器

这种断路器采用积木式结构，有 Y 型（见图 2-6）、T 型和 I 型三种，灭弧室位于高电位，靠支柱绝缘瓷套实现对地绝缘。

SF6 断路器灭弧室按结构类型又可分为单压式和双压式两种。

（1）单压式灭弧室：又称为压气式灭弧室，只配备一个气压系统，即常态时只有单一压力的 SF6 气体。灭弧室可动部分配有压气装置，分闸过程中压气缸与触头同时运动，SF6 气压升高，产生吹弧作用吹熄电弧。单压式灭弧室又分为定开距和变开距两种结构。

图 2-5 落地罐式 SF6 断路器

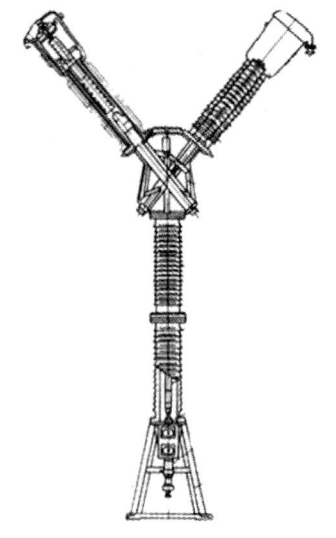
图 2-6 绝缘子支柱式 SF6 断路器

（2）双压式灭弧室：有高、低两个不同气压系统，灭弧时高压室控制阀打开，高压 SF6 气体吹向低压系统，再吹向电弧使其熄灭。灭弧室内正常状态时充有高压气体的称为长充高压式，仅在灭弧过程中才充有高压气体的称为瞬时高压式。

单压式灭弧室结构较为简单，且因技术更迭，近年来单压式 SF6 断路器采用了大功率液压机构和双向吹弧，逐渐取代了双压式断路器。

**4．SF6 断路器的安装与日常维护**

SF6 气体本身无毒，但其制造过程及灭弧过程中易产生剧毒气体，所以在安装及日常维护过程中需注意以下事项：

（1）严格控制 SF6 中的水分。可采取以下措施：强化断路器的密封；对断路器零部件进行彻底烘干后再进行组装；严格控制 SF6 气体中的含水量；严格控制断路器充气前的含水量；在 SF6 断路器内加装吸附剂。

（2）SF6 在灭弧时会产生部分有害气体和粉尘，所以排放废气和拆开断路器灭弧部件时，应穿长袖工作服，佩戴防毒面具、防护手套，避免露出皮肤。

（3）SF6 废气需经过滤罐过滤掉有毒粉尘后再进行排放。

（4）断路器部件的拆装、检修一般应在干燥、清洁的室内进行；现场检修时，天气应稳定无雨且空气湿度不得大于 80%。

（5）为防止断路器内部进入潮气和灰尘，拆卸处理过的部件应马上用塑料布（袋）包好并系紧。

### 三、断路器的操动机构

（一）操动系统的构成

高压断路器的操动系统由操动机构、传动系统、保持与脱钩机构、控制装置、缓冲装置和闭锁装置等部分组成。

1．操动机构

高压断路器操动机构的作用是将其他形式的能量转换成机械能，其种类繁多，结构差异很大，但基本上都是由操作能源系统、分闸与合闸控制系统、传动系统及辅助装置四个部分构成。

按操作能源性质的不同，操动机构可分以下几类：① 手动操动机构；② 电磁操动机构；③ 弹簧操动机构；④ 液压操动机构；⑤ 气动操动机构。

操动机构必须能够提供足够的机械能用以克服断路器的净力矩和短时的电动力矩，以保证断路器的分、合闸速度。

2．传动系统

传动系统的主要作用是将操动机构提供的机械能传递给断路器操作机构，它是操动机构的做功元件与动触头之间相互联系的纽带。传动系统主要由操动机构中的传动元件、断路器中的提升机构和它们之间的传动机构三部分组成。

操动机构中的传动元件由连杆机构或液压、气动传动机构等构成，通过传动机构与断路器的提升杆相连。

传动机构是连接操动机构与提升机构的中间环节，起改变运动方向、增加行程并向断路器传递能量的作用。由于提升机构与操动机构总是相隔一定的距离，而且两者的运动方向也不一致，因此需要有传动机构，一般由连杆机构组成。

提升机构是带动断路器动触头按一定轨迹运动的机构，它将传动机构的运动变为动触头的直线或近似直线运动，使断路器分、合闸，所以也叫变直机构。以上三者之间相互关系如图 2-7 所示。

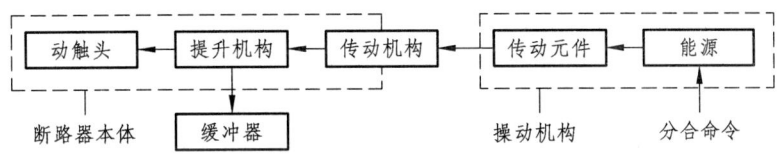

图 2-7  传动系统各部分之间的关系

传动系统形式很多，大致可分为以下几类：

（1）机械传动方式。通常用杠杆、连杆机构、凸轮、齿轮等传动装置实现传动功能，其中以连杆机构使用最广泛。其优点是工作性能可靠，同步性好，且加工步骤简单，调整方便，维护容易；缺点是传递大功率时速度较低，冲击力大。

（2）压缩空气传动方式。一般使用在高压空气断路器及气动机构中。其优点是反应较快，动作迅速；缺点是管道增长时动作时间随之增长，结构较复杂，加工及维护要求高。

（3）液压传动方式。多用于液压操动机构中。其优点是动作平稳，传动力大，速度快，调整方便；缺点是结构复杂，加工难度大，传递速度受温度的影响。

（4）气压机械混合传动方式。多用于压缩空气断路器和少油断路器，这种传动方式是以杠杆代替部分管道和元件。其优点是同步性好、传动快；缺点是结构复杂、维护要求较高。

（5）液压机械混合传动方式。多用于少油及 SF6 断路器中，此种传动方式也是以杠杆代替部分管道和元件。其优点是动作速度快、制造比液压机构简单；缺点是结构较复杂、冲击力大。

3．保持与脱钩机构

这是一种可以使断路器保持在合闸位置的同时也能迅速解除合闸位置，使断路器进入自由分闸状态的装置。

常见脱扣装置类型有折杆式、锁钩式、滚轮锁扣式三种。

4．控制系统

控制系统按介质不同通常分为油控、气控、电控。它可以实现对断路器的中远程控制，保持或释放控制的功能。

5．缓冲装置

断路器分合过程中运动部件速度较高，导致在动作尾端仍有大量动能残余。分、合闸缓冲器则可吸收多余动能，使机构免受机械冲击。缓冲装置一般装设在提升机构旁，具有较短的复位时间，以便为下次动作做好准备。缓冲器有时也可用于改变动作过程中的速度特性。

常见的缓冲装置有四种：油缓冲器、弹簧缓冲器、气体缓冲器和橡皮缓冲器。

6．闭锁装置

闭锁装置的作用在于防止断路器的误操作和误动作，如位置闭锁（弹簧储能不合要求时机构拒动）、高压力与低压力闭锁（指油、气压力不合要求时机构拒动）等。

### （二）不同断路器操动机构的类型与特点

1．弹簧操动机构

弹簧操动机构主要由合闸储能部分、传动部分和控制部分三部分组成。合闸储能部分包括电动机、减速装置、合闸弹簧、储能装置及保持释放装置。弹簧操动机构的合闸储能弹簧主要有压簧（也称螺旋弹簧）、拉簧（也称螺旋卷簧）和扭簧（也称为蝶形弹簧）三种形式。

按合闸弹簧储能所用的能源不同，弹簧操动机构可分为电动机储能弹簧机构和手力储能弹簧机构两种。合闸和分闸控制部分主要有脱扣器，即脱扣机构。图2-8所示为CT8型弹簧操动机构。

**1）弹簧操动机构的工作流程**

弹簧操动机构的工作流程主要分为储能、合闸、开闸三部分。

（1）储能过程：将断路器小车拉至检修位，并命令推进联锁装置锁扣，电动机通电后转动或将摇把插入变速器手动储能轴上，操动摇把顺时针方向转动，经二级蜗轮、蜗杆减速，将动能传至第二级蜗轮上，再通过轴销、棘爪来驱动储能轴转动，从而使合闸弹簧被拉伸而储能；当储能轴右端的拐臂过了最高点后，减速箱外的合闸擎子将凸轮定位件锁住，保证合闸弹簧储能，以备合闸，同时通过装在储能轴上的拉杆切换行程开关触头，电动机断电，储能过程结束。

（2）合闸过程：按合闸按钮，令合闸电磁铁受电动作，合闸铁心将撞击合闸擎子，合闸擎子与凸轮定位件解锁，合闸弹簧通过凸轮和两组四连杆机构将动能传至动导电杆上，动导电杆从而向上运动，断路器合闸，同时主传动轴上的拐臂带动分闸弹簧拉伸储能；主传动轴上的拐臂转到合闸位后，拐臂上的滚子被与之对应的合闸擎子锁扣，合闸弹簧处于储能状态;与储能轴相连的拉杆切换行程开关触头,接通电动机回路,电动机转动,再令合闸弹簧储能。

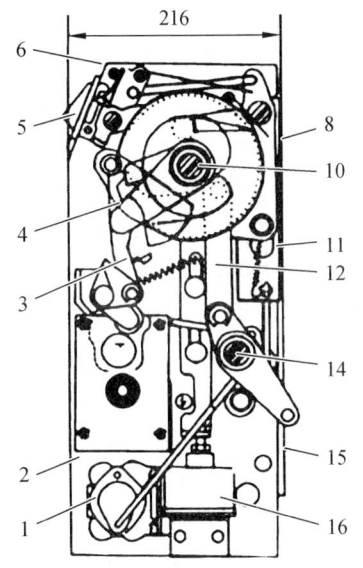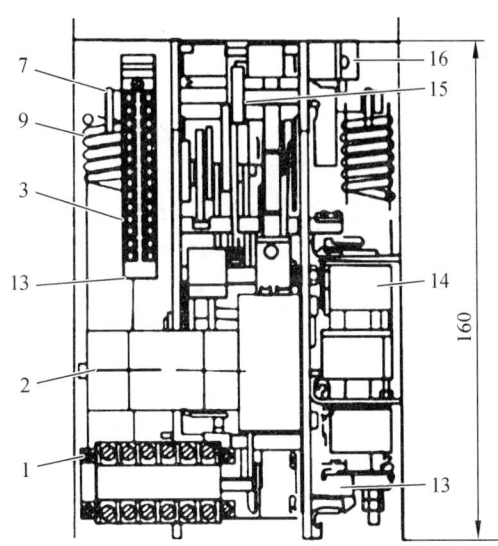

1—辅助开关;2—储能电机;3—半轴;4—驱动棘爪;5—按钮;6—定位件;7—接线端子;8—保持棘爪;9—合闸弹簧;10—储能轴;11—合闸联锁板;12—连杆;13—分合指示器;14—输出轴;15—角钢;16—合闸电磁铁;17—失压脱扣器;18—过电流脱扣器及分闸电磁铁;19—储能指示;20—行程开关。

图 2-8 CT8 型弹簧操动机构

(3)分闸过程:按分闸按钮,令分闸电磁铁受电动作,其铁心撞击分闸擎子,使其脱扣,分闸弹簧释放能量,通过拐臂使主传动轴反向转动,经传动四连杆令动电杆向下运动,断路器分闸;同时主传动轴上的拐臂撞击油缓冲器和橡胶缓冲器,起分闸缓冲和分闸定位作用。

**2)弹簧操动机构的使用和检修**

在弹簧操动机构日常使用、检修过程中应注意以下几点:

(1)初次使用操动机构前,要进行分、合闸,手动、电动储能性能试验。

(2)按规程和检修工艺定期对操动机构各机械运动部分进行润滑,检查各部位螺栓是否松动,若有松动,则予以紧固。

(3)按规程定期对操动机构电气元件进行预防性试验。

(4)定期检查合、分闸弹簧是否完整无损,分、合闸弹簧长度是否符合要求。

2.**液压操动机构**

1)**液压操动机构的构成**

液压操动机构的主要构成元件有储能元件、控制元件、操动(执行)元件、辅助元件、电气元件五个部分。

(1)储能元件:包括储压器、滤油器和油泵等元件。当电动机驱动油泵时,液压油通过滤油器从油箱抽出打压送入储压器,压缩氮气储存能量。当操作时,气体膨胀对外做功,通过液压油传递给工作缸,转变成机械能,实现断路器分、合闸操作。

（2）控制元件：作为储能元件与操动元件的中间连接，发出分、合闸动作的液压脉冲信号以控制操动元件。它包括分、合闸电磁铁，分、合闸启动阀和二级阀等。

（3）操动元件：包括工作缸、压力开关、安全阀和放油阀等元件。工作缸借助连接件与断路器本体连接，受控制元件控制，驱动断路器实现分、合闸动作；压力开关用于控制电动油泵启动、停止和分、合闸闭锁；安全阀用于释放故障情况引起的过高压力，以免损坏液压元件；放油阀用于在调试和检修时释放油压，分为高压放油阀和低压放油阀。

（4）辅助元件：包括信号缸、油箱、排气阀、压力检测器和辅助储油器等元件。信号缸用于带动辅助开关切换电气控制回路，有的还带动分、合闸指示器及计数器；油箱是储油容器，平时与大气相通，操作时因工作缸排油，将会使它的内部压力瞬时升高；排气阀用以在液压系统压力建立之前排尽工作缸、管道内气体，以免影响动作时间和速度特性；压力检测器用于测量液压系统压力值；辅助储油器用于充分利用液压能量，减小工作缸分闸排油时的阻力，提高分闸速度。

（5）电子元件：包括分、合闸线圈，加热器和微动开关等元件。分、合闸线圈分别用以操作分、合闸电磁阀（一级阀）；加热器用于在外界低温时，保持机构箱内的温度，防止油液冻结和驱散箱内潮气，分为手动和自动两种；微动开关作为分、合闸闭锁触点和油泵启动、停止用触点，同时给主控室转换信号，以起到监控作用。液压操动机构的主要优点是输出功率大，时延小、动作快，负载特性配合好，噪声小，速度易调整，可靠性高，维修方便等。其主要缺点是加工工艺要求高，如果制造或装配不良，容易渗漏油，速度特性易受环境温度的影响。

**2）液压操动机构的工作原理**

液压操动机构采用差动原理，利用同一工作压力的高压油作用在活塞两侧的不同截面上测试作用力差，从而使活塞运动来驱动断路器进行分、合闸操作。工作缸活塞和二级阀芯均按差压原理设计，一般在分闸侧常充有高压油，而在合闸侧则由阀系统进行控制，只有在合闸操作及合闸位置时才充入高压油，在分闸位置时与低压油箱连通。

液压操动机构系统的工作原理如图2-9所示。

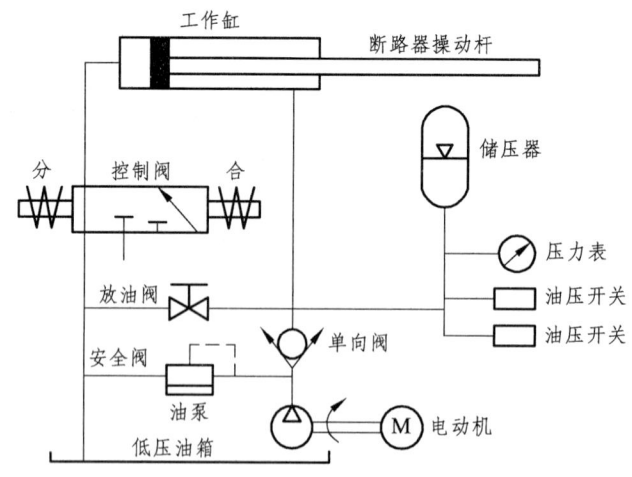

图2-9 液压操动机构系统的工作原理示意图

工作缸活塞右侧分闸腔与储压器直接连通，因此，无论是在合闸位置还是在分闸位置，都处在常高压状态。活塞左侧合闸腔则通过阀来控制。当合闸时，电磁铁线圈受电产生磁力，打开合闸电磁阀（一级阀），使高压油进入二级阀操纵活塞的合闸腔，操纵活塞推动二级阀的阀芯运动，于是关闭工作缸通往低压油缸的油路，打开高压阀口，使操纵活塞分闸腔的油从排油孔排出。储压器中的高压油进入工作缸活塞合闸侧，由于在活塞的合闸腔侧承压面积大于分闸腔侧承压面积，使活塞快速向右运动，实现合闸。当分闸时，合闸腔中的高压油泄至低压油箱，同时在分闸腔内高压油的作用下，活塞向左运动，实现快速分闸。

液压操动机构是用油作为机械能传递的媒介，机械能是储存在储压筒内，目前，储压筒储存能量的方式主要有以下两种：

（1）利用氮气来储存能量，即在储压筒活塞的上部充入规定预充压力的氮气。氮气受压缩时就储存了能量。

（2）弹簧储能方式，即结构上使储压筒活塞与专用碟形弹簧相连。油泵打压时，被压的液压油推动储压筒活塞压缩碟形弹簧储能。

3．液压弹簧机构

液压弹簧机构是一种以弹簧储能、液压传递的操动机构。液压弹簧操作机构的液压部分的储气筒上部充以高压氮气，通过氮气储存的大量能量，使航空油成了具有操作能量的压力油，通过油路进入液压操作机构部分，控制断路器的分、合闸。它具有机构紧凑、质量轻、与断路器组装简单方便、部件少、噪声低、免维修等优点。

下面以 AHMA 液压弹簧机构为例，详述此种机构的结构及运作原理。AHMA 弹簧贮能液压操动机构将全部液压元件汇集在高压区，各部件环绕中央高压区主轴排列，结构十分紧凑，取消了外部连接管路。

液压弹簧机构的工作流程分为以下几部分：

（1）充压：液压泵将油加压输送到高压蓄压器（又称蓄压缸），蓄压器的贮能活塞与组装碟形弹簧圆柱连接。依靠弹簧的压缩行程指示弹簧圆柱的贮能状态，通过控制杆带动液压泵控制系统的小开关。液压泵与高压蓄压器之间装有逆止阀，防止停泵时压力下跌。

（2）合闸：工作活塞带有操作杆一侧是常充压的，工作活塞顶端侧与低压贮油箱连接，由于一端常充压就能可靠地保持在分闸状态。当合闸导向阀动作，主阀切换，隔绝工作活塞顶端侧与低压贮油箱通路，同时将高压蓄压器与工作活塞顶端侧接通，工作活塞两端都接入高压系统，由于工作活塞顶端侧的盘形面积大于工作活塞带操作杆侧的环形面积，工作活塞就移动到合闸位置。

（3）分闸：当分闸导向阀动作，主阀转换到初始位置，工作活塞顶端侧液压介质流向低压贮油箱，工作活塞即移动到分闸位置。合闸和分闸的操作速度可通过功能各自独立的节流丝杆来调节。

（4）其他：用机械方法操作的安全阀用来防止弹簧贮能过度和高压油系统压力过高，从贮能活塞的位置来控制各种操作程序的联锁接点。

4．电动操动机构

电动操动机构是与高压隔离开关配套用的一种操动机构。通过二级齿轮变速和蜗轮蜗杆减速，在无载流情况下操作高压隔离开关以切换线路，并对电器设备与带电的高压线路进行电气隔离。

电动机操动机构的基本原理是用一台电子器件控制的电动机去直接操动断路器的操作杆。该电动机操动机构主要包括能量缓存单元、充电单元、变换器单元、控制单元、电动机及输入/输出单元。电动机由能量缓存单元经变换器供电，能量缓存单元由充电单元（电源单元）来充电。基于微处理器的控制单元控制速度和监视。电动机操动机构的操动通过输入/输出（I/O）来实现。

# 第三节　隔离开关

## 一、隔离开关概述

隔离开关的主要作用是将电气设备与正在运行的电网隔离，以保证检修工作的安全进行。隔离开关无灭弧功能，因此开断电流能力有限，在合闸状态下能承载正常通过的电流及短时故障电流。一般用于 1 kV 以上线路中。

微课视频：
隔离开关简介

隔离开关本身结构较为简单，但是使用频率高，总体使用次数多，因此对其结构及材质可靠性有较高的要求。

（一）隔离开关的作用

隔离开关的主要功能如下：

1．隔离电源

隔离开关触头、导电杆均暴露在外，分闸状态下隔离开关断口明显可见。设备检修时，用隔离开关将带电部分和非带电部分隔离，造成明显的断开点，使维修人员放心监护、便于确认故障点，确保人员和设备的安全。

2．与断路器配合进行倒闸操作

隔离开关不具备开断高负荷电路的能力，因此隔离开关通常和断路器配合使用，且在操作中必须注意与断路器操作的先后顺序。如果隔离开关与断路器串联，则分闸操作时先断断路器，后分断隔离开关；合闸操作时，先合隔离开关，再合断路器。若是并联状态，合闸时应先合断路器，再合隔离开关；分闸时先分断路器再分隔离开关。

隔离开关与断路器配合使用可以提升电气系统的可靠性、灵活性、经济性。

3．接通切断小电流回路和旁路（回路）电流

隔离开关不具备专门的灭弧装置，只能依靠大气绝缘性能和流动性自然灭弧，因此灭弧能力相当有限。一般只用来切断以下电路：

（1）电压互感器和避雷器电路。

（2）励磁电流不超过 2 A 的空载变压器电路。

（3）电容电流不超过 5 A 的空载线路。

（4）母线和直接接在母线上的电气设备的电容电流。

（5）变压器的中性点接地。

### （二）隔离开关的主要参数

（1）额定电压：隔离开关正常工作时，允许施加的电压等级。

（2）最高工作电压。由于输电线路存在电压损失，电源端的实际电压总是高于额定电压，因此，要求隔离开关能够在高于额定电压的情况下长期工作，在设计制造时就给隔离开关确定了一个最高工作电压。

（3）额定电流：隔离开关可以长期通过的最大工作电流。隔离开关长期通过额定电流时，其各部分的发热温度不超过允许值。

（4）动稳定电流：隔离开关承受冲击短路电流所产生电动力的能力，是生产厂家在设计制造时确定的，一般以额定电流幅值的倍数表示。

（5）热稳定电流：隔离开关承受短路电流热效应的能力，是由制造厂家给定的某规定时间（1 s 或 4 s）内，使隔离开关各部件的温度不超过短时最高允许温度的最大短路电流。

（6）接线端子额定静拉力：绝缘子承受机械载荷的能力，分为纵向和横向。

### （三）隔离开关的相关术语

（1）接地开关：释放被检修设备和回路的静电荷以及为保证停电检修时检修人员人身安全的一种机械接地装置。它可以在异常情况下（例如短路）耐受一定时间的电流，但在正常情况下不通过负载电流，它通常是隔离开关的一部分。

（2）快分隔离开关：分闸时间等于或小于 0.5 s 的隔离开关称为快分隔离开关。

（3）断口距离：隔离开关的主隔离开关在正常分闸位置时，同相两极触头之间的最短距离。对多断口隔离开关而言，最短距离是指全部断口最短绝缘距离之和。

（4）合闸不同期性：两相或多相隔离开关的主隔离开关不同时接触时的差异，通常以距离表示。

（5）接线端机械负荷：在考虑母线的自重、张力、风力、覆冰和雪施加于隔离开关接线端的情况下的最大拉力。

## 二、隔离开关的结构及分类、命名

### （一）隔离开关的结构

隔离开关种类较多，但基本上都是由开断元件、支撑绝缘件、传动元件、基座及操动机构五个基本部分组成。开断元件是这些基本组成部分中的核心元件，开关的导电及安全隔离等方面的任务都需要它来完成。其他组成部分都是配合开断元件为完成上述任务而设置的。

隔离开关的结构如图 2-10 所示。其中，开断元件

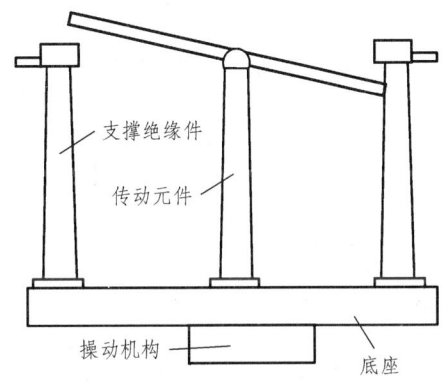

图 2-10 隔离开关结构示意图

包括主触头系统和主导电回路，负责开断及关合电力线路、安全隔离电源。支撑绝缘件为绝缘子等构成的支柱式绝缘件，保证开断元件有可靠的对地绝缘、承受开断元件的操作力及各种外力。传动元件包括各连杆、齿轮、拐臂等元件，主要作用是将操作命令及操动力传递给开断元件的触头导杆及其他部件。操动机构由电动、弹簧及手动机构的本体及其配件组成，为开断元件分合闸操作提供能量，并实现各种规范化操作。

（二）隔离开关的分类

（1）按安装地点可分为户内式和户外式。
（2）按绝缘支柱的数目可分为单柱式、双柱式和三柱式。
（3）按极数可分为单极和三极。
（4）按有无接地刀闸可分为带接地刀闸和不带接地刀闸。
（5）按用途可分为一般用、快速跳闸用和变压器中性点接地用等。
（6）按隔离开关配用的操动机构可分为手动式、电动式、气动式、液压式。
（7）按隔离开关的开合方式分为水平旋转式、垂直旋转式、摆动式、插入式。
（8）按隔离开关机械寿命可分为：

① M0级隔离开关：机械寿命1000个工作循环，适用于输配电系统，满足一般要求。

② M1级隔离开关：具有3000~5000个操作循环，以延长隔离开关的机械寿命。主要用于隔离开关与同级断路器联动操作的场合。

③ M2级隔离开关：机械寿命10000个操作循环，主要用于隔离开关与同级断路器联动操作的场合。

（三）隔离开关的命名

隔离开关和接地开关型号的表示方法如下所示：

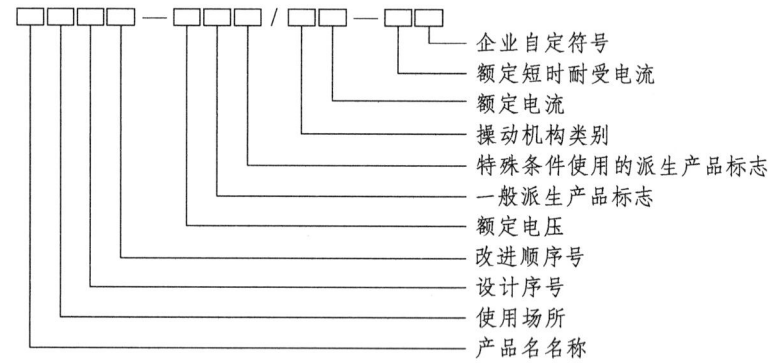

其中：

第一位表示产品名称："隔离开关"用第一个汉字汉语拼音的第一个字母，即"G"表示；"接地开关"用第一个汉字汉语拼音的第一个字母，即"J"表示。

第二位表示使用场所：对于户内场所，用"N"表示；对于户外场所，用"W"表示。

第三位表示设计序号：由行业管理部门根据鉴定及申领型号的先后顺序确定，用阿拉伯数字"1""2""3"等表示。

第四位表示改进顺序号：产品有重大改动时，由行业管理部门确认后，用拉丁字母"A""B""C"表示。

第五位表示额定电压：按照 GB 153—1993 中确定的设备最高电压的千伏（kV）数表示。

第六位表示一般派生产品标志：一般派生产品标志的规定符号见 JG/T 8754—1998。

第七位表示特殊条件使用的派生产品标志：特殊条件使用的派生产品标志的规定符号见 JB/T 8754—1998。

第八位表示操动机构类别：S 表示手力操动机构；T 表示弹簧操动机构；J 表示电动机操动机构。

第九位表示额定电流：以额定电流的安培（A）数表示。

第十位表示额定短时耐受电流：以额定短时耐受电流的千安（kA）数表示。

第十一位表示企业自定符号：根据需要，由企业自定，如无，则不标注。

## 三、隔离开关的实际应用

### （一）隔离开关的运行环境

隔离开关处于分闸位置时的空气间隙长度，既要考虑在各种过电压下隔离开关不至于发生闪络，还需要考虑检修时人体活动安全范围的要求。通常人体活动范围为 0.75 m，故隔离开关打开后空气间隙长度要求不小于最小安全净距 0.75 m。例如，220 kV 的隔离开关最小安全净距为 1.8 m（相对地），220 kV 隔离开关分闸位置的空气间隙长度通常不小于 2.55 m。

隔离开关在电力系统中的具体作用与电气主接线有关。例如，双母线接线的母线隔离开关在正常运行时起切换母线的作用，用以将某个回路接入运行方式所规定的工作母线。在检修断路器时，打开母线及出线隔离开关，在被检修的断路器两侧形成明显的空气间隙断开点，起隔离的作用。因此双母线接线中的隔离开关既有隔离作用，又有操作功能。而在单母线接线或 3/2 接线中的隔离开关则只在检修断路器时起隔离作用。此外，双母线接线中的母线隔离开关在进行切换母线倒闸操作的过程中，同一回路的两组母线隔离开关与母线联络回路会形成环路，为此母线隔离开关分闸时要具备切除环路电流的能力。

### （二）对隔离开关的基本要求

（1）隔离开关应具有明显断开点，便于确定被检修的设备或线路是否与电网断开。

（2）隔离开关断开点之间应有可靠的绝缘，以保证在恶劣的气候条件下也能可靠工作，并在过电压及相间闪络的情况下，不至于从断开点击穿而危及人身安全。

（3）隔离开关应具有足够的热稳定性和动稳定性，尤其不能因电动力的作用而自动断开，否则将引起严重事故。

（4）隔离开关的结构要简单，动作要可靠。

（5）带有接地装置的隔离开关必须有联锁机构，以保证先断开隔离开关再合上接地装置、先断开接地装置后再合上隔离开关的操作顺序。

（6）隔离开关应装设和断路器之间的联锁机构，以保证正确的操作顺序，杜绝隔离开关带负荷操作的事故发生。

## （三）隔离开关的常见故障及处理方法

**1．合闸时静触头和动触刀旁击**

这种故障的原因是静触头和动触刀的位置不合适，合闸时造成旁击。对隔离开关应检查动触刀的紧固螺丝有无松动或过紧。对熔断器式隔离开关应检查静触头两侧的开口弹簧有无移位或因接触不良过热退火变形及损坏。

处理方法：调整三级动触头紧固螺丝的松紧程度及刀片间的位置，调整动触刀紧固螺丝的松紧程度，使动触刀调至与静触头的中心位置，做拉合试验合闸时无旁击，拉闸时无卡阻现象。对熔断器式隔离开关应调整静触头两侧的开口弹簧，使其静触头间隙置于动触刀刀片的中心线，做拉合试验。

**2．三级触刀合闸深度偏差大**

偏差值大的主要原因是三级动触刀的紧固螺丝和三级联动紧固螺丝松紧程度和位置（三级刀片之间距离）调整不合适或螺丝松动。

处理方法：调整三级联动螺丝及刀片极间距离，检查刀片紧固螺钉的紧固程度，对熔断器式隔离开关应检查调整静触头两侧的开口弹簧。

**3．合闸后操作手柄反弹不到位**

隔离开关和熔断器式隔离开关合闸后操作手柄反弹不到位的主要原因是：隔离开关手柄操作联杆行程调整不合适或静、动触头合闸时有卡阻现象。

处理方法：调整操作联杆螺丝使其长度与合闸位置相符，处理静、动触头卡阻故障。

**4．接点打火或触头过热**

隔离开关或熔断器式隔离开关触点打火的主要原因是接点接触不良、接触电阻大，触头过热是静动触头接触不良（接触面积小，接点压力不够）所致。

处理方法：停电检查接点、触头有无烧蚀现象，用砂布打平接点或触头的烧蚀处，重新压接牢固，调整触头的接触面和接点压力。

## 第四节　负荷开关与熔断器

微课视频：
负荷开关与熔断器简介

### 一、负荷开关概述

#### （一）负荷开关的用途

负荷开关就是在高压隔离开关的基础上加入灭弧装置构成的一种电气设备。如图 2-11 所示，它可以带负荷通断电路，有自灭弧功能。能通断一定的负荷电流和过负荷电流（工作电流），但不能切断短路电流（事故电流），必须与高压熔断器串联使用，借助熔断器来切除短路电流。高压负荷开关一般用于控制电力变压器。

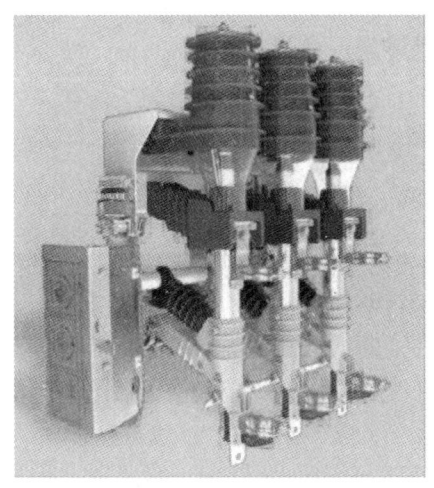

图 2-11 负荷开关

负荷开关的用途与它的结构特点是相对应的,从结构上看,负荷开关主要有两种类型,一种是独立安装在墙上,其结构类似于隔离开关;另一种是安装在高压开关柜中,特别是采用真空或 SF6 气体的负荷开关,则更接近于断路器。

负荷开关有以下用途:

(1)隔离。负荷开关在断开位置时,像隔离开关那样有明显的断开点,因此可起到电气隔离作用。对于停电的设备或线路能提供可靠停电的必要条件。

(2)开断和关合。负荷开关具有简易的灭弧装置,因而可分、合负荷开关本身额定电流之内的负荷电流。还可用来分、合一定容量的变压器、电容器组,一定容量的配电线路。

(3)替代作用。配有高压熔断器的负荷开关,可作为断流能力有限的断路器使用。这时负荷开关本身用于分、合正常情况下的负荷电流,高压熔断器则用来切断短路故障电流。

(二)组合式负荷开关

负荷开关与限流熔断器串联组合成一体的负荷开关称为"组合式负荷开关",在国家标准中规定称为"负荷开关-熔断器组合电器"。熔断器可以装在负荷开关的电源侧,也可以装在负荷开关的受电侧。当不需要经常更换熔断器时,宜采用前一种布置,这样可以用熔断器保护负荷开关本身引起的短路事故;反之则采用后一种布置,以便利用负荷开关兼作隔离开关的功能,用它来隔离加在限流熔断器上的电压。

组合式负荷开关在工作性能上虽可以代替断路器,但由于限流熔断器为一次性动作使用的电器,所以只能应用于不经常出现短路事故且不重要的场所。然而,组合式负荷开关的价格比断路器低得多,且具有显著限流的作用,从而可以有效地减少设备的投资费用。

(三)负荷开关的分类

按使用环境分:户内式、户外式。

按灭弧形式和灭弧介质上分:油式、压气式、产气式、真空式、SF6 式等。

按用途分:通用负荷开关,专用负荷开关,特殊用途负荷开关(目前有隔离负荷开关、电动机负荷开关、单个电容器组负荷开关等)。

按操作方式分：三相同时操作，逐相操作。
按操动机构分：动力贮能，人力贮能。
按操作频繁程度分：一般，频繁。

（四）对负荷开关的要求

（1）负荷开关在分闸位置时要有明显可见的间隙。这样在负荷开关前面就无须串联隔离开关，在检修电气设备时只要开断负荷开关即可。

（2）要能经受尽可能多的开断次数，而无须检修触头和调换灭弧室装置的组成元件。

（3）负荷开关虽不要求开断短路电流，但要求能关合短路电机，并能承受短路电流的动稳定性和热稳定性。

## 二、熔断器

（一）熔断器概述

熔断器是指当温度超过临界值，其本身产生的热量足以使熔体熔断，断开故障电路的一种保护电器。熔断器广泛应用于高、低压配电系统和控制系统以及用电设备中，作为短路和过电流的保护器，是应用最普遍的保护器件之一。其结构简单，造价低，体积小，维护更换方便。因此，熔断器也是最简单且最早应用的保护电器。

熔断器工作时动作直接，不需要继电保护和二次回路相配合。但是每次熔断后须短时停电更换熔体才能再次使用；保护特性不稳定，可靠性低；保护选择性不易配合；不能用于正常切断或接通电路，而必须与其他电器配合使用。

（二）熔断器的主要参数

（1）HRC：高分断能力的缩写，表示熔断器分断大故障电流的能力。

（2）额定电压：所设计的熔断器最大工作电压。

（3）额定电流：熔断器可以持续承载的电流值。

（4）额定分断能力：开关电器或熔断器能分断的预期电流值。

（5）截断电流值（允通电流值）：开关电器或熔断器在分断动作中达到的最大瞬间电流值。

（6）限制短路电流值：由短路保护电器来保护的电路或开关电器在该短路保护电器动作时所能承受的预期电流。

（7）短时耐受电流：电路或在闭合位置上的开关电器在指定短时间内所能承载的电流值。

（三）熔断器的结构和工作原理

熔断器主要由熔体、支持熔体的触头、灭弧装置和绝缘底座等部分组成，如图2-12所示。其中决定其工作特性的主要是熔体和灭弧装置。

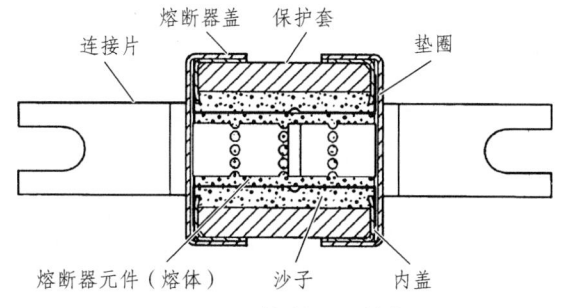

图 2-12 熔断器的结构

熔体是熔断器的主要部件,性能直接影响熔断器的好坏。金属熔体一般有铜、银、锡、铅、锡铅合金等,它们的熔点分别为 1080 ℃、960 ℃、420 ℃、327 ℃、200 ℃。

灭弧装置的主要作用是熄灭熔体熔断时产生的电弧。

熔断器安装在被保护设备或线路的电源侧。熔体熔化时间的长短取决于熔体熔点的高低和所通过的电流大小。熔断器的工作全过程包括以下三个阶段:

(1) 正常工作阶段,熔体通过的电流小于其额定电流,熔断器长期可靠地运行不应发生熔断现象。

(2) 过载或短路时,熔体升温并导致熔化、汽化而断开。

(3) 熔体熔断汽化时产生电弧,又使熔体加速熔化和汽化,并将电弧拉长;这时的高温金属蒸气向四周喷溅并发出爆炸声。熔体熔断产生电弧的同时,也开始了灭弧过程。直到电弧被熄灭,电路才真正断开。

熔断器的灭弧措施可分为两类:一类是在熔断器内装有特殊的灭弧介质,如产气纤维管、石英砂等,它利用了吹弧、冷却等灭弧原理;另一类是采用特殊形状的熔体,其目的在于减小熔体熔断后的金属蒸气量,或者把电弧分成若干串、并联的小电弧,并与石英砂等灭弧介质紧密接触,提高灭弧效果。

(四) 熔断器的分类

(1) 熔断器按使用电压可分为高压熔断器和低压熔断器。

(2) 按保护对象可分为保护变压器用和一般电气设备用的熔断器、保护电压互感器的熔断器、保护电力电容器的熔断器、保护半导体元件的熔断器、保护电动机的熔断器和保护家用电器的熔断器等。

(3) 按结构可分为敞开式、半封闭式、管式和喷射式熔断器。

常见的几种熔断器:

(1) 插入式熔断器:它常用于 380 V 及以下电压等级的线路末端,作为配电支线或电气设备的短路保护用。

(2) 螺旋式熔断器:熔体上的上端盖有一熔断指示器,一旦熔体熔断,指示器马上弹出,可透过瓷帽上的玻璃孔观察到,它常用于机床电气控制设备中。螺旋式熔断器分断电流较大,可用于电压等级 500 V 及其以下、电流等级 200 A 以下的电路中,作短路保护。

(3) 封闭式熔断器:封闭式熔断器分为有填料熔断器和无填料熔断器两种。有填料熔断器一般采用方形瓷管,内装石英砂及熔体,分断能力强,用于电压等级 500 V 以下、电流等级 1 kA 以下的电路中。无填料密闭式熔断器将熔体装入密闭式圆筒中,其分断能力稍小,用于 500 V 以下、600 A 以下的电力网或配电设备中。

（4）快速熔断器：主要用于半导体整流元件或整流装置的短路保护。由于半导体元件的过载能力很低。只能在极短时间内承受较大的过载电流，因此要求短路保护具有快速熔断的能力。快速熔断器的结构和有填料封闭式熔断器基本相同，但熔体材料和形状不同，它是以银片冲制的有 V 形深槽的变截面熔体。

（5）自复熔断器：采用金属钠作熔体，在常温下具有高电导率。当电路发生短路故障时，短路电流产生高温使钠迅速汽化，气态钠呈现高阻态，从而限制了短路电流。当短路电流消失后，温度下降，金属钠恢复原来的良好导电性能。自复熔断器只能限制短路电流，不能真正分断电路。其优点是不必更换熔体，能重复使用。

### （五）高压管式熔断器

高压管式熔断器主要由熔管、接触座、支柱绝缘子和底座组成，如图 2-13 所示。其中熔管是用陶瓷做成的，具有良好的机械强度和耐热性能。熔管不仅是灭弧装置的主要组成部分，而且起到支持和保护熔体的作用。熔体通过端盖与接触座接触组成导电回路。

熔体管由熔管（瓷管）、端盖、顶盖、弹性接触座、陶瓷芯、熔体和石英砂等组成。熔管用滑石陶瓷或高频陶瓷制成，具有较高的机械强度和耐热性能。熔管不仅是灭弧装置的主要组成部分，而且还起着支持和保护熔体的作用。端盖用铜制成，熔体通过端盖与接触座接触组成导电回路。顶盖也用铜制成，用来封闭熔管。充入熔管的石英砂形成大量细小的固体介质狭缝狭沟，对电弧起分割、冷却和表面吸附（带电粒子）的作用，同时缝隙内骤增的气体压力也对电弧起到强烈的去游离作用，所以电弧被迅速熄灭。对于高压管式熔断器，会有指示器显示熔丝熔断与否。

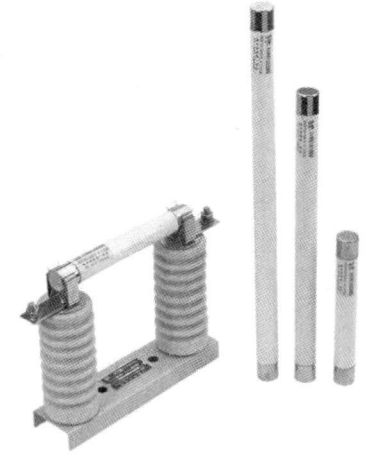

图 2-13　高压管式熔断器

### （六）跌落式高压熔断器

户外跌落式高压熔断器的主要作用是作为电力输电线路和电力变压器的短路和过负载保护，也可以作为分、合空负载和小负载电路之用。

跌落式熔断器是配电线路分支线和配电变压器常用的一种短路保护装置，如图 2-14 所示。它具有经济、操作方便、适应户外环境性强等特点，被广泛应用于配电线路和配电变压器一次侧作为保护和进行设备投、切操作之用。它安装在配电线路分支线上，可缩小停电范围，因其有一个明显的断开点，具备了隔离开关的功能，给检修段线路和设备创造了一个安全作业环境，增加了检修人员的安全感；安装在配电变压器上，可以作为配电变压器的主保护器件。

图 2-14　跌落式熔断器

1. 跌落式熔断器的工作原理

其工作原理是：熔丝管两端的动触头依靠熔丝（熔体）连接，将上动触头推入"鸭嘴"凸出部分后，磷铜片等制成的上静触头顶着上动触头，故而熔丝管牢固地卡在"鸭嘴"里。当短路电流通过熔丝熔断时，产生电弧，熔丝管内衬的钢纸管在电弧作用下产生大量的气体，因熔丝管上端被封死，气体向下端喷出，吹灭电弧。由于熔丝熔断，熔丝管的上、下动触头失去熔丝的作用力，在熔丝管自身重力和上、下静触头弹簧片的作用下，熔丝管迅速跌落，使电路断开，切除故障段线路或者故障设备。

2. 跌落式熔断器的安装

（1）安装时应将熔体拉紧（使熔体大约受到 24.5 N 左右的拉力），否则容易引起触头发热。

（2）熔断器安装在横担（构架）上应牢固可靠，不能有任何的晃动或摇晃现象。

（3）熔管应有向下 25°±2° 的倾角，以利于熔体熔断时熔管能依靠自身重力迅速跌落。

（4）熔断器应安装在离地面垂直距离不小于 4 m 的横担（构架）上，若安装在配电变压器上方，应与配电变压器的最外轮廓边界保持 0.5 m 以上的水平距离，以防万一熔管掉落引发其他事故。

（5）熔管的长度应调整适中，要求合闸后"鸭嘴"舌头能扣住触头长度的三分之二以上，以免在运行中发生自行跌落的误动作，熔管亦不可顶死"鸭嘴"，以防止熔体熔断后熔管不能及时跌落。

（6）所使用的熔体必须是正规厂家的标准产品，并具有一定的机械强度，一般要求熔体最少能承受 147 N 以上的拉力。

## 第五节　防雷设备

微课视频：
防雷设备简介

### 一、雷电的产生及参数

雷电是自然界中最普遍的现象之一，它对人类的生活环境和工作条件等都造成了很大的影响，因此对雷电的研究及防护意义重大。

#### （一）雷电的产生

空气中大量的大水滴分裂成水珠和细微的水沫，出现电荷分离现象，大水珠带正电，小水沫带负电，细微水沫被上升气流带往高空，形成大片带负电的雷云。

雷云中电荷分布一般不均匀，有多个电荷密积区。随着电荷的积累，雷云电位升高，对地电位差可达到数兆至数十兆伏。当不同电荷雷云间或雷云与大地凸出物间的电位差接近到一定程度，其间电场强度达到该空间的击穿强度时，就会发生雷云间或对地的火花放电，即通常所说的雷击。一般把对地面凸出物直接的雷击叫直击雷。另一种雷云通过静电感应或电磁感应，在附近的金属体上产生感应电压的雷击现象称为感应雷。

雷云接近地面时，地面感应出异性电荷。由于雷云中电荷分布不均匀，地面高低不平，其间电场强度分布很不均匀。当强度达到 25~30 kV/cm 时，发生由雷云向大地发展的跳跃式"先导放电"，先导通道接近大地时，发生大地向雷云发展的极明亮的"主放电"，再向上发展到云端即结束；云中残余电荷经主放电通道继续流向大地，称为"余光放电"。

先导放电：电流不大，仅数十到数百安培。

主放电：时间极短（50~100 μs），电流幅值高达数十甚至数百千安。

余光放电：电荷泄入大地的主要阶段，持续时间长，电流约为数百安。

雷电放电实质上是一种超长气隙的火花放电，它所产生的雷电流高达数十、甚至数百千安，从而会引起巨大的电磁效应、机械效应和热效应。从电力工程的角度来看，最值得我们注意的两个方面是：

（1）雷电放电在电力系统中引起很高的雷电过电压，它是造成电力系统绝缘故障和停电事故的主要原因之一。

（2）产生巨大电流，使被击物体被炸毁、燃烧，使导体熔断或通过电动力引起机械损坏。

### （二）雷电的参数

1. 雷电的幅值

通常定义雷电流为雷击于低接地电阻（≤30 Ω）的物体时流过雷击点的电流。

在我国一般地区，雷电流幅值超过 $I$ 的概率可按以下公式计算：

$$\lg P = -\frac{I}{88} \tag{2-4}$$

式中　$P$——雷电流幅值概率；

$I$——雷电流幅值，单位：kA。

按经验公式可知，在我国一般地区，雷电流幅值超过 20 kA 的概率约为 59%，超过 50 kA 的概率为 27%，超过 88 kA 的概率为 10%。

2. 雷电流的波前时间、陡度及波长

雷电流的波前时间处于 1~4 μs 的范围内，平均为 2.6 μs。波长处于 20~100 μs 的范围内，多数为 40 μs 左右。我国防雷设计采用 2.6/40 μs 的波形；在绝缘的冲击高压试验中，标准雷电冲击电压的波形定为 1.2/50 μs。

雷电流的陡度即为雷电流随时间上升的变化率。

3. 雷电流的计算波形

在防雷计算中，按不同要求采用不同的计算方法可以得出斜角平顶波、半余弦波、双指数波三种波形。

4. 雷暴日及雷暴小时

为评价某地区雷电活动的强度，常用该地区多年统计得到的平均出现的雷暴日或雷暴小时来估计。

雷暴日：每年中有雷电的日（天）数。

雷暴小时：每年中有雷电的小时数。

由于不同年份的雷电日数变化很大,所以地方雷暴日计算均采用年平均雷暴日。

雷暴日频率与该地区所在纬度、当地气象条件、地形地貌有关。

年平均雷暴日小于 15 天的地区为少雷区。年平均雷暴日大于 15 天、小于 45 天的地区为多雷区。年平均雷暴日大于 90 天的地区为强雷区。

## 二、防雷设备

### (一)电气安全及过电压

电气安全包括人身安全和设备安全两个方面。人身安全是指电气从业人员或其他人员的安全,设备安全是指包括电气设备及其所拖动的机械设备的安全。

过电压是指在电气设备或线路上出现的超过正常工作要求并对其绝缘构成威胁的电压。过电压按产生原因可分为内部过电压和雷电过电压。

内部过电压是由于电力系统正常操作、事故切换、发生故障或负荷骤变时引起的过电压,分为操作过电压、弧光接地过电压及谐振过电压。内部过电压的能量来自电力系统本身,经验证明,内部过电压一般不超过系统正常运行的额定相电压的 3~4 倍,对电力线路和电气设备绝缘的威胁不是很大。

雷电过电压是由于电力系统中的设备或建筑物遭受来自大气中的雷击或雷电感应而引起的过电压。雷电冲击波电压幅值可高达 1 亿伏,其电流幅值可高达几十万安,对电力系统的危害远远超过内部过电压。其可能毁坏电气设备和线路的绝缘,烧断线路,造成大面积长时间停电。因此,必须采取有效措施加以防护。

### (二)防雷设备概述

防雷设备是一种防止雷击,保护电力设备免受瞬时过电压危害,又能截断续流,避免引起系统接地短路的电气设备。它通常接在带电导体与大地之间,与被保护设备并联。避雷器是使雷电流流入大地,使电气设备不出现高压的一种装置,主要类型有管型避雷器、阀型避雷器和氧化锌避雷器等。当被保护设备安全运行时,避雷器对地面断路,不会产生作用。一旦出现不正常电压,避雷器产生作用,起到保护作用,当电压值正常后,避雷器又迅速恢复原状,以保证系统正常供电。

避雷器不仅可用来防护大气高电压,也可用来防护操作高电压。如果出现雷雨天气,电闪雷鸣就会出现高电压,电力设备就有可能有危险,此时避雷器就会起作用,保护电力设备免受损害。避雷器的最大作用也是最重要的作用就是限制过电压以保护电气设备。每种类型避雷器的主要工作原理是不同的,但是其作用实质是相同的,都是为了保护电气设备不受损害。

### (三)防直击雷设备

对于直击雷,我们通常采用接闪器、引下线、接地体三部分组成的避雷装置进行防护。接闪器有避雷针、避雷线、避雷网(带)三种。

接闪器是用来接收直接雷击的金属物体。接闪的金属杆称为避雷针,主要用于保护露天变配电设备及建筑物。接闪的金属线称为避雷线或架空地线,主要用于保护输电线路。接闪的金属带、金属网称为避雷带、避雷网，主要用于保护建筑物。

接闪器的工作原理是利用其高出被保护物的突出地位，把雷电引向自身，然后通过引下线和接地装置把雷电流泄入大地，使被保护的线、设备、建筑物免受雷击。

接闪器（避雷针、避雷线、避雷带、避雷网）的防护范围一般用滚球法确定，不同的防雷等级所用球的半径不同。

滚球法的设计原理为假想某一规定半径（根据 GB 50057—2010 可选 30 m、45 m、60 m）的球体，沿需要防护直击雷的部分滚动，如果球体只触及接闪器或（和）地面，而不触及需要保护的部位时，则该部位就在这个接闪器的保护范围之内，如图 2-15 所示。

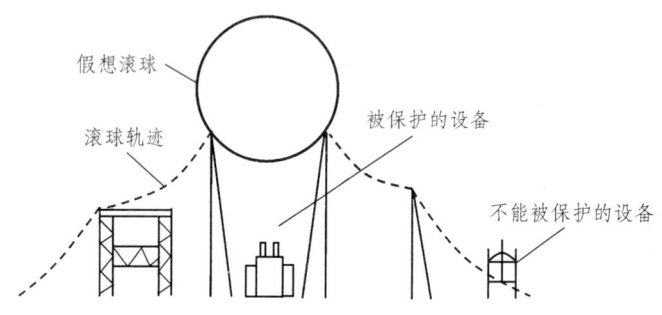

图 2-15　滚球法的设计原理示意图

**1．避雷针**

避雷针是防止直击雷的有效措施。一定高度的避雷针（线）下面有一个安全区域，此区域内的物体基本上不受雷击。我们把这个安全区域叫作避雷针的保护范围。其保护范围可根据滚球法确定。图 2-16 所示为单支避雷针的保护范围。

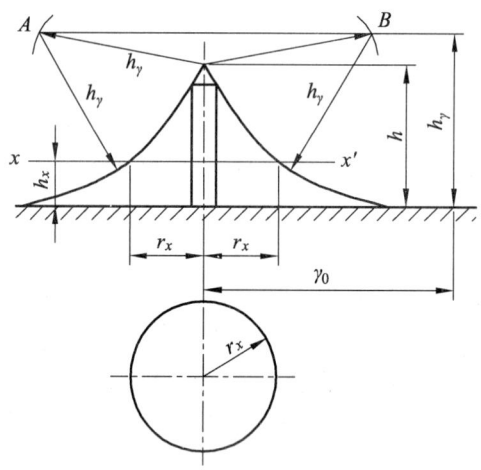

图 2-16　单支避雷针的保护范围

**1）单支避雷针保护范围的计算**

当避雷针高度 $h_x \geqslant h/2$ 时：

$$r_x = (h - h_x)p = h_a p \qquad (2\text{-}5)$$

式中　$r_x$——避雷针在水平面上的保护半径，单位 m；

$h_x$——被保护物的高度,单位 m;

$h_a$——避雷针的有效高度,单位 m;

$p$——高度影响系数。当 $h \leqslant 30$ m 时,$p=1$;当 $30$ m $< h \leqslant 120$ m 时,$p=\dfrac{5.5}{\sqrt{h}}$;当 $h > 120$ m 时,$p=0.5$。

当 $h_x < \dfrac{h}{2}$ 时:

$$r_x = (1.5h - 2h_x)p \tag{2-6}$$

**2)两支等高避雷针的保护范围**

如图 2-17 所示,两支等高避雷针的外侧保护范围不受数量影响,按照单支避雷针的计算方法确认即可。

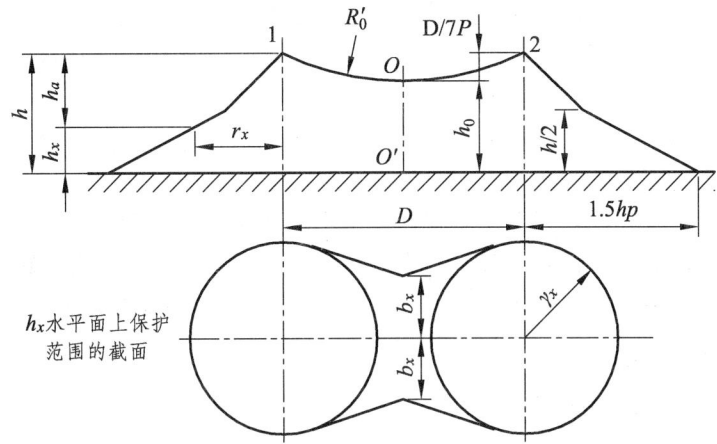

图 2-17 两支等高避雷针的保护范围

两支避雷针之间上部边缘最低点的保护范围计算方法如下:

$$h_0 = h - \dfrac{D}{7p} \tag{2-7}$$

式中 $h_0$——两支避雷针之间上部边缘保护范围的最低点高度,单位 m;

$D$——两支避雷针间距,单位 m。

**3)两支不等高避雷针的保护范围**

两支不等高避雷针外侧保护范围由单支避雷针公式决定。内侧两针之间保护范围的确定方法如下:先确定出较高针的保护范围的边界,之后由较低针的顶部作一条与地面平行的线,沿这两者之交点对地面作垂线,将此垂线看作一假想避雷针,再作它与较低针的保护范围。

**4)三支或四支避雷针保护范围的计算方法**

三支等高避雷针所形成的三角形外侧保护范围分别按两支等高避雷针的计算方法确定。如在三角形内被保护物最大高度为 $h$,水平面上各相邻避雷针间保护范围的一侧最小宽度 $b_x \geqslant 0$ 时,则全部面积受到保护。

$$f = \frac{D'}{7p} \tag{2-8}$$

式中 $D'$——避雷针与假想避雷针间的距离,单位 m;

$f$——圆弧的弓高,单位 m。

对于四支等高避雷针,避雷针形成多角形,可先将其分成两个或几个三角形,然后分别按三支等高避雷针的方法计算。如各边保护范围的一侧最小宽度 $b_x \geqslant 0$,则全部面积受到保护。

2. 避雷线

避雷线是用来保护架空电力线路和露天配电装置免受直击雷的装置。它由悬挂在空中的接地导线、接地引下线和接地体等组成,因而也称架空地线。它的作用和避雷针一样,将雷电引向自身,并安全导入大地,使其保护范围内的导线或设备免遭直击雷。

在易于遭受雷击的地点以及修复比较困难的通信电杆上,安装避雷线能够起到较好的雷电防护作用。避雷线一般都是铁线制成的,通过卡钉固定在电杆上,避雷线的下部埋在土壤中。雷击时能快速地将雷电引入大地。

避雷线分圆截面和扁截面两大类型。按复层金属包基体金属的不同分为铅包钢避雷线、铅包铜避雷线、铜包钢避雷线。

避雷线的保护效果还同它下方的导线与它所成的角度有关,角度较小时,保护效果较好。在架有两根避雷线的情况下,容易获得较小的保护角,线路运行时的雷击跳闸故障也较少,但建设投资较大。我国近年来新建的 220 kV 以下线路多采用一根避雷线。

**1) 单根避雷线的保护范围**

单根避雷线的保护范围如图 2-18 所示。

保护范围一侧的宽度 $r_x$ 计算如下:

当 $h_x \geqslant h/2$ 时:

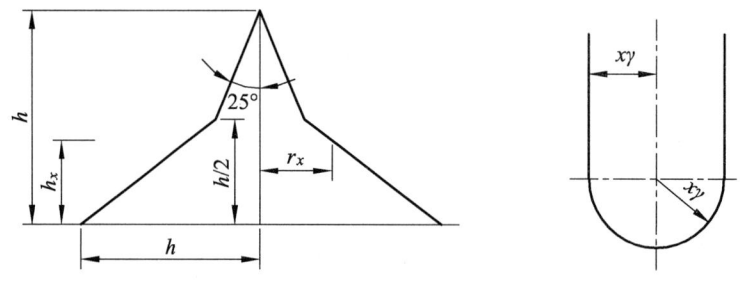

图 2-18 单根避雷线的保护范围

$$r_x = 0.47(h - h_x)p \tag{2-9}$$

式中 $r_x$——每侧保护范围的宽度,单位 m。

当 $h < h/2$ 时:

$$r_x = (h - 1.53h_x)p_0 \tag{2-10}$$

### 2）两根等高避雷线的保护范围

两根等高避雷线的保护范围如图 2-19 所示，确定方法如下：

（1）两根等高避雷线外侧的保护范围按单根避雷线的计算方法来确定。

（2）两根避雷线间各横截面保护范围由通过两根避雷线的 1、2 点及保护范围边缘最低点决定。

$O$ 点的高度按下式计算：

$$h_0 = h - D/4p \tag{2-11}$$

式中　$h_0$——两避雷线间保护范围上部边缘最低点高度，单位 m；

　　　$D$——两避雷线间的距离，单位 m；

　　　$h$——避雷线的高度，单位 m。

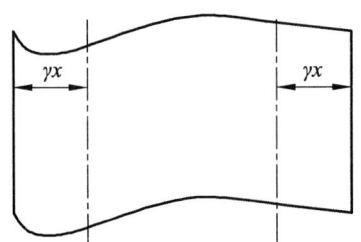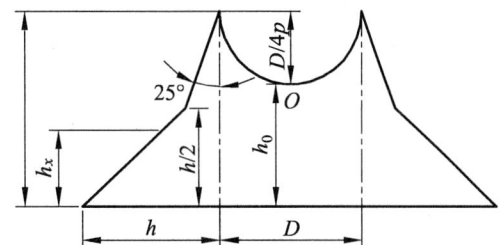

图 2-19　两根等高避雷线的保护范围

### 3．避雷器

避雷器是用来防止线路的感应雷及沿线路侵入的过电压波对变电所内的电气设备造成损害的保护设备。它一般接于各段母线与架空线的进出口处，装在被保护设备的电源侧，与被保护设备并联。

当从线路传入变电站的雷电冲击波超过避雷器保护水平时，避雷器首先放电，并将雷电流经过导体安全地引入大地，利用接地装置使雷电压幅值限制在被保护设备雷电冲击水平之下，使电气设备得到保护。

目前使用的主要避雷器有保护间隙、排气式避雷器、阀形避雷器、金属氧化物避雷器。

保护间隙和排气式避雷器主要用于配电系统、线路和发、变电所进线端保护，以限制入侵的雷电过电压。

阀形避雷器和金属氧化物避雷器用于发电厂和变电所的保护；在 220kV 及以下系统主要用于限制雷电过电压，在超高压系统中还用来限制内部过电压或作为内部过电压的后备保护。

### 1）保护间隙

与被保护物绝缘并联的空气火花间隙叫保护间隙（又叫空气间隙）。按结构形式可分为棒形、球形和角形三种。目前 3~35kV 线路广泛应用的是角形间隙。角形间隙由两根 10~12mm 的镀锌圆钢弯成羊角形电极并固定在瓷瓶上，如图 2-20 所示。

正常情况下，角形间隙对地是绝缘的。当线路遭到雷击时，就会在线路上产生一个正常绝缘所不能承受的高电压，使角形间隙被击穿，将大量雷电流泄入大地。角形间隙击穿时会产生电弧，因空气受热上升，电弧转移到间隙上方拉长而熄灭，使线路绝缘子或其他电气设备的绝缘不至于发生闪络，从而起到保护作用。

因主间隙暴露在空气中，容易被外物（如鸟、鼠虫、树枝）短接，所以对于本身没有辅助间隙的保护间隙，一般在其接地引线中串联一个辅助间隙，这样即使主间隙被外物短接，也不至于造成接地或短路。

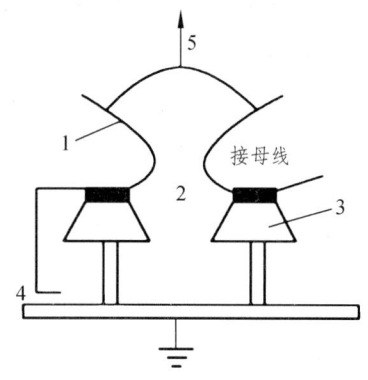

1—角形电极；2—主间隙；3—支柱绝缘子；
4—辅助间隙；5—电弧的运动方向。

图 2-20　角形间隙结构示意图

**2）排气式避雷器**

排气式避雷器通常称为管型避雷器，由产气管、内部间隙和外部间隙等组成的避雷器，如图 2-21 所示。内部间隙称为灭弧间隙，外部间隙称为隔离间隙。隔离间隙把产气管与工作电压隔离开，在正常工作电压下，产气管不带电。

图 2-21　排气式避雷器

排气式避雷器实质上是一个具有较高熄弧能力的保护间隙。它有相互串联的两个间隙：一个在大气中，称为外间隙，其作用是隔离工作电压以避免产气管被工频电流烧坏；另一个间隙装在产气管内，称为内间隙或灭弧间隙，其电极一端为棒形，另一端为环形。产气管由纤维、塑料或橡胶等产气材料制成。

排气式避雷器的熄弧能力比保护间隙要强，但它具有和保护间隙同样的缺点。

排气式避雷器的主要缺点是：

（1）伏秒特性太陡，而且分散性较大，难于和被保护电器设备实现合理的绝缘配合。

（2）放电间隙动作后工作导线直接接地，形成幅值很高的冲击载波，危及变压器绝缘，此外运维工作也比较麻烦。

（3）其放电特性受大气条件影响较大，因此排气式避雷器只用于线路保护和发电厂、变电所的进线端保护。

### 3）阀式避雷器

阀型避雷器主要由瓷套、火花间隙和非线性电阻组成。瓷套是绝缘的，起支撑和密封作用。火花间隙是由多个间隙串联而成的，每个火花间隙由两个黄铜电极和两个云母垫圈组成。云母垫圈的厚度为 0.5~1 mm，由于电极间距离很小，其间电场比较均匀，间隙伏秒特性较平，保护性能好。非线性电阻又称电阻阀片。电阻阀片是直径为 55~100 mm 的饼形元件，由金刚砂颗粒烧结而成。非线性电阻的电阻值不是一个常数，而是随电流的变化而变化的，电流大时阻值很小，电流小时阻值很大。在避雷器火花间隙上串联了非线性电阻之后，能抑制振荡，避免载波，又能限制残压不至于过高。在正常工作电压下，火花间隙不会被击穿从而隔断工频电流，但在雷电过电压下，火花间隙被击穿放电。电阻阀片是由碳化硅制成的，具有非线性特征。在正常工作电压下，电阻阀片阻值很大，起到绝缘作用，而在雷电过电压时，其阻值又很小。当火花间隙被击穿后，电阻阀片能使雷电流泄放回大地，而当雷电消失后，电阻阀片又恢复为较大的电阻，使火花间隙绝缘，切断工频续流，保证线路正常运行。必须注意，雷电流流过电阻阀片时要形成电压降（残压），加在被保护的电力设备上，残压不能超过设备绝缘允许的耐压值，否则会使设备绝缘击穿。

### 4）氧化金属避雷器

以氧化锌避雷器为例，氧化锌避雷器阀片以氧化锌为主，并掺以微量的氧化铋、氧化钴、氧化锰等添加剂制成，具有极其优异的非线性特性，在正常工作电压下，其阻值很大（电阻率高达 $10^{10}$ ~ $10^{11}$ Ω·cm），通过的漏电流很小，而在过电压的作用下，阻值会急剧变小。

氧化锌避雷器的优点：

（1）保护性能优越。
（2）无续流、动作负载轻、耐重复动作能力强。
（3）通流容量大。
（4）适于大批量生产，造价低廉。

氧化锌避雷器的电气参数及含义：

（1）额定电压：避雷器两端之间允许施加的最大工频电压有效值。
（2）持续运行电压：允许长期连续施加在避雷器两端的工频电压有效值。
（3）起始动作电压（或参考电压）：通常把通过 1 mA 直流电流或工频电流阻性分量幅值时的避雷器两端电压幅值 $U_{1mA}$ 定义为起始动作电压（或参考电压），大致位于氧化锌电阻片伏安特性曲线由小电流区域上升部分进入大电流区域平坦部分的转折处。从这一电压开始，认为避雷器已进入限制过电压的工作范围，所以也称为转折电压。
（4）残压：放电电流通过氧化锌避雷器时，其端子间出现的电压峰值。
（5）压比：氧化锌避雷器通过波形 8~20 μs 的额定冲击放电电流时的残压与起始动作电压之比。压比越小表明通过冲击大电流时残压越低，氧化锌避雷器的保护性能越好。
（6）荷电率：容许最大持续运行电压幅值与起始动作电压的比值。合理的荷电率，必须考虑阀片特性的稳定性、泄漏电流的大小、温度对伏安特性的影响、阀片预期寿命等因素，一般选用 45%~75% 或更大。

# 第六节　高压开关柜与组合电器

## 一、高压开关柜概述

高压开关柜是一种集成了断路器、负荷开关、熔断器、隔离开关、接地开关、避雷器、互感器以及控制、保护、测量等设备的成套配电设备。通过内部连接件、绝缘支持件和辅助件固定连接后，安装在一个或几个接地的封闭金属壳体内。因开关柜的一体化程度高，在使用现场仅需要进行简单安装即可投入日常工作，且占地面积相对较小、裸漏部分少、运行之后故障率低，因此很适合城轨系统地下变电所使用。

微课视频：
高压开关柜与
组合电器简介

### （一）高压开关柜的分类

1．按断路器安装方式分类

（1）移开式或手车式（用 Y 表示）：表示柜内的主要电器元件（如断路器）是安装在可抽出的手车上的，由于手车式高压开关柜具有很好的互换性，因此可以大大提高供电的可靠性，常用的手车式开关柜类型有：隔离手车、计量手车、断路器手车、PT 手车、电容器手车和所用变手车等，如 KYN28A-12 型开关柜。

（2）固定式（用 G 表示）：表示柜内所有的电器元件（如断路器或负荷开关等）均为固定式安装的，固定式开关柜较为简单经济，如 XGN210GG1A 等。

2．按安装地点分类

（1）户内型高压开关柜（用 N 表示）：只能在户内安装使用，如 KYN28A-12 等开关柜。

（2）户外型高压开关柜（用 W 表示）：可以在户外安装使用，如 XLW 等开关柜。

3．按柜体结构分类

（1）金属封闭铠装式开关柜（用字母 K 来表示）：主要组成部件（例如断路器、互感器、母线等）分别装在接地的用金属隔板隔开的隔室中，如 KYN28A12 型高压开关柜。

（2）金属封闭间隔式开关柜（用字母 J 来表示）：与铠装式金属封闭开关设备相似，其主要电器元件也分别装于单独的隔室内，但具有一个或多个符合一定防护等级的非金属隔板，如 JYN212 型高压开关柜。

（3）金属封闭箱式开关柜（用字母 X 来表示）：开关柜外壳为金属封闭式的开关设备，如 XGN2-12 型高压开关柜。

（4）敞开式开关柜：无保护等级要求，外壳有部分是敞开的开关设备，如 GG-1A（F）型高压开关柜。

4．按照绝缘介质分类

（1）大气绝缘：包括大气和固体绝缘组成的复合绝缘，即 AIS（Air Insulated Switchgear）。

（2）以 SF6 气体为绝缘：即 GIS（Gas Insulated Switchgear）。需要注意的是，GIS 内断路器一般采用 SF6 和真空断路器。

5．按照电压等级分类

（1）3.6～40.5 kV 为中压柜。

（2）72.5 kV 及以上为高压柜。

（二）高压开关柜的结构

固定式高压开关柜为一个整体柜体，手车式高压开关柜是由柜体和中置式可抽出部分（即手车）两大部分组成。开关柜的主要电气元件都有其独立的隔室，即手车室（手车式高压开关柜具备）、母线室、电缆室、仪表室。具有架空进出线、电缆进出线及其他功能方案，经排列、组合后能满足各种方案形式的配电装置的需求。

1．手车室（手车式高压开关柜具备）

手车室两侧安装了高强度轨道，供手车在柜内移动时的导向和定位，如图 2-22 所示。当手车从断开位置/试验位置移动到工作位置的过程中，上、下静触头盒上的活门与手动联动，自动打开；当反方向移动时，活门则自动闭合，直至手车退至一定位置而完全覆盖住静触头盒，形成有效隔离。同时由上、下活门联动，在检修时，可锁定带电侧的活门，从而保证检修维护人员不触及带电体。在断路器室门关闭时，手车同样能被操作。通过门上观察窗，可以观察隔室内手车所处位置、合、分闸指示、储能状况指示等。

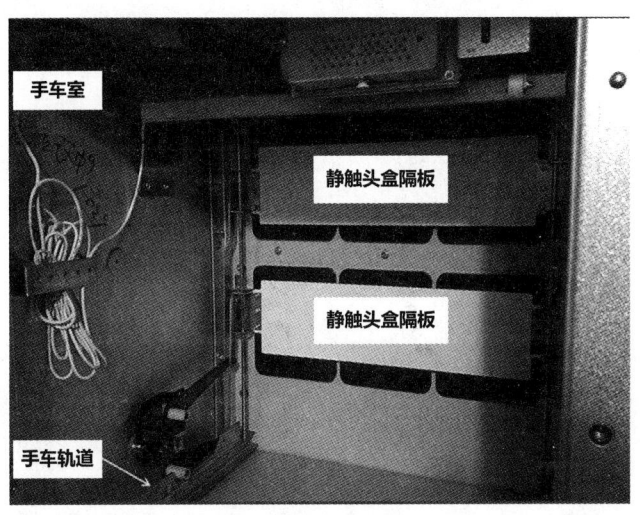

图 2-22　手车室

各种手车均采用丝杆摇动推进、退出，其操作轻便、灵活。当手车需要移离柜体时，用一台专用升降转运车就可以方便取出，进行各种检查、维护；由于断路器采用中置式结构设计，因此整个小车体积小，检查、维护都极为方便。

2．母线室

母线室布置在开关柜的背面上部，作安装布置三相高压交流母线及通过支路母线实现与静触头连接之用。全部母线用绝缘套管塑封。在母线穿越开关柜隔板时，用母线套管固定。如果出现内部故障电弧，能限制事故蔓延到邻柜，并能保障母线的机械强度。

主母线采用单台分段、多台相互贯穿连接的形式。主母线通过支母线静触头盒和穿墙套管固定。主母线和联络母线为 D 形截面的铜线；用于大电流负荷时采用双根母线拼成。支母线通过螺栓连接于静触头盒和主母线，无须其他支撑。主母线和支母线套有热缩套管，搭接处采用阻燃的 T 型绝缘罩，保证了可靠的复合绝缘，相邻柜母线采用装有均压环的套管固定。

3．电缆室

电缆室内可安装电流互感器、接地开关、避雷器（过电压保护器）以及电缆等附属设备（见图 2-23），并在其底部配制开缝的可卸铝板，以确保现场施工的方便。

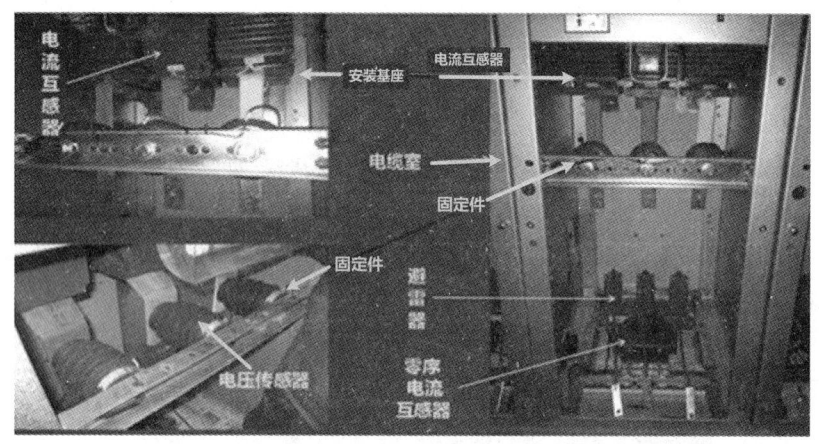

图 2-23 电缆室

电流互感器装在电缆室后壁上，接地开关装在下触头盒固定隔板上，可避免由于接地开关操作轴过长而引起的扭曲变形。电缆室内空间大，可连接多根电缆，电缆连接高度高，电缆头安装方便。

4．仪表室

仪表室可安装继电保护元件、仪表、带电显示器以及特殊要求的二次设备（见图 2-24）。控制线路敷设在有足够空间的线槽内，并有金属盖板，可使二次侧的接线与高压室隔离。其左侧线槽是为控制二次导线的引进和引出而预留的，开关柜自身的内部二次导线敷设在右侧。必要时在继电器仪表室的顶板上可留有便于施工的小母线穿越孔，接线时，仪表室顶盖板可供翻转，便于小母线的安装。

图 2-24 仪表室

### (三）高压开关柜的特点

开关柜各相带电体及相地之间绝缘距离不小于 3 m，只有个别开关柜的个别部位相间距离不足时才设置极间屏障。开关柜主母线采用矩形铝母线水平架空装于柜顶。高等级的高压开关柜采用交联聚乙烯塑料电缆改制的固体绝缘联络母线。

高压开关柜具有防止误操作断路器（分闸、合闸操作）、防止带负荷推拉手车、防止带电挂接地线、防止带接地送电和防止误入带电间隔功能，简称"五防"的功能。

使用高压开关柜的时候必须考虑环境条件。一般主要考虑以下的因素：环境温度、海拔、雷暴日、污秽等级、地震强度等。正常使用条件一般为：周围空气温度（环境温度）上限为 40 ℃（50 ℃），下限为 -15 ℃；相对湿度不大于 90%（25 ℃ 时）；海拔不超过 1 000 m；地震强度不超过 8 度；无火灾、爆炸危险、化学腐蚀及剧烈振动的场所。

高压开关柜内部的一些高压设备一般采用质量可靠、寿命较长、不易发生事故、运行稳定的产品，如美国西屋公司的 VCPW 型无电晕真空断路器，而该公司生产的陶瓷真空灭弧管预计寿命可达 100 年。施耐德公司提供的具有国际先进水准的梅兰日六氟化硫断路器，体积更小，性能更优越。特别是对于固定式高压开关柜，选用优质的电气设备，可以减小体积、延长检修周期，从而使固定式高压开关柜重新得到人们的重视。

城市轨道交通供电系统多采用手车式，而且多采用性能更为优越的真空断路器。110 kV 以上系统采用 GIS；而 35 kV 以下系统既可采用 AIS，也可采用 GIS，根据实际情况确定。

## 二、气体绝缘组合电器（GIS）概述

### （一）气体绝缘组合电器（GIS）的特性

气体绝缘组合电器（GIS）是将断路器、母线、隔离开关、互感器、避雷器封装进接地的金属壳体内的一种组合电器。其内部充入 0.2~0.5 MPa 的 $SF_6$ 气体作为相间和对地绝缘。GIS 具备很多常规电气设备无法比拟的优点：

（1）占地面积小、体积小，质量轻。

（2）操作机构无油化、无气化、耐震性强，且具有很高的运行可靠性。元件全部密封不受环境干扰，同时避免了高电压对环境的电磁污染。

（3）采用整块运输，安装方便，周期短，安装费用较低；共箱式 GIS 全部采用三相机械联动，机械故障率低。因此 GIS 设备可以做到连续运行十几年不需要检修，大大减少了维护的工作量。

（4）开断性能优异。断路器采用新的灭弧原理为基础的自能灭弧室（自能热膨胀加上辅助压气装置的混合式结构），充分利用了电弧自身的能量。

（5）损耗少、噪声低。GIS 外壳上的感应磁场很小，因此涡流损耗很小，减少了电能的损耗。弹簧机构的采用使得操作噪声很低。

### （二）气体绝缘组合电器（GIS）的结构

$SF_6$ 全封闭组合电器的总体结构取决于所用的组合元件的形式和使用部门的要求。此外，还要考虑到发生大事故后，能够很快地把各元件隔离和拆开检修的可能性。

变电所的主接线可以是单母线或双母线。为了能满足各种接线方式的要求，应将各组成

元件制成标准的独立气室（气隔），然后根据使用要求进行组合。这样还可以在气体大量泄漏时，减少退出运行元件的数目。

组合电器的外壳可以用钢板或铝板制成。独立气室中装有防爆膜，以防止因内部电弧故障时，产生超压力现象致使外壳破裂。大容积的气室及母线管道一般不会产生危及外壳的超压力现象，不需要装防爆膜。

在合适的位置应装置弹性件（如波纹管），以减小因温度变化或安装误差所引起的机械应力，避免采用与地基或构架全部刚性连接的结构。可采取一处刚性连接，其余各处具有一定弹性连接的复合方式。

壳体可以制成三相的或单相的。三相共壳的 SF6 全封闭组合电器主要用在 110 kV 及以下电压等级的系统；单相壳体可以用在较高的系统电压中。

对于 GIS 组合电器，有着以下基本要求：

（1）GIS 应固定牢靠，外表清洁完整，无锈蚀。

（2）电气连接可靠且接触良好，引线、金具完整，连接牢固。

（3）各气室气体漏气率和含水量应符合规定。

（4）组合电器及其传动机构的联动应正常，无卡阻现象，分、合闸指示正确，调试操作时，辅助开关及电气闭锁装置应动作正确、可靠。

（5）各气室配备的密度继电器的报警、闭锁值符合规定，电气回路传动应正确。

（6）出线套管等瓷质部分应完整无损、表面清洁。

（7）油漆应完整，相色标志正确，外壳接地良好。

（8）机构箱、汇控柜内端子及二次回路连接正确，元件完好。

### 三、35 kV 开关柜

35 kV 高压开关柜一般由若干个单体设备、标准化单元组成。

35 kV 高压开关柜一般有进线柜、电压互感器柜、出线柜、母联柜、馈线柜等，如图 2-25 所示。

图 2-25　35 kV 高压开关柜

## （一）35 kV 馈线柜

35 kV 馈线柜主要负责把主变电所的 35 kV 电源馈送出去。它设置了导线纵联差动保护、过电流保护和零序电流保护。35 kV 馈线柜主要由真空断路器、隔离开关及其操动机构、测量设备电流互感器、保护设备避雷器、继电保护设备组成。

## （二）35 kV 进线柜

35 kV 进线柜主要由真空断路器、隔离开关及其操动机构和测量设备、继电保护设备组成，它主要完成向牵引和降压变电所供电的任务。它也设置了导线纵联差动保护、过电流保护和零序电流保护。在继电保护的配合下，它也起到改变运行方式的作用，可以及时地切除故障，缩小事故范围，也可以通过一系列的操作完成倒闸作业。

## （三）35 kV 母联柜

35 kV 母联柜主要由真空断路器、隔离开关及其操动机构、测量设备以及继电保护设备组成。它主要用于改变主接线的形式，确保系统工作在最佳形式下。35 kV 母联柜设置了限时速断保护和过电流保护。

## 四、1500 V 直流开关柜

直流开关柜包括直流进线柜、直流馈线柜和直流负极柜。直流（DC）进线柜开关为电动隔离开关；直流馈线柜采用手车式开关柜，开关为直流快速断路器；直流负极柜开关为手动隔离开关。开关柜能够连续、安全地运转，具有耐潮、防火的功能。直流开关柜在正常的工作条件下运行，能承受温升变化且无变形、无损坏，任何部分无过度应力变化。1500 V 直流开关柜如图 2-26 所示。

图 2-26  1 500 V 直流开关柜

直流开关柜一般为户内型，具有标准防护等级的金属封闭式结构。对于馈线和进线柜，其控制、保护、测量设备有两种方式：一是把它们安装在手车上，测控设备随手车运动；二是把它们安装在独立的低压室内，与手车分开，手车运动时，测控设备不动。

1500 V 直流开关主要由上部连接、下部连接、驱动装置、合闸机构、分闸机构、大电流脱扣保护装置、灭弧装置以及分合闸位置辅助触头组成。其中驱动装置和大电流脱扣保护装置是 1500 V 直流开关的核心部分。

驱动装置的作用是牵引棘轮，拉动动触头使其与静触头闭合，完成合闸。驱动装置由工程塑料支架、限位缓冲弹簧、分闸辅助弹簧和传动圆钢组成。整个驱动装置在合闸线圈铁心推动下，在受限范围水平面内沿导轨方向前后运动。合闸时，铁心推动驱动装置往前运动，驱动装置牵引棘轮拉动动触头运动；驱动装置运动使分闸辅助弹簧压缩；为避免铁心向前使动触头与静触头发生猛烈冲击而损坏，驱动装置运行到限制位置后，限位缓冲弹簧受压收缩产生与铁心运动的相向力，吸收驱动装置动能使之迅速平稳停止在与静触头密贴的位置。

大电流脱扣保护装置是直流开关上利用电磁力原理实现直流保护的一种装置。它由一个由硅钢片叠成，磁轭垂直套在动触头外侧，开关回路中电流达到整定值，磁轭中产生磁场把衔铁吸合下来，衔铁带动连杆，连杆运动顶起牵引触头棘齿，使原来水平方向的力平衡被打破，棘轮向上顶起，轴脱扣后，在动触头分闸弹簧作用下迅速弹开（这时合闸铁心未动）。保护辅助触头输入和主电路电流电压测量值进行运算，输出控制使合闸线圈失电、铁心后退，驱动装置在分闸辅助弹簧作用下往回运动，大电流脱扣保护装置发出大电流报警信息。大电流脱扣保护整定值调整磁轭中磁通的大小来实现分闸。

直流开关柜几乎联系了所有的交-直流设备：整流变压器、馈线柜、进线柜、负极柜、回流轨、直流母线和接触线等。

（一）馈线柜

馈线柜安装于 1500 V 正极母线与接触网上网点之间，其内配置 1500 V 正极母线、断路器及相关控制、保护设备。馈线柜装设手车式直流快速断路器，手车能方便地拉出和推入。开关柜具有"运行""试验""移开"三个明显位置。

（二）进线柜

进线柜是指用于安装整流器正极与 1500 V 正极母线间的开关设备，柜体内设有多种保护。进线柜装设手车式直流快速断路器，手车能方便地拉出和推入。开关柜具有"运行"试验""移开"三个明显位置，和馈线柜的设备结构基本一致。

（三）负极柜

负极柜是连接于整流器阀侧负极与回流钢轨之间的开关设备。柜内装设手动隔离开关（或电动隔离开关），开关柜前部设可锁住的金属门，上部有一个低压元件室。牵引变电所直流开关设备设置两套低阻抗框架泄漏保护（也可设置一套），安装于负极柜内，一套检测整流器接壳故障，另一套检测进线柜、馈线柜和负极柜的接壳故障，分别对接壳故障进行保护。

框架泄漏保护由一个电流元件和一个电压元件组成。它采用软件编程，电压元件应可当地投入/切除，并可由用户采用软件编程分别整定为报警和跳闸两段，动作电流、动作电压及动作时间可以由用户调整软件编程现场整定。框架保护动作跳闸后，只有当故障消失、当地复归框架保护后，断路器才能合闸。框架保护的动作信号可在当地/远方显示。

负极柜内的主要设备及技术参数与馈线柜相似，不同的是，主要设备为手动隔离开关，而不是直流快速断路器，且需要两套设备。

### 五、开关柜的维护

#### （一）维护项目及周期

维护可保持开关柜无故障运行，并达到尽可能长的使用寿命。开关柜的维护包括下列工作：

（1）日常巡检：对实际运行状况的确认。
（2）定期维护：保持规定运行状况的措施。
（3）检修：恢复规定运行状况的措施。

**1．日常巡检**

日常巡视的主要内容有以下几点：
（1）检查开关柜的柜门是否关紧。
（2）检查各位置指示器是否与开关柜的运行状况相符合，高压带电指示器工作是否正常。
（3）检查各计量表计是否正常，PT回路三相电压是否正常。
（4）检查开关柜是否有异常声音及异味。
（5）检查加热器是否投入运行（加热器要求24 h投入运行）。

**2．定期维护**

（1）对于运行环境佳、操作不频繁的场所，建议2~3年进行一次定期维护。
（2）操作次数每个月在10次以上的，则每年应进行一次常规维护。
（3）对于运行环境恶劣、分合操作次数特别频繁的场合，建议每半年进行一次常规检查和维护。
（4）如果断路器长期处于备用状态，建议每半年对断路器进行一次外观检查。

**3．维护检修**

出现下列情况之一时，应将开关柜退出运行，并进行维护检修：
（1）绝缘不良、放电、闪络、燃弧或击穿时。
（2）开关柜内主要元器件损坏时。
（3）其他影响安全运行的异常现象出现时。

#### （二）常见故障及排查方法

高压开关柜常见故障表现形式主要有正在运行设备突然跳闸和电动/手动不能分、合闸。通常可分为电气故障和机械故障。

电气故障主要分为电动不能储能、电动不能合闸、电动不能分闸等。

当发生突然跳闸故障时，故障原因可以根据继电器、遥信信息等情况进行判断：过流继电器动作使断路器跳闸是因为线路过负荷；速断保护引起跳闸时，应当检查母线、变压器、线路，找到短路故障点并将故障排除后方可送电。

当发生储能故障时，在应用弹簧储能操作机构的高压柜中，合闸前必须预先储能方可合闸。储能机构由电动机带动齿轮机构将弹簧拉长。操作方法有电动和手动两种方法。手动不能储能应当是机构出现机械故障。手动可以储能，但电动不能储能是电气故障。使用时间不久的机构，机械磨损不大，一般不会出现机械故障。

电气故障主要有以下三种情况：

（1）行程开关调节不当。行程开关是控制电机储能位置的限位开关。当电机储能到位时，将电机电源切断。

① 当限位过高时，机构储能已满，故障现象是：电机空转不停机、储能指示灯不亮。只有打开控制开关才能使电机停止。

② 当限位过低时，电机储能未满就提前停机，由于储能不到位，开关不能合闸。

调节限位的方法是：手动慢慢储能，找到正确位置，并且紧固。

（2）电机故障：绕组烧毁（异味、冒烟、保险熔断）；电机两端有电压，电机不转（碳刷脱落、磨损）。判断是否电机故障的方法：用万用表测电机端电压、电阻，如果损坏则更换电机。

（3）控制开关故障或电路开路：控制开关损坏导致电路无法闭合；控制回路断线导致电机不转、两端无电压。查找方法：用万用表测电压、电阻。

 **思考题**

1. 电缆是由哪些部分组成的？每个部分有什么作用？
2. 断路器的功能是什么？它有哪些类型？
3. 隔离开关的功能是什么？对它的基本要求是什么？
4. 负荷开关的功能是什么？熔断器的功能是什么？
5. 常见的防雷设备有哪些？

# 第三章 变压与整流

上级供电网供给的电能电压往往过高,并不能立即用到轨道交通系统中,需要加以变换,以满足城市轨道交通各种生产、管理工作的需要。因此,变压与整流是城市轨道交通供电系统的核心任务之一。

## 第一节 变压器

### 一、变压器概述

电能从产生到使用主要经过以下五个环节:发电、输电、变电、配电、用电。其中变电是将电压等级调高或者降低的环节。在长距离输送过程中存在一定量的电力损耗,其大小为 $P=I^2R$。由此可见,在电阻恒定的情况下,电流越大则损耗越大。因此,在传输开始的时候需要用变压器升高电压以减少损耗,到用户端再将电压降低以满足民用电压等级。

微课视频:
变压器概述

负责升高或降低电压的电气设备就是变压器。变压器可利用电磁感应原理,将某数值的交变电压变换为同频率的另一数值的交变电压,还可用来改变电流、变换阻抗等。除了输配电系统的运用,变压器还广泛应用于电气控制领域、电子技术领域、测试技术领域以及焊接技术领域等。

变压器是城市轨道交通主变电所、牵引变电所和降压变电所的核心设备。

主变电所负责从外界接入电流,将城市电网的高压 110 kV 或 220 kV 电能降压后以 35 kV 或 10 kV 的电压等级分别供给牵引变电所和降压变电所。为保证供电的可靠性,地铁线路通常设置两座或两座以上主变电所。主变电所由两路独立的电源进线供电,内部设置 2 台相同的主变压器。根据牵引负荷和动力负荷的不同情况,主变压器可采用三相三绕组的有载调压变压器或双绕组的变压器,主要起到接收、改变电能形式和分配电能的作用。

牵引变电所是指将发电厂经电力传输线送来的电能变换成适合机车车辆所需的电压,并分送到接触网或接触轨(第三轨)的场所。它分为直流牵引变电所和交流牵引变电所。前者将电力传输线送来的高压交流电能经变压器降压,然后经整流器变为直流后,送到接触网或接触轨;后者可分为工频、低频单相及工频三相交流牵引变电所,它们分别把电力传输线送来的电能变换成上述三种交流电后,分送到相应的接触网。牵引变电所的主要设备有用于变换电压的变压器、用于接收和分配电能的配电装置以及用于控制和保护的开关设备等。

降压变电所也是从主变电所接收电能，降压后向照明、信号系统供电。

变电所除了变压器之外还有用于控制、分配电能的开关设备（如隔离开关、断路器、负荷开关等）、测量装置（如电流互感器、电压互感器等）、载流装置（如母线、电缆等）、保护设备（如避雷针、避雷器、电抗器）等，这些高压电气设备统称为一次设备。

（一）变压器的工作原理

变压器是一种根据电磁感应规律变换交流电压和交流电流强度的设备。在实际应用中，常常需要改变交流电的电压。如图 3-1 所示，最简单的单相变压器是由一个闭合的铁心和绕在铁心上的两个匝数不同、彼此绝缘的线圈（绕组）构成。绕组通常用有绝缘涂层的铜线或铝线绕制而成，其中一个绕组与电源相连，称为一次绕组 $N_1$；另一个绕组与负载相连，称为二次绕组 $N_2$。当一次绕组接交流电压后，一次电流 $i_1$ 在铁心中产生一个交变的主磁通 $\Phi$，并在两个绕组中分别产生感应电动势和 $e_1$ 和 $e_2$，即

$$e_1 = -N_1 \frac{d\Phi}{dt}, \qquad e_2 = -N_2 \frac{d\Phi}{dt} \tag{3-1}$$

如果不计算绕组电阻和漏抗压降，则

$$\frac{u_1}{u_2} = \frac{-e_1}{-e_2} = \frac{N_1}{N_2} = k_u \tag{3-2}$$

式中　$k_u$——变压器的电压比。

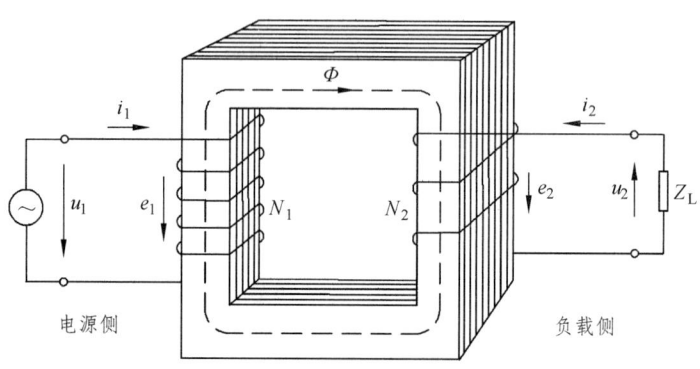

图 3-1　变压器工作原理示意图

（二）变压器的分类

（1）按用途分，可分为：

① 电力变压器：用作电能的输送与分配。

② 特种变压器：在特殊场合使用的变压器，如作为焊接电源的电焊变压器、专供大功率电炉使用的电炉变压器、将交流电整流成直流电时使用的整流变压器等。

③ 仪用互感器：用于电工测量中，如电流互感器、电压互感器等。

④ 控制变压器：容量一般比较小，用于小功率电源系统和自动控制系统。

⑤ 其他变压器：如试验用的高压变压器、输出电压可调的调压变压器、产生脉冲信号的脉冲变压器。

（2）按绕组构成分类，有双绕组变压器、三绕组变压器、多绕组变压器和自耦变压器等。

（3）按铁心结构分类，有叠片式铁心、卷制式铁心、非晶合金铁心。

（4）按相数分类，有单相变压器、三相变压器、多相变压器。

（5）按冷却方式分类，有干式变压器、油浸自冷变压器、油浸风冷变压器、强迫油循环变压器、充气式变压器等。

油浸式变压器一般又分为自然冷却（ONAN）、风冷却（ONAF）、强迫油循环风冷（OFAF）和强迫油循环水冷（OFWF）。风冷却是指在散热器上安装风扇进行冷却。此外，对于大型变压器还采用强迫油循环风冷却、强迫油循环水冷却，在风冷却、水冷却的基础上还装有潜油泵，以促进循环，加速热量的散发。

干式变压器绕组置于气体中（一般置于空气或六氟化硫气体中），或是浇注环氧树脂绝缘。目前，在城市轨道交通供电系统中的牵引变电所多采用浇注环氧树脂绝缘的方法。

环氧树脂浇注的干式变压器有很多优点，它具有难燃、自熄、防尘、耐潮、机械强度高、体积小、质量轻、损耗小、噪声低等诸多优点。31.5 MV·A 的环氧树脂浇注的干式变压器在 10 m 处测量噪声只有 57 dB。绕组由于采用环氧树脂浇注，其机械强度也很高。

### （三）变压器的命名

一般变压器的型号分为两部分：前一部分由汉语拼音字母组成，表示变压的类别、结构特征和用途；后一部分由数字组成，表示变压器的容量和高压绕组的电压等级。前一部分由六组字母组成：

第一组表示相数，如 D—单相、S—三相。

第二组表示冷却方法，如 J—油浸冷却（可不标）、F—风冷、G—干空气自冷、C—干式浇注绝缘、S—油浸水冷。

第三组表示循环方式，若是自然循环则不做标注，P—强迫循环。

第四组表示绕组数，若是双绕组则不标，S—三绕组，F—双分裂绕组。

第五组表示调压方式，若是无励磁调压则不标，Z—有载调压。

### （四）变压器的结构

变压器的主要部件是绕组和铁心（器身）。绕组是变压器的电路，铁心是变压器的磁路。二者构成变压器的核心即电磁部分。除此之外还有绝缘、引线、油箱等组件。

1. 铁心

铁心在变压器中起到的主要作用是传递能量、支撑整体结构。

变压器的铁心主要有心式和壳式两种结构形式，心式又称为内铁式，壳式又称为外铁式，如图 3-2 所示。心式铁心结构相对简单、应用广泛，壳式铁心结构主要用在小容量变压器和电炉变压器中。一般而言，心式变压器拥有较为优秀的绝缘、散热、整修特性；壳式变压器则具备较好的压制应力。高电压系统宜采用心式；中压大电流宜采用壳式。

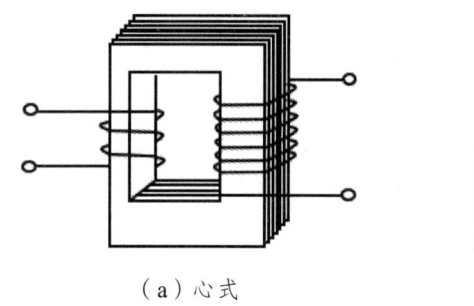
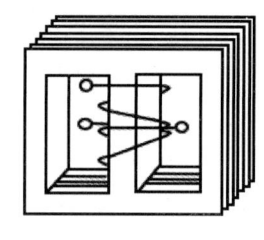

（a）心式　　　　　　　　　（b）壳式

图 3-2　变压器铁心的结构形式

铁心一般由硅钢片制成，在油浸式变压器中，铁心占变压器质量的 40% 左右。根据硅钢片的含硅量可以将硅钢片分为：低（0.8%～1.8%）、中（1.8%～2.8%）、较高（2.8%～3.8%）、高（3.8%～4.8%）四种。变压器中通常采用含硅量 3%～5% 的冷轧硅钢片交叠而成。铁心交叠时，相邻层按不同方式交错叠放，将接缝错开。偶数层刚好压着奇数层的接缝，从而减少了磁阻，便于磁通流通。需要注意的是，铁心叠片只允许一点接地。如果两点或两点以上接地，则在接地点之间可能会形成闭合回路，造成局部发热现象。

图 3-3 所示为铁心的组成结构。

铁心的有效截面积与其几何截面积之比称之为叠片系数。影响叠片系数的因素主要有：

（1）硅钢片的厚度。

（2）硅钢片的绝缘膜厚度。

（3）硅钢片平整度。

（4）硅钢片剪切毛刺。

（5）铁心夹紧度。

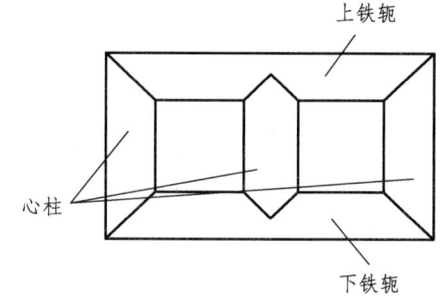

图 3-3　铁心的组成结构

例如，当硅钢片厚度减小时，叠片系数减小，有效截面积减小，磁密增大超过饱和磁通使损耗增大。

2．绕组

铁心柱一般用有绝缘涂层的扁铜线或圆铜线在绕线模上绕制而成。绕组套装在变压器铁心柱上，低压绕组在内层，高压绕组套装在低压绕组外层，以便于绝缘。绕组通常采用绝缘铜线绕制而成，有时候也用铝线。匝数多者为高压绕组，匝数少者为低压绕组。按高压绕组和低压绕组排列位置的不同，又分为同心式和交叠式。交叠方法如图 3-4 所示。

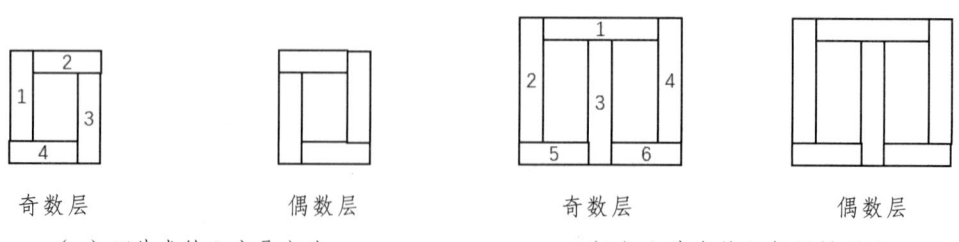

奇数层　　　偶数层　　　　　　　奇数层　　　偶数层

（a）四片式铁心交叠方法　　　　　（b）六片式铁心每层排列法

图 3-4　铁心绕组的交叠方式

对于绕组的选择，一般要注意以下参数：

（1）电气性能：大气过电压、操作过电压、暂态过电压、长期工作过电压。

（2）温升：长期负载温升，短路温升。对于短路温升有六度原则，即温度每升高 6 ℃，寿命降低一半。

（3）影响绕组绝缘的因素：湿度、机械振动、短路膨胀温升、电场周围冷却介质、短路冲击。

（4）机械强度：机械震动力、短路冲击。

（5）成本损耗：容量、电压、材料。

绕组按其结构不同可以分为层式和饼式。

层式又分为：

（1）单层、双层，适用于低压绕组。

（2）多层，适用于 350 kV 以下的高压绕组。

（3）多层 + 静电屏（角环代替静电屏），适用于 350 kV 的高压绕组。

饼式又分为连续式、内屏蔽式、螺旋式与纠结式。

层式结构与饼式结构相比具备以下特点：① 抗冲击性能好；② 结构简单，易绕制，效率高；③ 散热效果差；④ 机械强度差。

3．绝缘

绝缘分为外绝缘和内绝缘两种。外绝缘就是变压器油箱外部的绝缘套管和空气绝缘，它包括绝缘套管本身的外绝缘和绝缘套管间及绝缘管对地部分的空气间隙距离的绝缘。

内绝缘是指变压器油箱内不同电子部件之间的绝缘，内绝缘又可分为主绝缘和纵绝缘。用绕组的绝缘结构来分析，绕组的主绝缘包括：绕组对地的绝缘、不同相绕组之间的绝缘和不同电压等级之间的绝缘这三部分。需要说明的是，这里所说的"地"是变压器内部与大地相连的各金属部件，它包括油箱、铁心、金属夹紧件等。绕组的纵绝缘是指同一绕组的不同电位部分的绝缘，它包括相邻导线之间的匝间绝缘、圆筒式绕组不同层的层间绝缘和饼式绕组的不同线饼之间的饼间绝缘等。

绝缘材质按作用可分为轴向用绝缘和径向用绝缘。

轴向用绝缘包括以下部件：

（1）静电板（静电环）：具有改善绕组端部场强的作用。

（2）绝缘端圈：放在绕组的端部，与上轭绝缘。

（3）角环：其作用是延长绕组端部绝缘沿面放电距离，防止高、低压绕组端部绝缘沿面放电。

（4）铁轭绝缘：绕组端部到上轭垫块和纸圈的组合。

（5）铁轭垫块：起支撑、垫平作用。

径向用绝缘包含以下部件：

（1）纸板筒：阻止杂质搭成小桥，避免绝缘放电击穿；将大油隙分隔成若干小油隙，提高绝缘耐压水平。

（2）油隙撑条：构成轴向冷却油道。

（3）甩屏。

（4）地屏。

（5）静电屏。

（6）相间隔板。

4．引线

引线包含以下几种连接线：

（1）绕组出头与输变电线之间的连线。

（2）绕组分接头与分接开关之间的连线。

（3）绕组在油箱内连接成需要的联结组别之间的连线。

引线的材质主要有：铜棒，电缆，铜排，铜管，铜皮。

影响引线绝缘距离确定的因素有：

（1）电压等级，还与工频电压和冲击电压有关。

（2）引线外包绝缘厚度。

（3）电极形状。

（4）油隙内有无隔板。

（5）间隙内的绝缘介质。

（6）引线表面有无绝缘层和覆盖层。

5．油箱

油箱在变压器中起到容纳器身、保护器身、容纳变压器油、传递和散发热量、支撑固定组件、临时干燥罐的作用。一个合格的油箱应具备足够散热面，满足温升要求，耐受散热器、冷却器并满足运输要求。满足机械强度要求，是指在吊起变压器整体时，油箱不会发生永久性变形，且在指定千斤顶底板的位置上顶起变压器整体时，油箱不会发生永久性形变。

对于油浸式变压器，器身装在油箱内，油箱内充满变压器油。变压器油是一种矿物油，具有很好的绝缘性能，并且对变压器铁心和绕组起散热作用。油箱有许多散热油管，以增大散热面积。为了加快散热，有的大型变压器采用内部油泵强迫油循环，外部用变压器风扇吹风或用自来水冲淋变压器油箱。变压器运行时产生热量，使变压器油膨胀，并流进储油柜中。储油柜使变压器油与空气接触面变小，减缓了变压器油的氧化和空气水分的吸收速度，从而减缓了油的变质速度。故障时，热量会使变压器油汽化，触动气体继电器发出报警信号或切断电源。如果是严重事故，变压器油大量汽化，油气会冲破安全气道管口的密封玻璃，冲出变压器油箱，从而避免油箱爆裂，此外还具有一定的熄弧作用。

在城市轨道交通供电系统中很少使用油浸式变压器，原因是城市轨道交通供电系统中的变压器多工作在室内，而且有的还工作在地下，工作环境较差，空间狭小，通风条件较差，不方便消防设备的进入，一旦着火，就会造成很大的安全隐患。鉴于此，城市轨道交通供电系统中的变压器多采用干式变压器，采用干式风冷却。在绕组的下部设置有风道，并安装有送风机，以增加散热的效果。此外，为提高其绝缘性能，城市轨道交通供电系统中的变压器采用环氧树脂浇注，确保了城市轨道交通供电系统中的核心设备——变压器的可靠运行。

（五）变压器的参数

1．额定电压 $U_{1N}$ 和 $U_{2N}$

额定电压是指变压器长时间运行时所能承受的工作电压（铭牌上的 $U_N$ 值），即调压分接开关在中间分头时的额定电压，单位为 V 或者 kV。$U_{1N}$ 为正常运行时一次侧应施加的电压。

$U_{2N}$ 为二次侧额定电压,它是二次侧处于空载状态时的电压。三相变压器中,额定电压指的是线电压。当降压变压器在电源电压不为额定值时,可通过在高压侧的分接开关接入不同的位置来调节低压侧电压。

为了保证电压波动在一定范围,就必须调压。采用改变变压器匝数进行调压是最常用的一种方式。调压方式有两种,一是无励磁调压,另外一种是有载调压。无励磁调压是指切换分接头,变压器必须不带电的调压方式;而有载调压就是在保证不切断负荷的情况下,由一个接头调换到另一个接头。

2. 额定容量 $S_N$

额定容量是指变压器在出厂时铭牌标定的额定电压、额定电流下连续运行时能输送的容量,单位为 V·A、kV·A、MV·A。$S_N$ 为变压器的视在功率。

通常把变压器一、二次侧的额定容量设计为相同。额定容量对变压器的结构和性能参数影响很大。变压器的额定容量也与电压等级密切相关。一般情况下,电压高则容量大,电压低则容量小。

3. 额定电流 $I_{1N}$ 和 $I_{2N}$

额定电流是在额定容量 $S_N$ 和允许温升条件下,变压器允许长期通过的工作电流,在三相变压器中均代表线电流,单位为 A、kA。

对于单相变压器:$I_{1N} = \dfrac{S_N}{U_{1N}}$,$I_{2N} = \dfrac{S_N}{U_{2N}}$。

对于三相变压器:$I_{1N} = \dfrac{S_N}{\sqrt{3}U_{1N}}$,$I_{2N} = \dfrac{S_N}{\sqrt{3}U_{2N}}$。

4. 额定频率 $f_N$

额定频率单位为 Hz,$f_N = 50$ Hz。

5. 短路电压 $U_d\%$

短路电压 $U_d\%$ 也称为阻抗电压。它是指将变压器的二次绕组短路,在一次侧绕组施加电压至一次绕组中的电流达到额定电流值时,一次侧电压和额定电压 $U_N$ 之比的百分数,即 $U_d\% = U_d / U_N$。

6. 阻抗电压

阻抗电压表示变压器通过额定电流时,在变压器自身阻抗上所产生的电压损耗。阻抗电压一般为 4%~14%,而且随着电压等级的增大,阻抗电压一般也增大。变压器并列运行时,要求 $U_d\%$ 值相同,当变压器二次侧短路时,$U_d\%$ 值将决定短路电流的大小,所以它是考虑短路电流热稳定和动稳定及继电保护整定的重要依据。

7. 空载电流 $I_0$

当变压器在一次侧额定电压下,二次绕组空载时,在一次绕组中通过的电流称为空载电流。它起励磁作用,故又称为励磁电流,一般以其占额定电流的百分数表示。空载电流的大小取决于变压器容量、磁路结构和硅钢片质量等。

8．空载损耗（铁损）$\Delta P_0$

空载损耗指变压器二次侧开路、一次侧加额定电压时，变压器产生的损耗，也称为铁损。它等于变压器铁心的涡流损耗和励磁损耗，是变压器的重要性能指标。

变压器的铁损包括两个方面：一是磁滞损耗，当交流电流通过变压器时，通过变压器硅钢片的磁力线的方向和大小随之变化，使得硅钢片内部分子相互摩擦，放出热能，从而损耗了一部分电能，这便是磁滞损耗；二是涡流损耗，当变压器工作时，铁心中有磁力线穿过，在与磁力线垂直的平面上就会产生感应电流，由于此电流自成闭合回路形成环流，且成漩涡状，故称为涡流。涡流的存在使铁心发热，消耗能量，这种损耗称为涡流损耗。

9．负载损耗（铜损）$\Delta P_d$

铜损是指变压器线圈电阻所引起的损耗。当电流通过线圈电阻发热时，一部分电能就转换为热能而损耗。由于线圈一般都由带有绝缘涂层的铜线缠绕而成，因此负载损耗又称为铜损。

10．电压比

变压器两组绕组匝数分别为 $N_1$ 和 $N_2$，$N_1$ 为一次绕组匝数，$N_2$ 为二次绕组匝数。在一次绕组上加一交流电压，在二次绕组两端就会产生感应电动势。当 $N_2 > N_1$ 时，其感应电动势要比一次侧所加的电压还要高，这种变压器称为升压变压器。此外，铭牌上还会给出型号、三相联结组标号、相数、运行方式、冷却方式、质量和几何尺寸等数据。

### （六）单相变压器的极性

如果单相变压器的一、二次绕组的绕向相同，则该变压器呈现减极性，一次侧电压和二次侧电压相差0°。

如果单相变压器的一、二次绕组的绕向相反，则该变压器呈现加极性，一次侧电压和二次侧电压相差180°。

### （七）三相变压器的联结组标号

变压器在运行时，根据不同的需要，把一、二次侧连接成不同的形式。联结组标号表示变压器各相的联结方式和一、二次线电压的相位关系。三相变压器一、二次侧采用不同联结方式时，将会出现不同的联结组标号。三相线圈主要有星形联结（Y）、三角形联结（D）和曲折形联结（Z）三种联结方式。根据变压器一、二次线电压的相位关系，把变压器线圈的联结分成各种不同的组合，称为线圈的联结组。为了区别不同的联结组，常采用时钟表示法，即把一次侧线电压的相量作为时钟的长针，固定在12点上，以二次侧线电压的相量作为时钟的短针，看短针指在哪个数字上，就作为该联结组的标号。三相变压器联结组标号与线圈的联结、绕向和线圈的标法有关，可以联结成12个组号。

三相变压器一、二次线电压间的夹角取决于线圈的联结方式，二次线电压落后一次线电压的角度有30°、60°、90°、120°、150°、180°、210°、240°、270°、300°、330°、360°共12种，分别对应为1、2、3、4、5、6、7、8、9、10、11、12点接线，常用的主要联结组标号有以下几种：

（1）一次、二次绕组的绕向相反。一次接线为Y，二次接线为y（或有零线），可呈现出6点接线，如图3-5所示。

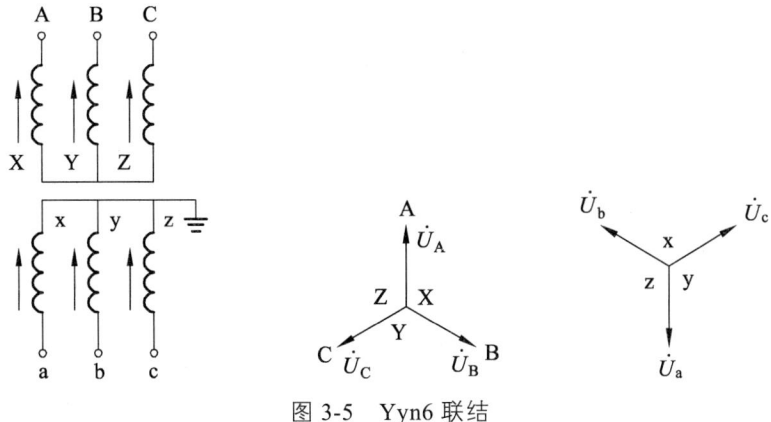

图 3-5　Yyn6 联结

（2）一次、二次绕组的绕向相同，一次接线为 Y，二次接线为 y（或有零线），可呈现出 12 点接线，如图 3-6 所示。

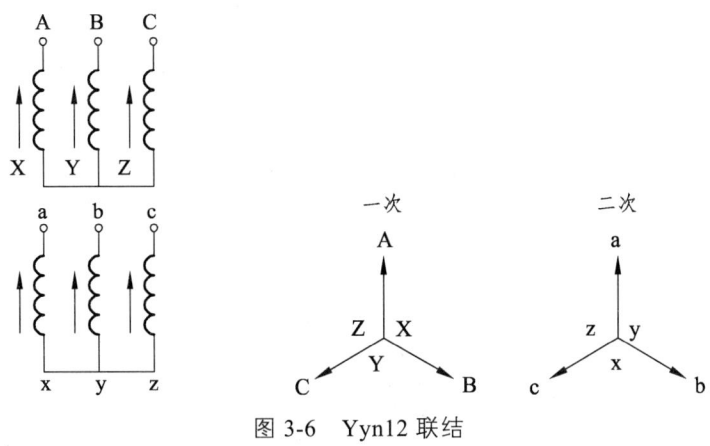

图 3-6　Yyn12 联结

（3）一次与二次绕组绕向相同，一次接线为 Y，二次接线为 d，可呈现 11 点接线（或 1 点接线），如图 3-7 所示。

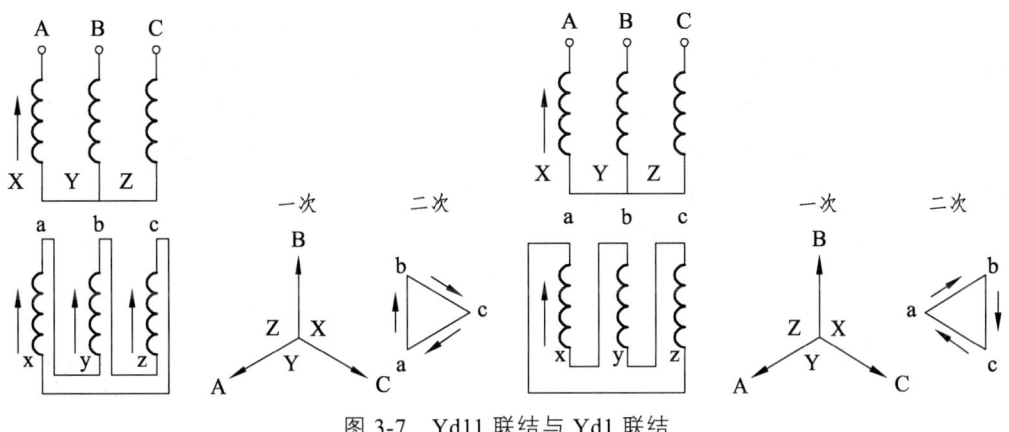

图 3-7　Yd11 联结与 Yd1 联结

变压器的接线方法很多，概括起来变压器一次侧仅能接成 Y、D 以及外延 D，二次侧可以接成 y、d、z（曲折形接线），表 3-1 列出了几种常用的线圈连接的特点和适用范围。

表 3-1 常用线圈连接的特点和适用范围

| 联结方式 | 特点与使用范围 |
| --- | --- |
| Yy | 1. 线圈导线截面积大，线圈的空间利用率高；适用于配电变压器，也可用于联络变压器或三相负载对称的特种变压器。<br>2. 中性点可引出，可供三相四线制负载，但对于单相变压器组成的三相组式变压器或三相三柱旁轭式铁心的变压器，其一次侧中性点必须与电源中性点连接，否则不能采用此种联结方式。<br>3. 对于三相三柱式铁心的变压器，其一次侧中性点不能与电源中性点连接；而二次侧供三相四线制负载用时，中性线电流应加以限制。 |
| Dd | 1. 线圈导线截面积小，线圈的空间利用率低；只适用于低电压、大电流变压器。<br>2. 允许三相负载不对称，当其中一相发生故障时，其余两相按 V 联结（两相跨接）可继续运行，此时三相输出容量减为原来的 $1/\sqrt{3}$（对于三相变压器，故障相的线圈须与其余两相断开并开路，如故障是由于匝间短路引起的，则不能改接成 V 联结继续运行）。<br>3. 无三次谐波电压，但不能供三相四线制负载，也不适用于高电压变压器。 |
| Yd 或 Dy | 1. 无三次谐波电压，适用于各类大、中型变压器。Dy 联结适用于配电变压器时，允许三相负载不对称程度比 Yz 联结大一些，中性线电流允许达到额定电流的 75% 左右，但引线结构较复杂。<br>2. Y 联结的中性点可引出。<br>3. 当任意一相的一个线圈发生故障，变压器必须停止运行。 |
| Yz | 1. 中性点可引出，可供三相四线制负载；适用于配电变压器或特种变压器，允许三相负载不对称的程度可比 Y/y 联结大一些，中性线电流允许达到额定电流的 40% 左右。<br>2. Z 联结相电压中无三次谐波分量。<br>3. Z 联结线圈只适用于低压线圈。 |

一般情况下，星形、三角形、曲折形联结，对于高压绕组，分别用 Y、D、Z 表示；对于中压和低压绕组，分别用符号 y、d、z 表示。由中性点引出时，分别用符号 YN、ZN 表示。为便于生产和应用，国家标准规定 Yyn0、Yd11、YNd1、Yy0、YNy0 为五种标准联结方式。而前三种为常用形式。Yyn0 用于二次电压为 400 V/230 V 的配电变压器。Yd11 用于二次电压为 400 V 的情况，常用于降压变压器。YNd11 用于高压侧要求接地的高压输电系统中，如 110 kV 以上。Yy0 用于供给三相动力负载。YNy0 用于一次侧中性点需要接地的场合。

此外电力变压器的电压组合以及容量和联结组标号之间也有一定的关系，一般满足下列情况：额定容量在 50～1600 kV·A 时，电压组合为高压 35 kV、低压 0.4 kV，联结组标号为 Yyn0、Dyn11；额定容量在 30～1600 kV·A 时，电压组合为高压 10 kV、低压 0.4 kV，联结组标号为 Yyn0、Dyn11 或者 Yzn11；额定容量在 800～31500 kV·A 时，电压组合为高压 35 kV、低压 3.15～10.5 kV，联结组标号为 Yd11。

## 二、干式变压器

（一）干式变压器概述

干式变压器是指铁心和绕组不浸渍在绝缘油中的变压器，依靠空气对流进行冷却。

微课视频：
干式变压器简介

我国在 20 世纪 70 年代已引进了环氧树脂绝缘干式变压器生产技术，但技术发展和应用非常缓慢。到 80 年代末 90 年代初，随着新的干式变压器生产技术工艺的引进，干式变压器的应用迅速普及，国内干式变压器技术的发展也从消化吸收走向自我开发并达到国际先进水平。至今，国内干式变压器的生产规模已位居世界第一，不少生产厂家的产品技术水平和开发能力已经进入国际先进行列。

干式变压器广泛用于城市轨道交通、居民区、高层建筑、机场、码头等供电场所。干式变压器的冷却方式分为自然空气冷却（AN）和强迫空气冷却（AF）。自然空冷时，变压器可在额定容量下长期连续运行；强迫空冷时，变压器输出容量可提高 50%，适用于断续过负荷运行或应急事故过负荷运行。

一般来说，干式变压器中性点必须接地，这主要是因为变压器中性点不接地的话，当三相负载不平衡或发生单相接地的情况下，中性点的点位会升高，这样一来零线也会带电，不安全，同时接地电流会很小，无法切除电源，另外两相对地电压就会升高，触电的危险性就更大，设备可能会损坏，影响变压器的寿命。

### （二）干式变压器的分类

**1．按主绝缘材料分类**

（1）开启式：这是一种常用的形式。器身与大气相连通，适用于干燥而洁净的室内环境。由于空气的绝缘强度和散热性比油液差，所以以空气作为绝缘的干式变压器常用于公共建筑物、车间等场合。一般环境温度为 20 ℃ 时，相对湿度不应超过 85%。一般有空气自冷和风冷两种冷却方式。

（2）封闭式：器身处在封闭的外壳内，与大气不直接接触。由于密封的特点，其散热条件差。它属于防爆型的干式变压器，可用于更为恶劣的环境。一般充以绝缘强度和散热能力胜于空气的其他气体，如充以 $SF_6$ 气体并加以强迫循环。

（3）浇注式：用环氧树脂或其他树脂浇注作为主绝缘，它结构简单、体积小。

**2．按生产工艺分类**

（1）浸渍式变压器：该种变压器生产历史最长，制造工艺也比较简单。随浸渍漆的不同，变压器的绝缘等级分为 B、F、H、C 级，主、纵绝缘的空道全部以空气为绝缘物质。由于此种变压器受外界环境的影响比树脂大，目前在国内外产量均趋于减少。

（2）树脂干式变压器：分为四种结构，即树脂加填料浇注、树脂浇注、树脂绕包和树脂真空压力浸渍。虽然采用的设备投资大，但安装、维护费用低。

**3．按结构分类**

（1）固体绝缘包封绕组干式变压器。包封绕组干式变压器采用固体绝缘包封，各个绕组可以分别装模后，用树脂浇注。由于包封绕组干式变压器的绕组不易受潮，维护方便，体积小，所以在城市轨道交通供电系统中得到了广泛应用。

（2）不包封绕组干式变压器。

### （三）干式变压器的特点

干式变压器具备以下优点：

（1）安全、难燃防火、防爆、无污染，可直接安装在负荷中心。
（2）免维护，综合运行成本低。
（3）防潮性能好，可在 100% 湿度下正常运行，停运后不经预干燥即可投入运行。
（4）损耗低、局部放电量低、噪声小、散热能力强，强迫风冷条件下可以 150% 额定负载运行。
（5）配备有完善的温度保护控制系统，为变压器安全运行提供可靠保障。
（6）体积小、质量轻、占地空间少、安装费用低。

干式变压器存在以下不足：
（1）同等容量条件下，干式变压器价格昂贵，为油浸式变压器的 2 倍左右。
（2）应用电压等级受限。
（3）一般在屋内使用，在户外使用时，必须配备较高防护等级的外罩。
（4）对于浇注成型的线圈，出现毁损时，通常会报废，较难修复。

（四）干式变压器的结构

干式变压器一般由线圈绕组、铁心、器身及其他辅件组成，如图 3-8 所示。

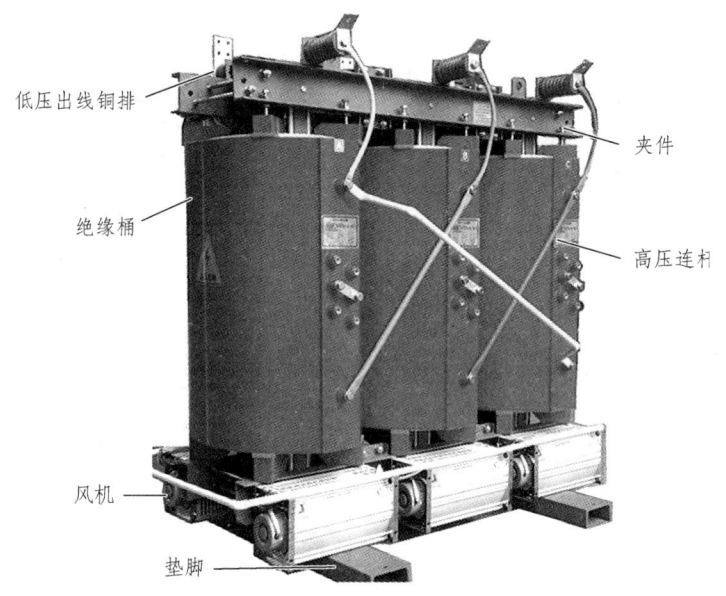

图 3-8　干式变压器的外形结构

1．线圈绕组

干式变压器的绕组结构与油浸式变压器基本相同，多采用圆筒式，容量较大的干式变压器绕组可采用饼式。干式变压器在绕组外加上非油绝缘介质，以增加线圈的绝缘性能，环氧树脂浇注干式变压器就是用环氧树脂为绝缘材料，以浇注的方式与绕组一起固化，从而减少变压器线圈的体积。一般情况下，干式变压器的高压绕组（线圈）在圆筒的外侧，低压绕组（线圈）在内侧，高压绕组和低压绕组之间是冷却气道，高压绕组和低压绕组共同缠绕在铁心上。将高压绕组布置在圆筒外侧能起到降低绝缘材料要求、节省成本、缩小和铁心绝缘距离、缩小变压器的体积的作用，且便于操作分接头。

干式变压器的绕组由扁或圆导体叠层后按螺旋线绕制而成，可以绕成若干个线层，每层线匝之间设置层间绝缘或通风气道，依靠模具并采用专用浇注设备，在真空状态下使绕组浇注并固化成型。干式变压器的绕组有以下几种：缠绕式、环氧树脂加石英砂填充浇注、玻璃纤维增强环氧树脂浇注（薄绝缘结构）以及多股玻璃丝浸渍环氧树脂缠绕式。

2．铁心

干式变压器铁心是由多片涂有绝缘漆的硅钢片叠压而成，如图 3-9 所示，铁心的夹紧主要由夹件及夹紧螺杆来实现。上、下夹件通过拉螺杆或拉板压紧铁心绕组，铁心的绝缘件为夹件绝缘、螺杆绝缘或拉板绝缘。

干式变压器的铁心除了作为主磁通的通道外，还作为变压器线圈、器身及其他组件的主要支撑件，所以铁心一方面通过多片硅钢片叠片，减少涡流损耗，另一方面利用紧固件、支撑件增加铁心的强度和刚度，同时也减少铁心噪声的产生。干式变压器的铁心采用优质冷轧晶粒取向硅钢片，铁心硅钢片采用 45°全斜接缝，使磁通沿着硅钢片接缝方向通过。干式变压器最基本的结构，除了线圈绕组和铁心以外，还要有器身部分，它主要包括出线端子、变压器底座以及接地结构等，以方便用户安装和固定，保证用户的使用安全。

图 3-9 铁心

3．辅件（风机、外壳、温控器、温显仪、有载开关等结构辅件）

根据不同的用户、使用环境和工作要求，干式变压器可以增加不同的组件。例如：根据不同用户的高、低压接口要求，增加不同形式的出线端子结构（如侧出线、封闭母线等）；根据不同的环境和运行工况，为提高负载能力和降低变压器温升，增加冷却设备。目前多采用风机冷却，风机冷却一般安装在底座上，在铁心和绕组的下方，风机产生的冷却气体通过气道冷却绕组及铁心，并把热气体向上排出；根据使用环境的差异或用户的要求，增加保护外壳，以提高变压器的防护等级，增强变压器对外部环境的适应能力。为实现变压器的智能监控，满足在任何时刻对变压器实施温度控制，变压器一般都加装温度控制设备。对供电质量要求较高的用户，因为电网电压波动较大，在变压器负载状态下需要切换变压器的分接头位置，改变变压器的电压比以实现低压侧输出电压稳定，这样加装有载调压开关就可以满足要求。一般有载调压开关有两种形式：真空开关和空气断路器，一般都选择真空开关。

## (五)干式变压器的实际运用

### 1. 干式变压器的选用

干式变压器选用时,首先根据负荷计算来确定变压器容量和台数,然后根据工程具体情况、环境、系统特点、运行要求等确定变压器的性能参数。

(1) 二次额定电压的确定:一般根据电力网系统和用户的要求确定。

(2) 联结组标号的确定:配电变压器常有 Dyn11、Yyn0 等联结组标号,推荐选用 Dyn11。

(3) 其他:如短路阻抗等,这些性能参数都可以从制造厂家的样本、手册中查到,再根据工程情况予以确定。

(4) 调压方式:主要考虑采用何种调压方式、调压范围如何等问题。通常采用无励磁调压,即一、二次侧均切断电源时,在高压侧人工进行调压,分接范围常采用 ±(2×2.5%)。若要求电源电压稳定,可选用有载自动调压,即通过有载调压开关自动调整高压分接头,以保持输出电压的稳定,分接范围常采用 ±(4×2.5%)。

(5) 其他配置的选择:是否配外壳;是否带风机(强迫风冷);是否配温度控制箱;是否带温度显示器等,上述这些附件的功能,各制造厂家的样本上均有说明,可酌情选择配置。

### 2. 干式变压器首次启动注意事项

(1) 变压器保护、测量、冷却装置已调试完毕。

(2) 变压器接线已完成核相。

(3) 运行后响声正常,应为平稳的"嗡嗡"声,运行时间不小于 10 min,变压器试运行要注意冲击电流、空载电流、二次电压、温度,并做好详细记录。

(4) 冲击试验合格(5 次),无异常情况,励磁涌流不应引起保护装置误动作。

(5) 冷却风机运转正常,风向正确。

(6) 绕组温度变化是否正常(带负荷后绕组温度应缓慢上升)。

(7) 变压器空载运行 24 h,无异常情况方可投入负荷,监视随负荷变化导线接头有无发热现象。

### 3. 干式变压器运行中的注意事项

(1) 变压器外罩前后门应锁紧,严禁运行时门敞开,严禁运行中触摸变压器本体。

(2) 高、低压侧接头、母排无松动过热,绕组干净无积尘。

(3) 变压器绝缘表面无放电痕迹。

(4) 变压器外罩上的温度指示不超限。

(5) 变压器内无异味,运行声音正常,配电间室温正常。

(6) 变压器室内屋顶无漏水、渗水现象。

(7) 变压器不能过载运行。长期过载运行,会引起线圈发热,使绝缘逐渐老化,造成短路。

(8) 变压器运行要保持良好的通风和冷却,否则影响变压器的寿命。

### 4. 干式变压器的日常检查及维护

为了保证变压器正常运行,必须对其进行定期检查和维护。在干燥清洁的场所,每年进行一次检查,而在可能有灰尘或化学烟雾污染的场所,每 3~6 个月进行一次检查。

干式变压器运行中的维修及维修项目应综合分析各种因素来确定。运行中应按规定检查外观，确认其处于正常运行状态，若发现异常，应及时退出运行并进行处理。日常检查项目有：

（1）变压器的运行状态、电流、电压、负荷、频率、功率因数等有无异常。

（2）变压器温度有无异常。这是日常检查项目中很重要的一项，在进行温度测量时首先必须确保测量仪表本身的准确性。

（3）风机和冷却装置有无异常。除了确认风机和冷却装置声音外，还需确定有无震动和异常温度。

（4）引线接头。根据示温涂料变色和油漆判断引线接头和电缆母线有无过热。

（5）有载分接开关触头等有无过热和异常。

（6）变压器外观。变压器绕组、铁心等是否有附着脏物及污染现象。

（7）绝缘件、绕组外观。绝缘件、绕组表面有无碳化和放电痕迹，是否有龟裂。

（8）声音。变压器及附件有无异常响声和震动。

（9）气味。温度高时绝缘有无烧焦，发出臭味。

（10）外壳检查。确认是否有异物进入壳内，是否有雨水滴入和其他污染。外壳内有无共振声音，有无接地不良引起的放电声。

（11）检查时，如发现过多的灰尘聚集，则必须清除，以保证空气流通和防止绝缘击穿。特别要注意清洁变压器的绝缘子、下垫块的凸台处以及高压绕组的表面，并使用干燥的压缩空气吹干净通风气道中的灰尘。

（12）检查变压器本体上的紧固件、绝缘件是否松动，导电零部件有无生锈、腐蚀及碳化现象。

干式变压器运行若干年（一般建议5年）后，需通过进行绝缘电阻及直流电阻的测试来判断变压器能否继续运行。

干式变压器在投入运行之后，每隔一定时间（每年至少一次）应进行一次停电检查，检查项目为：

（1）干式变压器各部位有无尘埃堆积，有无生锈现象。

（2）温控、温度显示值准确度，记录曾出现过的最高温度。

（3）接头及各导电部位是否有过热、松弛现象。

（4）风机冷却装置是否能按设定值可靠运行。

（5）各部分绝缘是否有变色、脱层、龟裂。

（6）检测干式变压器接地系统：接地导体有无损伤、断裂，连接头是否松弛、损坏；逐点检测整个接地系统是否坚固可靠；检测变压器及其配电系统。

5．干式变压器异常情况的处理

1）**变压器的声音异常**

（1）变压器铁心夹件螺杆松动。用户运输就位，安装时把铁心尖角碰撞变形，或有异物搭接在铁心某处。

（2）机械杂声。风机固定螺丝松动，有杂物在内部，固定螺丝松动引起面板震动有杂声；变压器的低压母排固定螺丝松动，或母排没有采用软连接，因此震动产生杂音。

（3）输入电源电压过高，产生过励磁，声音较大。

（4）高次谐波产生的声音。特点是没有规律，声音时大时小、时有时无。主要原因是电源侧或负载有电炉，可控硅整流设备产生高次谐波反馈到了变压器。

（5）环境问题。主要是变压器室周围空间小，墙面光滑，容易产生音箱效果，使变压器声音听起来较大。

**2）温度计显示异常**

（1）没有把传感器插到温度显示器后面的插座内，显示故障灯亮。

（2）传感器接插件之间松动，电阻增大，温度值显示较高。

（3）某相温度值无穷大，传感器的铂电阻丝开路。

（4）某相温度值高，传感器的铂电阻处于似断非断的状态。

## 第二节　整流器

### 一、整流器概述

整流器是一种整流装置，简单地说就是将交流（AC）转化为直流（DC）的装置。整流机组是地铁牵引变电所最重要的设备，其作用是将环网电缆 35 kV 的（或 33 kV AC、10 kV AC）电压降压为交流 1180 V，再整流输出直流 1500 V，经输电网上电动隔离开关给接触网供电，实现直流牵引。整流机组由整流变压器和整流器组成。

微课视频：
整流器简介

城市轨道交通牵引供电系统整流器全部采用三相全波桥式整流，为了提高输出直流的质量，减少谐波，减少对城市电力系统的影响，一般采用 12、24 脉波整流电路。

**（一）三相桥式整流电路（6 脉波整流电路）**

三相桥式整流电路是两个三相半波电路的串联，如图 3-10 所示。

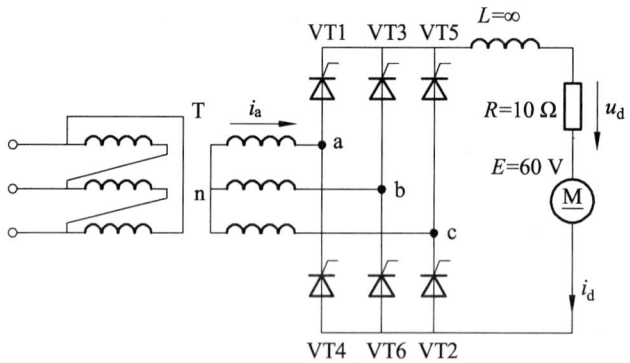

图 3-10　三相桥式整流电路

习惯将其中阴极连接在一起的 3 个晶闸管（VT1、VT3、VT5）称为共阴极组；阳极连接在一起的 3 个晶闸管（VT4、VT6、VT2）称为共阳极组。此外，习惯上希望晶闸管按照从 1 至 6 的顺序导通，为此将晶闸管按图示的顺序编号，即共阴极组中与 a、b、c 三相电源相接的 3 个晶闸管分别为 VT1、VT3、VT5，共阳极组中与 a、b、c 三相电源相接的 3 个晶闸管分别为 VT4、VT6、VT2。按此编号，晶闸管的导通顺序为 VT1→VT2→VT3→VT4→VT5→VT6。

三相桥式整流电路的工作原理如下：在第一阶段，a 点电位最高，共阴极组的 VT1 触发导通，b 点电位最低，共阳极组的 VT6 触发导通，这时电流由 a 点经 VT1 流向负载，再经 VT6 流向 b 点，变压器 a、b 两相工作，加在负载上的整流电压为 $\dot{U}_a - \dot{U}_b = \dot{U}_{ab}$，经过 60° 后进入第二阶段，这时 a 点电位仍最高，VT1 继续导通，但 c 点电位最低，经自然换向点触发 c 相的 VT2，电流即从 b 点换到 c 点，VT6 承受反压关断，变压器 a、c 两相工作，加在负载上的整流电压为 $\dot{U}_a - \dot{U}_c = \dot{U}_{ac}$。如此循环下去，其输出电压 $u_d$ 在一个周期之内共有 6 个脉动的电压波形，这就实现了 6 脉波整流。三相桥式整流电路的输出电压波形和相量图如图 3-11 所示。

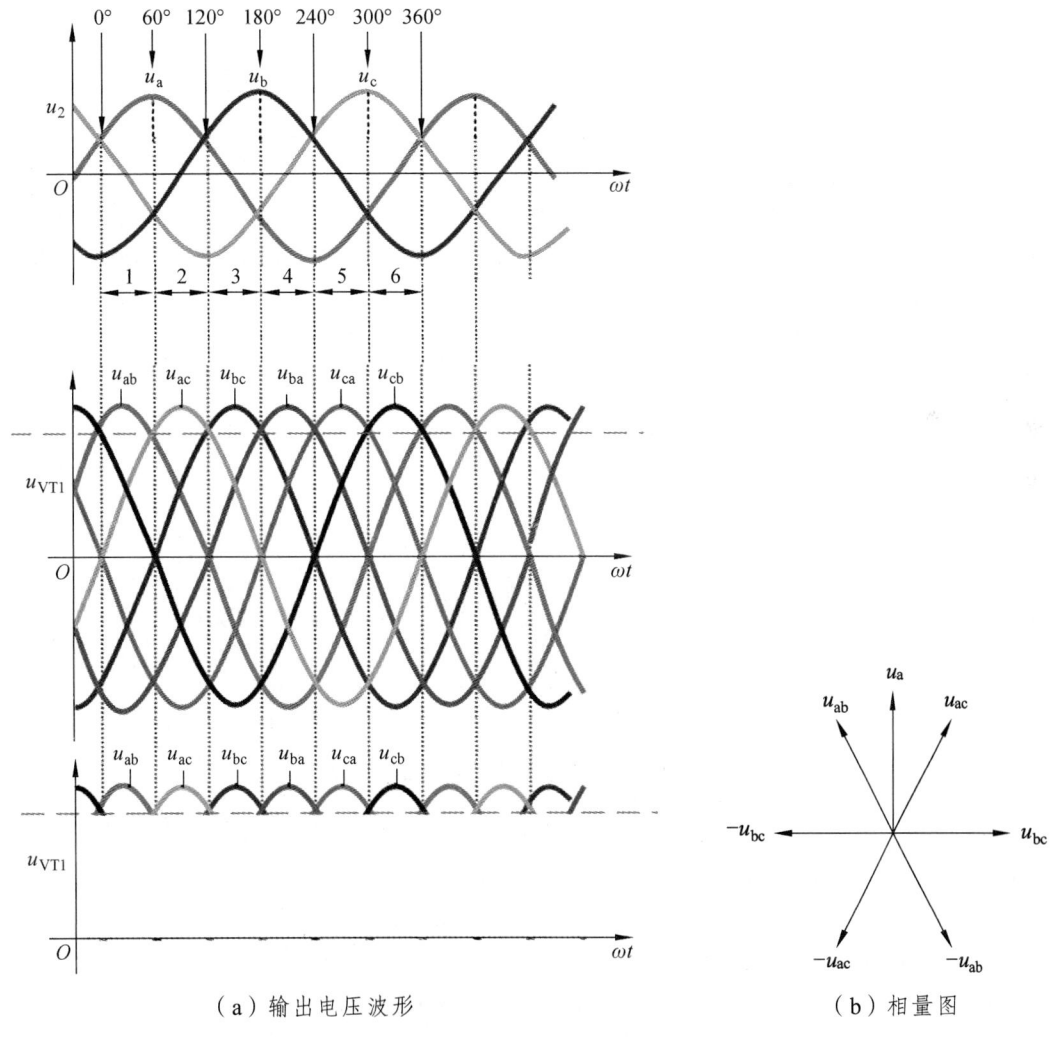

（a）输出电压波形　　　　（b）相量图

图 3-11　三相桥式整流电路输出电压波形及相量图

## (二) 12 脉波整流电路

12 脉波整流电路如图 3-12 所示,它由三相三绕组(或四绕组)整流变压器 T 和两组并联三相全波桥式整流电路 RCT1、RCT2 组成。其中 RCT 为基本整流单元,具有两组整流管,一组为共阴极接线(如 D1、D3、D5),另一组为共阳极接线(如 D2、D4、D6),它们共同由三相整流变压器的两个二次绕组分别供电,即可获得 6 脉波的整流输出电压。6 脉波整流是 12 脉波整流的基础。

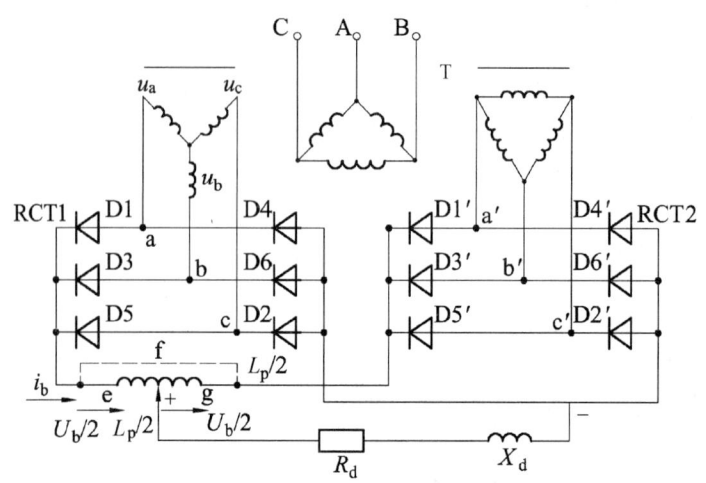

图 3-12  12 脉波整流电路

对两组三相整流桥阀侧供电的整流变压器次边两个绕组分别为三角形(d)和星形(y)接线,两者阀侧的线电压之间形成 π/6(电角度为 30°)的相位移,如图 3-13 所示,从而两组整流桥同时并联工作,即构成 12 脉波整流电路。

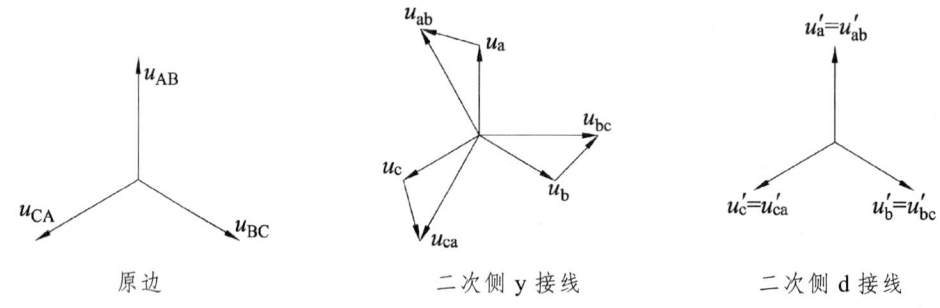

图 3-13  12 脉冲波整流电路输出电压相量图

图 3-12 中, $X_d$、$R_d$ 为负载的电抗和电阻,$L_p$ 为集中电抗的平衡电抗器,其中点与负载电路的一端连接,负载的另一端则和两组整流桥的阳极连接。由于两组整流桥阀侧线电压相位相差 π/6,它们交替导电的各桥臂整流管瞬时电压实际上不相等,将产生均衡电流 $i_b$,使整流桥的负载分配不均,平衡电抗器的作用是限制 $i_b$ 值,同时 $L_p$ 产生的感应电势($U_b$)通常是阻碍导电相电压的变化。由于 $U_b$ 对导电相电压的助增作用,从而延长了导电相的导电时间。

近年来,国内外在城轨交通供电系统中广泛使用 12 脉波整流电路,或在其基础上,对其进行开发、研究和试验,提出采用轴向双分裂式结构四绕组牵引整流变压器,由于其归算到阀侧电压的变压器每相漏抗和两个二次绕组间的每相分裂电抗增大,可以取代平衡电抗器的作用。此时图 3-12 中可不设平衡电抗器,如图中虚线所示,在这种情况下,12 脉波整流电路的工作特性基本上和带平衡电抗器电路的工作特性相同,可采用相同的分析方法进行分析。

以图 3-12 所示的 Dd0y11 接线构成两组并联三相整流桥的 12 脉波整流电路为例进行说明,设 $u_{ab}$、$u_{bc}$、$u_{ca}$ 和 $u'_{ab}$、$u'_{bc}$、$u'_{ca}$ 分别表示整流变压器 T 二次绕组 y 接线和 d 接线两个绕组的三相输出电压,可知这两组三相线电压依次形成 30° 相移。如以二次绕组 y 接线的 12 点为基准,考虑上述两组三相输出电压及其反相(-180°)电压在整流过程中的共同作用,12 个电压相量相位差依次为 π/6(30° 电角度),构成 12 脉波整流器阀侧线电压相量关系如图 3-14 所示,该图同时也表示各整流臂整流管按顺时针换相的导电顺序。

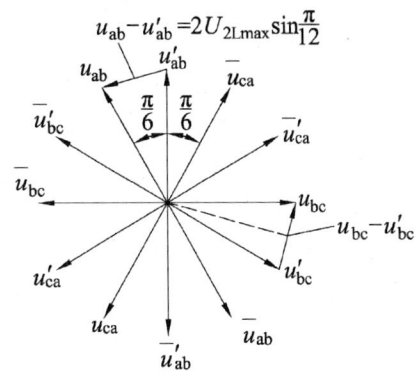

图 3-14　12 脉波整流器阀侧线电压相量关系图

### (三) 等效 24 脉波整流电路

等效 24 脉波整流电路的原理接线图如图 3-15 所示。它由两套相同等容量的 12 脉波整流机组构成,其中每套 12 脉波整流机组原边分别设有产生移相 $+\frac{\pi}{24}$(+7.5° 电角度)和 $-\frac{\pi}{24}$(-7.5° 电角度)作用的轴向分裂式三相四绕组整流变压器 T1 和 T2,其接线组别分别为 Dd0y11 和 Dd2y1,它们的二次绕组(d、y 绕组)输出分别连接至两组三相整流桥,各组成一套 12 脉波整流电路,如图 3-15 中的 RCT2 与 RCT1 和 RCT4 与 RCT3。

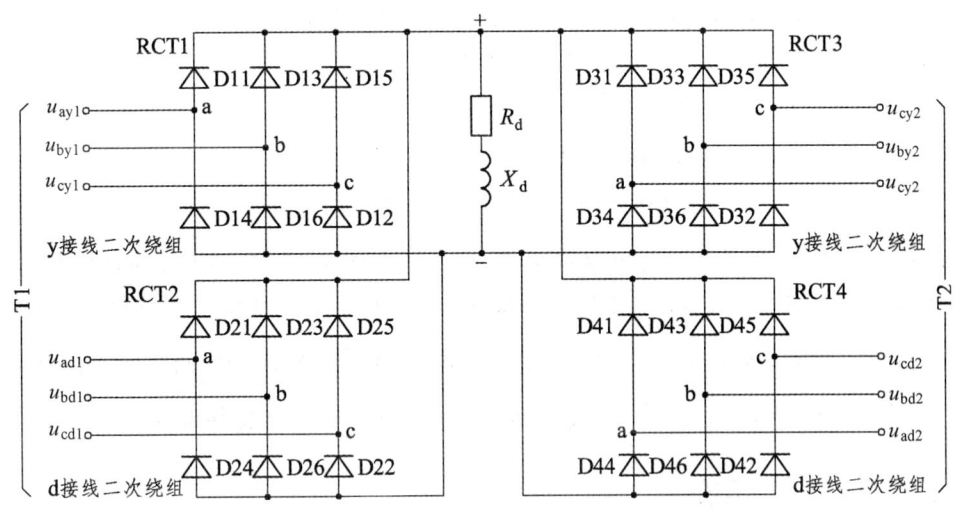

图 3-15　等效 24 脉波整流电路原理接线图

每套整流电路两组三相整流桥的直流输出正、负极,相应并联连接到直流牵引变电所的同名(正、负极)母线上。正常运行情况下,等效整流电路两台整流变压器阀侧同名端线电压的相位差为π/12（15°电角度），如图 3-16 所示，考虑各整流桥整流臂电压的反相（-180°）导电后，可保证在一个工频周期内产生 24 脉波整流电压。

由于采用了轴向双分裂结构的整流变压器，归算到阀侧（二次侧）绕组的每相漏抗和分裂电抗较大，可取代平衡电抗器的作用，故接线图中不设平衡电抗器。整流变压器原边绕组采用延边三角形接线移相方式。

图 3-15 所示的由两套整流机组构成的等效 24 脉波整流电路中，如以 $u_{ad1}$、$u_{bd1}$、$u_{cd1}$ 和 $u_{ay1}$、$u_{by1}$、$u_{cy1}$ 分别表示 Dd0y11 接线组别的整流变压器（T1）d 接线二次绕组和 y 接线二次绕组的三相输出线电压；接线组别为 Dd2y1 的整流变压器（T2）相应 d 接线和 y 接线二次绕组的三相输出线电压，分别表示为 $u_{ad2}$、$u_{bd2}$、$u_{cd2}$ 和 $u_{ay2}$、$u_{by2}$、$u_{cy2}$。

由于整流变压器 T1 和 T2 原边 d 接线绕组移相后分别滞后 $\frac{\pi}{24}$（7.5°电角度）和超前 $\frac{\pi}{24}$（-7.5°电角度），同时考虑 T1、T2 二次绕组接线方式本身的移相作用，上述两台整流变压器四组三相输出电压的数学表达式即可方便地得到。

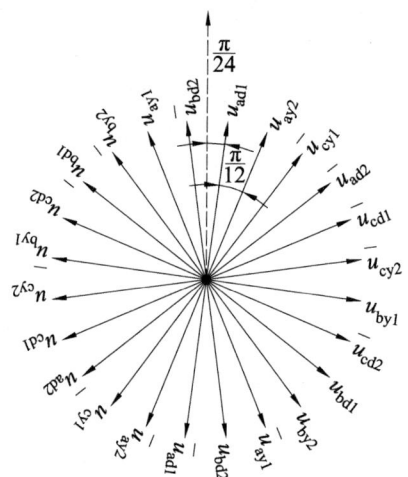

图 3-16 24 脉波整流电路阀侧线电压相量图

现以四个二次绕组的 a 相为例，假定各绕组输出电压相等，其二次输出电压可表达为：

$$u_{ad1} = U_{2Lm}\sin(\omega t + 7.5°) \tag{3-3}$$

$$u_{ay1} = U_{2Lm}\sin(\omega t - 30° + 7.5°) = U_{2Lm}\sin(\omega t - 22.5°) \tag{3-4}$$

$$u_{ad2} = U_{2Lm}\sin(\omega t + 60° - 7.5°) = U_{2Lm}\sin(\omega t + 52.5°) \tag{3-5}$$

$$u_{ay2} = U_{2Lm}\sin(\omega t + 30° - 7.5°) = U_{2Lm}\sin(\omega t + 22.5°) \tag{3-6}$$

式中 $U_{2Lm}$——整流变压器二次绕组输出线电压最大瞬时值。

其他 b、c 相二次输出电压的表达式按三相电路对称原则即可得到。例如，整流变压器 T 阀侧 y 接线二次绕组 b、c 相输出电压为

$$u_{by1} = U_{2Lm}\sin(\omega t + 120° - 22.5°) = U_{2Lm}\sin(\omega t + 97.5°) \tag{3-7}$$

$$u_{cy1} = U_{2Lm}\sin(\omega t + 240° - 22.5°) = U_{2Lm}\sin(\omega t + 217.5°) \tag{3-8}$$

如以整流变压器 T1 二次绕组 y 接线组别的 12 点为基准，两台整流变压器并联工作时，考虑上述四组二次输出电压 12 个相量及其反相（-180°）电压在整流导电过程中的共同作用，各相量相位差依次为 $\frac{\pi}{12}$（15°电角度），从而构成 24 脉波整流器阀侧线电压相量关系图，如图 3-16 所示，该图同时也表明四组整流桥各整流管按顺时针换相导电顺序。

## 二、24 脉波整流系统

### （一）24 脉波整流变压器系统的基本结构

24 脉波整流变压器系统有各种不同的结构组合。第一种情况下，可以采用单列 4 台变压器和 4 台全波整流器构成 24 脉波整流变压器系统，但这种系统占地面积大，维护复杂。第二

种情况下,可以采用 2 台变压器三相三绕组和 4 台全波整流器构成 24 脉波整流变压器系统。而 4 台整流机组也可以根据不同的需要进行组合:4 台整流机组串联运行,适用于电压较高的场合;4 台整流机组并联运行,适用于负载电流较大(或大负载)的场合,城市轨道交通系统多采用这种系统。同时整流机组也有不同的结构,既有不可控整流二极管,也可以采用晶闸管。城市轨道交通系统的整流机组现在大多采用大功率整流二极管。

图 3-17 所示是城市轨道交通系统常用的 24 脉波整流变压器系统的主电路原理图,这种系统由两台 12 脉波整流变压器组成,系统具有 100%的备用,当其中一台出现故障时,仍可

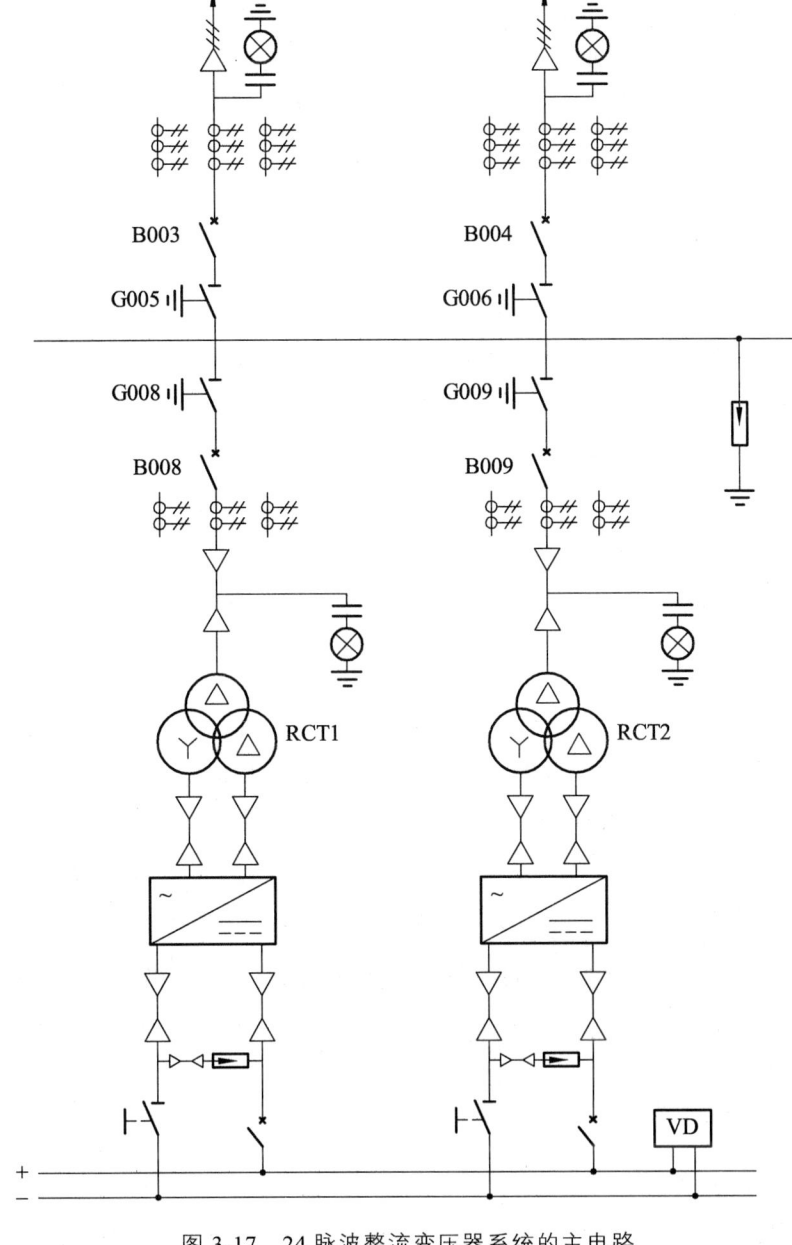

图 3-17 24 脉波整流变压器系统的主电路

以提供 12 脉波的电源。RCT1 和 RCT2 称为整流机组，均包括一台变压器和一台整流器。整个变电站主要由两台 12 脉波轴向双分裂式牵引变压器和四组全波整流桥组成，图中每个整流器相当于两个整流桥。

城市轨道交通系统常用的等效 24 脉波整流系统包含两台变压器，即 T1 和 T2。T1 和 T2 均为双低压输出变压器，每台变压器（T1 或 T2）均可与 12 脉波整流器组成独立的 12 脉波整流系统。

### （二）环氧浇注牵引整流干式变压器

为了减少变压器低压绕组之间的相互影响，环氧浇注牵引整流干式变压器沿轴向设置双线圈的低压输出线圈，即所谓的每相铁心两线圈轴向双分裂结构，通常要求其分裂系数 $K_F \geq 3.6$，基本联结组标号为 Dd0y11。采用了轴向双分裂结构后，直流阀侧绕组间具有较大的短路阻抗，因此一般不再设置平衡电抗。

图 3-18 所示为轴向双分裂结构变压器的绕组布置图，这种变压器网侧为一个不分裂的绕组，分成上下两个支路，两个支路并联。两组阀侧绕组沿轴向布置于同一铁心柱上，其本身并没有并联或串联，而是将其头尾各自采用 Y 联结和 d 联结分别引出，分裂成两个支路。这种阀侧绕组分裂为两个支路布置在同一铁心柱上的轴向双分裂结构的变压器可以使阀侧的两个支路并联运行，同时向负载供电。

环氧浇注牵引整流干式变压器是地铁牵引机车电源整流系统的重要组成部分，采用延边三角形原理，改变三角形联结的方式便可以实现 7.5° 或 -7.5° 的移相，阀侧采用 d、y 联结，使两台变压器阀侧绕组输出线电压相量互差 15°，由两台 6 相 12 脉波的移相变压器组成，通过硅整流器整流，形成 24 脉波直流输出，也可单独通过整流器供电，形成 12 脉波整流直流输出，谐波含量少。

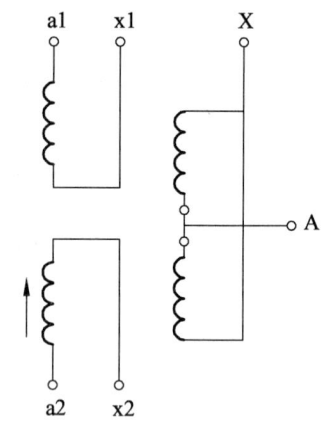

图 3-18 双分裂结构变压器的绕组布置图

环氧浇注牵引整流干式变压器具有绝缘耐热等级高（达到 H 级绝缘）、低损耗、低噪声、局部放电量少、防潮和过载能力强等特点，完全符合地铁Ⅵ级工作制的要求。电压等级 10 kV、20 kV、35 kV，整流脉波数有 12 脉波和 24 脉波可选。

### （三）移相原理

在保证 T1 和 T2 具有相同基本结构的基础上，要实现等效 24 脉波整流，就必须使 T1 和 T2 低压输出之间移相 15°，经过分析，在高压侧采用延边三角形移相方法。为了并联 12 脉波整流系统（T1 和 T2）的平衡运行，就必须保证 T1 和 T2 具有相同的电气参数，为此 T1 和 T2 在基本联结组标号 Ddy11 的基础上，分别移相 7.5° 和 -7.5°，实现了 T1 和 T2 输出低压移相 15° 目的，又保证了几何尺寸和参数的对称。图 3-19 所示为延边三角形移相 7.5° 和 -7.5° 的接线图和相量图。

为了保证产品的通用性，T1 和 T2 的高压线圈和低压线圈均相同，T1 和 T2 分别采用图 3-19 所示的高压（一次）连接方法，此时，T1 变压器二次（阀侧）电压将滞后 T2 变压器 15° 电角度。

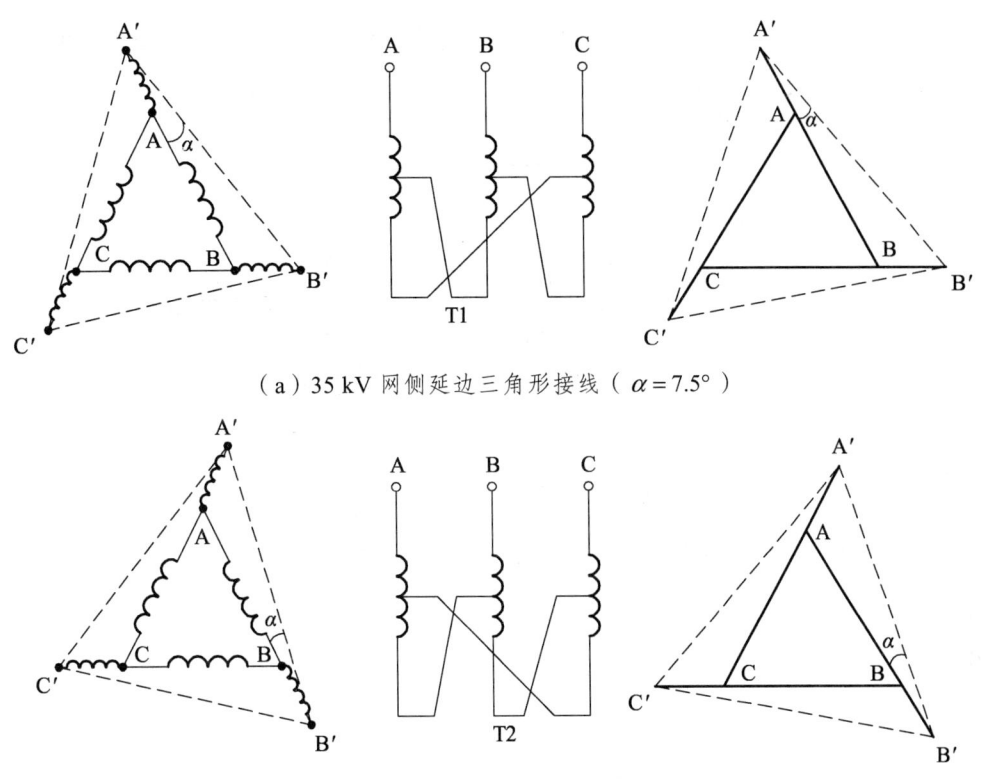

（a）35 kV 网侧延边三角形接线（$\alpha = 7.5°$）

（b）35 kV 网侧延边三角形接线（$\alpha = -7.5°$）

图 3-19　延边三角形移相 7.5° 和 -75° 的接线图和相量图

两台变压器（T1、T2）的铁心、线圈是相同的，仅一次侧（网侧）接法的不同而产生二次低压移相 15°。因此两台变压器的互换性特别好。

24 脉波整流电压相量分析如图 3-19 所示。图（a）所示的变压器为 1#变压器，为 Dd0y11 联结；图（b）所示的变压器为 2# 变压器，为 Dd2y1 联结。其中 1# 变压器的一次侧三角形联结滞后 7.5°，2# 变压器的一次侧三角形联结超前 7.5°。为了便于分析，把相互相差 120° 的一组相量用同一个虚框表示出来。

### （四）整流的功率因数

#### 1. 系统状况

两套整流机组分别通过两台断路器与交流母线相连，而且采用母线不分段方式，以确保输入电源的一致性。这种方案的两套整流机组的进线相互独立，两套整流机组也可以独立运行。当某一整流机组发生故障时，其保护装置使其进线断路器跳闸，故障容易判别。当一套整流机组因故退出运行时，在负荷较小时，另一套整流机组可以继续运行。通过接线的改变，使两套机组的脉波输出相差 15°，并且让两者并联或串联运行，就构成了 24 脉波整流机组系统。只不过当一组出现故障时，就会输出 12 脉波整流系统。整流器和变压器的接线如图 3-20 所示。

由图 3-20 可以看出，每台变压器的二次侧都有两个绕组，一组采用星形联结，一组采用三角形联结。变压器二次绕组同名端线电压相差 30°，经整流形成 12 脉波整流系统。每座牵引变电所有两台整流机组，通过对一次侧进行处理（一般采用外延三角形联结）得以实现一台移相 7.5°、一台移相 −7.5°，这样两套 12 脉波整流系统形成一套 AC 35 kV/1 500 V 或 750 V 的等效 12 相 24 脉波整流系统。

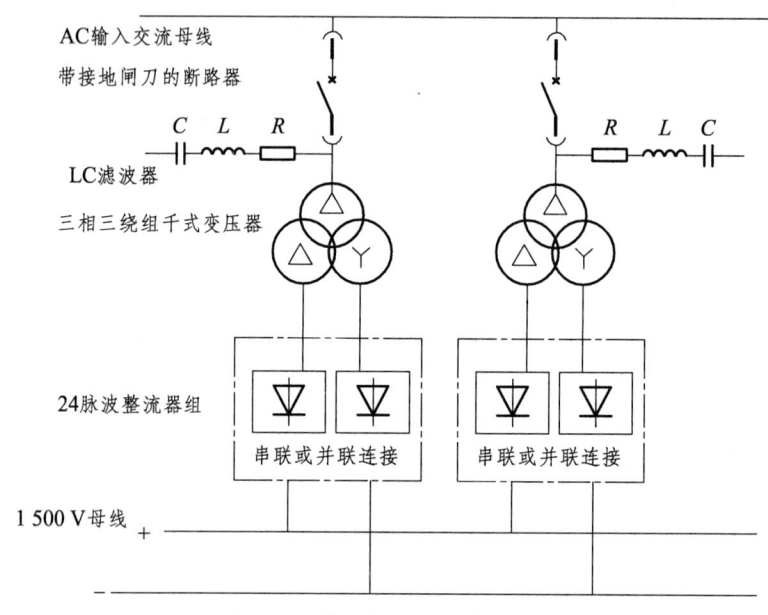

图 3-20　整流器和变压器的接线

2．计算方法

用交流装置电网（一次）侧的每相输入有功功率 $P_1$ 和视在功率 $S_1$ 之比来表示功率因数，即

$$\cos\varphi = \frac{P_1}{S_1} = \frac{U_1 I_{11} \cos\varphi_1}{U_1 I_1} = \frac{I_{11}}{I_1}\cos\varphi_1 = \gamma_q \cos\varphi_1 \qquad (3\text{-}9)$$

式中　$I_{11}$——变压器一次侧电流基波分量的有效值。

　　　$\varphi_1$——基波电流与电压的相位差。

对于桥式整流

$$\gamma_q = \frac{I_{11}}{I_1} = 0.9 \qquad (3\text{-}10)$$

要减小谐波电流，减小波形畸变，就应让 $\gamma_q$ 近似为 1。因为电流所含谐波分量与整流相数成反比，因而整流后电流波形的脉波数越多，则交流装置从电源所取得的电流波形就越接近于正弦，$\gamma_q$ 更接近于 1，功率因数与位移因数更趋于一致。根据我国目前的实际情况，在额定条件下，交流装置整流后的波形如脉波数大于 6，在无其他规定的情况下，则可认为 $\gamma_q = 1$，这时可用位移因数 $\cos\varphi_1$ 来表示功率因数 $\cos\varphi$，并标定在产品铭牌上。对于城市轨道交通牵引供电系统的整流机组而言，就属于这种情况。

城市轨道交通牵引供电系统的整流机组的功率因数是用直流输出功率 $P_d$ 和变压器二次侧的视在功率 $S_2$ 之比来表示的，并以此来考察其效率的高低和质量的优劣。城市轨道交通牵引供电系统的整流机组全部采用三相全波桥式二极管整流电路。为了方便起见，下面以三相全波桥式二极管整流电路为例进行分析。

因
$$\cos\varphi = \frac{P_d}{S_2} \tag{3-11}$$

式中　$P_d$——整流器的直流输出功率；

　　　$S_2$——变压器二次侧视在功率。

而
$$U_d = \frac{1}{\frac{\pi}{3}}\int_{-\frac{\pi}{6}}^{\frac{\pi}{6}} \sqrt{6}U_2\sin\omega t\,d(\omega t) = 2.34U_2 \tag{3-12}$$

故
$$P_d = U_d I_d = 2.34U_2 I_d \tag{3-13}$$

二次侧的视在功率为
$$S_2 = 3U_2 I_2 \tag{3-14}$$

对于三相全波桥式二极管整流电路，有
$$I_2 = \sqrt{\frac{2}{3}}I_d \tag{3-15}$$

所以
$$\cos\varphi = \frac{P_d}{S_2} = \frac{2.34U_2 I_d}{3U_2\sqrt{\frac{2}{3}}I_d} = 0.955 \tag{3-16}$$

与单相桥式整流电路相比，由于三相桥式电路每周期有6个波头输出，是单相桥式的两个波头的3倍，所含谐波减少，因此其三相电路的功率因数就较高。

城市轨道交通牵引供电系统的整流机组都是以6脉波为基础的，在此基础之上，组成了12脉波和24脉波整流器，因此它们的功率因数都比较高。

### 三、整流变压器的维护

为了保证整流变压器能正常运行，需要对它进行定期监视和维护。

（1）应经常监视温控仪温度显示值，及时掌握变压器的运行情况，并注意有无异常声音及振动。

（2）变压器三相负载不平衡时，应监视最大一相的电流和最高一相的温度。接线为Yyn0的变压器允许的最大中性线电流为低压线电流的25%，Dyn11变压器允许的最大中性线电流可与低压线电流相同。

（3）当变压器有异常情况时，如风机运转不正常、温度显示异常、绕组树脂绝缘外观有微小裂纹等现象时，不准超过铭牌上的额定参数运行，应查找原因或与制造单位联系确认。

（4）干燥清洁的场所，每年或更长一点时间进行一次检查；在其他场合，例如在有灰尘或混浊的空气中运行时，每3~6个月进行一次检查；在重污秽地区，每月须进行停电维护检查。

（5）检查时，如果发现灰尘聚集过多，则必须清除以保证空气流通和防止绝缘击穿，但不得使用挥发性的清洁剂。要特别注意清洁变压器的绝缘子、绕组装配的顶部和底部，并使用压缩空气吹净通风气道中的灰尘。压缩空气的流动方向与变压器运行时冷却空气的流动方向相反。

（6）检查紧固件、连接件是否松动，导电零件以及其他零部件有无生锈、腐蚀的痕迹，还要观察绝缘表面有无碳化和电蚀痕迹。如发现这些问题，要采取相应的措施进行处理。

进行检修过程中，应该注意以下几项内容：

① 变压器、变压器外壳或变压器隔离围栏应接地良好，并有安全警告标志。

② 变压器投入运行以后，禁止触摸变压器主体，以防止事故发生；无励磁调压变压器严禁带电调压。

③ 变压器进行高压试验前，应将温度传感器电缆从温控箱上卸下，以防止损坏温控箱。所有温度传感器、传感线、二次控制线均不得与变压器的带电部分接触。

# 第三节　互感器

## 一、互感器概述

互感器即仪用变压器，又分为电压互感器和电流互感器两种，在供配电系统中，大电流、高电压有时不能直接用电流表和电压表来测量，必须通过互感器按比例减小后才能测量。互感器的内部结构就是变压器，它是一种测量、保护用的电气设备，它按照变压器的原理运行，能将高电压变为低电压（100 V）、大电流变为小电流（标准值1 A、5 A），进而用于测量电压/电流的大小。

微课视频：
互感器简介

在实际运用中，互感器有着以下作用：

（1）互感器将一次回路的高电压、大电流变为二次回路的低电压和小电流，便于测量。

（2）二次设备利用互感器与一次设备实现了电气隔离，且二次绕组均接地，从而保证了设备和人身安全。

（3）二次设备与一次设备电气隔离，使二次回路接线不受一次回路制约而更加灵活方便。在维护调试、试验时也可不中断一次系统运行，仅改变二次接线即可。

（4）应用了互感器，二次侧电压低、电流小，使控制电缆和屏内布线简单，安装方便，且易进行远方控制和监测。

互感器和变压器的工作原理相同，都是运用电磁感应原理来工作的。近年来，随着微电子技术的发展及地铁建设的实际需求，数字式互感器（又称为光电互感器、智能互感器、电子互感器）在城轨系统中的应用逐渐增加，它与传统的电磁互感器有着本质的区别。数字互感器输出的是数字信号，而电磁互感器输出的是模拟信号（类似于数字电视与模拟电视的区别）。它基于光电技术原理（所以也叫光电互感器），是国家建设智能化电网的必备产品。

## 二、电压互感器

电压互感器是一个带铁心的变压器，它主要由线圈、铁心和绝缘组成。当在一次绕组上施加一个电压 $U_1$ 时，在铁心中就产生一个磁通 $\Phi$，根据电磁感应定律，则在二次绕组中就产生二次电压$U_2$。改变一次或二次绕组的匝数，可以产生不同的一次电压与二次电压比值，这就可以组成不同电压变比的电压互感器。电压互感器可以将高电压按比例转换成低电压，如电压互感器一次侧接在一次系统，二次侧接测量仪表、继电保护装置等。电压互感器主要是电磁式的（电容式电压互感器应用广泛），也有非电磁式的，如电子式、光电式。

电压互感器（Potential transformer，简称PT，也称为TV）和变压器很相似，都是用来变换线路上的电压。但是变压器变换电压的目的是为了输送电能，因此容量很大，一般都是以千伏安或兆伏安为计算单位；而电压互感器变换电压主要是用来给测量仪表和继电保护装置供电，用来测量线路的电压、功率和电能，或者在线路发生故障时保护线路中的贵重设备、电机和变压器，因此电压互感器的容量很小，一般只有几伏安、几十伏安，最大也不超过1000 V·A。

（一）电压互感器的特性

1．电压互感器的工作特点

正常运行的电压互感器相当于电压源，当二次侧短接时，会产生很大电流，烧毁互感器。因此电压互感器严禁二次侧短路。为防止短路发生，电压互感器二次侧均装设熔断器进行保护。

2．电压互感器的变压原理

电压互感器正常运行时，二次侧负载阻抗很大，相当于小容量变压器空载运行。按变压器的工作原理，则有

$$\frac{U_{1N}}{U_{2N}} = \frac{E_{1N}}{E_{2N}} = \frac{W_1}{W_2} = K \tag{3-17}$$

电压互感器一次侧额定电压与二次侧额定电压之比称为电压互感器的电压比，也称为电压变比或变压比，以符号$K_u$表示，即

$$K_u = \frac{U_{1N}}{U_{2N}} \tag{3-18}$$

3．电压互感器的误差

1）**电压误差**

电压误差是电压互感器二次侧电压乘以电压变比与一次侧实际电压之差对一次侧实际电压之百分比，用$\Delta U$表示，即

$$\Delta U = \frac{K_u U_2 - U_1}{U_1} \times 100\%$$

2）**角误差**

二次侧电压的反相量$-\dot{U}_2$与一次侧电压相量$\dot{U}_1$之间的夹角称为电压互感器的角误差，用$\delta$表示。

## （二）影响电压互感器误差的主要因素及相应措施

（1）漏阻抗 $Z_1$、$Z_2'$ 的存在，使得励磁电流和二次侧电流均在其中产生压降损耗，产生误差。

（2）励磁电流，因电压互感器一、二次侧需要公共磁通链接，产生磁通需要励磁电流，励磁电流在漏阻抗上产生压降，必然会造成误差。

（3）当电压互感器接入的电网电压过高时，误差会增大。当一次侧电压过高时，铁心因磁密度增大而进入饱和，使励磁电流增大，造成误差增大。

（4）当电压互感器二次侧负载阻抗减小时，二次侧电流增大，电压互感器误差增大。因此，为减小误差，可采取以下措施：

① 采用高磁导率的硅钢片，减小磁路空气隙，尽量缩短磁路长度，降低磁路磁阻，以减小励磁电流。

② 减小漏抗。选择合理的绕组结构形式，增大一、二次绕组的磁耦合系数，降低漏阻抗。

③ 采用匝数补偿。

④ 正确选择和使用电压互感器。尽量使电压互感器工作在额定状态，这样会降低误差。

## （三）电压互感器的类型及结构

### 1．电压互感器的种类

（1）按一次绕组的相数分为单相式和三相式。

（2）按绝缘方式分为干式、浇注式、油浸式和充气式。

（3）按绕组形式分为三绕组和双绕组。

（4）按安装地点分为户内式和户外式。一般 35 kV 及以下多制成户内配电装置。

### 2．电压互感器的结构

电压互感器的结构从外形看由头部、瓷套管及底座三大部分组成。头部连接互感器与高压回路，瓷套管是互感器的外绝缘，底座起支持固定主体的作用。

底座上有铭牌、二次引线端子、接地端子、安装孔、放油阀（或放气阀）。SF6 互感器还会配有压力表和气体密度继电器等。

### 3．电压互感器的参数

**1）额定电压**

额定电压标示有两种方法：一种是直接标示一次侧、二次侧的额定电压；另一种是标示电压互感器的变压比，即分子为一次侧额定电压，分母为二次侧额定电压，额定电压的单位为 kV。

**2）准确度级及二次侧额定容量**

准确度级是按一次侧电压在 $(0.8 \sim 1.2)U_{1N}$、二次侧负载功率因数保持在 $\cos\varphi = 0.8$、负载额定功率为 $(0.25 \sim 1.0)S_N$ 情况下，误差最大限值划分的。

测量用电压互感器的准确度级有 0.1、0.2、0.5、1.3 几个等级。

## （四）电压互感器的接线方式

电压互感器常用的接线方式有以下三种。

1．单相接线

单相接线常见于只需要测量一个线电压或相电压的回路中。当用于中性点接地系统中时，应采用一次绕组一端全绝缘而另一端全接地。单相接线如图3-21所示。

2．三相V形接线

三相V形接线由一次绕组接成V形接线，并由三个高压端子的三相不接地电压互感器构成，也可以由两台单相不接地电压互感器组合而成，常用于35 kV及以下的中性点不接地系统。三相V形接线如图3-22所示。

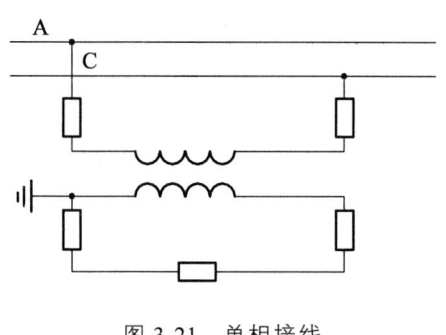

图3-21 单相接线

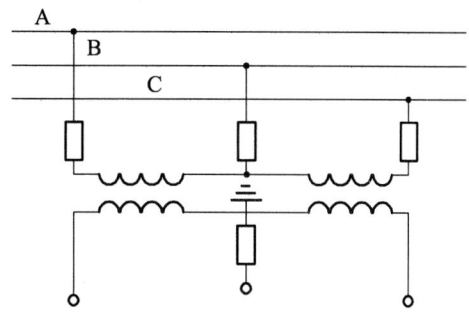

图3-22 三相V形接线

3．YNynd接线（开口三角形接线）

这种接线可以由三台单相三绕组电压互感器组成，对于10 kV及以下电压等级的系统，也可以由一台三相五柱式电压互感器构成。二次侧星形接线可以供给线电压、相电压，开口三角形接线可以供给电压继电器，当中性点发生一相接地时，可以利用电压继电器发出接地信号。YNynd接线如图3-23所示。

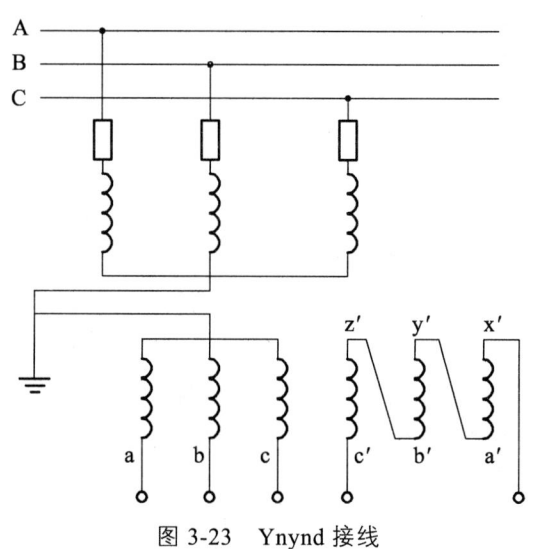

图3-23 Ynynd接线

（五）电压互感器的使用条件及注意事项

（1）环境温度：最高温度为40 ℃，日平均不超过30 ℃；对户内式互感器，最低温度为－5 ℃；对户外式互感器，最低温度为－25 ℃。海拔不超过1000 m，大气无严重污染。

（2）电压互感器的外壳和二次侧必须同时接地，以降低高压窜入低压造成的危险。一次绕组和二次绕组间是绝缘的，但是如果它们之间的绝缘遭到破坏，一次侧的高压就会窜入二次侧，危及人身和设备的安全，因此二次侧必须接地。

（3）电压互感器的二次绕组都应装熔断器，以防止二次侧工作时发生接地短路。电压互感器二次回路的电压降不得超过0.5%，对0.5级的电能表不得超过0.25%。二次回路连接线应采用绝缘软铜线，截面面积不小于1.5 mm²。

（4）电压互感器在运行时，二次侧不允许短路。由于电压互感器本身阻抗很小，如果二次侧发生短路，二次侧通过的电流将会增大，造成熔丝熔断，影响仪表计指示，甚至引起保护误动作；如果熔丝容量选择不当，极易损坏电压互感器，可能烧损二次绕组，因此必须设置短路保护。

### 三、电流互感器

（一）电流互感器的工作原理

1．电流互感器的工作特点

电流互感器和变压器相似，变压器在线路上主要用来改变线路的电压，而电流互感器接在线路上主要用来改变线路的电流。电流互感器除了可以将线路上大小不一的电流变成一定大小的电流，以便于测量之外，还可以起到与线路绝缘的作用，以保证操作人员和仪表的安全。

电流互感器的负荷与电流互感器所接的线路上的负荷没有任何直接的关系。只要电流互感器的二次接线不变，不管线路上的负荷如何变化，电流互感器的负荷都不变。

2．电流互感器的变比和极性

电流互感器一次侧额定电流与二次侧标称电流之比，称为电流变比或变流比，以符号 $K_i$ 表示，即

$$K_i = \frac{I_{1N}}{I_{2N}} \tag{3-19}$$

极性是指电流互感器一、二次侧电流之间的相位关系。电流互感器的极性分为减极性和加极性。

3．电流误差（比值差）

电流互感器二次侧测得的二次侧电流值 $I_2$ 乘以额定电流变比 $K_i$ 与一次侧实际电流 $I_1$ 之差对一次电流实际值的百分比，称为电流误差，用 $\Delta I$ 表示，即

$$\Delta I = \frac{K_i I_2 - I_1}{I_1} \times 100\% \tag{3-20}$$

4．角误差（相角误差）

电流互感器二次侧电流相量 $\dot{I}_2$ 的反相量 $-\dot{I}_2$ 与一次侧电流相量 $\dot{I}_1$ 之间的夹角，称为角误差。

5．影响电流互感器误差的因素

（1）电流互感器的磁路构造和铁心材质决定着磁路的磁阻，减小磁阻就可以降低励磁电流，从而可以减小误差。

（2）一次侧电流 $i_1$。

（3）二次侧负载及功率因数。

6．减小电流互感器误差的一般方法

（1）减小磁路磁阻以减小励磁电流。选用导磁性能好的材质制作铁心，缩短电流互感器的磁路。

（2）在串级式电流互感器铁心上增加平衡绕组、连耦绕组，抵消漏磁，减小误差。

（3）采用"匝数补偿法"。

（4）正确选择电流互感器的变比，使其工作在接近额定条件下，以减小误差。

## （二）电流互感器的参数

1．额定电压

额定电压是表征一次绕组对地之间的绝缘等级的。注意：它绝不是一次绕组两端的电压，正常运行时，一次绕组两端的电压是很小的。

2．额定电流

额定电流是指一次绕组的额定电流。在环境温度下，容许电流互感器通过120%额定电流。

3．动稳定电流

动稳定电流是指在二次线圈短路的条件下，一次侧发生短路，互感器所能承受且无损伤的最大一次电流峰值。

4．热稳定电流

热稳定电流是指在二次线圈短路的条件下，互感器在1 s内承受一次侧短路电流的热作用而无损伤的一次电流有效值。

## （三）电流互感器的类型

1．按一次绕组匝数分

（1）单匝式电流互感器。特点是结构简单、体积较小，短路时稳定性较高，一次绕组不会发生匝间短路和匝间过电压。主要缺点是当被测电流较小时，存在较大测量误差。

（2）多匝式电流互感器。主要优点是当一次侧电流很小时，也可制成准确度很高的电流互感器。多匝式电流互感器的结构复杂，匝间存在绝缘间隙。无论单匝式还是多匝式电流互感器，其一次绕组可为多个铁心共用。

2．按绝缘结构分

（1）干式电流互感器。其绝缘介质由绝缘纸、玻璃丝带、聚酯薄膜带等固体材料构成，并经浸渍绝缘漆烘干处理。特点：结构简单，制造方便；但绝缘强度低，且受气候影响大，防火性能差，只适用于0.5 kV及以下低压电流互感器。

（2）树脂浇注式电流互感器。利用合成树脂、填料、固化剂组成的混合胶浇注在互感器里固化后形成绝缘介质。常见的有环氧树脂浇注式，适用于 0.5~35 kV 级电流互感器。

（3）油浸式电流互感器。其主要绝缘介质是变压器油。

（4）SF6 气体绝缘电流互感器。按安装方式可分为穿墙式、支持式和套管式。按安装地点可分为户内式和户外式。

（四）电流互感器的接线方式

常用的电流互感器接线方式有以下三种：

（1）单相联结：常用于测量一次侧三相负荷不平衡度较小的对称三相负荷。单相联结如图 3-24 所示。

（2）星形联结：能测量三相中任何一相电流，在继电器保护装置中不仅能反映相间短路故障，且能反映单相接地短路故障，适用于大电流接地系统、小电流接地系统或三相四相制低压系统。星形联结示意图如图 3-25 所示。

（3）三角形联结。正常时流过二次负荷的三相电流均为电流互感器二次侧的 3 倍，相位都相应差 30°，它能反映相间和单相短路故障。三角形联结示意图如图 3-26 所示。

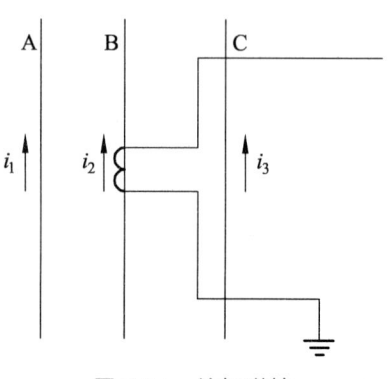

图 3-24　单相联结

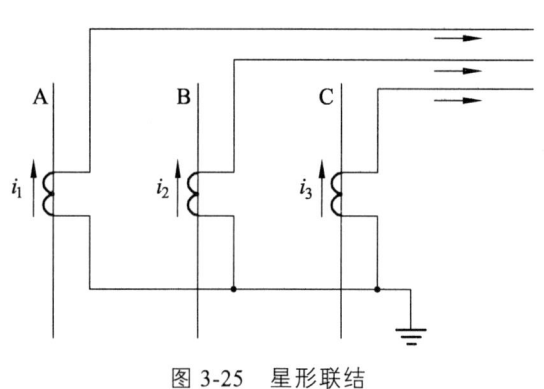

图 3-25　星形联结

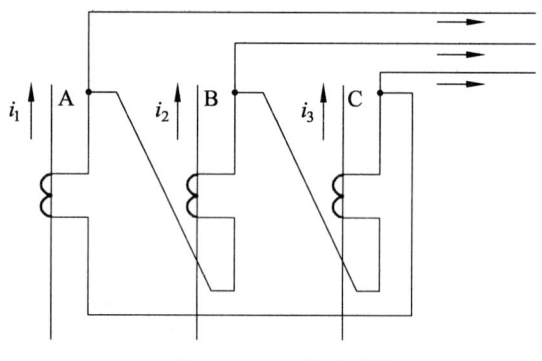

图 3-26　三角形联结

 **思考题**

1. 变压器是由哪些部分组成的？画图并用数学公式阐述其工作原理。
2. 干式变压器是由哪些部分组成的？
3. 整流器的作用是什么？
4. 画图并阐述三相桥式整流电路的工作原理。
5. 电压互感器与电流互感器的作用分别是什么？
6. 电压互感器采用 YNynd 接线时，其接线图是怎样的？其开口三角形侧两端点之间的电压是多少？
7. 电流互感器采用星形接线时，其接线图是怎样的？

# 第四章 接地系统与过电压保护

接地系统是城市轨道交通供电系统中非常重要的子系统。科学地接地，不但可以提高系统的安全性、稳定性和经济性，而且对继电保护有着重要的影响。因此，了解接地系统是学习、理解城市轨道交通供电系统的必要前提。本章以接地系统的基本知识为基础，依次介绍接地系统的组成、接地系统的作用以及常见的接地方式等。

## 第一节 接地系统概述

### 一、接地系统基本知识

接地系统中的"地"一般指大地，但在电气上它却具有更深层的含义。由于大地内含有自然界中的导电物质，因此它也是能导电的。可以认为在远离接地点 20 m 以外时，实际上已是零电位了。而这个电位为零的地方，也就是电气上通常所说的"地"，即其含义实际上是泛指零电位的地方。由

微课视频：
接地相关知识

于地球非常大，因此无论多少电荷都可通过它流散，而不会使整个地球的电位升高。正因为如此，电气上便常以大地的电位作为参考零电位，称为电气上的"地"。电气设备、杆塔或过电压保护装置用接地线与接地体（网）连接称为接地。接地系统是城市轨道交通供电系统中非常重要的一环。

#### （一）接地装置、接地体与接地线

接地是保证人身安全和设备安全运行的重要技术措施之一。接地装置是指人为设置的接地体与接地线的总称。埋入土壤内并与大地直接接触的金属导体或金属体网叫作接地体或接地体网，也叫接地极。接地装置按结构可分为人工接地体与自然接地体两类；按具体形状可分为管形与带形等多种。连接接地体与电气设备必须接地部分的金属导体，叫作接地线。它同样有自然接地线与人工接地线之分，且通常又可分为接地干线与接地支线。

#### （二）对"地"电压、接触电势/电压、跨步电势/电压

电气设备发生接地故障时其接地部分（如接地的设备外壳、接地体或接地网）与大地零电位点之间的电位差，称为接地故障时设备的对地电压（或接地电压）。其中，零电位的

大地是指离带电体接地点 20 m 以外的大地。也就是说，对地电压就是带电体与大地（零电位点）之间的电位差。它在数值上等于接地电流与接地电阻的乘积。当电流通过接地体流入大地时，接地体本来具有相对来讲最高的电位，也即具有最高对地电压。离开接地体后，各点的对地电压便逐渐下降，直至 20 m 外，对地之间的电压便降为零。若用曲线来表示接地体及其周围各点的对地电压，这种曲线就叫作对地电压曲线，也称为接地电流电位分布曲线。

当设备发生接地故障时，以接地点为中心的大地表面约 20 m 半径的圆形范围内，便形成了一个电位分布区。当人体处在这一范围内，又同时接触该故障设备的外壳（或构架）时，人体所承受的电位差就称为接触电压。显然，接触电压的大小与接触设备外壳的人的站立点距离接地点的远近有关，人的站立点距离接地点越近，接触电压就越小，离得越远则接触电压就越大。

在流散电场范围内，人体两脚（或牲畜前后脚）之间所承受的电位差称为跨步电压，其值随人的站立点距离接地点的远近和跨步的大小而变化，离得越近或跨步越大，跨步电压就越高，反之则越小，一般将地面水平距离 0.8 m 两点间的电位差作为跨步电压。

在系统发生接地时，变电所接地装置的接触电位差不超过下列数值：

$$U_t = \frac{174 + 0.17\rho_f}{\sqrt{t}} \quad (4\text{-}1)$$

$$U_s = \frac{174 + 0.7\rho_f}{\sqrt{t}} \quad (4\text{-}2)$$

式中　$U_t$——接触电位差（V）；

　　　$U_s$——跨步电压（V）；

　　　$\rho_f$——人脚站立处地表面的土壤电阻率（Ω·m）；

　　　$t$——接地短路（故障）电流的持续时间（s）。

（三）接地电流

凡是从带电体流入地下的电流即为接地电流。接地电流有正常接地电流与故障接地电流之分。正常接地电流指正常工作时，通过接地装置流入地下、借用大地形成回路的电流；故障接地电流指系统发生故障时出现的接地电流。凡是系统接地而导致系统发生短路时的故障接地电流，便叫作接地短路电流，在系统中，接地短路电流可能会很大。因此规定：凡是接地短路电流在 500 A 及以下时，称为小电流接地系统；大于 500 A 时则称为大电流接地系统。可见，接地电流与接地短路电流是不同的，它们各有其具体的含义，故不应混淆。

（四）流散电阻和冲击接地电阻

在接地体上，电流自接地体向四周大地流散时所遇到的全部电阻，称为流散电阻（或散流电阻）。接地电阻是指整个接地装置的电阻值，它是接地体的流散电阻与接地线本身电阻之和。由于接地线的电阻（包括接地线与接地体间的连接电阻）一般都很小，故常可忽略不计。因此，可近似认为接地电阻就等于流散电阻。通常说的接地电阻值都是对工频电流而言的。当雷电流通过接地装置时，由于雷电流有着强烈的冲击性，这时接地电阻值便会发生很大的变化。为了区别起见,将这种情况下的接地电阻称为冲击接地电阻。所以,接地电阻、流散电阻与冲击接地电阻所指含义各不相同,在概念上一定要分辨清楚。

## 二、接地的分类与工作接地的作用

电气设备或设施的任何部位(无论带电与不带电)人为地或自然地与具有零电位的大地相接通,称为电气接地(简称接地)。它是电气技术(尤其是安全技术)中的一个专用名词,应用相当广泛。接地的具体分类见表4-1。

按接地的形成情况,可将其分为正常接地和故障接地两大类。按照接地的不同作用,又可将正常接地分为工作接地和安全接地两大类。

表4-1 接地的分类

| 接地 | 正常接地 | 工作接地 | 强电系统的中性点接地 |
|---|---|---|---|
| | | | 过电压保护接地 |
| | | | 直流或弱电系统的接地 |
| | | | 两线一地制的相线接地 |
| | | 安全接地 | 保护接地与保护接零 |
| | | | 重复接地与共同接地 |
| | | | 静电接地与屏蔽接地 |
| | | | 电法保护接地 |
| | 故障接地 | 设备碰壳接地 | |
| | | 电力线路接地 | |

### (一)工作接地

由于运行和安全的需要,为保证电力网在正常情况或事故情况下能可靠地工作而将电气回路中某一点接地,称为工作接地。如电源(发电机或变压器)的中性点直接(或经消弧线圈)接地,电压互感器一次侧中性点的接地,以防雷为目的进行过电压保护的接地以及两线一地制供电方式中接地相的接地等,都属于工作接地。

强电系统中,各种工作接地的主要作用是:

(1)变压器和发电机的中性点直接接地,能维持非故障相对地的电压不变,并可降低人体的接触电压及适当降低制造时对电气设备的绝缘要求。在变压器供电时,可防止高压电窜至低压用电侧的危险。

(2)变压器或发电机的中性点经消弧线圈接地,还能在发生单相接地故障时,消除接地短路点的电弧及由此可能引起的危害。

(3)仪用互感器(如电压互感器)一次侧线圈的一端接地,主要是为了对一次系统中的相对地电压进行测量。

(4)以防雷害为目的而做的接地为防雷接地。防雷装置有:

① 接闪器:如避雷针,它一般用长1.5~2m的镀锌铁棒或铁管制成,其顶部略成尖形即可。此外,还有避雷线、避雷器等。

② 接地线：一般用截面积 35 mm² 的镀锌钢绞线或圆钢、扁钢制成。

③ 接地体。

（5）两线一地制的相线接地，相当于三线制的单相接地运行，只适用于 3～10 kV 中性点不接地系统，利用大地作为一根导线，从而可以降低线路基建投资与年运行费用，并减少线路材料的耗量。用两线输送三相电能，能节约 1/3 的导线，在经济困难时期曾发挥过一定作用，但对电信有干扰影响，对安全也不利，故这种供电方式在平原地区现已不再推广采用，原有的也大都进行了改造。

（二）安全接地

1．保护接地与保护接零

在低压电网中，电机、电器的绕组中以及串联电源回路中的某一点，它与外部各接线端间的电压绝对值均相等时，这点称为中点。当中点接地时称为零点，由中点引出的导线为中线，由零点引出的导线为零线。

将与带电部分相对绝缘的金属外壳或者构架与中性点直接接地系统中的零线相连接，称为保护接零，如图 4-1 所示。保护接零通常应用于 380 V/220 V 三相四线制系统中。若电器设备采取保护接零而发生碰壳时，由于零线回路电阻很小，碰壳即形成单相接地短路，短路电流将使保护装置可靠动作切除电源，保证了人身及设备的安全。由于在低压电网中为减小接地电阻而敷设接地网不经济，故低压电网中的电气设备通常采用保护接零的方式。

在 380 V/220 V 三相四线制系统中，电气设备采用保护接地是不安全的。由于变压器中性点接地电阻和设备外壳接地电阻受条件的限制，不可能无限小，一般规定为 4 Ω，系统电压又较低（如 220V），使得碰壳接地电流为：220 V/(4 Ω + 4 Ω) ≈ 27.5 A。此电阻不足以启动保护装置动作、切断电源，设备外壳将存在较高的对地电压，危及人身安全。同时，由于保护接地设备的碰壳造成三相系统不平衡，使零线电位升高，将同时危及保护接零设备的安全，故在 380 V/220 V 三相四线制系统中，一般不允许电气设备采用保护接地，同时应采取措施保证零线的不断线。

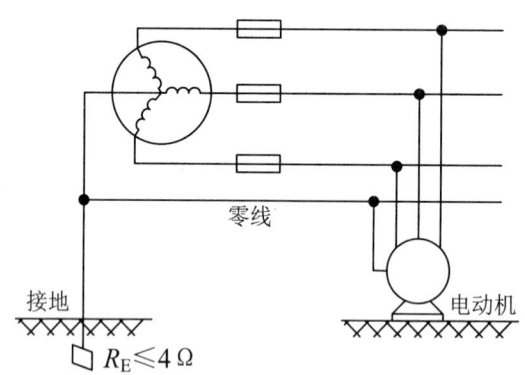

图 4-1　保护接零

2．重复接地和共同接地

采用保护接零时，通常将零线上的一点与地做多次、良好的电气连接，成为重复接地，如图 4-2 所示。采用重复接地后，由于重复接地点使零线与大地可靠连接，可保证单相碰壳时，零线电位不升高，保证接零设备的安全。采用重复接地也不是绝对安全的，当某种原因使零线折断后，断线处以后的电气设备将失去保护接零，这部分电气设备仅相当于采用保护接地。

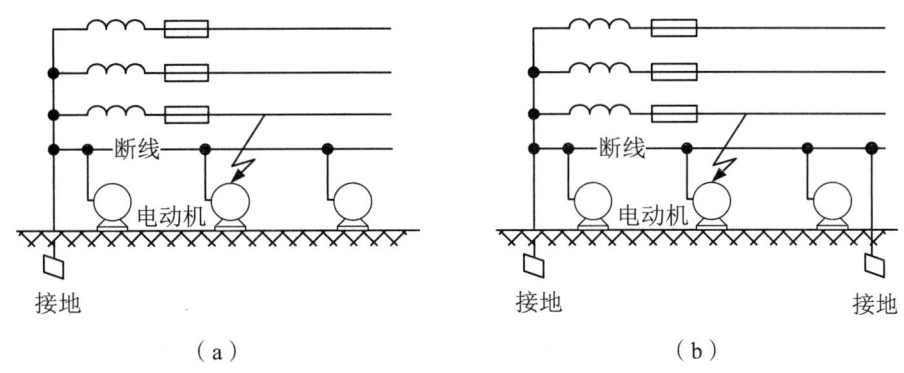

图 4-2　重复接地

### （三）综合接地

供电系统中可能同时存在多个用于不同目的、不同用途的接地系统。一个车站内要求接地的系统和设备很多，从接地装置的要求上来看，可以共用接地装置，也可以分设，但分设接地装置时，强电和弱电接地装置需要相距 20 m 以上。在分开设置不同的接地装置时，若距离不能满足要求，将导致由于接地装置电位不同带来不安全因素，不同接地导体之间的耦合影响也难以避免，会引起相互干扰。目前，中国高速铁路多采用综合接地系统。

综合接地系统是指供电系统和需要接地的其他设备系统接地、保护接地、电磁兼容接地和防雷接地等采用共同的接地装置，并实施等电位连接措施。各类接地可以采用单独的接地线，但接地极和等电位面是共用的，不存在不同接地系统接地导体之间的耦合问题，也避免了采用不同接地导体产生的电位不同问题。综合接地装置的接地电阻采用接入设备所要求的最小接地电阻值。

综合接地系统一般由共用接地极引出两个接地母排，即一个强电接地母排，一个弱电接地母排，分别用于供电系统和通信信号等弱电系统的各类接地。

## 第二节　城市轨道交通接地系统的构成与维护

### 一、城轨交通接地系统的接地原则、要求及构成

#### （一）接地原则

（1）全线接地按综合接地系统的概念进行设计，使全线形成统一的高低压兼容、强弱电统一的接地系统，满足全线各类设备的工作接地、安全接地及防雷接地要求。

（2）满足沿线接触网和馈电线断线可能搭触到设备的安全接地要求。

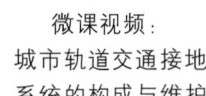

微课视频：
城市轨道交通接地系统的构成与维护

（3）满足各类通信、信号、计算机等弱电设备的工作接地与安全接地要求。

（4）满足其他车站设备工作接地与安全接地要求。

（5）满足接触网系统工作接地与防雷接地要求。

（6）当杂散电流防护设计与安全接地发生矛盾时，优先考虑安全接地。

### （二）接地系统的构成

（1）每个车站单独设置一个接地网，供车站各种设备的工作接地、安全接地用。接地电阻满足弱电设备共用接地网接地电阻的要求。

（2）沿线电缆支架上敷设一贯通的接地金属体，供沿线区间电气、通信、信号等机电设备安全接地用。

（3）架设架空地线，供接触网系统设备工作接地、安全接地和防雷接地用。

（4）牵引回流系统采用浮空不接地方式，钢轨、负回流线、直流开关柜、整流器、负极柜采用绝缘法安装。

（5）全线各车站、车辆段和停车场设钢轨电位限制装置。

### （三）城市轨道交通供电系统变电所接地的基本要求

（1）变电所中的交流电气装置、设施的某些可导电部分应接地。

（2）变电所内不同用途和不同电压的电气装置、设施使用一个总的接地装置，车站内变电所与其他系统采用综合接地，共用一个接地网。

（3）每个车站接地网上分别引出变电所设备接地引出线、弱电设备接地引出线和接触网架空地线引出线三组引出线，每组引出线包括三个引出端子，每组引出线间的电气距离大于 20 m。

（4）接地装置考虑土壤干燥等季节变化的影响，接地电阻在四季中均应满足要求，雷电保护接地的接地电阻只考虑在雷季中土壤干燥状态的影响。

（5）变电所接地装置的形式和布置考虑保护接地的要求，降低接触电位差和跨步电位差。此外还要满足下列要求：车站接地网应与接触网的地线和环网电缆的外壳相连，且有便于分开的连接点。车辆段内的避雷线若与变电所的接地网相连，连接线埋在地中的长度不应小于 15 m。

### （四）变电所接地保护的范围

除直流柜外，电气装置和设施的下列金属部分均应接地：

（1）变压器和高压电器等的底座和外壳必须接地。

（2）互感器的二次绕组一端必须接地，否则测量的就不是对地电压了。

（3）气体绝缘、全封闭组合电器（GIS）的接地端子必须接地。

（4）配电、控制、保护用的屏（柜、箱）及操作台等的金属框架必须接地，以确保安全。

（5）铠装电缆的外皮必须接地。

（6）配电装置的金属架构和钢筋混凝土架构以及靠近带电部分的金属围栏和金属门必须接地。

但某些电气设备和电力生产设施的下列金属部分可不接地：

（1）安装在配电屏、控制屏和配电装置上的电测量仪表、继电器和其他低压电器等的外壳，以及当发生绝缘损坏时在支持物上不会引起危险电压的绝缘子金属底座等。

（2）安装在已接地的金属架构上的设备在电气接触良好时，如套管等。

## 二、接地网

### （一）接地电阻

1．接地电阻的计算

轨道交通供电系统中每个接地网的接地电阻不大于 0.5 Ω 或满足下式要求：

$$R = \frac{2000 \text{ V}}{I} \tag{4-3}$$

系统最大运行方式的确定，应考虑系统中各接地中性点间的短路电流分配。当土壤电阻率较高、接地装置的接地电阻不符合要求时，可通过技术经济比较，适当增大接地电阻。

2．接地电阻的允许值

原则上讲，接地装置的接地电阻值越小越好，但由于地理条件、施工条件的限制，接地电阻值不可能达到无限小，接地电阻值只要不超过允许的最大值，即可满足工程的需要。限定接地装置的接地电阻，实际上就是限定了接触电压和跨步电压的高低。反之，从安全角度出发，若限定了接触电压和跨步电压的高低，也就确定了接地电阻允许值的大小。国家电网公司颁发的接地规程中规定，对大接地短路电流系统的电力设备，其接地装置的接地电阻值应符合下式要求：

$$R < \frac{2000 \text{ V}}{I_d} \quad （当 I_d > 4000 \text{ A 时，取 } R < 0.5 \text{ Ω}） \tag{4-4}$$

对中性点非直接接地的小接地短路电流系统的电力设备，其接地电阻值应符合下述要求：

（1）高压与低压电力设备共用的接地装置

$$R < \frac{120 \text{ V}}{I_{jd}} \tag{4-5}$$

（2）只用于高压电力设备的接地装置

$$R < \frac{150 \text{ V}}{I_{jd}} \tag{4-6}$$

式中　$R$——考虑季节影响的最大（工频）接地电阻（Ω）；

　　　$I_{jd}$——单相接地时的故障（电容）电流（A）。

（3）电源容量为 100 kV·A 以上的变压器或发电机的工作接地，$R < 4$ Ω。

（4）电源容量为 100 kV·A 及以下变压器或发电机的工作接地，$R < 10\ \Omega$。

（5）100 kV·A 及以下低压配电系统的零线重复接地，$R \leq 10\ \Omega$，当重复接地有 3 处以上时，$R \leq 30\ \Omega$。

（6）电气设备不带电金属部分的保护接地，$R \leq 4\ \Omega$。

（7）引入线装有 25 A 以下熔断器的设备的保护接地，$R \leq 10\ \Omega$。

（8）低压线路杆塔的接地或低压进户线绝缘子管脚的接地，$R \leq 30\ \Omega$。

（9）变配电所母线上 FZ 型阀型避雷器的接地，$R \leq 4\ \Omega$。

线路出线段 FS 型阀型避雷器接地、管型避雷器接地、独立避雷针接地（个别可取 $R < 30\ \Omega$），工业电子设备（包括 X 光机）的保护接地，均为 $R < 10\ \Omega$。

（10）烟囱的防雷保护接地，$R \leq 30\ \Omega$（包括水塔或材料仓的防雷接地均同此项要求一样）。

3．接地电阻的测量方法

接地电阻的测量一般采用接地电阻测量仪，又称为接地电阻表。接地电阻表自身能产生交变的电流，无须外加电源，且电压极、电流极各有接线端钮。测量时，分别接于被测接地体、接地棒，然后以大约 120 r/min 的速度转动手柄，即可产生适当的交变电流沿着被测接地体和电流极构成回路，待表的指针稳定后，可直接读出接地电阻的数值。接地电阻的测量接线如图 4-3 所示，P′ 和 C′ 为接地棒，分别与接地电阻表的 P 和 C 连接。

对于有 4 个接线端钮的接地电阻表，其接线稍有改变。一般情况下将 C2、P2 短接，代替图 4-4 中的 E 端子。当测量小于 1 Ω 的电阻时，应将 C2、P2 之间的连接片断开，且分别用导线连接到被测接地体上，如图 4-4 所示。

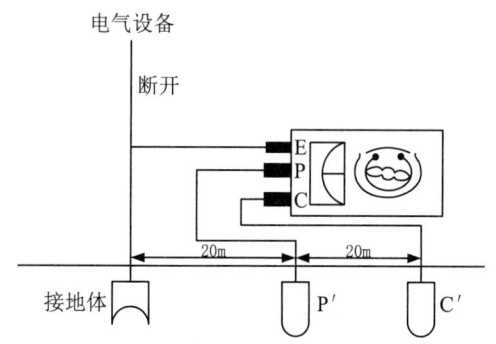

图 4-3　接地电阻的测量接线

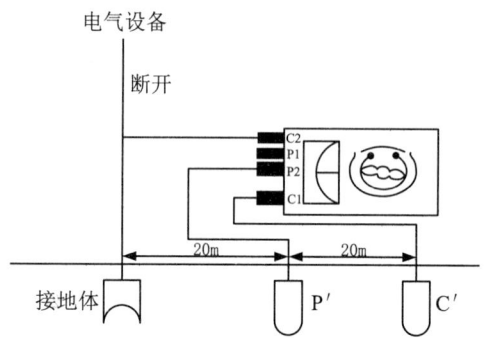

图 4-4　测量小于 1 Ω 电阻的接线

测量顺序如下：① 断开接地线和接地体的连接点；② 将测量接地棒插入距离接地体 20 m 和 40 m 的地下，插入地面深度为 400 mm；③ 将接地电阻表水平放置；④ 调好旋钮和量程范围；⑤ 以 120 r/min 的摇动接地电阻表；⑥ 调整旋钮，使之平衡；⑦ 拨盘所指数字即为电阻读数。注意粗调定为倍数和读数。如粗调倍数为 10，则应将读数乘以 10，才可以最终得到接地电阻数值。

仅以接地电阻值的大小来判断接地网的安全与否是不充分的，设计接地网时要尽量减小接地网的电位梯度，在接地网内敷设水平均压带。接地网均压带的设计考虑接地网的趋肤效应，采用不等间距布置。

## （二）接地网的构成与形状

接地网由水平接地体、垂直接地体、均压带、接地引出线和止水环组成。水平接地体与车站结构底板平行布置且设置在车站底板下 0.6 m。接地网的形状直接影响接地效果。一般使用水平接地体与垂直接地体配合使用，形成三维的立体结构。

三维立体接地有三种不同类型：等长接地、非等长接地和法拉第笼式接地。等长接地使用相同长度的接地体，接地体的埋设深度基本一致，施工较方便。非等长接地采用不同长度的接地体相互配合，由于接地体长度和埋设深度不同，加大了等势面积，突破了接地网面积的局限，这种方法也叫"半法拉第笼式"接地工艺。法拉第笼式接地是多层水平接地网，用垂直接地体相互连接形成笼式结构。由于它的施工量大，因此并不常用。

此外，接地网的外边缘应闭合，外边缘各角应做成圆弧形，圆弧的半径不宜小于均压带间距的一半。

## （三）接地网的材料

接地工程材料包括各种金属材料、降阻剂和离子接地体等。金属材料包括扁钢、角钢、扁铜、铜棒和铜板等，地铁系统中常采用扁铜、铜棒和铜板。降阻剂分为化学降阻剂和物理降阻剂。化学降阻剂自从发现有污染水源和腐蚀接地网的缺陷后就基本上不使用了。物理降阻剂（也称为长效型降阻剂）是接地工程广泛接受的材料，属于材料学中的不定性复合材料，可以根据使用环境形成不同形状的包裹体，包裹在接地体周围，达到降低接触电阻的作用。

离子（中空）接地体是从传统金属接地极中派生出来的特殊结构的接地体（带电解质材料），其从工作原理到材料选用都已产生了脱胎换骨的变化，形成了各种形状的结构。各种离子（中空）接地体的共同点是结构部分采用防腐性更好的金属，内部填充电解物质及其载体的内填料，外部包裹导电性能良好的不定性导电复合材料，一般称为外填料。离子（中空）接地体的金属材料有不锈钢、铜包钢和纯铜材。离子（中空）接地体大多向垂直方向伸展，接地面积要求很小，可以满足地形严重局限的工程需要。

## 三、城市轨道交通供电接地系统

### （一）城市轨道交通综合接地系统的结构

电气设备的接地按其作用的不同分为工作接地和保护接地两类。工作接地是为了使电气设备满足正常需要而采取的接地措施，其目的是保证供电系统在正常运行和事故情况下可靠工作；保护接地是指供电系统和配电系统中，当电气设备绝缘受到损坏致使设备外壳带电时，为防止此电压危及人身安全而将电气设备金属外壳接地的措施。在地下车站，由于受地形的限制，如果供电系统单独做一接地网相当困难，且很难满足接地电阻的要求，其接地要求如下：车站变电所设备的接地利用车站综合接地网保证工作人员、所内被保护设备的安全及设备工作接地的要求。地面变电所设备的接地利用变电所接地网来实现。设备安全接地装置与防雷接地装置尽量分开设置，设备安全接地电阻应不大于 0.5 Ω，防雷接地电阻应小于 10 Ω。在 DC 1500 V 系统中，接触轨系统应设独立的接地线，所有不带电金属部分与接地线连接，接地线与牵引变电所内接地网相连，构成接触轨系统接地保护回路。图 4-5 所示为 1500 V 城市轨道交通综合接地系统。

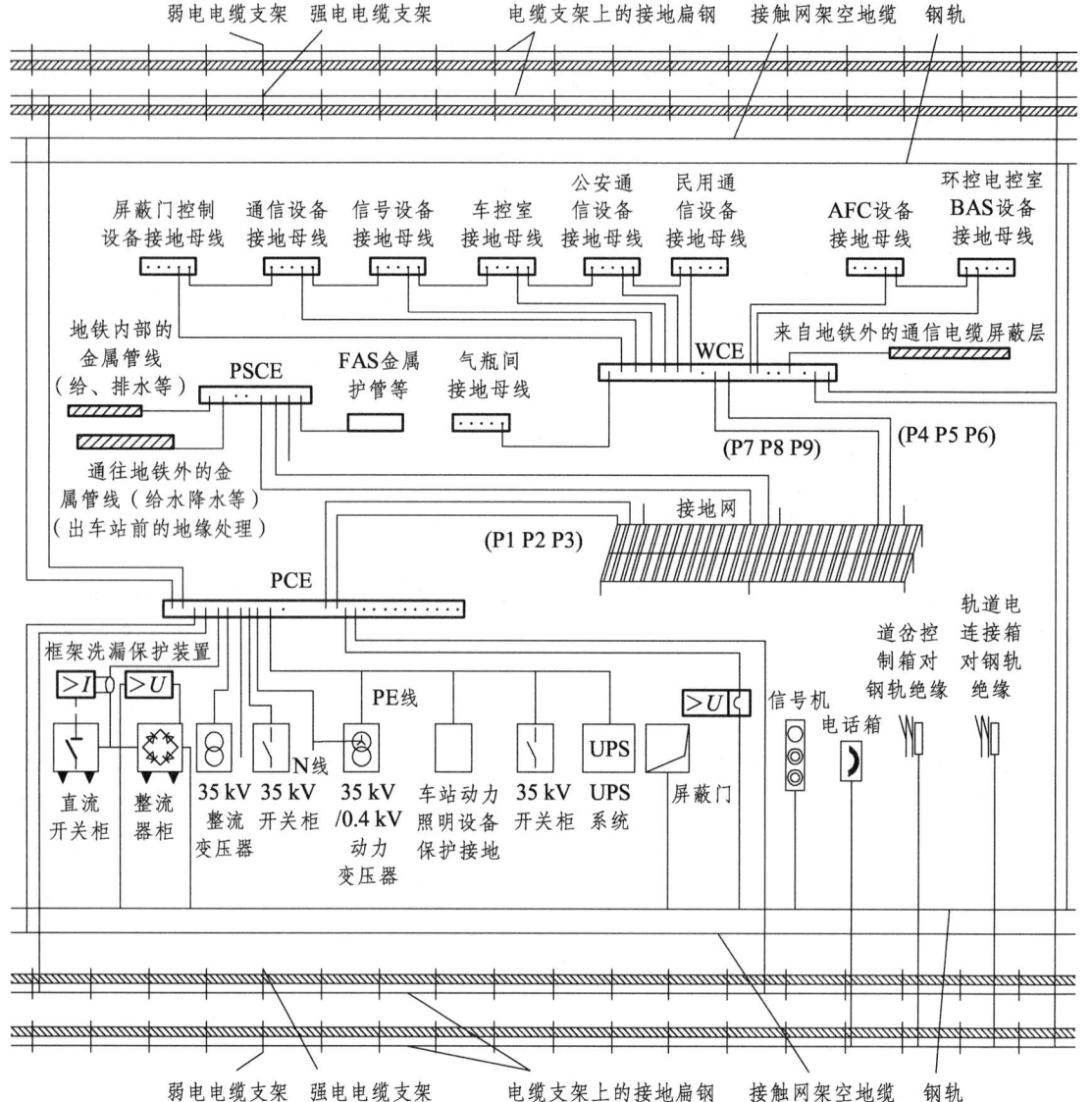

P1、P2、P3—强电接地引上线；P4、P5、P6—弱电接地引上线；P7、P8、P9—金属管线接地引线；
PCE—强电接地母线；PSCE—金属管线接地母线；WCE—弱电接地母线。

图 4-5  1500 V 城市轨道交通综合接地系统

（二）城市轨道交通综合接地系统的功能

综合接地系统的优势主要体现在以下方面：

（1）充分利用沿线设施，可有效降低钢轨电位，保证人身和设备的安全，降低城轨各子系统单独接地所需的工程投资。

（2）对于场地面积条件有限或者高土壤电阻率地区，采用综合接地优势特别突出。

（3）城轨交通各子系统接地纳入综合接地系统后，在大大降低各子系统独立进行接地处理实施难度的同时，可有效克服各子系统设备之间的电位差。

### (三)城市轨道交通综合接地系统的作用和评价

其作用主要体现在两个方面：一是降低钢轨点位，保证道旁人员的人身安全；二是为沿线的电气设备提供公共的参考点，防止因地电位变化导致设备损坏或误动作。因此，接地效果的评价指标主要集中在这两个方面。综合接地的接地阻抗和它对钢轨电流的分流系数对钢轨电位影响显著。定性分析来看，接地电阻越小，分流系数越大，对轨道电位的降低效果越显著。因此，选用这两个参数作为评价指标能够很好地反映接地效果。接地阻抗和分流系数与综合地线的埋设深度、导体半径、钢轨的相邻横向连接线间的距离等参数有关。

## 四、接地装置及维护

由于单根接地体周围的电场分布不均匀，接地电流或接地电阻较大，容易使人受到跨步电压和接触电压的威胁；此外，单根接地体的可靠性较差，万一断线就极不安全。因此，一般在不太重要的场合或在独立的设备或设备较少的场合采用。

变电所或车间一般采用环路式接地，流散电场互相重叠，使地面电场分布均匀，因此跨步电压和接触电压很低。环路式接地如图 4-6 所示。当接地体间的相隔距离为接地体长度的 1/3 时，其效果更为明显。

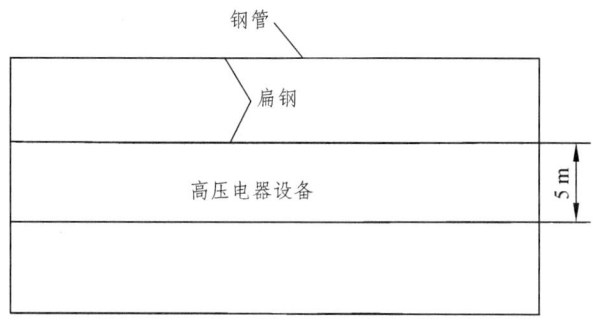

图 4-6　环路式接地

接地装置维护检查的周期：对变、配电所的接地网或工厂车间设备的接地装置，应每年测量一次接地电阻值以确定是否符合要求，并对比上次测量值分析其变化。对其他的接地装置，则要求每两年测量一次。根据接地装置的规模、在电气系统中的重要性及季节变化等因素，每年应对接地装置进行 1~2 次全面性维护检查。其具体内容是：

（1）检查接地线是否折断、损伤或严重腐蚀。
（2）检查接地支线与接地干线的连接是否牢固。
（3）检查接地点土壤是否因受外力影响而有松动。
（4）检查重复接地线、接地体及其连接处是否完好无损。
（5）检查全部连接点的螺栓是否有松动，并应逐一加以紧固。
（6）挖开接地引下线周围地面，检查地下 0.5 m 处地线受腐蚀的程度，严重时应立即更换。
（7）检查接地线的连接线卡及跨接线等的接触是否完好。
（8）检查明敷部分接地或接零母线上的涂漆是否脱落，若有脱落现象时，应重新涂漆以使标志鲜明。

（9）检查接地体是否因受水冲击或其他原因造成露出地面或离地表过近，若有，应及时修复。

（10）及时做好接地装置的变更、检修、测量等各项内容的记录。

## 第三节　中性点接地方式

电力系统的中性点是指星形接线的变压器或者发电机的中性点，这些中性点的接地方式是个复杂的问题，它关系到系统的绝缘水平、供电可靠性、继电保护、通信干扰、电压等级、系统接线和系统稳定等很多方面的问题，必须经合理技术比较后确定电力系统中性点的接地方式。

电力系统中性点的运行方式从大的方面分为：

（1）大接地电流方式：凡是需要断路器遮断单相接地故障电流的，属于大接地电流方式。在大接地电流方式中，主要有中性点直接接地方式（表现为有效接地或者全接地）、中性点经中电阻、低电阻、低阻抗接地方式。

（2）小接地电流方式：凡是单相接地电弧能够瞬间自行熄灭者，属于小接地电流方式。在小接地电流系统中，主要有：中性点不接地方式、中性点经消弧线圈接地方式和中性点经高电阻接地方式等多种。

我国电力系统目前所采用的中性点接地方式主要有三种，即不接地、经消弧线圈接地和直接接地。小电阻接地系统在国外应用较为广泛，我国已开始部分应用。对于不同等级的电力系统，其中性点接地方式也不一样，一般按下述原则选择：

（1）110 kV 及 220 kV 电力网，大都采用中性点直接接地方式，少部分采用消弧线圈接地方式。

（2）20~60 kV 电力网，从供电可靠性出发，采用消弧线圈接地或不接地的方式，但当单相接地电流大于 10 A 时，可采用消弧线圈接地的方式。

（3）3~10 kV 电力网，供电可靠性与故障后果是其主要的考虑因素，多采用中性点不接地方式，但当电网接地电容电流大于 30 A 时，可采用经消弧线圈接地或经电阻接地的方式。

（4）1 kV 以下电力网，即 220 V/380 V 三相四线制低压电力网，从安全观点出发，均采用中性点直接接地方式，这样可以防止一相接地时出现超过 250 V 的危险（对地）电压。特殊场所如爆炸危险场所或矿下，也有采用中性点不接地的。这时一相或中性点应配置击穿熔断器，以防止高压窜入低压所引起的危险。

因此，在城市轨道交通 35 kV 系统中，大部分采用经小电阻接地方式，主变压器 110kV 侧采用中性点直接接地方式，而在 220/380 V 低压配电系统中也采用中性点直接接地方式。

### 一、小接地电流系统

#### （一）中性点不接地（绝缘）的三相系统

中性点不接地的三相系统如图 4-7 所示，由于输电线路与大地之间存在着电容，各相对地就有电容电流通过,其大小取决于线路对地的电压和对地的电容。为了便于分析,各相对地的电容用集中电容 $C_A$、$C_B$、$C_C$ 表示,线间电容不予考虑。

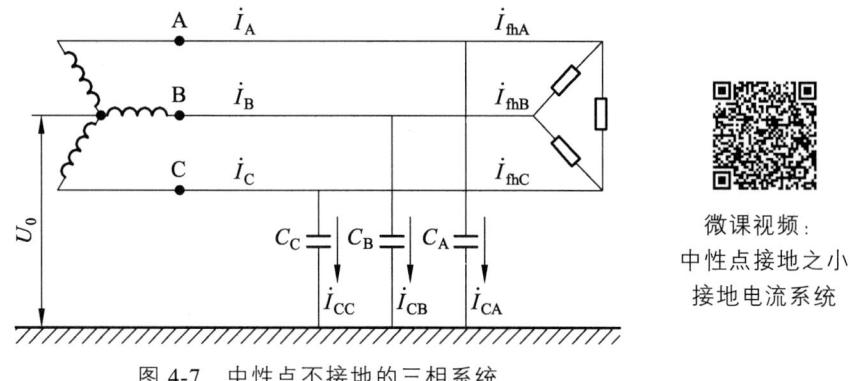

图 4-7 中性点不接地的三相系统

**1. 中性点不接地系统的正常运行状态**

由于正常运行时各相对地的电压 $U_A$、$U_B$、$U_C$ 是对称的,各相线路对地电容($C_A$、$C_B$、$C_C$)相等,故各相对地的电容电流也相等。各相电流等于负荷电流及对地电容电流之和,以 A 相为例(见图 4-7),有:

$$\dot{I}_A = \dot{I}_{fhA} + \dot{I}_{CA} \tag{4-7}$$

式中  $\dot{I}_A$——A 相相电流;
  $\dot{I}_{fhA}$——A 相负荷电流;
  $\dot{I}_{CA}$——A 相对地电容电流。

各相对地电容电流的数值相等而相位相差 120°,它们的相量和等于零,相量关系如图 4-8 所示,地中没有电容电流通过,中性点对地电位为零(0),即中性点与地(零)电位一致。这时,中性点接地与否对各相对地电压没有任何影响。

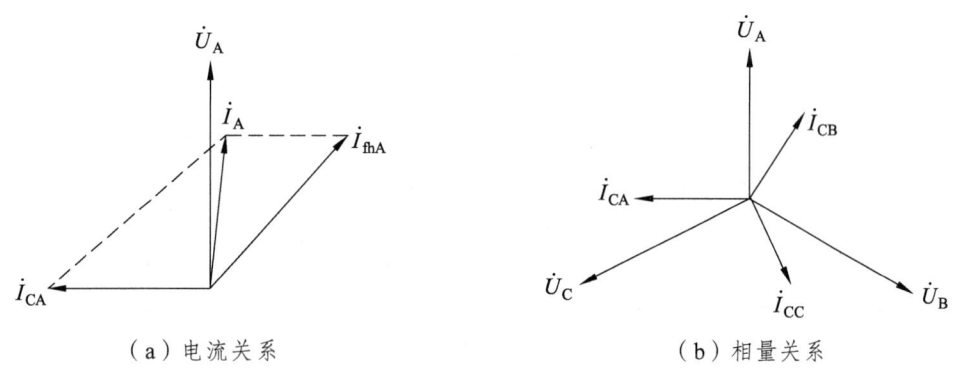

(a)电流关系  (b)相量关系

图 4-8 中性点不接地系统的电流及相量关系

可是,当中性点不接地系统的各相对地电容不相等时,即使在正常运行状态下,中性点的对地电位便不再是零,通常此情况称为中性点位移,即中性点不再是零电位了。这种现象的产生,多数是由于架空线路排列不对称而又换位不完全造成的。因此在高压输电系统中,架空线路经常采用换相的方式来解决此问题。架空线路换相示意图如图 4-9 所示。

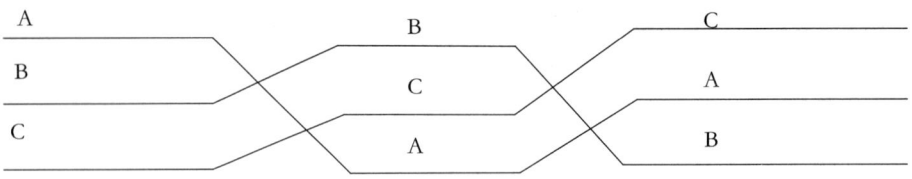

图 4-9 架空线路换相示意图

**2．中性点不接地系统的单相接地故障**

如图 4-10 所示，中性点不接地系统的任何一相（如 C 相）发生接地时，接地相的对地电压为零，接地相对地的电容电流也为零，此时中性点电位不再是零了，未接地的 A、B 两相的对地电压将升高到相电压的 $\sqrt{3}$ 倍，即 A、B 两相的对地电压等于线电压。

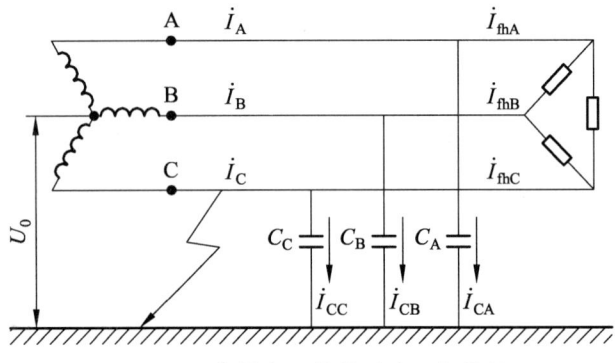

图 4-10 中性点不接地系统一相接地

在中性点不接地的三相系统中，当一相接地后，各相间的电压大小和相位没有变化，电压的对称性也没有变化。因此这样的三相系统发生一点接地后，还可继续运行一段时间。同时由分析可知，单相接地时，通过接地点的电容电流为未接地时每一相对地电容电流的 3 倍。

综上所述，在中性点不接地的三相系统中，一般应装设绝缘监视或接地保护装置，以便当发生单相接地时能及时发出信号，使值班人员迅速采取措施，尽快消除故障。

**（二）中性点经消弧线圈接地的三相系统**

上面所讲的中性点不接地三相系统，在发生单相接地故障时虽还可以继续供电，但在单相接地故障电流较大，如 35 kV 系统大于 10 A、10 kV 系统大于 30 A 时，就无法继续供电。为了克服这个缺陷，便出现了经消弧线圈接地的方式。目前在 35 kV 系统中，较广泛地采用这种中性点经消弧线圈接地的方式。

消弧线圈是一个具有铁心的可调的电感线圈，它装设在变压器或发电机的中性点。当发生单相接地故障时，可形成一个与接地电容电流大小接近相等而方向相反的电感电流，这个滞后电压 90° 的电感电流与超前电压 90° 的电容电流相互补偿，最后使流经接地处的电流变得很小以至于等于零，从而消除了接地处的电弧以及由它可能产生的危害。消弧线圈的名称也就是这么得来的。

图 4-11 表示中性点经消弧线圈接地的三相系统中发生单相接地时的电流路径。当发生单相（如 C 相）接地时，中性点电压将变为 $U_0$，这时消弧线圈处于相电压作用下，其内将产生一感性电流 $I$（滞后于 $U_C$ 90°）。中性点经消弧线圈接地系统单相接地的相量图如图 4-12 所示，

当 C 相接地时，A 相和 B 相的电压升高到线电压，而 A 相和 B 相的对地电容电流 $I_{CA}$ 和 $I_{CB}$ 分别超前 $U_{AC}$ 和 $U_{BC}$ 90°。从图中可以看出：$I_{CA}$ 和 $I_{CB}$ 所形成的总电容电流 $I_C$ 超前 $U_C$ 90°。电感电流 $I_L$ 与电容电流正好相位相反，也流入故障点，从而对单相接地所产生的电容电流实现了补偿，这种补偿使接地电流减小。由于接地电流的减小，电弧将自行熄灭。若所选消弧线圈的电感值正好使电感电流等于电容电流时，接地电容电流将全部被补偿。

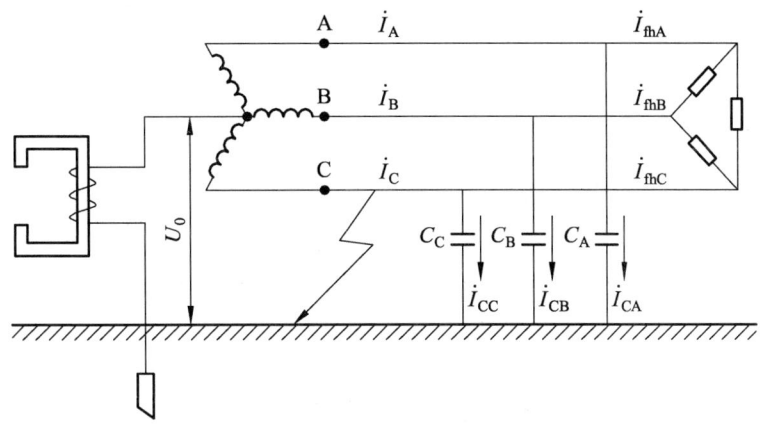

图 4-11 中性点经消弧线圈接地系统单相接地

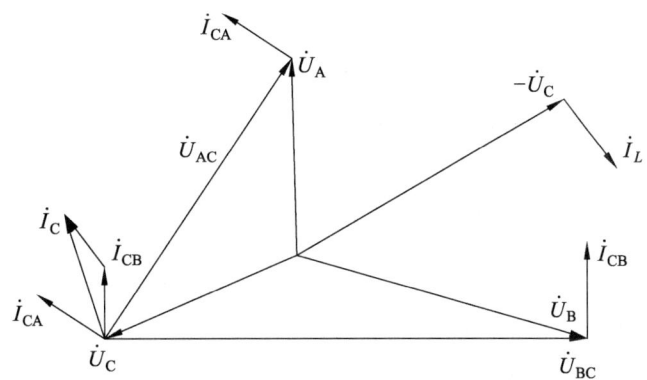

图 4-12 中性点经消弧线圈接地系统单相接地的相量图

当 $I_C = I_L$ 时，称为全补偿；当消弧线圈电感值较大时，$I_C > I_L$，称为欠补偿；当消弧线圈电感值较小时，$I_C < I_L$，称为过补偿。一般都采用过补偿，这样消弧线圈的容量有一定裕度，不至于发生谐振而产生过电压。

（三）中性点经高电阻接地系统

中性点经电阻接地，按接地电流大小又分为经高电阻接地和经低电阻接地。高电阻接地方式以限制单相接地电流为目的，电阻值一般为数百至数千欧姆。中性点经高电阻接地系统可以消除大部分谐振过电压，对单相间隙弧光接地过电压有一定的限制作用，但对系统绝缘水平要求较高，主要用于发电机回路，有些大型发电机的中性点采用经高电阻接地方式，以提高运行的稳定性。

## 二、大电流接地系统

### (一) 中性点直接接地系统

**1. 中性点直接接地系统概述**

系统中性点经一无阻抗（金属性）接地线接地的方式称为中性点直接接地。一般中性点有电源中性点与负载中性点之分，它只是在三相电源或负载按星形联结时才出现，如图 4-13 所示。

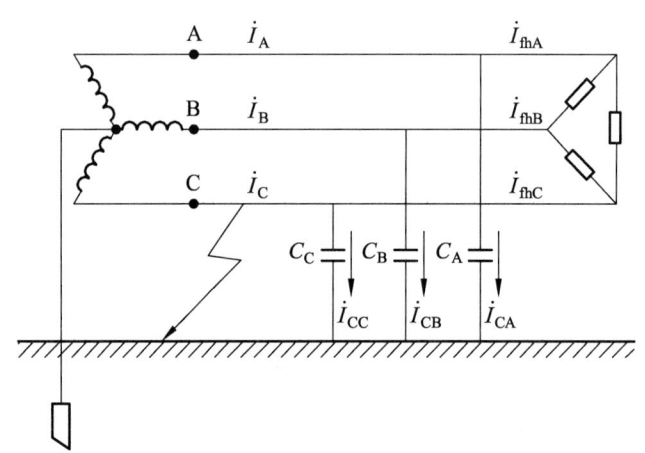

微课视频：
中性点接地之大
接地电流系统

图 4-13 中性点直接接地系统

对电源而言，凡是三相线圈的首端或尾端连接在一起的共同连接点，称为电源中性点，而由电源、中性点引出的导线便称为中性线，常用 N 表示，三根相线则分别用 A、B、C 或 L1、L2、L3 表示。此时，中性点直接接地方式就是电源中性点直接与接地装置有着良好连接，取得了大地的零电位，该中性点便称为零点，常用 0（或 N）表示。正常运行时，中性点无电流通过；当发生单相短路故障时，通过接地点的电流较大，可能会烧坏电气设备，发生故障后，继电保护会立即动作，使开关跳闸，消除故障。

采用中性点直接接地方式的系统，对线路绝缘水平的要求较低，能明显降低线路造价，其缺点就是单相接地短路对附近的通信线路有电磁干扰，为此，电力线路应远离通信线路，当两线有交叉时，必须有较大的交叉角，以减少干扰的影响。

目前我国 110 kV 以上系统大都采用中性点直接接地。城市轨道交通主变压器 110 kV 侧就采用了中性点直接接地方式。在 220 V/380 V 三相四线制低压配电网络中，配电变压器的中性点大都实行工作接地，低压电网的配变中性点一般都要求实行直接接地。

**2. 220/380 V 低压配电系统接地方式**

在 220/380 V 低压配电系统中，广泛采用中性点直接接地的运行方式，而且引出有中性线（代号 N）、保护线（PE）或者保护中性线（PEN）。

中性线（N）的功能：一是用来引出相电压，供电给单相用电设备；二是用来传导三相系统中的不平衡电流和单相电流；三是减小负荷中性点的电位偏移。N 线用黑色或者淡蓝色表示。

保护线（PE）的功能是为了保障人身安全、防止发生触电事故。保护线用黄、绿双色表示。系统中所有设备的外露可导电部分（如金属外壳、金属构架等）通过保护线接地，可以在设备发生接地故障时减少触电危险。

保护中性线（PEN）兼具中性线（N）和保护线（PE）的功能，这种保护中性线在我国也称为零线。

低压配电系统按接地方式的不同分为三类，即 TT、TN 和 IT 系统。TN 系统又分为 TN-S、TN-C、TN-C-S。国际电工委员会（IEC）规定的供电方式符号中，第一个字母表示电力（电源）系统对地的关系，T 表示中性点直接接地，I 表示所有带电部分绝缘。第二个字母表示用电装置外露的可导电部分对地的关系，T 表示设备外壳接地，N 表示负载采用接零保护。第三个字母表示工作零线与保护线的组合关系，C 表示工作零线与保护线是合一的，如 TN-C；S 表示工作零线与保护线是严格分开的，如 TN-S。

**1）TN 系统**

TN 供电系统是将电气设备的金属外壳与工作零线相接的保护系统，称为接零保护系统。它的特点是：一旦设备出现外壳带电，接零保护系统能将漏电电流上升为短路电流，这个电流很大，是 TT 系统电流的 5.3 倍，实际上就是单相对地短路故障，熔断器的熔丝会熔断，低压断路器的脱扣器会立即动作而跳闸，使故障设备断电，比较安全。TN 系统节省材料、工时，在我国和其他许多国家得到了广泛应用。在 TN 方式供电系统中，根据其保护零线是否与工作零线分开而划分为 TN-C、TN-S 和 TN-C-S 三种。

TN-C 方式供电系统是用工作零线兼作接零保护线，可以称为保护中性线（PEN），故也称为三相四线制系统，如图 4-14 所示。在接线中若存在三相负荷不平衡或者有单相负荷时，保护中性线上呈现不平衡电流，电气设备的外露可导电部分有对地电压的存在。由于 N 线不得断线，因而在进入建筑物前 PEN 先应做重复接地。TN-C 方式供电系统适用于正常运行时三相负荷基本平衡的情况，同时也适用于 220 V 单相用电设备及便携式设备。

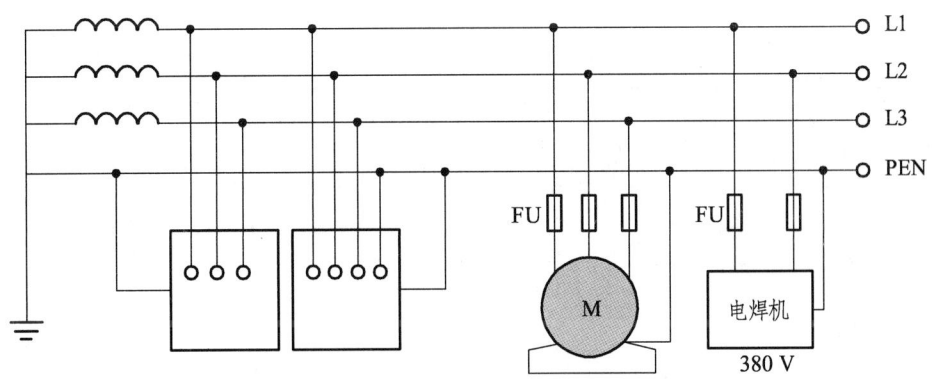

图 4-14 TN-C 方式供电系统

TN-S 方式供电系统是把工作零线 N 和专用保护线 PE 严格分开的供电系统，称为 TN-S 供电系统，俗称三相五线制系统，如图 4-15 所示，仅电力系统中性点一点接地，外露可导电部分直接接到 PE 线上。TN-S 是我国目前低压供电系统中普遍采用的接地方式。

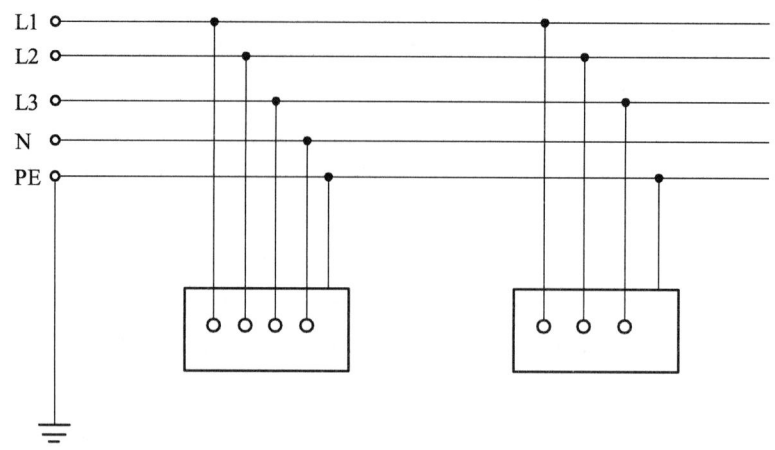

图 4-15 TN-S 方式供电系统

TN-S 方式供电系统的特点如下：

（1）系统正常运行时，专用保护线上没有电流，只是工作零线上有不平衡电流。PE 线对地没有电压，所以电气设备金属外壳接零保护是接在专用保护线 PE 上的，安全可靠。

（2）工作零线只用作单相照明负载回路。

（3）专用保护线 PE 不许断线，也不许进入剩余电流动作保护器。

（4）干线上使用剩余电流动作保护器，工作零线不得有重复接地，而 PE 线有重复接地，但是不经过剩余电流动作保护器，所以 TN-S 系统供电干线上也可以安装剩余电流动作保护器。

（5）TN-S 方式供电系统安全可靠，适用于工业与民用建筑等低压供电系统。在建筑工程施工前的"三通一平"（电通、水通、路通和地平）必须采用 TN-S 方式供电系统。

TN-C-S 方式供电系统在建筑施工临时供电中，如果前部分是 TN-C 方式供电，而施工规范规定施工现场必须采用 TN-S 方式供电系统 则可以在系统后部分现场总配电箱分出 PE 线，如图 4-16 所示。

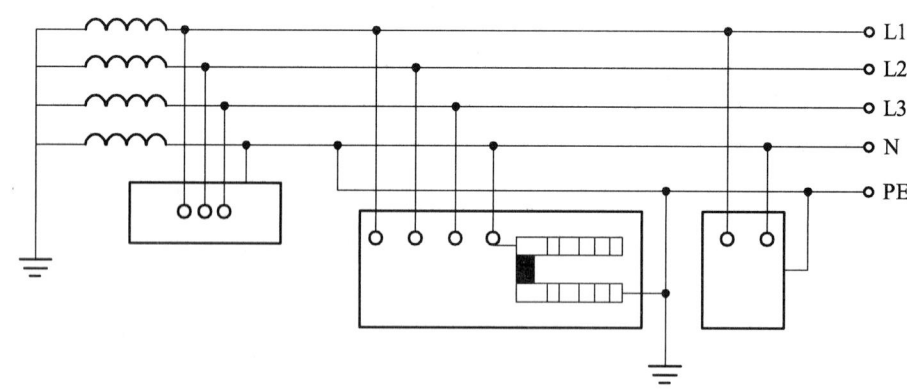

图 4-16 TN-C-S 方式供电系统

TN-C-S 方式供电系统的特点如下：

（1）工作零线 N 与专用保护线 PE 相连。当线路不平衡、电流比较大时，电气设备的接零保护受到零线电位的影响，从配电箱至后面的 PE 线上没有电流，即该段导线上没有电压降，因此，TN-C-S 系统可以降低电动机外壳对地的电压，然而又不能完全消除这个电压，这个电压的大小取决于负载不平衡的情况及线路的长度。负载越不平衡，设备到中性点的距离越长，设备外壳对地电压偏移就越大。所以要求负载不平衡电流不能太大，而且在 PE 线上应做重复接地。

（2）PE 线在任何情况下都不能进入剩余电流动作保护器，因为线路末端的剩余电流动作保护器动作会使前级剩余电流动作保护器跳闸，造成大范围停电。

（3）对 PE 线除了在总箱处必须和 N 线相连以外，其他各分箱处均不得把 N 线和 PE 线相连，PE 线上不允许安装开关和熔断器。

通过上述分析，TN-C-S 供电系统是在 TN-C 系统上临时变通的做法。当三相电力变压器工作接地情况良好、三相负载比较平衡时，TN-C-S 系统在施工用电实践中还是可行的。但是在三相负载不平衡、建筑施工工地有专用的电力变压器时，必须采用 TN-S 方式供电系统。

2）TT 系统

TT 系统如图 4-17 所示，其三根相线分别为 L1、L2、L3，一根中性线 N，用电设备外露部分采用各自的 PE 线直接接地。在 TT 系统中，当电气设备的金属外壳带电时，接地保护装置可以减少触电危险，但低压断路器不一定跳闸，设备的外壳对地电压可能超过安全电压。当漏电电流较小时，需加漏电保护器。接地装置的接地电阻应满足当单相接地故障时，在规定时间内切除供电线路的需求，或者使接地电压限制在 50 V 以下。

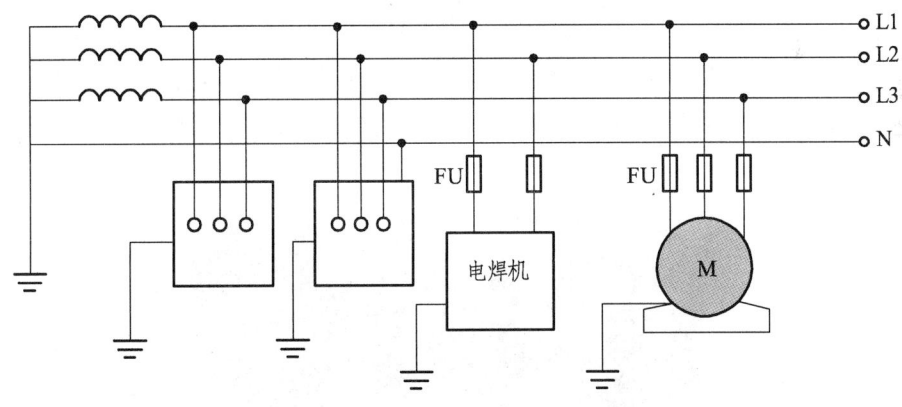

图 4-17　TT 系统接地方式

3）IT 系统

IT 系统的主要特征就是电力系统的中性点不接地或者经过高阻抗接地，用电设备的外露可导电部分采用各自的 PE 线接地，如图 4-18 所示。在 IT 系统中，当任何一相发生故障接地时，因为大地可以作为相线继续工作，系统可以继续运行，所以在线路中需加单相接地检测、监视装置，在系统发生故障时报警。

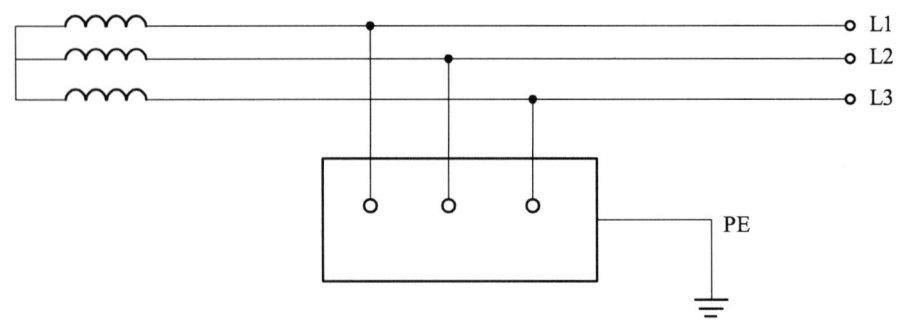

图 4-18 IT 系统接地方式

### （二）中性点经低电阻接地系统

城市 6~35 kV 配电网主要由电缆线路组成，其单相接地故障电流就较大，可达 100~1000 A，若采用中性点经消弧线圈接地方式，无法完全消除接地故障点的电弧和抑制谐振过电压，可采用中性点经低电阻接地方式。该方法具有切除单相接地故障快、过电压水平低的优点。中性点经低电阻接地方式适用于以电缆为主、不容易发生瞬时单相接地故障且系统电容电流比较大的城市电网、发电厂用电系统及企业配电系统。其中，城市轨道交通 35 kV 供电系统就采用此接地方式。由于 35 kV 侧一般采用三角形联结，中性点须采用一台接地变压器来实现。实现小电阻接地需要两个重要设备，一是接地变压器，二是接地电阻柜。

1．接地变压器

接地变压器应用于中性点绝缘的三相电力系统中，用来为这种电力系统提供一个人为的中性点，该中性点可以直接接地，也可以经电抗器、电阻器、消弧线圈接地和小电阻组合接地。在系统发生单相接地故障的情况下，变电站主变压器的三角形联结的两相绕组和接地变压器的三相绕组均流过短路电流。接地变压器可带一个连续使用的二次绕组（低压绕组 0.4 kV 作为站用电源，容量可为 50~400 kV·A，由用户决定）。接地变压器的绝缘形式有两种：干式、油浸式。树脂浇注型绝缘干式接地变压器如图 4-19 所示。

图 4-19 树脂浇注型绝缘干式接地变压器

接地变压器的主要技术参数如表 4-2 所示。

表 4-2　接地变压器主要技术参数

| 系统电压 | 6 kV，10 kV，35 kV，66 kV | 一次电压分接 | ±5% 或 ±2×2.5% |
|---|---|---|---|
| 中性点电流 | 10~250 A | 绝缘介质与耐热等级 | 全绝缘 H 级（干式），A 级（油浸式） |
| 阻抗电压 | 4%（含二次时），不含二次时，不含此项 | 温升限值 | 100 K |
| 额定容量 | 50~2500 kV·A | 冷却方式 | AN（空气自冷）AF（强迫风冷） |
| 额定频率 | 50 Hz | 防护等级 | IP00（无外壳），IP20、IP23（有外壳） |
| 相数 | 三相 | 泄露比距 | 2.5 cm/kV |
| 联结组编号 | ZN（无二次绕组），ZN，Yn1，ZN，Yn11（有二次绕组） | 噪声（2 m） | 小于 60 dB |
| | | 安装方式 | 户内，户外 |

接地变压器的一次绕组为 Z 字形联结，二次绕组为星形联结，如图 4-20 所示。

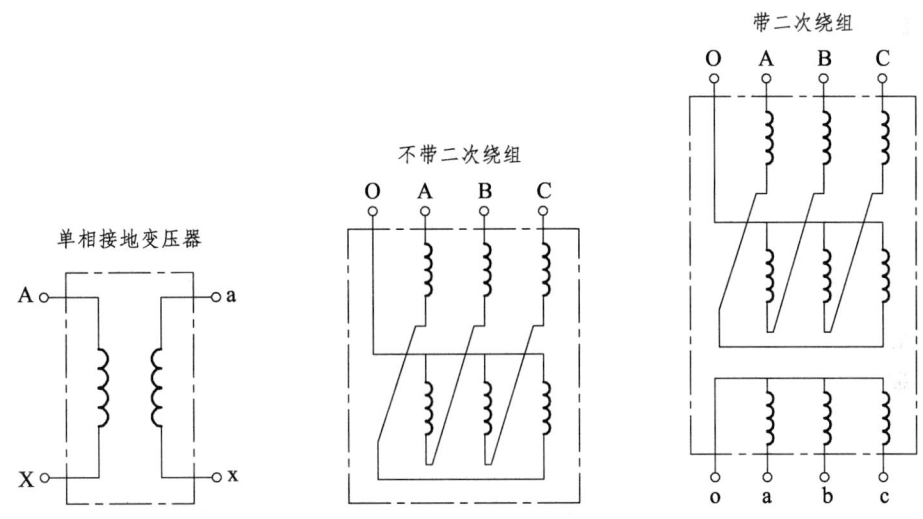

图 4-20　三相 Z 接地变压器的原理接线图

在电网正常运行时，接地变压器承受电网的对称电压，仅流过很小的励磁电流，处于空载运行状态，其中性点对地电位差为零（忽略消弧线圈的中性点位移电压），此时消弧线圈没有电流流过。假设 C 相对地短路时，三相不对称分解出来的零序电流汇合后流经消弧线圈入地，其作用与消弧线圈一样，即它所产生的感性电流补偿了接地电容电流，消除了接地点的电弧。

接地变压器的用途：一是为变电所提供低压交流电源；二是在 35 kV 侧形成人为的中性点，同消弧线圈相结合，用于 35 kV 发生接地时补偿接地电容电流，消除接地点电弧；三是可以和小电阻接地相结合，构成小电阻接地系统。

2．接地电阻柜

接地电阻柜标准设备包括不锈钢电阻元件、支持绝缘子、绝缘套管、内部连线和柜体等。一般适用电压为 3.3~69 kV（可选），允许通过电流为 5~5000 A（可选）；其标称电阻为 0.1~1500 Ω；允许通流时间为 10 s、30 s、60 s、10 min（连续运行可选）；接地电阻柜的进出线方式有上进下出、下进下出、侧进侧出、侧进下出多种可选；安装地点有户内、户外两种。通流时间为 10 s、30 s、60 s 时允许温升为 760 ℃，通流时间为 10 min 时允许温升为 610 ℃，连续运行时允许温升为 385 ℃。

接地电阻柜的主要性能特点：

（1）耐受高温：熔点为 1375~1500 ℃，最高使用温度为 1000 ℃。

（2）抗拉强度高：抗拉强度为 700 MPa，在 900~1000 ℃ 高温下，机械强度基本保持不变。

（3）电阻率高：电阻率为 1.08 μΩ·m，有利于减小电阻元件尺寸。

（4）阻值稳定：电阻温度系数为 $2.17 \times 10^{-4}$ Ω/℃，在 350 ℃ 高温时，阻值仅增加 6.6%（铸铁电阻元件阻值增加 24%），有利于保证保护装置的灵敏度。

（5）抗氧化能力强：在 1000 ℃ 左右的高温下仍能保持良好的抗氧化性能，适宜于污染严重的环境。

（6）高韧性：在温度剧烈变化的运行条件下，仍保持良好的韧性，不易断裂。

（7）电阻元件模块化：每种类型的电阻制造成多种规格的标准元件，实现模块化。通过串、并联的方法，可以任意组合，以适应对通流能力、电压、阻值等各种参数的要求，替换方便。

（8）使用寿命长：一般使用寿命为 20 年。

接地电阻柜适用于 3~66 kV 以电缆线路为主的城市配电网、发电厂用电系统，大型工矿企业、机场、港口、地铁等电力用户配电系统，大型发电机的中性点电阻接地。

# 第四节　过电压及防雷保护

在供配电系统正常工作时，各类供配电线路、各种用电设备所承受的电压为相应的额定电压，但在实际工作当中，由于断路器的操作或系统故障，使系统参数发生变化，由此而引起的电力系统内部电磁能量转化或传递的过程中，将在系统中出现过电压。这种过电压称为"内部过电压"。按产生原因可将内部过电压分为操作过电压和暂时过电压。此外，由于雷电的活动也会在设备上产生过电压，这种过电压又称为外部过电压（大气过电压），一般包括直击雷过电压和感应雷过电压，当这些过电压沿着线路传到其他设备时，又以另一种形式作用于电气设备，称为雷电侵入波。也就是说，电力系统过电压一般分为内部过电压和外部过电压。在电压升高太多的情况下还会使设备的绝缘击穿导致设备的损坏，造成经济损失。

微课视频：
过电压及防雷保护

## 一、过电压分类

电力系统过电压一般分为内部过电压和外部过电压。内部过电压由于电力系统本身的各种开关操作、系统内部故障以及其他一些原因使系统的运行状态发生改变,也就是由系统两种运行方式之间的过渡过程所引起的。内部过电压的数值一般在额定电压的4~5倍以内。内部过电压所引起的危害相对于外部过电压要小。系统内部过电压主要分为操作过电压和谐振过电压等。

### (一)内部过电压

#### 1. 操作过电压

操作过电压是由于系统中的开关操作、负载骤变等引起的过电压。一般持续时间在0.1 s(5个工频周期)以内。操作过电压是在电力系统中由于断路器操作和各种故障产生的过渡过程引起的。这种过电压通常带有衰减振荡的性质。与暂时过电压相比,其持续时间较短,衰减较快;与雷电过电压相比,其持续时间则长得多。

常见的操作过电压有以下几种:中性点不接地系统中的电弧接地过电压、切除空载线路过电压、切除空载变压器过电压、空载线路合闸过电压等。操作过电压的幅值和持续时间与电网结构及其参数、断路器性能、系统的接线及运行操作方式等因素有关。

目前采取的有效措施主要有:线路上装设并联电抗器、采用带有并联电阻的断路器以及磁吹阀型或氧化锌避雷器等。此外,在超高压电网中,若工频电压升高常和操作过电压同时发生,二者叠加起来就增大了操作耐压的倍数。

#### 2. 谐振过电压

谐振过电压是由于系统中的电路参数($R/L/C$)在一定情况下发生谐振而引起的过电压。在电力系统中包含许多电感和电容元件。作为电感元件的有电力变压器、互感器、发电机、消弧线圈、电抗器以及线路导线的电感等。作为电容元件的有线路导线的对地电容和相间电容、补偿用的串联和并联电容器组、过电压保护用电容器以及各种高压设备的寄生电容等。在系统进行操作或者发生故障时,这些电感和电容元件会形成不同的振荡电路,在一定的作用下产生谐振现象,引起谐振过电压。谐振过电压不仅会在系统运行或者发生故障的过程中产生,而且可能在过渡过程结束后的较长时间内稳定存在,直到发生新的操作、谐振条件受到破坏为止。谐振过电压不仅会危及电气设备的绝缘,而且会持续地产生过电流而烧毁设备,还可能影响过电压保护装置的工作条件。

### (二)外部过电压

外部过电压又称为大气过电压或雷击过电压,它是由于电力系统内的设备或者建筑物遭受来自大气中的雷击或者雷电感应而引起的过电压。雷击过电压产生的雷电冲击波,其幅值可以高达1亿伏,其电流幅值也可以高达几十万安,由于外部过电压造成的影响非常大,因此对外部过电压的防护应该更加重视。

#### 1. 直击雷过电压

它是雷电直接击中电气设备、线路或建筑物,其过电压引起的强大雷电流通过这些物体放电入地,从而产生破坏性极大的热效应和机械效应,相伴的还有电磁效应和闪络放电,这种雷击过电压就称为直击雷。当雷电流通过被雷击的物体时会发热,引起火灾,贯通式在空气中引起雷击冲击波,对人和牲畜造成危害。雷电流还有电动力的迫害作用,会使物体发生变形。防止直击雷的措施主要是用避雷针、避雷线、避雷网作为接闪器将雷电流接收下来，通过接地引下线和接地装置将雷电流送入大地，保证设备安全。

2．感应雷过电压

它是雷电未直接击中电力系统中的任何部分而由雷电对设备、线路或其他物体的静电感应或电磁感应所产生的过电压。这种雷电过电压成为感应过电压或感应雷，其幅值可以达到 500～600 kV。

3．雷电侵入波

雷电过电压除上述两种形式外，还有一种是架空线路遭受雷击或间接雷击而引起的过电压波，沿着线路侵入配变电所或其他管道内，这就是雷电波的侵入或高电位侵入。据统计，我国供电系统中由于雷电波侵入而造成的雷害事故占整个雷害事故的 60% 以上，因此对雷电波侵入的防护应给予足够的重视。

## 二、防雷保护措施

### （一）常用防雷装置

防雷装置是指用于对电力装置或建筑物进行雷电保护的整套装置，由外部防雷装置和内部防雷装置组成。外部防雷装置由接闪器、引下线和接地装置三部分组成。内部防雷装置是用于减小雷电流在所需防护空间内产生的电磁效应的防雷装置，由避雷器或屏蔽导体、等电位连接件和电涌保护器等组成。

1．接闪器

接闪器是用于拦截雷电闪击的接闪杆、接闪导线以及金属构件组成的外部防雷装置。接闪器分为接闪杆（俗称避雷针）、接闪线（俗称避雷线）、接闪带（俗称避雷带）和接闪网（俗称避雷网）。接闪杆主要用于保护露天变配电设备及建筑物；接闪线又称架空地线，主要用于保护输电线路；接闪带、接闪网主要用于保护建筑物。它们都是利用其高出被保护物的突出地位，把雷击引向自身，然后通过引下线和接地装置把雷电流泄入大地，使被保护的线路、设备、建筑物免受雷击。

2．避雷器

避雷器是用来防止雷电产生的过电压波沿线路侵入配变电所或其他建筑物内，以免危及被保护设备的绝缘。避雷器应与被保护设备并联，装入被保护设备的电源侧，当线路出现危及设备绝缘的雷电过电压时，避雷器的火花间隙就被击穿，由高阻态变为低阻态，使雷电压放电，从而保护了设备。避雷器常见有阀型避雷器、金属氧化物式避雷器、保护间隙和管型避雷器。下面主要介绍上述四种避雷器。

1）阀型避雷器

阀型避雷器由火花间隙和阀片组成，装在密封的瓷套管内。火花间隙是用铜片冲制而成的，每对为一个间隙，中间用云母片（垫圈式）隔开，其厚度为 0.5～1 mm。在正常工作电压下，火花间隙不会被击穿，从而隔断工频电流，但在雷击过电压时，火花间隙被击穿放电。

阀片是用碳化硅制成的，具有非线性特征。在正常工作电压下，阀片电阻值较高，起到绝缘的作用，而在雷电过电压下电阻值较小。当火花间隙击穿后，阀片能使雷电流泄放到大地中。而当雷电压消失后，阀片又呈现较大电阻，使火花间隙恢复绝缘，切断工频续流，保证线路恢复正常运行。必须注意，雷电流流过阀片时要形成电压降（称为残压），加在被保护电力设备上，残压不能超过设备绝缘允许的耐压值，否则会使设备击穿。图 4-21 所示为高压阀型避雷器的外形及结构。

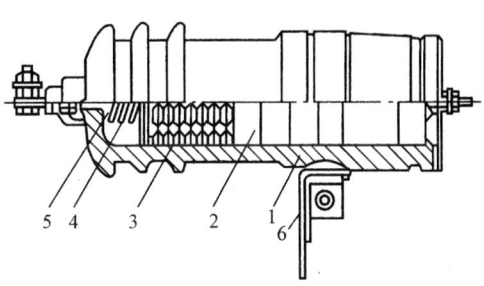

（a）实物图　　　　　　　　　　　（b）结构示意图

1—瓷套；2—阀片；3—间隙；4—压紧弹簧；5—密封橡皮；6—安装卡子。

图 4-21　FS3 型高压阀型避雷器的外形及结构

**2）金属氧化物避雷器**

金属氧化物避雷器又称为压敏避雷器。它是一种只有压敏电阻片没有火花间隙的阀型避雷器。压敏电阻片是由氧化锌或者氧化铋等金属氧化物烧结而成的多晶半导体陶瓷材料，具有理想阀特性。在工频电压下，它呈现很大的电阻，能迅速有效地阻断工频续流，因此无须火花间隙来熄灭由工频续流引起的电弧；而在雷电过电压的作用下，其电阻又变得非常小，能很好地泄放雷电流。

以氧化锌避雷器（见图 4-22）为例，氧化锌避雷器主要有普通型（基本型）、高压有机外套氧化锌避雷器、整体式合成绝缘氧化锌避雷器、压敏电阻氧化锌避雷器 4 种类型。

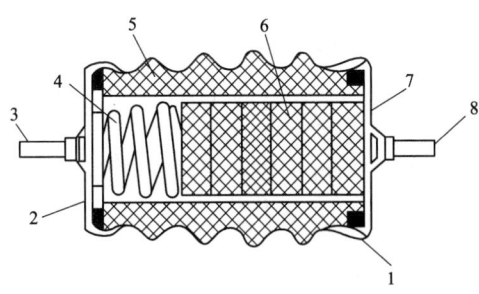

（a）实物图　　　　　　　　　　　（b）结构示意图

1—橡皮圈；2—端盖；3—上接线端；4—弹簧；5—瓷套；6—阀片；7—底盖；8—下接线端。

图 4-22　HY5WS 型氧化锌避雷器的外形及结构

**3）保护间隙**

保护间隙的结构如图 4-23 所示。保护间隙一般采用角型间隙，主要应用在电力系统的输电线路上。它经济简单、维修方便，但保护性能很差，灭弧能力小，容易造成接地或者短路故障，引起线路开关跳闸或熔断器熔断，使线路停电。因此对于装有保护间隙的线路，一般要求装设自动重合闸装置，以提高供电可靠性。保护间隙的安装是一个电极接地、另一个电极接线路，但为了防止保护间隙被外物（如鼠、鸟、树枝等）短接而造成接地或者短路故障，一般均要求具有辅助间隙，以提高可靠性。

保护间隙灭弧能力小，雷击后，保护间隙很可能切不断工频续流而造成接地短路故障，引起线路开关的跳闸或熔断器熔断，造成停电，所以它只适用于无重要负荷的线路上。

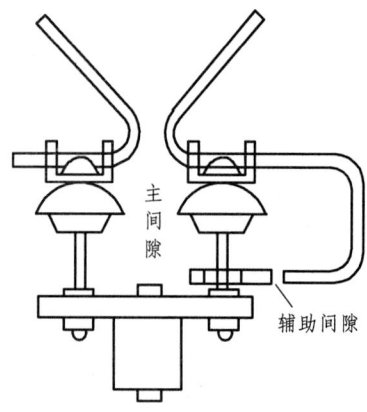

图 4-23 保护间隙的结构

4）管型避雷器

管型避雷器又称为排气式避雷器，由产气管、内部间隙和外部间隙三部分组成，如图 4-24 所示。产气管由纤维、有机玻璃或者塑料制成。内部间隙装在产气管内，一个电极为棒形，另一个电极为环形；外部间隙用于与线路隔离。

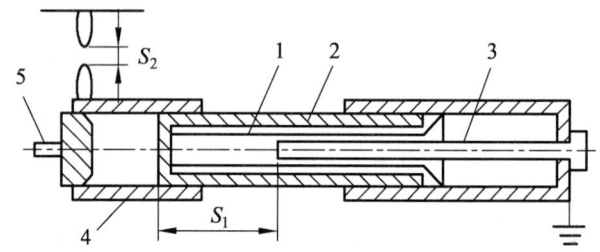

1—产气管；2—胶木管；3—棒形电极；4—环形电极；5—动作指示器；
$S_1$—内间隙；$S_2$—外间隙。

图 4-24 管型避雷器的结构

当高压雷电波侵入到管型避雷器，其电压值超过火花间隙放电电压时，其内、外间隙同时击穿，使雷电流泄入大地，限制了电压的升高，对电气设备起到了保护作用。间隙击穿后，除雷电流外，工频电流（工频续流）也随之流入间隙。由于雷电流和工频续流在管子内产生强烈电弧使管子的内壁材料燃烧，产生大量灭弧气体从开口孔喷出，使电弧熄灭。

在选择管型避雷器时，开断续流的上限值应不小于安装处的短路电流最大有效值；开断续流的下限值应不大于安装处短路电流可能出现的最小值。管型避雷器动作次数受气体产生物的限制。由于有气体的存在，故不能装在封闭箱里或者电气设备附近，只能用于保护输电线路、配变电所进线设备。

3．引下线

引下线是用于将雷电流从接闪器传导至接地装置的导体。引下线的材料有热浸镀锌钢、铜、镀锡铜、铝、铝合金和不锈钢等。引下线宜采用热镀锌钢或扁钢，宜优先采用热镀锌圆钢。

4．电涌保护器

电涌保护器是用于限制瞬态过电压和分泄电涌电流的器件，它至少有一个非线性元件。

其作用是把窜入电力线、信号传输线的瞬时过电压限制在设备或系统所能承受的电压范围内，或将强大的雷电流泄入大地，保护电气设备或系统不受冲击。按其工作原理分类可以分为电压开关型、限压型及组合型。

（1）电压开关型电涌保护器：在没有瞬时过电压时呈现高阻抗，一旦响应雷击瞬时过电压，其阻抗就突变为低阻抗，允许雷电流通过，也被称为短路开关型电涌保护器。

（2）限压型电涌保护器：当没有瞬时过电压时为高阻抗，但随着电涌电流和电压的增加，其阻抗会不断减小，其电流、电压特性为强烈的非线性。

（3）组合型电涌保护器：由电压开关型组件和限压型组件组合而成，可以显示为电压开关型或限压型两种兼有的特性，这取决于所加电压的特性。

（二）变电所的防雷保护措施

1. 变电所的防雷原则

变电所的雷害可能来自两个方面：一是雷直击于变电所、发电厂；二是雷击输电线路后产生的雷电波侵入变电所或发电厂。对于城市轨道交通供电系统，特别是对于地面变电所，必须加以防范。

雷击输电线路会产生两种后果：线路发生短路接地故障；产生的雷电波侵入变电所。对于线路防雷措施，一般按照以下4个原则：

（1）防止雷击导线。沿线架设避雷线，保护导线不受直接雷击（因为雷击导线时，可能产生很高电位，极易引起绝缘子的闪络）。避雷线主要用于铁塔及钢筋混凝土杆的线路上。

（2）防止避雷线受雷击后引起绝缘闪络。避雷线遭雷击后，雷电流沿避雷线流入杆塔。此时，由于杆塔或接地引下线的电感以及接地电阻上的压降，使杆顶电位提高，有可能使绝缘子串闪络，即"反击"。为防止反击，需改善避雷线的接地，适当加强绝缘，个别杆塔还可使用避雷器。

（3）防止雷击闪络后建立工频短路电弧。即使绝缘子串闪络了，也应使它尽量不转为稳定的工频电弧。若工频电弧建立不起来，线路就不会跳闸。因此，可以适当增加绝缘子片数，减少绝缘子串的工频电场强度，可减少雷击闪络后转变为稳定电弧的可能性；或电网的中性点采用不接地或经消弧线圈接地，当线路绝缘发生单相对地冲击闪络时，电弧自行熄灭。

（4）防止线路中断供电。为使线路跳闸后，也能保证不中断供电，可采用自动重合闸双回路、环网供电等措施。对入侵波防护的主要措施是在变电所内安装阀型避雷器以限制电气设备上的过电压峰值，同时在变电所、发电厂的进线段上采取辅助措施以限制流过避雷器的雷电流和降低侵入波的陡度。对于直接与架空线路相连的旋转电机，还应在变压器母线上装设电容器以降低侵入波陡度，以保护变压器相间绝缘和中性点绝缘不受损坏。

2. 变电所的防雷措施

**1）装设避雷针保护整个变配电所建筑物免遭直接雷击**

避雷针可防护直击雷，其保护范围应符合实际要求（计算方法可参考专门书籍或过电压保护规程）。避雷针可单独立杆，也可利用户外配电装置的构架或投光灯的杆塔；但变压器的门形构架不能用来装设避雷针，以防止雷击产生的过电压对变压器闪络放电。

**2）装设架空避雷线及避雷器作为变电所进出线段的防雷保护**

35 kV 电力线路一般不采用全线装设架空避雷线的方法来防止直击雷，但为防止变电所附近线路上受到雷击时雷电压沿线路侵入变电所损坏设备，需在变电所进出线 1～2 km 段内装设架空避雷线作为保护，以使该段线路免遭直接雷击。为使上述保护段以外的线路受雷击时侵入变电所内的过电压有所限制，一般可在架空避雷线的两端装设管型避雷器，其接地电阻不得大于 100 Ω。进出线段的防雷保护接线方式如图 4-25 所示。保护段以外的线路受到雷击时，雷电波到管型避雷器 FA3 处即行可对地放电，从而降低了雷电压值。FA2 只有当变电所内高压断路器经常断开，而线路又可能带有电压时才安装，其作用是防止侵入雷电波在断开的断路器处产生过电压而击坏断路器。

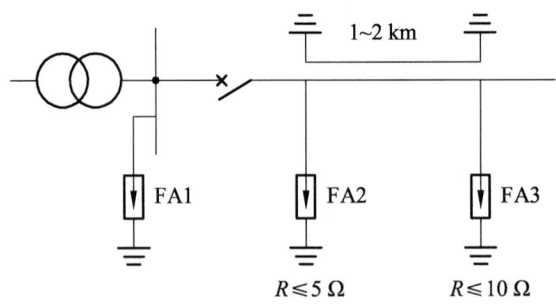

FA1—阀型避雷器；FA2、FA3—管型避雷器。

图 4-25　35kV 变电所的防雷措施

对于电压为 35 kV、容量为 3 200 kV·A 以下的一般负荷变电所，可采用简化的进出线段保护接线方式，即不架设架空地线，如图 4-26 所示。

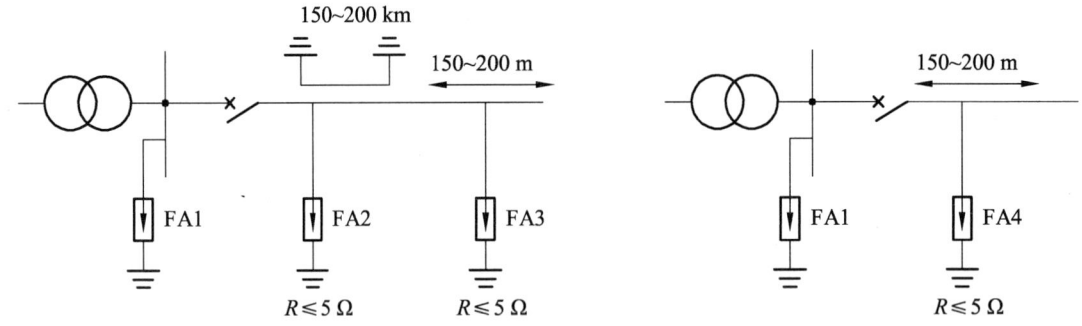

FA1—阀型避雷器；FA2、FA3—管型避雷器；FA4—保护间隙。

图 4-26　变电所的防雷措施

对于 10 kV 及以下的高压配电线路进出线段，其防雷保护可只装设 FZ 型或者 FS 型避雷器，以保护线路断路器及开关，如图 4-27 所示。

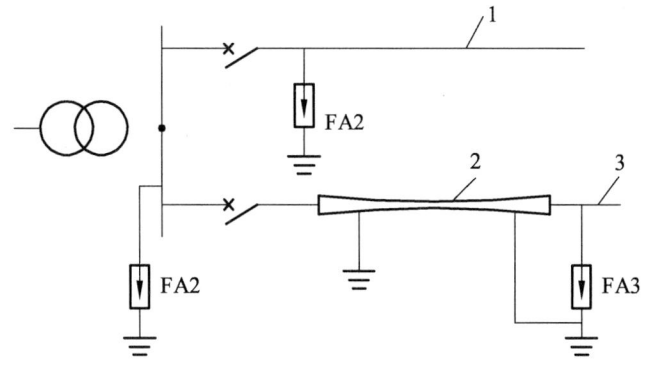

1—架空电力线路；2—电缆出线；3—架空电力线路。

图 4-27  10 kV 变电所的防雷措施

**3）装设阀型避雷器对沿线路侵入变电所的雷电波进行防护**

变电所的进出线段虽已采取防雷措施，且雷电波在传播过程中会逐渐衰减，但沿线路传入变电所内的部分，其过电压对所内设备仍有一定危害，特别是对价值最高、绝缘相对薄弱的主变压器更是这样，故变电所母线上还应装设一组阀型避雷器进行保护，对于 6～10 kV 变电所，阀型避雷器与被保护变压器间的电气距离一般不应大于 5 m。为使任何运行条件下所内变压器都能得到保护，可采用分段母线，且每段母线都应装设阀型避雷器。

对于 35 kV/0.4 kV 配电变压器，其高、低压侧都要装设阀型避雷器；此外还要在 35 kV/0.4 kV 配电变压器与避雷器之间增设一组电感线圈，一般直径为 20 cm，匝数为 30 匝，长度为 24 cm，电感容量约为 10 μH，以限制雷电侵入波的陡度和幅度。

对于 6～10 kV/0.4 kV、Yyn0 联结的配电变压器，为防止雷电侵入波损坏变压器，高压侧应装设阀型避雷器；为提高保护效果，保护装置要安装在高压熔断器的内侧。避雷器的接地线应与变压器中性点及金属外壳连接在一起后共同接地。要求接地阻值要低，防止出现过高的残压。变压器的绝缘所承受的电压应大于或接近于避雷器的残压。

对于 6～10 kV/0.4 kV、Yyn 联结的配电变压器，若用于低压侧中性点不接地的系统，除了满足上述要求外，还要在中性点设置保护间隙，而且保护间隙的两端必须和总接地网相连。正常情况下，击穿熔断器处在绝缘状态，系统不接地；当高压窜入低压侧时，击穿熔断器的空气隙被击穿，故障电流经接地装置泄入大地，该电流即为高压系统的接地短路电流，它可以引起高压系统的继电保护装置动作，切除故障。

**（三）变压器的防雷保护措施**

变压器的防雷保护措施遵循"三点共同接地"原则。根据过电压规程规定："配电变压器的高压侧一般采用阀型避雷器保护，避雷器的接地线和变压器低压侧的中性点以及变压器的金属外壳三点应该连在一起接地。"城市轨道交通供电系统中一般采用这种保护方式,避雷器、低压绕组和变压器外壳三点共同接地,如图 4-28 所示,这种防雷保护措施是为了防止流经避雷器的雷电流在接地电阻上的压降施加在变压器绕组上。

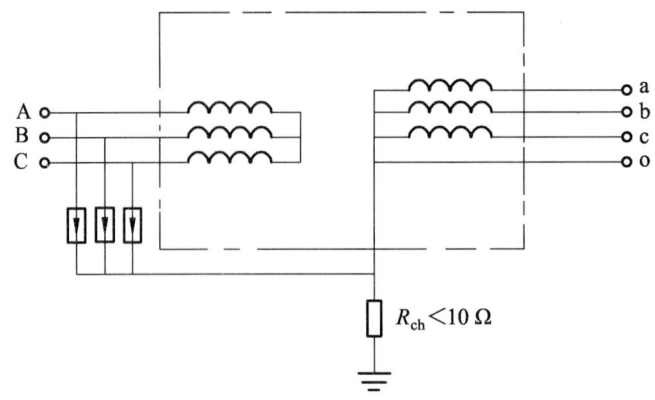

图 4-28 避雷器、低压绕组和变压器外壳三点共同接地

### （四）城市轨道交通供电系统防雷保护措施

城市轨道交通供电系统防雷与过电压保护应分别从变电所、接触网、车辆段和接地系统四个方面入手，根据城市轨道交通供电系统的实际情况，一般采取以下具体措施：

（1）在全线牵引降压混合变电所和降压变电所 35 kV 母线上设置避雷器，防止雷电侵入波对设备的损坏。

（2）在牵引变电所整流器正、负极间设置避雷器，防止过电压对设备的损坏。

（3）在牵引变电所直流 1500 V 母线上设置避雷器，防止过电压对设备的损坏。

（4）在牵引变电所直流馈出线与接触网交界处的隔离开关处安装避雷器，以限制雷电波或过电压损害变电所设备。

（5）接触网所有不带电金属部分均与架空地线相连，架空地线与牵引变电所内的接触网相连。

（6）车辆段的出入线和试车线，在接触网上方单独架设避雷器，架空地线每隔 200～250 m 接地，接地电阻不大于 10 Ω。

（7）在隧道洞口的接触网上设置氧化锌避雷器，以限制雷击。

（8）在隧道外架空地线与牵引变电所的接地网相连，每隔 200 m 通过放电间隙与接地极相连，提高隧道外架空地线的安装高度并兼作避雷线。

（9）在隧道外车站两端、高架桥的最高处、隧道外空旷地段每隔 500 m 处设置避雷器，保护接触网设备不受大气过电压冲击。

（10）在轨道旁边电信设备的接地不能直接与接触网架空地线相连，以避免雷击。

 **思考题**

1. 电力系统中性点的运行方式有哪几种？分别进行论述。
2. 流散电阻和接地电阻是如何定义的？
3. 城市轨道交通供电系统的接地原则是什么？
4. 城市轨道交通供电系统的综合接地系统的功能是什么？
5. 解释 TN-C-S 方式供电系统。
6. 过电压有几种？分别是如何产生的？
7. 变电所是如何防雷的？

# 第五章 城市轨道交通供电系统的继电保护

## 第一节 继电保护的基础知识

微课视频：
继电保护的
基础知识(一)

### 一、继电保护的作用

（一）电力系统的故障和异常运行状态及引起的后果

城市轨道交通供电系统是电力系统的一部分，它包括变电、输电、配电和用电环节。从系统结构上看，城市轨道交通供电系统包括一次系统和二次系统，总的来说一次系统比较简单、更为直观，设置上较为容易；而二次系统相对较为复杂，并且二次系统包括了大量的继电保护装置、自动装置和二次控制、显示回路。继电保护装置就是在供电系统中用来对一次系统进行监视、测量、控制和保护的设备。

由上述可以看出，电力系统是由诸多电气设备组成的庞大且复杂的网络。根据以往的运行经验，可以将电力系统的运行状态分为正常运行状态、故障运行状态和非正常运行状态。在实际运行中，构成供电网络的元件一方面要经常受到自然环境的影响，例如冰雪、雷电、大风等自然环境的影响；另一方面，这些设备在制造、安装和检修的过程中，难免会留下某些隐患，以及在运行过程中产生绝缘老化、值班人员误操作等原因都可能影响其性能，这也是电力系统出现各种故障和非正常运行状态的根本原因。

电力系统中最常见同时也是最危险的故障是各种类型的短路故障，其中包括三相短路、两相短路、两相接地短路、不同地点的两点接地短路、单相接地短路以及电机或变压器绕组的匝间短路等。除了短路故障之外，还可能发生输电线路的断线故障，或在不同地点同时发生上述某几种故障的复合故障。

在电力系统发生短路故障时，可能会产生以下严重后果：

（1）数值较大的短路电流通过故障点时，引燃电弧，使故障元件损坏或者烧毁。

（2）短路电流通过非故障元件时，产生发热和电动力，使其绝缘受到破坏或缩短元件的使用寿命。

（3）电力系统中部分地区电压值大幅度下降，影响电能用户的正常工作。

（4）破坏电力系统中各发电厂之间并联运行的稳定性，引起系统振荡，甚至使这个电力系统瓦解。

电力系统的异常运行状态是指系统中电气元件的正常工作遭到破坏，但未发展成为故障的情况。最常见的异常运行状态是过负荷运行，此时由于负荷超过供电设备的额定值，会引起电流增加，使电气元件载流部分和绝缘材料温度升高而过热，加速绝缘老化和损坏，并有可能发展成故障。此外，系统中出现有功功率不足而引起的频率降低，发电机突然甩负荷而产生的过电压等都属于异常运行状态。

电力系统中的故障和异常运行都可能引起系统事故，这里的系统事故是指系统的全部或一部分的正常运行状态遭到破坏，并由此造成对用户的供电中断，或供电质量下降到不能容许的程度，甚至造成人身伤亡或设备损坏等。

就运行经验来看，系统事故的发生，除自然条件的因素以外，一般都是由设备制造上的缺陷、设计和安装的错误、检修质量不高或运行维护不当引起的。因此，提高设计和运行水平、提高制造和安装质量，可以大大减少事故发生的概率，力争把事故消灭在发生之前，但是无论怎样都不可能完全避免系统故障和异常运行状态的发生。故障一旦发生，故障量将以近似于光速去影响其他非故障设备，甚至引起新的故障。为了防止系统事故扩大，保证非故障部分仍能可靠供电，并维持电力系统运行的稳定性，要求继电保护装置有选择性地切除故障元件。切除故障的时间有时要求短到十分之几秒甚至百分之几秒，显然这样短的时间内，由运行人员发现故障设备并将故障设备切除是不可能的，只有借助安装在每一个电气设备上的自动装置，即继电保护装置才能实现。

### （二）继电保护的任务

1. 继电保护装置

继电保护装置是指安装在被保护元件上，反映被保护元件故障或不正常运行状态并作用于断路器跳闸或发出信号的一种自动装置。由于继电保护装置最初是以机电式继电器为主构成的，故称为继电保护装置。尽管现代继电保护装置已经发展成由电子元件和微型计算机为主构成的计算机保护，但仍然沿用了"继电保护"这个名称，故"继电保护"一词现在泛指继电保护技术或由各种继电保护装置组成的继电保护系统，"继电保护装置"是指各种具体的装置。

2. 继电保护装置的基本任务

继电保护装置的基本任务是：

（1）在供电系统正常运行时，能够可靠、完整地监视各种设备的运行状况，为值班人员提供可靠的运行信息。

（2）在供电系统发生故障时，应能自动、迅速、有选择性地将故障部分从电力系统中切除，使故障部分免于继续遭到破坏并保证其他无故障部分迅速恢复正常运行。

（3）在电力系统出现异常时，能够反映电气元件的异常运行状态，根据运行维护的条件（如有无值班人员），而动作于发出信号、减负荷或跳闸。此时一般不要求保护装置迅速动作，而是根据对电力系统及其对元件的危害程度规定一定时间的延时，以免不必要的动作和由于干扰而引起误动作。

（4）继电保护装置还可以与电力系统的其他自动化装置配合，在条件允许时，采取预定措施，缩短事故断电时间，尽快恢复供电，从而提高电力系统的供电可靠性。例如，继电保护装置可以与自动重合闸配合，恢复由于瞬时自消性故障引起的保护动作跳闸，迅速恢复供电，提高供电可靠性。

综上所述，继电保护装置在电力系统中的主要作用是通过预防事故或缩小事故范围来提高系统运行的可靠性。继电保护装置是电力系统的重要组成部分，是保证电力系统安全运行、可靠运行的重要技术措施之一。在现代化的电力系统中，如果没有继电保护装置，就无法维持电力系统的正常运行。

## 二、继电保护的原理、分类与构成

### （一）继电保护的原理

为了完成继电保护的任务，继电保护装置必须满足下列两个要求：一是能正确区分被保护元件的工作状态，二是能够正确识别是保护区内故障还是保护区外故障。

为了满足这两个要求，保护装置需要对电力系统发生故障前后电气物理量的特征变化进行识别。准确识别被保护设备的电气量在故障前后的突发信息，以判断系统中是否有故障。

电力系统发生故障后，工频电气量变化的主要特征如下：

（1）电流增大。发生短路故障时，故障点与电源之间的电气元件上的电流将急剧增加，大大超过正常运行时的负荷电流。

（2）电压降低。当发生相间短路和接地短路故障时，系统各点的相间电压或相电压值都会下降，且越靠近短路点，电压下降越多，短路点电压最低可降至零。

（3）电流与电压之间的相位角改变。正常运行时，同相电压与电流之间的相位角即负荷的功率因数角，一般约为 $20°$；三相金属性短路时，同相电压与电流之间的相位角即阻抗角，一般为 $60°\sim85°$；而在保护反方向三相短路时，电压与电流之间的相位角则是 $180°+(60°\sim85°)$。

（4）测量阻抗发生变化。测量阻抗的值是保护安装处电压相量与电流相量的比值。正常运行时，测量阻抗为负荷阻抗；金属性短路时，测量阻抗为线路阻抗。故障后测量阻抗的模值明显减小，而阻抗角增大。

（5）出现负序和零序分量。正常运行时，系统只有正序分量，当发生不对称短路时，将出现负序分量和零序分量。如两相接地故障时，出现负序电流和负序电压；单相接地时，出现负序和零序电流和电压分量。

（6）电气元件流入和流出电流的关系发生变化。对任一正常运行的电气元件，根据基尔霍夫电流定律，其流入电流应该等于流出电流，但元件内部发生故障时，其流入电流不再等于流出电流。

继电保护就是以这些变化的物理量为依据，及时反映电力系统故障的。根据反应物理量的不同，可构成以下不同类型的继电保护：

（1）反映电流变化的保护，如电流速断、定时限过流、反时限过流及零序电流保护等。

（2）反映电压改变的保护，如低电压保护和过电压保护。

（3）既反映电流又反映电流与电压间相位变化的保护，如方向过流保护。

（4）反映电压与电流比值的保护，即反映故障点至保护安装处的阻抗，如距离保护。

（5）反映输入电流、输出电流差的保护，如差动保护。

除上述各种工频电气量的保护外，还有反映非工频电气量的保护，如超高压输电线的行波保护和反映非电气量的电力变压器的瓦斯保护、过热保护等。对于反映电气元件不正常运行情况的继电保护，主要根据不正常运行时电压和电流变化的特征来构成。

### （二）继电保护的分类

按照不同的原则，可以将继电保护分为不同的类型。

（1）根据被保护对象的不同，分为发电厂、变电所电气设备的继电保护和输电线路的继电保护。前者是指对发电机、变压器、母线和电动机等元件的继电保护，简称为元件保护；后者是指电力网及电力系统中输电线路的继电保护，简称线路保护。

（2）根据保护反映物理量的不同，分为电流保护、电压保护、距离保护、差动保护和瓦斯保护等。

（3）根据保护装置的组成元件不同，分为感应型、电磁型、晶体管型、集成电路型及微机型保护装置等。

（4）按作用的不同，可分为主保护、后备保护和辅助保护。其中，辅助保护是指为了补充主保护和后备保护的不足而增设的简单保护。

（5）按照操作电源性质的不同，可以分为直流操作电源保护和交流操作电源保护。继电保护装置的保护回路、断路器分合闸和信号等二次回路需要有操作电源供电。

### （三）继电保护的构成

无论是传统的依赖继电器的机电型继电保护还是现在常用的微机型继电保护，在组成上一般都包括测量部分、逻辑部分和执行部分这三个部分，其组成框图如图 5-1 所示。

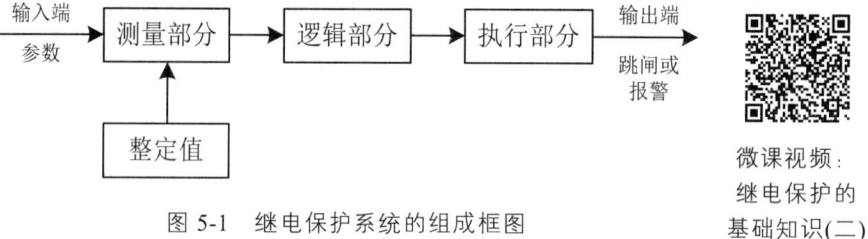

图 5-1 继电保护系统的组成框图

测量部分主要是测量并采集被保护对象的一个或几个物理量，并将测量结果或采集结果与保护的整定值相比较，比较结果将用于下一步的逻辑运算。如根据比较结果，给出"是""非""大于""不大于"，等于"0"或"1"的一组逻辑信号，从而判断保护是否应该启动。

逻辑部分是根据测量值和整定值的比较结果，由逻辑做出判断，以决定保护装置采取何种反应。

执行部分是根据逻辑部分传递的信号，最后完成保护装置所担负的任务。如故障时，动作于跳闸；异常运行时，发出信号；正常运行时，不应动作。

现以图 5-2 所示的简单的线路过电流保护装置为例，说明传统机电型继电保护的组成与工作原理。

由图中可以看出，测量回路由电流互感器 TA 的二次绕组连接电流继电器 KA 组成。电流互感器的作用是将被保护元件的大电流变成小电流，并将保护装置与高压部分隔离。在正

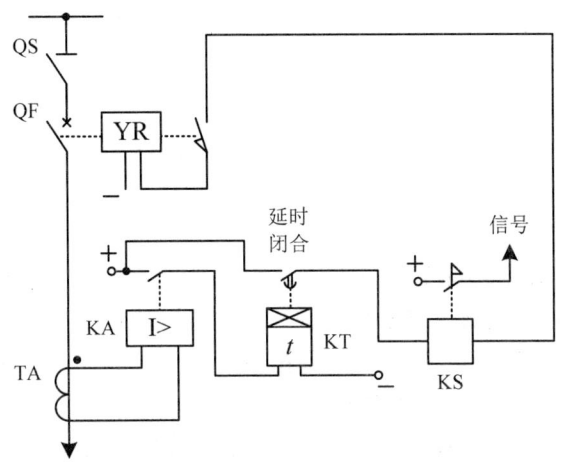

图 5-2 简单的线路过电流保护装置

常运行时,通过被保护元件的电流为负荷电流,小于电流继电器 KA 的动作电流,电流继电器不会动作,对应的触点不会闭合。当线路发生短路故障时,流经电流继电器的电流大于继电器的动作电流,电流继电器立即动作,对应的触点闭合,将逻辑回路中时间继电器 KT 的线圈通电,时间继电器 KT 动作,经过整定时间 $t_{set}$ 后,时间继电器的触点闭合,接通执行回路中信号继电器 KS 的线圈和断路器 QF 的跳闸线圈 YR 回路,使断路器 QF 跳闸,切除故障线路;同时,信号继电器 KS 动作,其常开触点闭合发出信号,并自保持,该信号由值班人员做好记录后,手动复归。

现在常用的微机型继电保护,是将被保护元件输入的模拟电气量经过模/数转换(A/D)变换成数字量,利用微机进行处理和判断。微机继电保护装置主要由硬件部分和软件部分组成,其硬件结构的原理框图如图 5-3 所示。

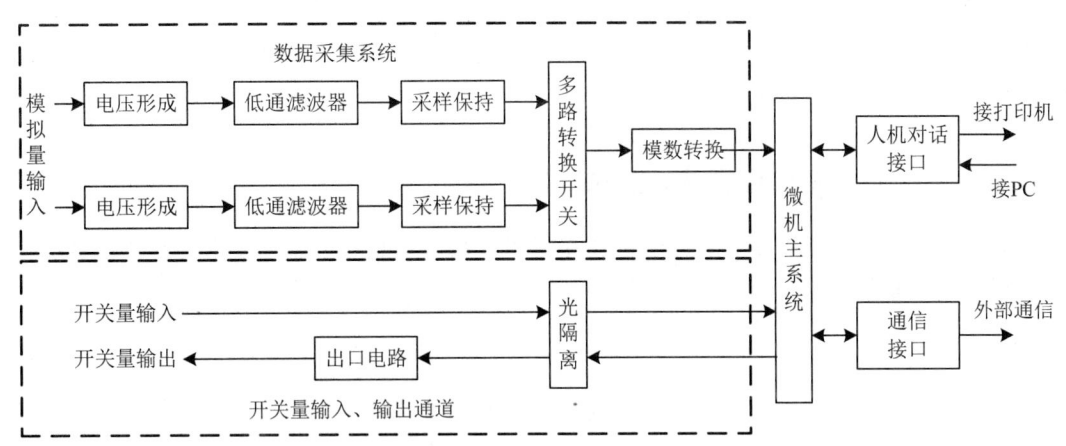

图 5-3 微机继电保护硬件结构的原理框图

微机继电保护的硬件一般包括以下三大部分:

(1)数据采集系统。该系统包括电压形成、模拟滤波、采样保持(S/H)、多路转换开关(MPX)以及模/数(A/D)转换等功能模块,完成模拟输入量到数字量的准确转换。

（2）微机主系统。该系统包括微处理器（CPU）、只读存储器或闪存内存单元、随机存取存储器、定时器、并行接口及串行接口等。微处理器可以执行编制好的程序，对数据采集系统输入 RAM 区的原始数据进行分析、处理，完成测量、逻辑运算和控制功能。

（3）开关量（或数字量）输入/输出系统。该系统由微机的并行接口、光隔离器件及有触点的中间继电器等组成，以完成各种保护出口的跳闸、信号、外部触点输入、人机对话及通信等功能。

微机继电保护的工作原理如下：被保护元件的模拟量（交流电流、电压）经电流互感器 TA 和电压互感器 TV 进入到微机继电保护的模拟量输入通道，由于需要同时输入多路电压或电流信号（如三相电压和三相电流），因此要配置多路输入通道；在输入通道中，电量变换器将电流互感器的电流信号和电压互感器的电压信号变成适用于微机保护用的低电压量 $\pm(5\sim10\text{V})$，再由模拟低通滤波器（ALF）滤除直流分量、低频分量和高频分量及各种干扰波后，进入采样保持电路（S/H），采样保持电路将一个在时间上连续变化的模拟量转换为在时间上的离散量，完成对输入模拟量的采样；通过多路转换开关（MPX）将多个输入电气量按输入时间前后分开，依次送到模/数（A/D）转换器，将模拟量转换为数字量进入计算机系统进行运算处理，判断是否发生故障。若判定有故障，则通过开关量输出通道，经光隔离电路送到出口继电器发出跳闸脉冲给断路器跳闸线圈 YR，使断路器跳闸，切除系统中的故障部分。

人机接口部件的作用是建立起微机型继电保护系统与使用者之间的信息联系，以便对装置进行人工操作、调试和得到反馈信息。外部通信接口部件的作用是提供计算机局域通信网络以及远程通信网络的信息通道。

软件部分是根据保护工作原理和动作要求编制计算程序，不同原理的保护其计算程序不同。微机保护的计算程序是根据保护工作原理的数学模型，即数学表达式来编制的。这种数学模型称为计算机继电保护的算法，通过不同的算法可以实现各种保护功能。各类型保护的计算机硬件和外围设备是通用的，只要计算程序不同，就可以得到不同原理的保护，而且计算机根据系统运行方式改变能自动改变动作的整定值，使保护具有更好的灵敏性。保护用计算机有自诊断能力，不断地检查和诊断保护本身的故障，并及时处理，大大地提高了保护装置的可靠性，并能满足快速动作的要求。

## 三、对继电保护装置的基本要求

无论根据哪种原理构成的继电保护，在技术上都应满足四个基本要求，即选择性、速动性、灵敏性和可靠性。

### （一）选择性

选择性有两层含义：一是当电力系统某一元件发生故障时，电力系统中很大范围内的电气量都将发生变化，因此，位于此范围内的继电保护装置都有可能动作，这样势必造成大面积的停电。为了缩小供电系统的停电范围，要求保护装置只将发生故障元件有选择性地切除。二是当由于某种原因，距离短路点最近的保护装置或断路器拒绝动作时，相邻元件的保护装置应起后备作用。

例如图 5-4 中，当 K1 点发生短路故障时，应由故障线路上的保护 1 和保护 2 动作，将故障线路切除，这时仍可由另一条非故障线路继续向变电所 B 供电。当 K3 点发生短路故障时，应由线路的保护 6 动作，使 6 处的断路器跳闸，将故障线 C-D 切除，这时只有变电所 D 停电。由此可见，继电保护有选择性的动作可将停电范围限制到最小，甚至可以做到不中断对用户的供电。

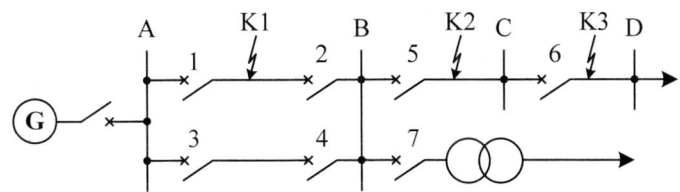

图 5-4 继电保护选择性动作示意图

当 K3 点发生短路故障时，距短路点最近的保护 6 应动作以切除故障，但若由于某种原因，该处的保护或断路器拒动，故障便不能消除，此时，如其前一条线路（靠近电源侧）的保护 5 动作，故障也可消除，故将保护 5 称为保护 6 的后备保护。这种后备作用是通过相邻元件的保护装置，且在远处实现的，故称为远后备保护。一般情况下，远后备保护动作切除故障时将使供电中断的范围扩大。

在复杂的高压电网中，当实现远后备保护有困难时，也可采用近后备保护的方式。即当本元件的主保护拒绝动作时，由本元件的另一套保护作为后备保护。由于这种后备保护作用是在主保护安装处实现，所以称为近后备保护。

应当指出，远后备保护的性能是比较完善的，它对相邻元件的保护装置、断路器、二次回路和直流电源引起的拒绝动作，均起到后备作用，同时实现过程较为简单、经济。因此在电压较低的线路上应优先采用，只有当远后备不能满足灵敏度和速动性的要求时，才考虑采用近后备的方式。选择性是保证安全供电的基本条件之一，在设计保护方案与进行保护装置的整定计算时，必须首先满足选择性的要求。

（二）速动性

速动性是指故障发生后，继电保护装置应能尽快地动作切除故障，以缩短设备及用户在大电流、低电压状态下的运行时间，降低设备的损坏程度，提高系统并列运行的稳定性。动作迅速且又能满足选择性要求的保护装置，一般结构都比较复杂，价格昂贵。在高压电网中，维持电力系统的暂态稳定性往往成为继电保护快速性的决定性因素，故障切除越快，暂态稳定极限（维持故障切除后系统的稳定性所允许的故障前输送功率）越高，越能发挥电网的输电效能。对大量的中、低压电力设备来说，不一定都有必要采用高速动作的保护。对保护速动性的要求应根据电力系统的接线和被保护设备的具体情况，经技术、经济比较后确定。

一般必须快速切除的故障有以下几种：

（1）使发电厂或重要用户的母线电压低于有效值（一般为 0.7 倍额定电压）。

（2）大容量的发电机、变压器和电动机内部故障。

（3）中、低压线路导线截面过小，为避免过热不允许延时切除的故障。

（4）可能危及人身安全、对通信系统或轨道交通信号造成强烈干扰的故障。

通常认为，故障切除时间包括保护装置和断路器的动作时间，一般快速保护的动作时间为 0.04~0.08 s，最快的可达 0.01~0.04 s，一般断路器的跳闸时间为 0.06~0.15 s，最快的可达 0.02~0.06 s。

但应指出，要求保护切除故障达到最小时间并不是在任何情况下都是合理的，必须根据技术条件来确定。实际上对不同电压等级和不同结构的电网，切除故障的最小时间有不同的要求。例如，对于 35~60 kV 的配电网络，一般为 0.5~0.7 s；对于 110~330 kV 的高压电网为 0.15~0.3 s；500 kV 及以上的超高压电网为 0.1~0.12 s。目前国产的继电保护装置在一般情况下完全可以满足上述电网对快速切除故障的要求。

对于反应不正常运行情况的继电保护装置，一般不要求快速动作，而应按照选择性的条件，带延时地发出信号。

（三）灵敏性

灵敏性是指电气设备或线路在被保护范围内发生短路故障或不正常运行情况时，保护装置的反应能力。对于能满足灵敏性要求的继电保护，在其保护范围内发生故障时，无论短路点的位置、短路的类型还是短路点是否有过渡电阻，都能正确反应故障。即不仅要求在系统最大运行方式下发生三相短路时能可靠动作，还要求在系统最小运行方式下且经过较大过渡电阻的两相或单相发生短路故障时也能可靠动作。

系统最大运行方式是指系统等效阻抗最小、被保护线路末端短路时，通过保护装置的短路电流为最大的运行方式；系统最小运行方式就是在同样短路故障情况下，系统等效阻抗为最大、通过保护装置的短路电流为最小的运行方式。

保护装置的灵敏性通常用灵敏系数来衡量。灵敏系数用 $K_{sen}$ 表示，计算方法如下：

（1）对于反应故障参量增加的保护装置

$$K_{sen} = \frac{保护区末端金属性短路时故障参数的最小计算值}{保护装置动作整定值} \qquad (5-1)$$

例如，反映相间短路的过电流保护的灵敏系数为：

$$K_{sen} = \frac{I_{k \cdot min}^{(2)}}{I_{act}} \geqslant 1.5$$

式中　$I_{k \cdot min}^{(2)}$——最小运行方式下保护范围末端发生两相短路时的最小故障电流，单位为 A；

$I_{act}$——过电流保护的动作电流值，单位为 A。

（2）对于反应故障参量降低的保护装置

$$K_{sen} = \frac{保护装置动作整定值}{保护区末端金属性短路时故障参数的最大计算值} \qquad (5-2)$$

例如，反映电压降低而动作的低电压保护的灵敏系数为：

$$K_{sen} = \frac{U_{act}}{U_{k \cdot max}} \geqslant 1.2 \qquad (5-3)$$

式中　　$U_{k\cdot max}$——保护范围末端短路时，保护安装处母线最大残余电压，单位为 V；

　　　　$U_{act}$——低电压保护的动作电压值，单位为 V。

故障参数如电流、电压和阻抗等的计算，应根据实际可能的最不利的运行方式和故障类型来进行。灵敏性增加，即增加了保护动作的可信赖性，但有时与安全性相矛盾。对不同作用的保护及被保护的设备和线路，所要求的灵敏系数不完全相同。

### （四）可靠性

可靠性是对继电保护最根本的要求，是指被保护范围内发生故障时，保护装置动作的可靠程度，即不误动（也被称为安全性）、不拒动（也被称为可信赖性）。不误动是要求继电保护在不需要它动作时可靠不动作，不拒动是要求继电保护在规定的保护范围内发生了应该动作的故障时可靠动作。

可靠性取决于保护的工作原理、装置本身的制造质量、保护回路的连接和运行维护的水平。一般而言，保护的工作原理越简单、保护装置的组成元件质量越高、回路接线越简单，保护的工作就越可靠；同时，正确的调试、整定、运行及维护，对于提高保护的可靠性都具有重要的作用。

继电保护的误动和拒动都会给电力系统带来严重危害，但提高安全性与提高可信赖性的措施往往是矛盾的。由于不同的电力系统结构不同，电力元件在电力系统中的位置不同，误动和拒动的危害程度不同，所以提高可靠性的侧重点在不同的情况下有所不同。例如，对于母线保护，由于它的误动会给电力系统带来严重后果，因此更强调不误动。在城市轨道交通供电系统中，考虑到工作人员和乘客的安全，"宁误动不拒动"成为主要策略。

以上四个基本要求是设计、配置和维护继电保护的依据，又是分析评价继电保护的基础。这四个基本要求之间是相互联系的，但往往又存在着矛盾。因此在实际工作中，根据电网的结构和用户的性质，要辩证地进行统一。

## 四、继电保护的发展

继电保护技术是随着电力系统自动化技术的发展而发展的。

最早的继电保护是在系统发生短路故障时，反应线路电流增大的电流保护。通常采用的熔断器（保险丝）就是一种最简单的电流保护。但是，随着电力系统的发展，熔断器已远远不能满足电力系统保护的要求，而出现了继电器。

最早出现的继电器是安装于油断路器上直接反应一次短路电流，并作用于断路器的一次式电磁型过电流继电器。19 世纪初，随着电力系统的发展，继电器开始广泛应用于电力系统的保护，这个时期可认为是继电保护技术发展的开端。1901 年，出现了利用感应型电流继电器构成的过电流保护，1908 年提出了以比较被保护线路两端电流为基础的电流差动保护。1910 年起，开始采用方向电流保护，1920 年初制成了距离保护装置。1927—1928 年，开始出现利用被保护线路传递高频载波电流的高频保护。20 世纪 50 年代，出现了利用故障点产生的行波实现快速继电保护的设想，经过二十余年的研究，行波保护装置诞生。随着光纤通信在电力系统中的大量采用，利用光纤通道的继电保护得到了广泛应用。

在继电保护原理飞速发展的同时，构成继电保护装置的元件、材料、保护装置的结构形式和制造工艺也发生了巨大的变革，经历了机电式保护装置、静态保护装置和数字式保护装置三个发展阶段。

20世纪50年代，随着晶体管的发展，出现了晶体管保护装置。这种保护装置体积小、动作速度快、无机械转动部分，经过二十余年的研究与实践，晶体管保护装置的抗干扰问题从理论到实际都得到了解决。20世纪70年代，在我国大量采用晶体管保护。20世纪80年代后期，静态继电保护装置由晶体管式向集成电路式过渡，后者成为静态继电保护的主要形式。

20世纪60年代末，有人提出了用小型计算机实现继电保护的设想，但当时由于小型计算机价格昂贵，难于实际采用。随着微处理器技术的快速发展和价格的急剧下降，在20世纪70年代后期，便出现了性能比较完善的微型计算机（简称"微机"）保护样机并投入运行。20世纪80年代，微机保护在硬件和软件技术方面已趋于成熟。进入90年代，微机保护已在我国大量应用，微机型继电保护装置的主运算器由 8 位机、16 位机发展到数字信号处理器（DSP）。这种由计算机技术构成的继电保护称为数字式继电保护。此外，由于计算机网络提供数据信息共享的优越性，微机保护可以占有全系统的运行数据和信息，应用自适应原理和人工智能方法使保护原理、性能和可靠性得到进一步的发展和提高，使继电保护技术向着网络化、智能化、自适应和保护、测量、控制、数据通信于一体的方向不断发展。

## 第二节　城市轨道交通交流供电系统的保护方式

城市轨道交通供电系统由外电源、主变电所、中压环网、牵引供电系统、动力照明供电系统等构成。其中，牵引供电系统主要负责向城市轨道交通车辆提供直流电能，其主要作用是降压、整流和传输电能。除牵引供电系统外，其他各部分均属于城市轨道交通供电系统的交流部分。其中，主变电所从城市电网引入高压外电源，并降压为中压交流电，再输送到分布在各个车站的牵引、动力变电所中。

微课视频：
城轨交通交流供电系统的
保护方式(一)

为了提高城市轨道交通供电系统运行的可靠性，城市轨道交通供电系统全部采用双电源制，即各个电压等级的供电网络均从上级供电网络引入两路独立的电源。各级变电所均采用单母线分段形式接线，主变电所的供电范围划分为数个供电分区，每个供电分区给相邻的若干个车站变电所供电，每个分区中只由一座最靠近主变电所的车站变电所从主变电所直接引入电源线路，引入后再从此变电所串接至其他变电所，一般串接变电所的数量为3~4个。为了使两个主变电所在特定情况下能够相互支援供电，中压环网中设联络断路器，正常运行时联络断路器断开。

城市轨道交通交流供电线路的特点：城市轨道交通工程的站间线路长度一般在5 km 以内，平均站间距一般为 1~3 km。中压环网的线路短，因此线路阻抗很小，在一个分区内不同地点的中压环网线路短路电流值相差很小。中压环网均采用电力电缆作为电能的输送介质，电缆线路与架空线路相比，其零序回路的对地电容远大于架空线路，因此电缆的对地电容电流远大于架空线路；动力照明供电系统采用 TN-S 三相五线制，380 V 交流供电。

以上对城市轨道交通交流供电系统供电进行了简单介绍，根据实际的电力系统运行经验来看，系统在实际运行中常会发生一些影响其安全运行的故障，这就需要采取一定的保护措施来保障其安全运行。本节将介绍几种应用于城市轨道交通交流供电系统的保护方式。

### 一、常见的交流电流保护

电流保护是继电保护最常见的一种形式，在输电线路保护中应用较多。电流保护是反映实际电流升高超过整定值而动作的保护，保护动作后会立即或延时作用于相应的断路器，使断路器跳闸并切除故障，与此同时发出保护动作信号。

#### （一）电流速断保护

电流速断保护是一种仅反应电流增大而瞬时动作的一种电流保护类型，又称为瞬时电流速断保护，其单相原理接线图如图 5-5（a）所示，它没有时限元件，保护装置的动作时限只取决于继电器本身的固有动作时间。保护装置的动作电流是按线路末端出现三相短路时的短路电流来整定，取一定的可靠系数 $K_{rel}$。

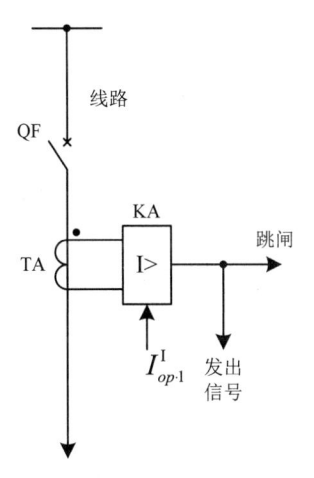 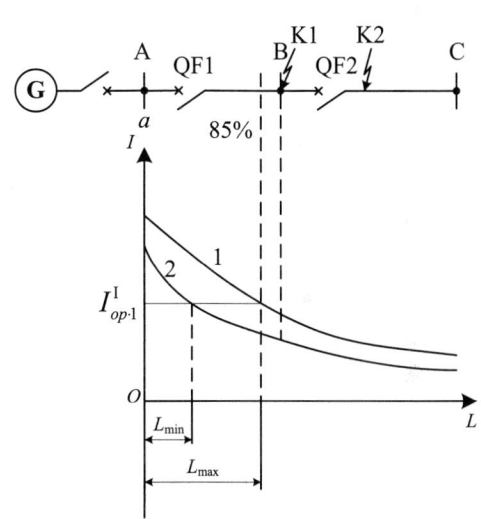

（a）电流速断保护单相原理接线图　　（b）瞬时电流速断保护的动作特性

图 5-5　电流速断保护单相原理接线图及动作特性分析

图 5-5（b）所示为单侧电源辐射型电网，假设线路 AB 段的保护采用瞬时电流速断保护，安装在 A 处的保护装置用符号 a 表示。根据选择性的原则，当线路末端 K1 点发生短路故障时，保护装置 a 应瞬时动作切除故障；在相邻线路 BC 首段 K2 点短路时，保护装置 a 不应动作，而应由 B 处的保护动作切断故障。因此保护装置 a 的动作电流应大于 K2 点的最大短路电流。但是实际上由于 K2 点与 K1 点距离电源的距离基本相同，线路阻抗也基本相同，这就使得 K2 点的最大短路电流与 K1 点的最大短路电流基本相同，而 K1 点的最大短路电流就是最大运行方式下该点的三相短路电流。

根据短路计算可知，在最大运行方式下，线路上任何一点发生三相短路时，短路电流的计算表达式为：

$$I_k^{(3)} = \frac{E_\Phi}{X_{xt} + X_l L} \tag{5-4}$$

式中　$E_\Phi$——系统电源的等效相电动势；

　　　$X_{xt}$——最大运行方式下，归算到保护装置安装处的系统等效电抗；

　　　$X_l$——被保护线路的单位长度的电抗；

　　　$L$——短路点至保护装置安装处的距离。

当系统的运行方式一定时，$E_\Phi$、$X_{xt}$、$X_l$ 都是定值，因此短路电流 $I_k^{(3)}$ 是距离 $L$ 的函数，即 $I_k^{(3)} = f(L)$。由此可以绘制出最大运行方式下三相短路电流的变化曲线，如图 5-5（b）所示。

由曲线 1 可得 AB 段末端 K1 点的最大三相短路电流是 $I_{k1·max}^{(3)}$。瞬时电流速断保护装置的动作电流用 $I_{op·1}^{I}$ 表示，则有 $I_{op·1}^{I} > I_{k1·max}^{(3)}$，考虑一个大于 1 的可靠系数后，可得：

$$I_{op·1}^{I} = K_{rel} I_{k1·max}^{(3)} \tag{5-5}$$

式中　$K_{rel}$——瞬时电流速断保护装置动作的可靠系数，一般取 1.2～1.3。

将瞬时电流速断保护装置的动作电流 $I_{op·1}^{I}$ 用一条直线表示在图 5-5（b）中，此直线与曲线 1 相交，该点所对应的距离为 $L_{max}$，就是瞬时电流速断保护装置在最大运行方式下的最大保护范围。

在此范围内，任何一点发生三相短路，都有 $I_k^{(3)} > I_{op·1}^{I}$，保护装置都能动作；在此范围外，都有 $I_k^{(3)} < I_{op·1}^{I}$，保护装置都不会动作。可见，AB 段的电流速断的保护范围未能延伸到 AB 段的末端，即说明电流速断保护在系统处于最大运行方式下且出现三相短路故障时不能保护线路的全长。

当系统的运行方式或者短路类型变化时，线路上同一点的短路电流一般都是小于三相短路电流的，即保护装置的保护范围随之缩小。为了确定保护装置的最小保护范围，需要绘制出最小运行方式下的两相短路电流 $I_k^{(2)}$ 的变化曲线。由短路计算可知：

$$I_k^{(2)} = \frac{\sqrt{3}}{2} \cdot \frac{E_\Phi}{X_{xt·max} + X_l L} \tag{5-6}$$

式中　$X_{xt·max}$——最小运行方式下，归算到保护装置安装处的系统等效电抗。

根据上式可以绘制出最小运行方式下两相短路电流的变化曲线，如图 5-5（b）中的曲线 2 所示。曲线 2 与动作电流 $I_{op·1}^{I}$ 直线相交，该点所对应的距离为 $L_{min}$，就是瞬时电流速断保护装置的最小保护范围，当然电流速断保护在系统处于最小运行方式下且出现两相短路故障时也不能保护线路的全长。

电流速断保护的优点是简单可靠、动作迅速，因此得到了广泛的应用；缺点是不能保护线路的全长，并且保护范围受运行方式变化和短路类型的影响。在最大运行方式下三相短路时，其保护范围最大。一般为本线路全长的 80%～85%；在最小运行方式下两相短路时，保护范围最小。通常规定最小保护范围不应小于线路全长的 15%～20%。

（二）限时电流速断保护

由于瞬时电流速断保护不能保护线路的全长，因此，在瞬时电流速断保护范围以外的故障必须由另外的保护装置——限时电流速断保护装置来切除。限时电流保护是反应电流增大而延时动作的一种电流保护。该保护应保证在任何情况下均能保护本线路的全长，而且应限定在尽可能小的时间内动作，这样才可以构成较完善的线路保护。

限时电流速断保护与瞬时电流速断保护相比，主要区别是增加了时间元件，其单相原理接线图如图 5-6（a）所示。当电流元件动作后，需要经过时间元件的延时才能动作于跳闸。若短路故障在时间继电器接点闭合之前已切除，已动作的电流元件将返回，使时间元件立即返回，则整套保护装置恢复原状，不会造成误动。

限时电流速断保护要保护本线路全长，但是考虑到本线路末端和下级线路始端发生短路时的短路电流基本相同，所以其保护范围将延伸至下级线路的一部分，形成一个重叠保护区。这样本线路的限时电流速断保护就要考虑与下级线路的电流速断保护的配合情况，要求在下级线路短路时，保证下级保护优先切除故障，满足选择性的要求。

如图 5-6（b）所示，当线路 BC 段始端发生短路时，虽然线路 AB 的限时电流速断保护也启动，为了使得 BC 段线路的电流速断保护先动作，将故障切除，就必须使 AB 段的限时电流速断保护带有一定的时延，此时延与延伸的范围有关。为了使这一时延尽量缩短，首先要使得 AB 段的限时电流速断保护的保护范围不超过 BC 段电流速断保护的保护范围，其次 AB 段的限时电流速断保护的动作时限应比 BC 段电流速断保护大一个时限差 $\Delta t$。如果与 BC 段的电流速断保护配合满足不了其在本线路末端短路时灵敏性的要求时，则此限时电流速断保护应与 BC 段的限时速断保护配合，动作时限比下一级线路 BC 的限时电流速断保护高出一个时限级差 $\Delta t$。

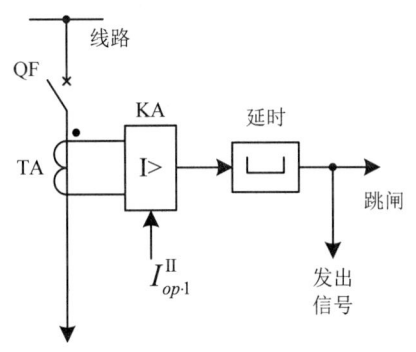

（a）限时电流速断保护的单相原理接线图

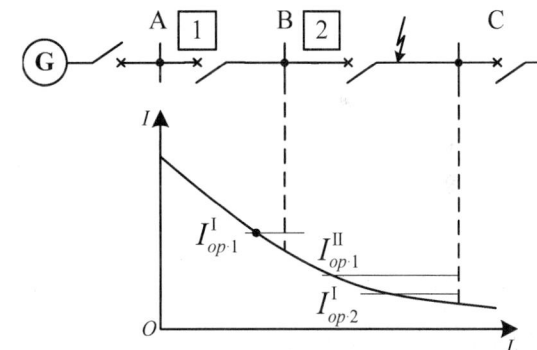

（b）限时电流速断保护的动作特性

图 5-6　限时电流速断保护的单相原理接线图及动作特性分析

通过以上分析可知，限时电流速断保护的保护范围是本线路的全长并且延伸到下一级线路的一部分，但不超过下级线路电流速断保护的保护范围。限时电流速断保护的动作电流为：

$$I_{op \cdot 1}^{\mathrm{II}} = K_{\mathrm{rel}}^{\mathrm{II}} I_{op \cdot 2}^{\mathrm{I}} \tag{5-7}$$

式中　$K_{\mathrm{rel}}^{\mathrm{II}}$——限时电流速断保护装置动作的可靠系数，取值为 1.1~1.2。

为了保证在最小运行方式下发生两相短路故障时，限时电流速断保护装置仍能可靠地保护线路全长，必须选取本线路末端在最小运行方式下发生两相短路故障时的短路电流作为校验值，通常规定其灵敏系数应满足下式：

$$K_{\text{sen}} = \frac{I_{\text{k1}\cdot\min}^{(2)}}{I_{op\cdot 1}^{\text{II}}} \geqslant 1.25 \tag{5-8}$$

当灵敏度不能满足要求时，可采取适当降低动作电流的方式以提高灵敏度。由上述可知，限时电流速断保护需要从动作电流和动作时间两个方面来满足保护的选择性的要求。

限时电流速断保护结构简单、动作可靠，能保护线路全长，但不能作为下一级线路的后备保护。

### （三）过电流保护

**1. 定时限过电流保护**

电流速断保护和限时电流速断保护的组合能够保护本线路的全长，可以作为线路的主保护。为了防止本线路的主保护拒动（或断路器拒动）及下级线路的保护或断路器拒动，必须给线路装设后备保护，以作为本线路的近后备和下级线路的远后备保护。这种保护通常采用定时限过电流保护（简称过电流保护）。

过电流保护是反映电流增大而延时动作的另一种电流保护，其原理接线图与限时电流速断保护相同，其动作电流按照躲过最大负荷电流来整定。正常运行时，线路流过负荷电流。保护不会动作；当线路发生故障时，保护启动，经过延时后动作于断路器跳闸，切除故障。

**1）动作电流的整定**

考虑因素 1：为了保证定时限过电流保护在正常运行时不动作，其动作电流应大于最大负荷电流，即：

$$I_{op}^{\text{III}} = K_{\text{rel}}^{\text{III}} I_{\text{L}\cdot\max} \tag{5-9}$$

式中　$K_{\text{rel}}^{\text{III}}$——定时限过电流保护装置动作的可靠系数，取值为 1.15 ~ 1.25；

　　　$I_{\text{L}\cdot\max}$——系统正常运行时的最大负荷电流。

考虑因素 2：保证过电流保护在外部故障切除后可靠返回，其返回电流应大于外部短路故障切除后流过保护的最大自启动电流。如图 5-7 所示，当系统的 K1 点发生短路故障时，短路电流同时流过 A 处的保护装置 1 和 B 处的保护装置 2，保护装置 1 和保护装置 2 中的电流保护装置都会启动，但由于故障点距离保护装置 2 较近，按照选择性的要求，保护装置 2 的延时时间少于保护装置 1 的延时时间，保护装置 2 首先动作，使断路器 QF2 跳闸并切除故障。这时线路上的短路电流虽然消失，但由于变电所母线上的电压迅速恢复，接于该母线上的电动机 M 恢复正常运行，因此在线路上将流过很大的电动机自启动电流，该电流一般大于最大负荷电流，即：

$$I_{\text{MS}} = K_{\text{MS}} I_{\text{L}\cdot\max} \tag{5-10}$$

式中　$I_{\text{MS}}$——电机的自启动电流；

　　　$K_{\text{MS}}$——电机的自启动系数。

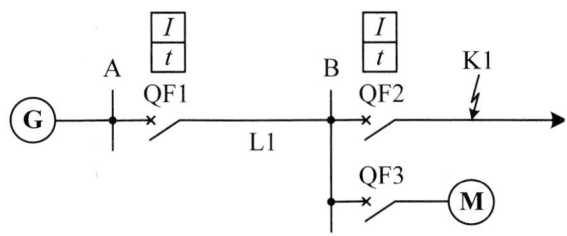

图 5-7 定时限过电流保护整定计算示意图

考虑在有自启动电流的情况下,保护装置 1 也能够可靠返回,故应使

$$I_{re}^{III} > I_{MS} \qquad (5-11)$$

引入可靠系数后,得:

$$I_{re}^{III} = K_{re} I_{MS} = K_{re} K_{MS} I_{L \cdot max} \qquad (5-12)$$

$$I_{op}^{III} = \frac{I_{re}^{III}}{K_{re}} = \frac{K_{rel}^{III} K_{MS}}{K_{re}} I_{L \cdot max} \qquad (5-13)$$

式中 $I_{re}^{III}$——定时限过电流保护的返回电流;

$K_{MS}$——电机的自启动系数,一般取 1.5~3;

$K_{rel}^{III}$——过电流保护的可靠系数,一般取 1.15~1.25;

$K_{re}$——返回系数,一般取 0.85~0.9;

$I_{L \cdot max}$——线路的最大负荷电流。

**2)动作时间的整定**

定时限过电流保护的动作时间是由时间继电器的整定时间确定的一个定值。为了保证保护装置的选择性,同一电网上的过电流保护装置的动作时限应密切配合。如图 5-8 所示的单侧电源辐射电网中,当 K2 点短路时,短路电流将流过电网上的所有保护装置 A、B 和 C,且短路电流一般均大于保护装置的动作电流,所以上述各保护装置都将启动。但是按照选择性的要求,只能由保护装置 C 动作,使断路器 QF3 跳闸。在 QF3 跳闸之后,短路电流消失,保护装置 A 和 B 的电流继电器立即返回。因此,各段线路保护装置的动作时间应从用户到电源逐级增长,越靠近电源,保护装置的动作时间越长。

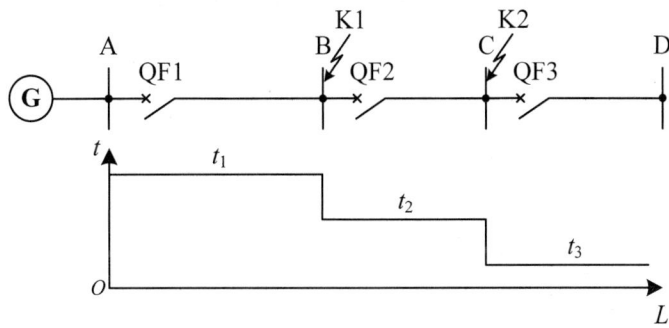

图 5-8 定时限过电流保护的动作时限阶梯特性

图中 $t_1$、$t_2$、$t_3$ 分别代表保护装置 A、B、C 的动作时限，并且 $t_1 > t_2 > t_3$。每个时限相差一个时间间隔 $\Delta t$，一般 $\Delta t$ 取 0.5 s，即 $t_1 = t_2 + \Delta t$，$t_2 = t_3 + \Delta t$。保护装置的这种时限特性被称为"阶梯型时限特性"。按这种方式选择保护装置的动作时限后，当线路上任意一点发生短路故障时，都只有距短路点最近的保护装置动作。

### 3）灵敏度校验

按照上述方法整定的过电流保护装置的动作电流，能够保证在有自启动电流的情况下保护装置的可靠返回。但是能否保证保护装置在短路故障情况下灵敏动作，还必须通过灵敏度校验来确定。

所谓灵敏度校验就是检查保护装置的灵敏系数是否满足《电力设计技术规范》关于继电保护装置灵敏度的规定。

由于两相相间短路电流小于三相短路电流，所以过电流保护装置的灵敏度，应按照最小运行方式下，被保护线路末端两相短路电流来校验，即灵敏系数为：

$$K_{\text{sen}} = \frac{I_{\text{k·min}}^{(2)}}{I_{op}^{\text{III}}} \tag{5-14}$$

通常过电流保护不仅要保护本线路的全长，而且要作为相邻的下一级线路的后备保护，因此应按以下两种情况校验灵敏度。

第一种情况：当本线路末端发生相间短路故障时，灵敏系数应满足：

$$K_{\text{sen}} = \frac{I_{\text{k1·min}}^{(2)}}{I_{op}^{\text{III}}} > 1.5 \tag{5-15}$$

式中 $I_{\text{k1·min}}^{(2)}$ ——最小运行方式下，本线路末端发生两相短路故障时的短路电流。

第二种情况：当相邻线路或元件的末端短路时，灵敏系数应满足：

$$K_{\text{sen}} = \frac{I_{\text{k2·min}}^{(2)}}{I_{op}^{\text{III}}} > 1.2 \tag{5-16}$$

式中 $I_{\text{k2·min}}^{(2)}$ ——最小运行方式下，下一级线路末端发生两相短路故障时的短路电流。

### 2．反时限过电流保护

定时限过电流保护的延时动作时间按照阶梯特性整定后是固定不变的，而当故障点距离电源越近时，短路电流越大，应动作的定时限过电流保护的动作时限却较长。大多数被保护元件的过电流允许通过时间与其电流值的大小成反比关系，即电流越大，所允许通过的时间越短。定时限过电流保护显然不能满足这种实际需求。因此，为了避免由于长时间过热造成设备损坏，有必要安装具有反时限特性的过电流保护。反时限过电流保护的动作特性如图 5-9 所示。

由图中可以看出，反时限电流保护的动作时间是随短路电流的大小而改变的，电流越大，动作时间越短。由于反

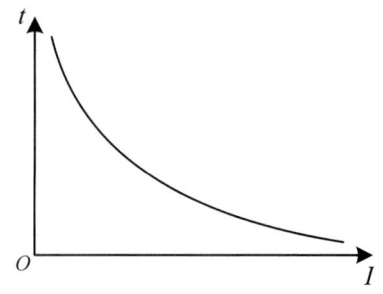

图 5-9 反时限过电流保护的动作时限特性

时限过电流保护在原理上与很多负载的故障特性接近，所以在很多场合比定时限过电流保护具有更为优越的保护性能。

（四）三段式电流保护

所谓的三段式电流保护是将电流速断保护、限时电流速断保护和定时限过电流保护组合起来，构成一整套保护，由于三种保护各有优缺点，组合起来使之相互补充和配合。其中，电流速断保护称为Ⅰ段，限时电流速断保护称为Ⅱ段，定时限过电流保护称为Ⅲ段。Ⅰ段和Ⅱ段保护共同组成线路的主保护，Ⅲ段保护作为本线路Ⅰ、Ⅱ段保护的近后备，也作为下一线路的远后备。

1．三段式电流保护的逻辑图

三段式电流保护的逻辑图如图 5-10 所示。Ⅰ段电流速断保护部分由电流元件 $KA^{Ⅰ}$ 和信号元件 $KS^{Ⅰ}$ 组成；Ⅱ段限时电流速断保护部分由电流元件 $KA^{Ⅱ}$、时间元件 $KT^{Ⅱ}$ 和信号元件 $KS^{Ⅱ}$ 组成；Ⅲ段定时限过电流保护部分由电流元件 $KA^{Ⅲ}$、时间元件 $KT^{Ⅲ}$ 和信号元件 $KS^{Ⅲ}$ 组成。由于三段保护的启动电流和动作时间的整定值均不相同，所以必须分别使用三个串联的电流元件和两个不同的时间元件，而信号元件可以分别发出Ⅰ、Ⅱ、Ⅲ段的动作信号。必须注意的是，三段式电流保护的Ⅰ、Ⅱ、Ⅲ段只要有一个发出跳闸信号，对应的断路器就会断开，切除故障。

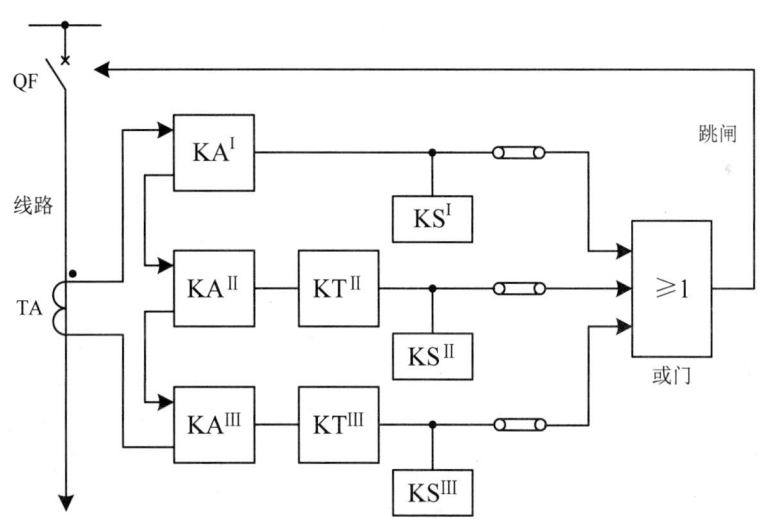

图 5-10　三段式电流保护的逻辑图

2．三段式电流保护的保护区和整定计算

图 5-11 所示为三段式电流保护的保护区和动作时限配合特性。线路 AB、BC、CD 分别设置有三段式电流保护。以线路 AB 段为例，其中 $L_1^{Ⅰ}$、$L_1^{Ⅱ}$、$L_1^{Ⅲ}$ 分别为断路器 QF1 处Ⅰ、Ⅱ、Ⅲ段电流保护的保护范围，$t_1^{Ⅰ}$、$t_1^{Ⅱ}$、$t_1^{Ⅲ}$ 分别为断路器 QF1 处三段式电流保护的动作时限，$t_2^{Ⅰ}$、$t_2^{Ⅱ}$、$t_2^{Ⅲ}$ 分别为线路 BC 段断路器 QF2 处三段电流保护的动作时限。当线路 AB 段首端附近发生短路故障时由Ⅰ段动作将故障切除，线路末端发生短路故障时由Ⅱ段动作将故障切除，Ⅲ段只起后备作用。

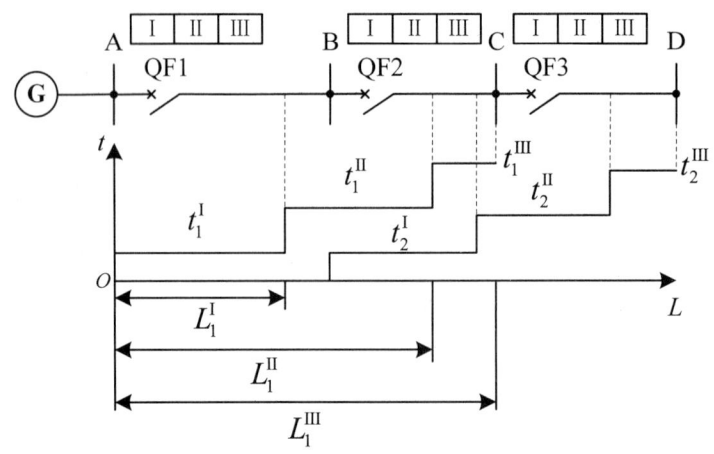

图 5-11 三段式电流保护的保护区和动作时限配合特性

从保护范围上看，由于Ⅰ段保护的动作电流 $I_{op\cdot1}^{I}$ 是按照躲过被保护线路末端短路时流过保护装置的最大短路电流来整定的，可见Ⅰ段保护不能保护线路的全长；Ⅰ段的动作时间 $t_1^{I}$，仅取决于元件本身的固有动作时间，一般为 0.06~0.1 s。

Ⅱ段保护的动作电流 $I_{op\cdot1}^{II}$ 是按照与下一段线路 BC 保护的第Ⅰ段相配合的原则来整定的。Ⅱ段的动作时间 $t_1^{II}$ 比下一段线路 BC 保护装置的Ⅰ段的动作时间 $t_2^{I}$ 长一个时限 $\Delta t$，即 $t_1^{II}=t_2^{I}+\Delta t$；保护装置的灵敏系数 $K_{sen}^{II}$ 按照本线路末端最小运行方式下两相短路电流来校验。

Ⅲ段保护的动作电流按照躲过线路的最大负荷电流来整定，保护范围可以覆盖下一段线路的末端。Ⅲ段的动作时间 $t_1^{III}$，较相邻的下一级线路的定时限过电流保护装置的动作时限 $t_2^{III}$ 长一个时限 $\Delta t$，即 $t_1^{III}=t_2^{III}+\Delta t$。

三段式电流保护中，Ⅰ段的动作电流整定值较大、动作时间最短，Ⅲ段的动作整定值最小、动作时间最长，其动作时限呈现阶梯特性，又称为阶梯式电流保护。三段式电流保护要解决的问题主要是配合问题：其一为保护范围的配合，保护范围的配合实际上是由保护的整定值来决定的，即由整定值配合来完成；其二为动作时间的配合，以满足选择性的要求。

三段式电流保护具有简单、可靠的特点，并且在一般情况下也能满足快速切除故障的要求，因此在 35 kV 及以下的较低电压等级的电网中得到了广泛应用。其缺点是它直接受电网的接线以及电力系统的运行方式变化的影响，例如，整定值必须按照系统最大运行方式来选择，而灵敏度必须按照系统最小运行方式来校验。实际应用中，也常选择三段式电流保护中的任意两端构成两段式电流保护。

**3．三段式电流保护的整定计算案例**

图 5-12 所示为 35 kV 单侧电源的输电线路，拟采用三段式电流保护，保护装置的Ⅰ段、Ⅱ段采用两相不完全星形联结，Ⅲ段采用两相三继电器不完全星形联结，试计算保护装置各段的动作电流、动作时间并校验保护装置的灵敏度。

已知条件：线路 XL1 的最大负荷电流为 150 A，自启动系数 $K_{MS}=1.5$，电流互感器的变比 $n_{TA}=200/5$，由短路计算求得的最大运行方式及最小运行方式下的三相短路电流见表 5-1，线路 XL2 过电流保护装置的动作时限 $t_2^{III}=2$ s。

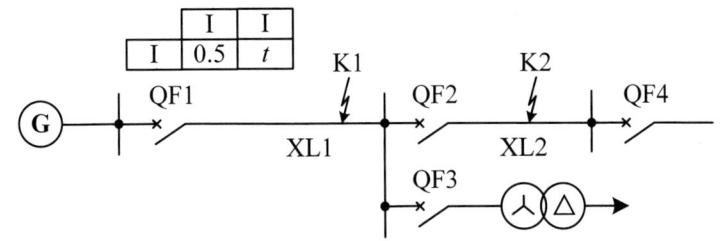

图 5-12 三段式电流保护计算实例

表 5-1 三相短路电流计算表

| 短路点 | K1 | K2 |
|---|---|---|
| 最大运行方式下三相短路电流/A | 1310 | 500 |
| 最小运行方式下三相短路电流/A | 1070 | 485 |

计算如下:

(1) 保护装置 Ⅰ 段的动作电流:

$$I_{op\cdot 1}^{\mathrm{I}} = K_{\mathrm{rel}}^{\mathrm{I}} I_{\mathrm{k1\cdot max}}^{(3)} = 1.3 \times 1\,310 = 1703 \text{ (A)}$$

(2) 保护装置的 Ⅱ 段:

首先要计算相邻线路 XL2 的保护装置 Ⅰ 段的动作电流,即

$$I_{op\cdot 2}^{\mathrm{I}} = K_{\mathrm{rel}}^{\mathrm{I}} I_{\mathrm{k2\cdot max}}^{(3)} = 1.3 \times 500 = 650 \text{ (A)}$$

因此,线路 XL1 的保护装置 Ⅱ 段的动作电流为

$$I_{op\cdot 1}^{\mathrm{II}} = K_{\mathrm{rel}}^{\mathrm{II}} I_{op\cdot 2}^{\mathrm{I}} = 1.1 \times 650 = 715 \text{ (A)}$$

保护装置 Ⅱ 段的动作时限为 0.5 s。

保护装置段的灵敏系数,按照点最小两相短路电流进行校验。

最小两相短路电流为: $I_{\mathrm{k1\cdot min}}^{(2)} = \dfrac{\sqrt{3}}{2} I_{\mathrm{k1\cdot min}}^{(3)} = \dfrac{\sqrt{3}}{2} \times 1070 = 927 \text{ (A)}$

求得灵敏系数为: $K_{\mathrm{sen}} = \dfrac{I_{\mathrm{k1\cdot min}}^{(2)}}{I_{op\cdot 1}^{\mathrm{II}}} = \dfrac{927}{715} = 1.3 > 1.25$

(3) 保护装置的 Ⅲ 段的动作电流:

$$I_{op\cdot 1}^{\mathrm{III}} = \dfrac{K_{\mathrm{rel}}^{\mathrm{III}} K_{\mathrm{MS}}}{K_{\mathrm{re}}} I_{\mathrm{L\cdot max}} = \dfrac{1.2 \times .5}{0.85} \times 150 = 318 \text{ (A)}$$

保护装置 Ⅲ 段的动作时限为

$$t_1^{\mathrm{III}} = t_2^{\mathrm{III}} + \Delta t = 2 + 0.5 = 2.5 \text{ (s)}$$

保护装置 Ⅲ 段的灵敏系数按照下面的两种情况校验,即

$$K_{\text{sen}\cdot k1} = \frac{I_{k1\cdot\min}^{(2)}}{I_{op\cdot1}^{\text{III}}} = \frac{927}{318} = 2.9 > 1.5$$

$$K_{\text{sen}\cdot k2} = \frac{I_{k2\cdot\min}^{(2)}}{I_{op\cdot1}^{\text{III}}} = \frac{\sqrt{3}}{2} \times \frac{I_{k3\cdot\min}^{(2)}}{I_{op\cdot1}^{\text{III}}} = \frac{\sqrt{3}}{2} \times \frac{485}{318} = 1.32 > 1.2$$

从以上的校验过程可以看出，灵敏度均符合规程要求。

## 二、常见的接地保护

反映零序电流增大而动作的保护称为零序电流保护，零序电流保护主要用作单侧电源辐射网络的接地保护，只反映接地故障。

微课视频：
城轨交通交流供电系统的
保护方式(二)

### （一）电力系统接地保护概述

为了保证电力系统的安全运行，电力系统的中性点（变压器的中性点）往往需要通过不同方式与大地相连，即所谓的中性点接地。当电力系统中的电压不同时，对电网的要求也不同，因此，中性点的接地方式也不同。目前我国 110 kV 及以上电压等级的电网，采用中性点直接接地方式；3~35 kV 电压等级的电网，采用中性点不接地或中性点经消弧线圈接地方式。

采用中性点直接接地方式的电网发生单相接地故障时，电网将通过短路点和中性接地点构成短路回路，因而故障电流很大，故通常称直接接地方式为大接地电流方式（或大接地电流系统）。采用中性点经消弧线圈接地和中性点不接地方式的电网发生单相接地时，由于其短路回路的电抗值较大，或根本不能构成短路回路，因而故障电流很小，故通常称这两种接地方式为小接地电流方式（或小接地电流系统）。

实践证明，在大接地电流系统中，大部分故障是接地短路故障，包括单相接地故障和两相接地故障，尤其以单相接地故障最多，约占短路故障的 60%~70%。这些短路故障虽然也可以采用前面所讲的电网相间短路的保护方式，但由于采用这些保护方式时，保护装置的动作电流较大，因而保护装置的灵敏度较低，常常不能满足灵敏系数的要求；而且这些保护装置用作保护接地故障时，还需要采用复杂的三相完全星形接线等。因此，目前在大接地电流系统中，广泛采用零序电流保护。

小接地电流系统发生单相接地时，不但故障电流很小，而且电网上的线电压仍然保持对称关系，因此电网可以短时继续运行 1~2 h；但由于非故障相的对地电压要升高为原电压的 $\sqrt{3}$ 倍，这对设备的绝缘不利，同时为了防止故障扩大成两点接地短路，应及时发出接地故障信号，以便值班人员采取措施予以消除。

### （二）零序保护的概念

**1. 交流电力系统的正序、负序和零序分量**

对于任意一组不对称的三相电流（电压），都可以按照一定的方法分解成三组对称的电流，即正序电流、负序电流和零序电流（电压），后者称为前者的对称分量，且每一组对称分量的大小相等。

当前所有的交流电力系统一般都包括 A、B、C 三相，而电力系统的正序、负序、零序分量也是根据 A、B、C 三相的顺序来定的。其中，正序分量的示意图如图 5-13（a）所示，三相对应的大小相同，相位差是 120°，A、B、C 三相按照顺时针方向排列；负序分量的示意图如图 5-13（b）所示，三相对应的大小相同，相位差也是 120°，A、B、C 三相按照逆时针方向排列；零序分量的示意图如图 5-13（c）所示，三相对应的大小相同，相位差也是相同。根据正序、负序、零序的特点可知，正序分量和负序分量可以相互平衡，合成后为零，不会流向中性点，但零序分量是三个大小相等、方向相同的量，不能相互平衡抵消的。因此，中性点直接接地的电网发生接地故障时会出现很大的零序电流。利用这一特点，在中性点直接接地电网中，零序电流保护得到了广泛的应用。

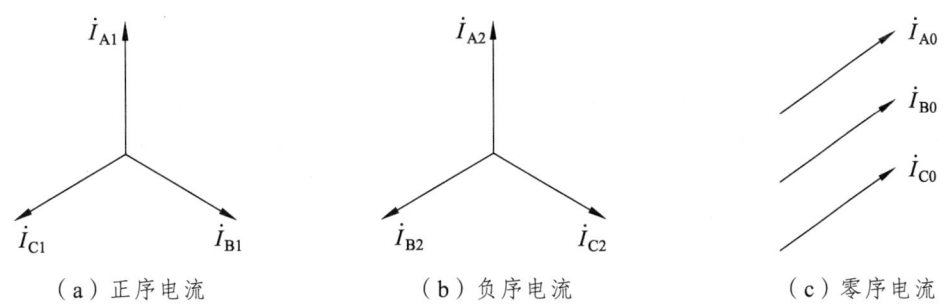

（a）正序电流　　　　　（b）负序电流　　　　　（c）零序电流

图 5-13　正序、负序、零序电流相量图

2．电力系统各种短路状态下正序、负序和零序分量的分析

对于电力系统中各种常见的短路故障，三相短路故障发生时，系统中只有正序分量，不存在负序和零序分量，因此将三相短路故障称为对称短路故障。当系统中发生其他各种类型的短路故障时，均会产生负序分量或零序分量，或者同时产生负序分量和零序分量，因而将除去三相短路故障之外的各种短路故障称为不对称短路故障。

发生不对称短路故障时，可以利用对称分量法将三相电流 $\dot{I}_A$、$\dot{I}_B$、$\dot{I}_C$ 分解成正序 $\dot{I}_1$、负序 $\dot{I}_2$ 和零序 $\dot{I}_0$ 三个分量，也可以将三相电压 $\dot{U}_A$、$\dot{U}_B$、$\dot{U}_C$ 分解成正序 $\dot{U}_1$、负序 $\dot{U}_2$ 和零序 $\dot{U}_0$ 三个分量。

当发生各种短路故障时，系统中各序分量的情况如下：

（1）系统发生三相短路故障和正常运行时，系统中只有正序分量。

（2）系统发生单相接地故障时，系统中有正序、负序和零序分量。

（3）发生相间短路时，短路电流中有正序和负序分量，但不存在零序分量。

3．零序电流的测量

为了实现对于零序电流的测量，现在常用的设备包括零序电流滤过器和零序电流互感器，它们的工作原理如下。

1）**零序电流滤过器**

零序电流滤过器是利用分别接在三相上的三个完全相同的电流互感器构成的，其接线图如图 5-14 所示。电流互感器

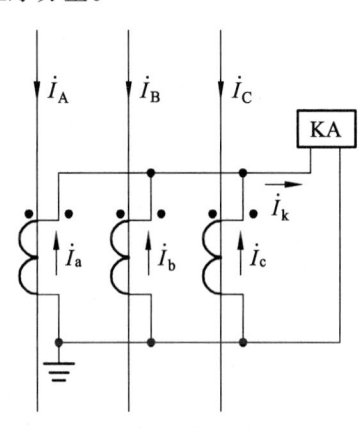

图 5-14　零序电流滤过器的接线图

的二次侧同极性端接成星形,即并联连接,反映零序电流的电流继电器的线圈接在中性线上,则继电器上流过的电流是三相电流相量之和。

正常运行或发生三相对称短路时,三相电流相量和为零,电流继电器不启动。当出现接地故障时,电流不对称,此时可将三相电流分解成三组分量,即正序分量、负序分量和零序分量。由于正序分量和负序分量各自相互平衡,相量和为零,则电流互感器中测得的是三倍零序电流 $3\dot{I}_0$,即流入继电器的电流为:

$$\dot{I}_k = \dot{I}_a + \dot{I}_b + \dot{I}_c = 3\dot{I}_0 \tag{5-17}$$

当零序电流达到电流继电器的动作值后,零序电流保护启动。

正常情况下,零序电流等于零,继电器不会动作,但实际上由于三个互感器铁心的饱和程度不同以及受制造过程中的某些误差,会引起三相电流互感器励磁特性不完全一致。这样即使是在正常情况下,继电器也会有不平衡电流流过。当发生相间短路故障时,由于短路电流较大,铁心饱和程度最严重,所以不平衡电流也达到最大值。为保证电网发生相间短路故障时零序电流保护不误动作,零序电流保护的动作值应按照躲过最大不平衡电流来整定。

**2)零序电流互感器**

对于采用电缆引出的输电线路,广泛采用零序电流互感器以获得零序电流,如图 5-15 所示。电流互感器就套在三相电缆的外面,其一次绕组是从铁心穿过的电缆,即互感器一次电流是 $\dot{I}_A + \dot{I}_B + \dot{I}_C = 3\dot{I}_0$;其二次绕组接电流继电器,只有当系统发生接地短路,电流互感器的一次侧才会有零序电流,此时互感器的二次侧也会有相应的零序电流输出,故该互感器被称为零序电流互感器。

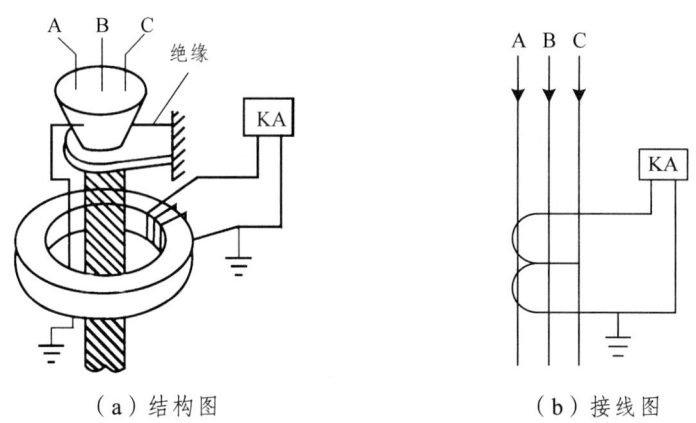

(a)结构图　　　　　　　　(b)接线图

图 5-15 零序电流互感器的结构图与接线图

**(三)中性点直接接地系统的接地保护**

**1. 中性点直接接地系统发生接地故障时零序分量的特点**

以图 5-16 所示的计算零序电流分量的网络为例,零序电流可看成是由接地短路点出现的零序电压产生的,且由接地短路点流向变压器接地的中性点。由于零序电流必须通过变压器接地的中性点来构成回路,所以零序电流的大小与系统中变压器中性点的接地数目、位置有关。

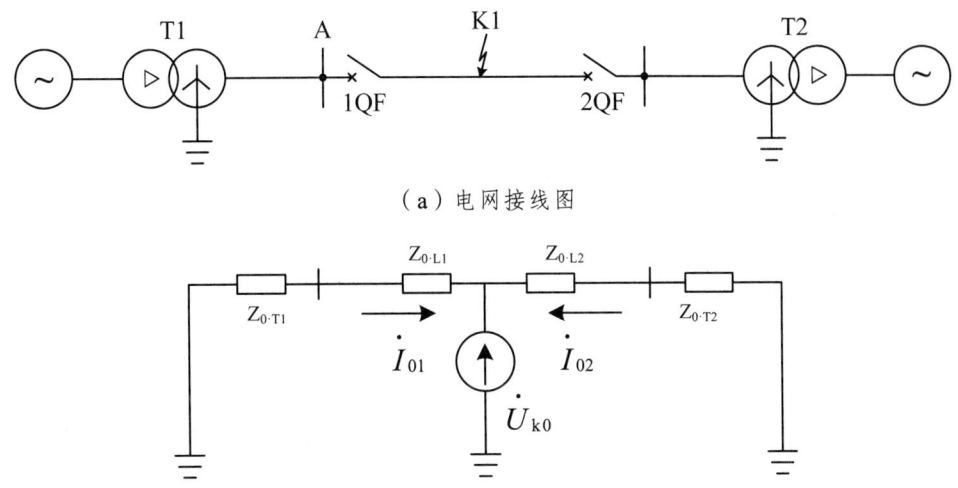

(a)电网接线图

(b)零序网络图

图 5-16 系统接线及其对应的零序网络图

系统中的零序电压和零序电流的特点如下:

(1)零序电压:故障点的零序电压最高,距离故障点越远则零序电压越低,在变压器中性点的接地处,零序电压等于零。零序电压的分布图如图 5-17 所示。

(2)零序电流:零序电流的大小和分布,取决于线路的零序阻抗和中性点接地的变压器的零序阻抗以及变压器接地中性点的数目和位置,与电源的数量和位置无关。

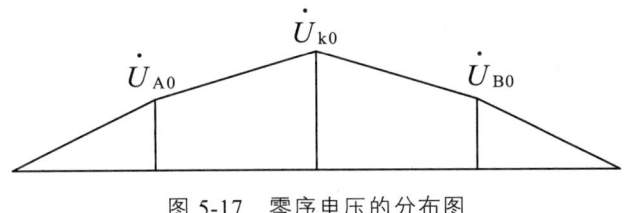

图 5-17 零序电压的分布图

2．零序电流保护

在单侧电源情况下的中性点直接接地系统中,输电线路常采用三段式零序电流保护,其原理与三段式电流保护相似,即包括零序电流速断保护、限时零序电流保护和零序过电流保护。三段式零序电流保护的原理接线图和动作时间特性也与三段式电流保护相似,不同之处在于三相的电流互感器二次侧线圈接成零序电流滤过器的形式。零序电流Ⅰ段和Ⅱ段作为本线路的主保护,零序电流Ⅲ段作为本线路和相邻线路的后备保护。

1)零序电流Ⅰ段保护

零序电流Ⅰ段也被称为无时限零序电流速断保护,其动作电流的整定计算和相间短路无时限电流速断保护类似,不同的是零序电流速断保护只反应接地短路时流过的零序电流。

图 5-18 所示为大接地电流电网,在输电线路上发生接地短路时,接地短路点沿着被保护线路移动时流经保护 1 的最大零序电流的变化曲线。为了保证选择性,保护 1 的零序电流第Ⅰ段保护的保护范围不超过本级线路的末端,因此,它的动作电流的整定原则是:躲过被保护线路末端接地短路时的最大零序电流,即:

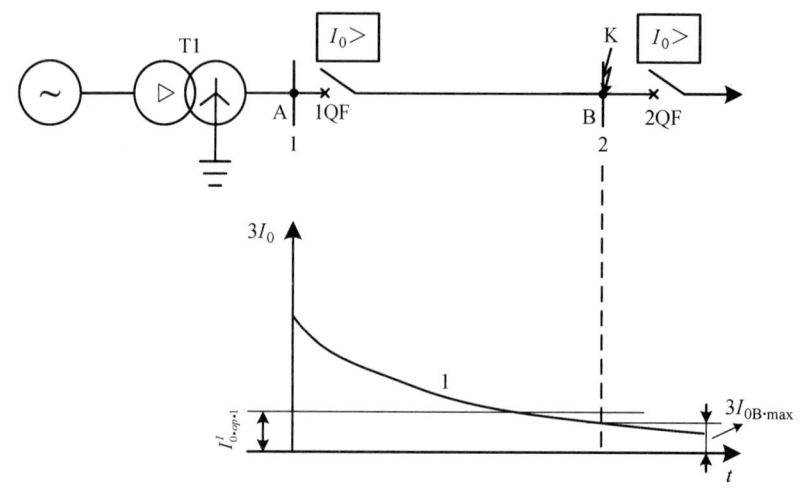

图 5-18 无时限零序电流速断保护原理示意图

$$I_{0\cdot op\cdot 1}^{\mathrm{I}} = K_{\mathrm{rel}}^{\mathrm{I}} \cdot 3I_{0\mathrm{B}\cdot\max} \tag{5-18}$$

式中 $I_{0\cdot op\cdot 1}^{\mathrm{I}}$ ——零序保护 I 段的动作电流;

$K_{\mathrm{rel}}^{\mathrm{I}}$ ——可靠系数，取 1.2~1.3;

$3I_{0\mathrm{B}\cdot\max}$ ——被保护线路末端发生接地短路时的最大零序电流。

**2) 零序电流 II 段保护**

零序电流 II 段也被称为略带时限的零序电流速断保护，带时限的零序电流速断保护的作用以及动作值的整定计算原则与相间电流保护第 II 段整定计算原则相同。

零序电流第 II 段的动作电流应与相邻线路的第 I 段保护相配合，即要躲过下段线路零序 I 段保护范围末端接地短路时，流经本保护装置的最大零序电流。以图 5-19 所示的电网为例，保护 1 的零序第 II 段动作电流为：

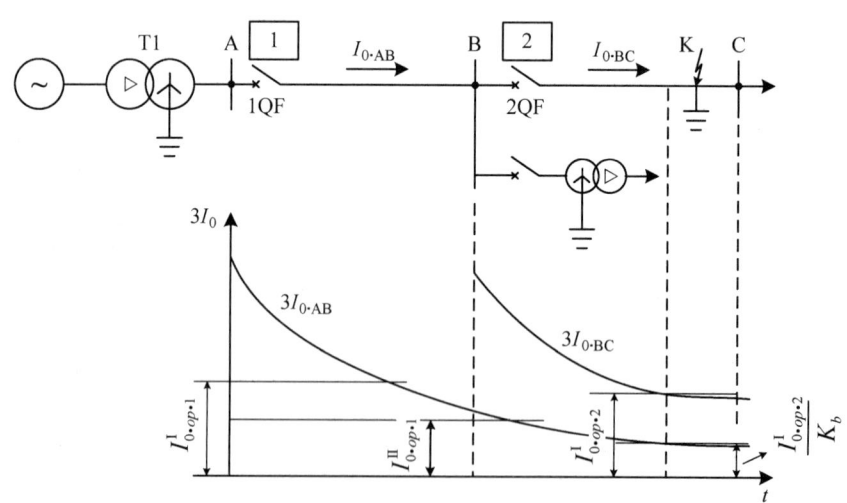

图 5-19 带时限零序电流速断保护的配置和整定计算示意图

$$I_{0 \cdot op \cdot 1}^{II} = \frac{K_{rel}^{II}}{K_{b \cdot min}} I_{0 \cdot op \cdot 2}^{I} \quad (5\text{-}19)$$

式中 $I_{0 \cdot op \cdot 2}^{I}$ ——相邻下一级线路无时限零序电流速断保护的动作电流；

$K_{rel}^{II}$ ——可靠系数，取 1.1；

$K_{b \cdot min}$ ——最小分支系数，等于下一级线路 BC 零序第 I 段保护范围末端接地短路时，流经故障线路与被保护线路的零序电流之比的最小值，即

$$K_{b \cdot min} = \left( \frac{I_{0 \cdot BC}}{I_{0 \cdot AB}} \right)_{min} \quad (5\text{-}20)$$

当相邻线路有多条出线时，应按照式（5-19）计算的最大值作为保护 1 的整定值，并进行灵敏系数的校验，即

$$K_{sen}^{II} = \frac{3I_{0 \cdot min}}{I_{0 \cdot op \cdot 1}^{II}} \geqslant 1.3 \sim 1.5 \quad (5\text{-}21)$$

式中 $3I_{0 \cdot min}$ ——被保护线路末端接地短路时，流过保护的最小的零序电流。

若灵敏系数校验不合格，可以采用以下措施：按照与下一线路的略带时限的电流速断保护相配合进行整定，即

$$I_{0 \cdot op \cdot 1}^{II} = \frac{K_{rel}^{II}}{K_{b \cdot min}} I_{0 \cdot op \cdot 2}^{II} \quad (5\text{-}22)$$

式中 $I_{0 \cdot op \cdot 2}^{II}$ ——相邻线路保护 2 的略带时限的电流速断保护的动作电流。

按照式（5-19）整定后，其灵敏系数校验电流不满足要求时，可以保留此零序第 II 段保护，同时增加一个按照式（5-22）整定的零序第 II 段保护。这样装置中具有两个定值和时限不同的零序第 II 段保护，一个定值较大，能在正常运行方式或最大运行方式下，以较短的延时切除本线路上发生的接地短路故障；另一个定值较小，有较长的延时，它能保证在系统最小运行方式下线路末端发生接地短路时，具有足够的灵敏性。

3）**零序电流 III 段保护**

零序电流 III 段保护也被称为零序过电流保护，其主要作为本线路零序第 I 段和第 II 段保护的近后备保护和相邻线路的、母线、变压器接地短路的远后备保护。在中性点直接接地电网的终端线路上，也可以作为接地短路的主保护。它的动作电流整定计算应遵循以下原则：

（1）躲过相邻线路始端三相短路时，流过保护的最大不平衡电流，即

$$I_{0 \cdot op \cdot 1}^{III} = K_{rel}^{III} I_{unb \cdot max} \quad (5\text{-}23)$$

式中 $K_{rel}^{III}$ ——可靠系数，一般取值 1.2～1.3；

$I_{unb \cdot max}$ ——相邻线路始端三相短路，零序电流滤过器中出现的最大不平衡电流。

（2）与相邻线路零序第 III 段保护进行灵敏性配合，以保证动作的选择性，即本级线路的零序第三段的保护范围不能超过相邻线路的第 III 段保护范围。为此，零序第 III 段保护的动作电流必须进行逐级配合。如图 5-19 所示，线路 AB 保护 1 的零序电流第 III 段的动作电流必

须与相邻线路 BC 保护 2 的零序电流第Ⅲ段进行选择性配合整定，即

$$I_{0 \cdot op \cdot 1}^{\mathrm{III}} = \frac{K_{\mathrm{rel}}^{\mathrm{III}}}{K_{b \cdot \min}} I_{0 \cdot op \cdot 2}^{\mathrm{III}} \tag{5-24}$$

式中　$K_{\mathrm{rel}}^{\mathrm{III}}$——可靠系数，一般取值 1.2～1.3；

　　　$I_{unb \cdot \max}$——相邻线路始端三相短路，零序电流滤过器中出现的最大不平衡电流；

　　　$K_{b \cdot \min}$——最小分支系数。

零序过电流保护灵敏系数校验按照下式进行：

$$K_{\mathrm{sen}}^{\mathrm{III}} = \frac{3I_{0 \cdot \min}}{K_{\mathrm{TA}} I_{0 \cdot op \cdot 1}^{\mathrm{III}}} \tag{5-25}$$

式中　$3I_{0 \cdot \min}$——灵敏系数校验点发生接地短路时，流过保护的最小零序电流。

当该保护作为近后备保护时，校验点在被保护线路末端，灵敏系数 $K_{\mathrm{sen}}^{\mathrm{III}} \geqslant 1.3\sim1.5$；当该保护作为远后备保护时，校验点在相邻线路末端，要求灵敏系数 $K_{\mathrm{sen}}^{\mathrm{III}} \geqslant 1.2$。

**4）时限特性与动作逻辑**

（1）时限特性

按照上述原则整定的零序过电流保护，其启动电流一般都很小，因此，在本电压级电网发生接地短路时，同一电压级内零序保护都可能会启动，这时为了保证各保护之间的选择性，其动作时限应按照阶梯原则整定。图 5-20（a）所示的电网接线中，当安装在受电端的变压器 T2 的低压侧发生接地故障时，因变压器是 Dy 联结方式，所以高压侧无零序电流，因此零序过流保护 3 可以瞬时动作，不需要和保护 2 配合。零序过电流保护的动作时限应从保护 3 开始逐级加大一个时间级差，如图 5-20（b）所示，$t_{01}^{\mathrm{III}} > t_{02}^{\mathrm{III}} > t_{03}^{\mathrm{III}}$，即

$$K_{0 \cdot (n-1)}^{\mathrm{III}} = t_{0 \cdot n}^{\mathrm{III}} + \Delta t \tag{5-26}$$

为了便于比较，将反映相间短路的过电流保护的动作时限也画在同一个图上。显然，接地保护的动作时限比相间短路保护的动作时间缩短了，这是零序过电流保护的一个突出优点。

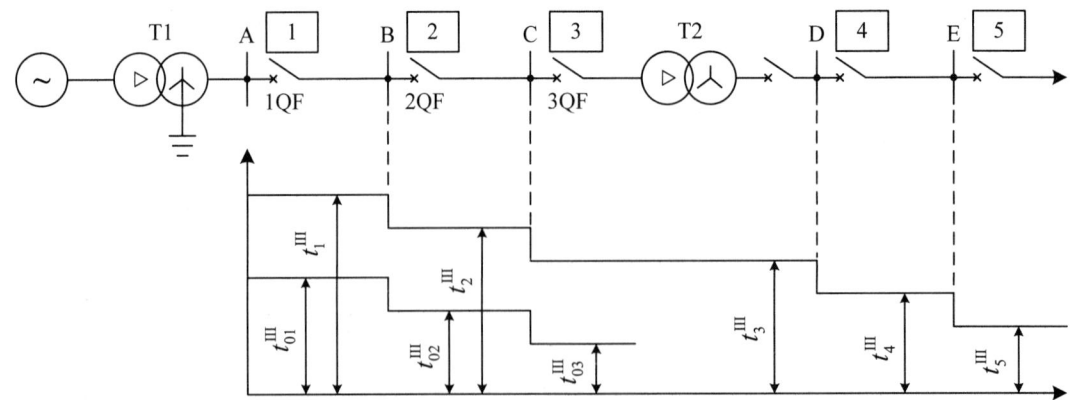

图 5-20　零序过电流保护的电路接线图与时限特性

（2）动作逻辑

阶段式零序电流保护的基本逻辑图如图 5-21 所示，可以看出，由电流互感器测出的零序电流被保护 1 的零序电流保护的第Ⅰ、Ⅱ、Ⅲ段保护同时检测到。其中，零序电流保护的第Ⅰ段保护是无时限的零序电流速断保护，零序电流保护的第Ⅱ段保护是带时限的零序电流速断保护，第Ⅲ段保护是零序过电流保护。其第Ⅱ段带有一个较短的延时动作环节，第Ⅲ段带有一个较长的延时动作环节。

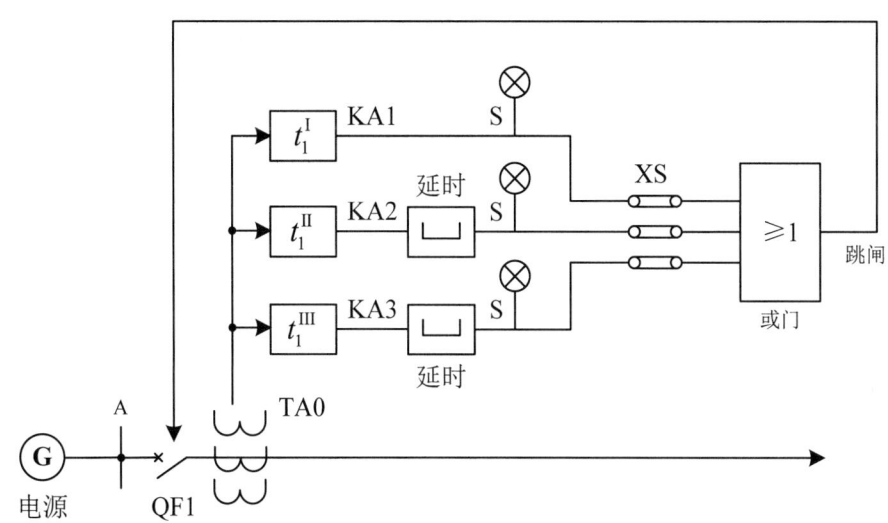

图 5-21 阶段式零序电流保护的基本逻辑图

（四）中性点不接地系统的接地保护

在中性点非直接接地的电网中发生单相接地时，由于接地故障电流很小，而且三相之间线电压仍然保持对称，对负荷的供电没有影响，因此，在一般情况下允许带一个接地点继续运行一段时间（1~2h），不必立即跳闸。但是当单相接地故障发生后，非接地的另外两相对地电压升高为原电压的 $\sqrt{3}$ 倍。为了防止故障范围的扩大，保护应及时发出信号，以便值班运行人员采取措施，及时解除故障。因此，在中性点非直接接地的电网中，发生单相接地故障时，一般只要求继电保护装置能够无选择性地发出报警信号，不必立即跳闸。

微课视频：
城轨交通交流供电系统的保护方式(三)

1. 中性点不接地电网单相接地故障的特点

如图 5-22（a）所示的单侧电源单线路的中性点不接地电网中，为了方便分析，假定电网的负荷为零，并忽略电源和线路上的电压降落，电网的各相对地电容 $C_0$ 相等。在正常运行时，中性点不接地电网三相对地电压是对称的，中性点对地电压为零，即 $\dot{U}_N = 0$。忽略电源和线路上的电压降，各相对地电压为各相电势。在三相对称电压的作用下，产生的三相电容电流也是对称的，并超前对应相电压 90°，其相量图如图 5-22（b）所示。由于三相对称电压和三相对称电容电流之和都为零，所以电网正常运行时无零序电压和零序电流。

以图 5-22（a）所示电网为例，假设 A 相线路上发生金属性单相接地故障，则接地相对

地电容 $C_0$ 被短路，中性点对地电位升高至 $\dot{U}_N = \dot{E}_A$，线路上各相对地电压、母线上零序电压分别为：

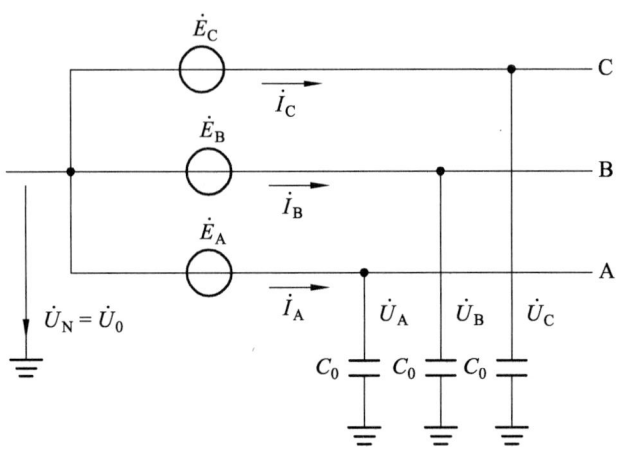

（a）电网络接线图

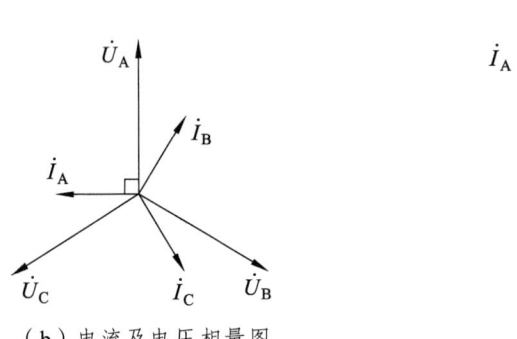

（b）电流及电压相量图　　　　（c）出现零序电压的电压相量图

图 5-22　中性点不接地电网单相短路接地的分析

$$\begin{cases} \dot{U}_A = 0 \\ \dot{U}_B = \dot{E}_B - \dot{E}_A = \sqrt{3}\dot{E}_A e^{-j150°} \\ \dot{U}_C = \dot{E}_C - \dot{E}_A = \sqrt{3}\dot{E}_A e^{j150°} \\ \dot{U}_0 = \dfrac{1}{3}(\dot{U}_A + \dot{U}_B + \dot{U}_C) = -\dot{E}_A \end{cases} \quad (5\text{-}27)$$

式（5-27）说明，A 相发生接地故障后，B 相和 C 相对地电压升高为原电压的 $\sqrt{3}$ 倍，此时三相电压之和不为零，出现零序电压，其相量图如图 5-22（c）所示。两个非故障相在电压 $\dot{U}_B$ 和 $\dot{U}_C$ 的作用下，出现超前相电压 90° 的电容电流 $\dot{I}_B$ 和 $\dot{I}_C$，故障相电流为 $\dot{I}_A$ 和两个非故障相的电流 $\dot{I}_B$ 和 $\dot{I}_C$，分别为：

$$\begin{cases} \dot{I}_B = j\omega C_0 \dot{U}_B = j\sqrt{3}\omega C_0 \dot{E}_A e^{-j150°} \\ \dot{I}_C = j\omega C_0 \dot{U}_C = j\sqrt{3}\omega C_0 \dot{E}_A e^{j150°} \\ \dot{I}_A = -(\dot{I}_B + \dot{I}_C) = j3\omega C_0 \dot{E}_A \end{cases} \quad (5\text{-}28)$$

接地点流回的接地电流 $\dot{I}_k$ 为：

$$\dot{I}_k = -\dot{I}_A = \dot{I}_B + \dot{I}_C = -j3\omega C_0 \dot{E}_A \tag{5-29}$$

用 $E_{ph}$ 表示相电势的有效值，则 $\dot{I}_B$、$\dot{I}_C$ 和 $\dot{I}_k$ 的有效值为 $I_B = I_C = \sqrt{3}\omega C_0 E_{ph}$，$I_k = 3\omega C_0 E_{ph} = 3I_0$，故障线路始端的零序电流为零，即

$$3\dot{I}_0 = \dot{I}_A + \dot{I}_B + \dot{I}_C = \dot{I}_A + (-\dot{I}_A) = 0 \tag{5-30}$$

由上述可见，对于单侧电源单线路的电网，当线路发生单相接地故障时，流过故障线路的零序电流为零，所以此时零序电流保护不能反映故障。但是在中性点不接地的电网中发生单相接地故障时，其故障相对地电压为零，非故障相对地电压升高至原电压的 $\sqrt{3}$ 倍，电网中出现零序电压，其大小等于电网正常时的相电压。

2．中性点不接地电网的接地保护

利用中性点不接地电网发生单相接地故障时，电网出现零序分量电压的特点，可以构成绝缘监视装置，实现无选择性的接地保护。当电网中任一线路发生单相接地时，全电网都会出现零序电压，发出告警信号，因此，其发出的是无选择性的信号。为了找出是哪一条线路发生故障，则必须采取逐相停电的方法，即需要由运行人员依次短时断开每条线路，并继之将断开的线路重新投入。若断开某条线路时零序电压的信号消失，三只电压表示数相同，则表明故障是在该线路上。

绝缘监察的原理接线图如图 5-23 所示。正常运行时，系统三相电压对称且没有零序电压（零序电压为零），所以三只电压表的读数相等，过电压继电器 KV 不会动作。当系统中

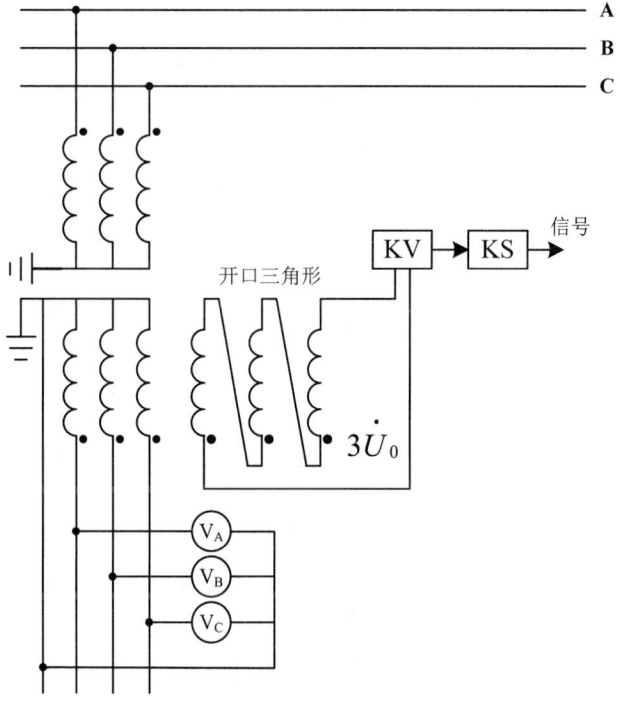

图 5-23　绝缘监察装置的原理示意图

的任一出线发生接地故障时，接地相的对地电压为零，而其他两相的对地电压升高为原本相电压的 $\sqrt{3}$ 倍，同时在开口三角形处出现零序电压，过电压继电器 KV 动作，延时发出接地信号。

### 三、电压保护

实际应用中，除了电流保护外，还经常采用电压保护。常见的电压保护有两种，即过电压保护和低电压保护。

#### （一）过电压保护

过电压保护是反映测量电压升高且超过整定值而动作的一种保护，过电压保护可用于被保护对象不允许在过电压状态下运行的电气设备的保护，如发电机、变压器、电动机等。其灵敏度一般都能满足要求。

#### （二）低电压保护

低电压保护是一种反映实际电压下降至低于整定值的一种保护，但由于电压的测量一般是在母线处，故障点到母线的短路阻抗以及故障设备本身的短路阻抗导致母线处残压较高，所以单纯的低电压保护灵敏度都较低，一般不单独使用。在实际应用中，为保证同一母线上多回引出线电压速断保护的选择性，并避免电压互感器二次断线（测量电压为零）引起保护误动作，一般均利用低电压保护与电流保护一起构成电流、电压联锁速断保护，即电压和电流同时满足动作条件时才会动作于断路器跳闸。

图 5-24 所示为一种电流闭锁的电压速断保护原理示意图。当其他线路故障或电压互感器二次回路断线时，低电压继电器失电，其常开触点虽然闭合，但电流继电器不动作，即电流继电器的常开触点处于断开位置，故保护装置不会误动作。只有当本线路发生故障时，电压继电器和电流继电器都动作，保护装置才会动作，这种保护被称为电流闭锁电压速断保护装置。其中，电流继电器的动作电流按躲过线路的最大负荷电流整定，电压继电器的动作电压按躲过被保护线路末端两相短路时保护装置安装处母线最小残压来整定。

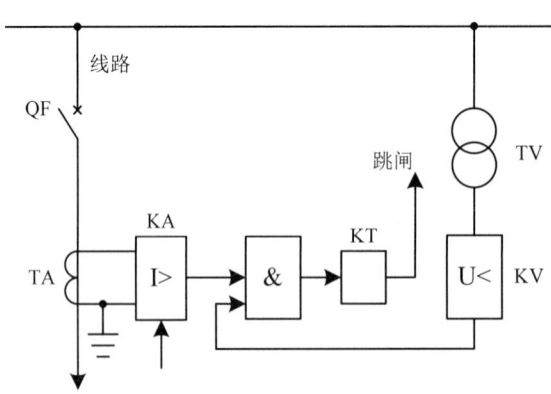

图 5-24 电流闭锁的电压速断保护

## 四、光纤纵联差动保护

前面所介绍的电流保护和电压保护，其动作与否都是依靠对被保护线路一端的电气量进行测量来决定的，仅靠测量元件，无法区分被保护线路末端与相邻线路首端的短路故障，为了保证选择性，不得不将无时限的保护范围缩短到小于线路全长，即将电流速断保护的保护范围整定为线路全长的 80%～90%，对于其余 10%～20% 线路的短路故障只能由三段式电流保护的第Ⅱ段限时切除，这对于某些重要线路是不能允许的。

为了保证短路故障发生后系统的稳定性，必须采用反应输电线路两端的电气量的纵联差动保护，以实现对线路全长范围内任何一点短路故障的快速切除。理论上这种纵联差动保护对输电线路内部短路故障时的动作具有绝对选择性。

输电线路的纵联差动保护可以在被保护线路发生故障时，使线路两侧的断路器同时快速跳闸以切除故障。如图 5-25 所示，它是用某种通信通道将输电线两端的保护装置纵向联结起来，将各端的电气量（如电流、功率的方向等）传送到对端，并将两端的电气量比较，以判断故障是否发生在本线路范围内，从而决定是否切断被保护线路，具有原理简单、使用电气量单纯、保护范围明确、动作不需延时等优点。

按照所利用的信息通道的不同类型，一般将纵联差动保护分为四种：① 导引线的纵联差动保护；② 电力线载波纵联差动保护；③ 微波纵联差动保护；④ 光纤纵联差动保护。

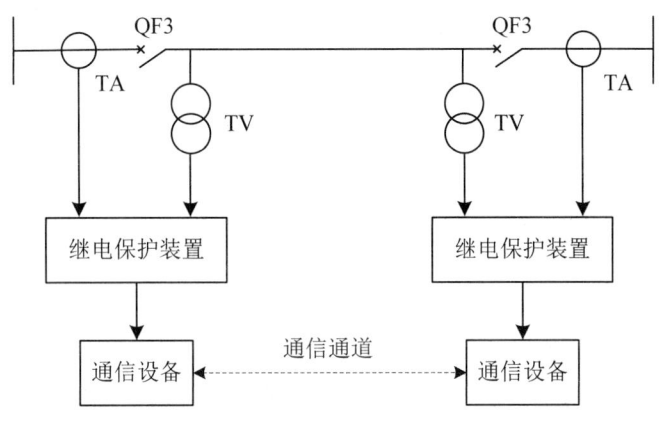

图 5-25　输电线路纵联保护结构示意图

光纤纵联差动保护是近年来短线路纵联保护的主要形式，它以光纤作为连接线路两端继电保护装置的通信通道。在光纤纵联差动保护中，需要将两侧的电气量先转换成数字信号，再通过光纤进行双侧通信，对两侧的电气量进行比较。光纤差动保护目前一般应用于很重要的线路作为主保护，并且可以保护线路的全长。使用光纤作为继电保护的通信信号的传输介质时，还具有不受高压与雷电电磁干扰、对电场绝缘、频率宽和衰耗低等优点。

环流法接线的纵联电流差动保护的原理示意图如图 5-26 所示。在线路的 M 和 N 端分别装设特性和变比完全相同的电流互感器 TA1 和 TA2，两侧电流互感器一次回路的正极性均置于靠近母线的一侧，二次回路的同极性端子相连接，差动电流继电器并接在电流互感器的二次端子上，两侧电流互感器之间的线路是差动保护的保护范围。

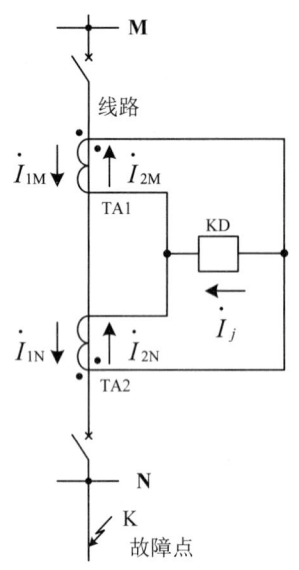 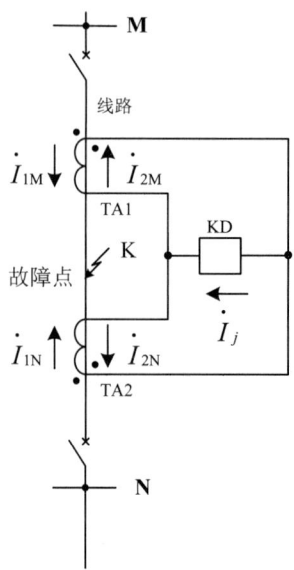

（a）正常运行及保护范围外部故障的情况　　　　（b）内部故障的情况

图 5-26　环流法接线的纵联差动保护接线图

规定线路两端电流互感器的一次侧电流 $\dot{I}_{1M}$ 和 $\dot{I}_{1N}$ 的正方向是从母线到被保护线路，则流入差动继电器的电流即为各电流互感器二次侧电流的相量和，即

$$\dot{I}_j = \dot{I}_{2M} + \dot{I}_{2N} = \frac{1}{n_{TA}}(\dot{I}_{1M} + \dot{I}_{1N}) \tag{5-31}$$

式中　$n_{TA}$——电流互感器的变比；

$\dot{I}_{1M}$ 和 $\dot{I}_{2M}$——M 侧电流互感器一次、二次绕组的电流；

$\dot{I}_{1N}$ 和 $\dot{I}_{2N}$——N 侧电流互感器一次、二次绕组的电流。

在正常运行或保护范围外部发生故障时，如图 5-26（a）所示，$\dot{I}_{1M}$ 和 $\dot{I}_{1N}$ 总是一个正方向，另一个反方向，即一个从母线流向线路，一个从线路流向母线，反映到二次侧绕组则是流入继电器的电流 $\dot{I}_j = \dot{I}_{2M} - \dot{I}_{2N} = 0$，继电器不会动作。

当保护范围内部发生故障时，如果是双电源供电（上端和下端都有电源），则两侧均有电流流向短路点，如图 5-26（b）所示，$\dot{I}_{1M}$ 和 $\dot{I}_{1N}$ 都是正方向，即从母线流向线路，反映到二次侧绕组则是流入继电器的电流 $\dot{I}_j = \dot{I}_{2M} + \dot{I}_{2N} \neq 0$，此时差动继电器中的电流大于动作值，继电器动作于跳闸。由此可见，在保护范围内部故障时，差动保护能够可靠动作；在保护范围外故障时，差动保护不会动作。

理想情况下，线路有正常的负荷电流或者外部短路电流流过时，流入继电器的电流为零，继电器不动作。但是由于两台电流互感器励磁特性的差异和准确度的差异，使得两台电流互感器的二次侧电流 $\dot{I}_{2M}$ 和 $\dot{I}_{2N}$ 不可能完全相互抵消，从而产生不平衡电流，该不平衡电流可能会使继电器误动作。为了克服这一缺点，只能提高动作电流，降低灵敏度。

### 五、城轨供电系统交流部分的保护配置

城市轨道交通供电系统的交流部分主要由外电源接入电缆、主变电所、向线路提供电源的中压电缆网、电力变压器以及动力照明供电等系统组成,其中交流中压环网、牵引变电系统和动力照明供电系统是其主要部分。这几个部分的保护配置方案与供电系统的电压等级、电网结构形式、供电系统的运行方式、系统的中性点接地方式以及供电系统故障水平都有直接关系。保护配置的主要原则是:当供电系统发生故障时,尽可能可靠而迅速地切除故障,尽可能将故障范围缩减到最小,并快速恢复系统的正常运行。

交流部分保护的一般配置为:

(1) 35 kV 环网电缆设置光纤纵联差动保护作为线路相间短路和单相接地短路的主保护,定时限过流保护作为线路相间短路的近后备和远后备保护,零序电流保护作为线路单相接地短路的近后备和远后备保护。35 kV 母联断路器设置定时限过电流保护和零序电流保护。对于环网进出线回路,一般不设置速断保护。

(2) 35 kV 母线设置过电压、欠电压保护。

(3) 牵引变压器设置电流速断保护、过电流保护、零序电流保护。

(4) 10 kV 系统主要配置电流速断、过电流、零序过电流等保护,其中定时限过流及零序过电流装设于 10 kV 环网进、出线柜上,用于实现对本站 10 kV 母线相间及接地短路故障的保护,同时与下游线路及本站配电变压器的过流、零序过流保护配合,作为下游线路或电力变压器的远后备保护。

(5) 400 V 配电系统中,一般采用单母线分段运行方式,通过在与母线相接的电气设备上装设的电流速断、过流、零序过流等保护,实现对 400 V 母线的保护。

## 第三节 变压器保护

电力变压器是电力系统、铁道牵引供电系统和城市轨道交通供电系统中使用非常普遍,十分重要且昂贵的电气设备,它的正常供电和安全运行是供电系统可靠工作的必要条件。电力变压器是一种静止的电气设备,其结构较简单、运行可靠性较高、发生故障的机会相对较少;但由于变压器是连续运行的,断电检修的机会较少,受安装环境影响较大,且外接负荷,容易受到供电系统短路故障的影响,因此必须根据电力变压器的容量与重要程度装设性能完善的继电保护装置,以保证电力变压器的安全运行并防止事故扩大。

城市轨道交通供电系统的变压器主要包括主变电所(集中供电方式)中的主变压器、牵引变电所中为接触网(接触轨)供电的牵引变压器、为城轨动力照明设备等供电的动力(降压)变压器。

在供电系统中,根据所处位置,所起作用的不同以及工作方式的不同,在不同的场合需要采用不同型号的变压器。

主变电所将来自城市电网的高压电源,降压为城市轨道交通供电系统使用的中压电源,供给牵引供电系统和配变电系统使用。主变电所中的主变压器一般采用有载调压的油浸式变

压器，容量较大，且应能满足以下要求：正常运行时每台主变压器容量应承担其供电区域内的全部一、二、三级负荷供电；当一台主变压器退出运行时，由另一台主变压器承担本所供电区域的一、二级负荷供电。牵引变压器通过与整流机组的配合，将中压电能降压整流为适合列车使用的直流电；动力变压器则将中压电能降压为 380 V 电源供给动力照明设备使用。在多数城轨供电系统中，这两种变压器都采用树脂绝缘的干式变压器，空气自然冷却或配置风冷系统。

## 一、变压器保护概述

### （一）变压器的运行状态

变压器的运行状态分为正常运行状态、不正常运行状态和故障状态。

变压器的不正常运行状态主要有变压器过负荷运行、变压器外部故障引起的过电流，油箱漏油引起的油位下降、冷却系统故障、变压器油温升高，外部接地短路引起中性点过电压、绕组过电压和频率降低引起过励磁等。这些不正常运行会导致变压器绕组与铁心过热，加速绝缘老化，这是变压器运行所不允许的。

变压器的故障分为油箱内部故障和油箱外部故障。油箱内部故障主要有绕组相间短路、接地短路、绕组的匝间和层间短路及铁心的烧损等。变压器的油箱内部故障具有严重的后果，因为短路所产生的高温电弧，不仅会烧坏线圈的绝缘和铁心，而且会引起变压器油和其他绝缘物剧烈气化，甚至造成变压器油箱爆炸，因此必须很快地予以切除。油箱外部故障是指变压器绝缘套管与引出线故障引起的相间短路或单相碰壳接地短路，当变压器油箱外部故障时，线圈中将流过较大的短路电流，会使变压器温度上升，影响变压器的正常运行。运行经验表明，变压器油箱内部故障以绕组的匝间短路居多，油箱外部故障以引出线的相间短路、单相接地短路居多。

### （二）变压器的保护配置

变压器继电保护的任务就是反映上述故障及异常运行状态，并通过断路器切除故障变压器或发出信号告知运行人员采取措施消除异常运行状态。根据变压器的故障和不正常运行状态应进行以下继电保护配置：

（1）反应油箱内部故障与油面降低的瓦斯保护：容量为 800 kV·A 及以上的室外油浸式变压器、容量为 400 kV·A 及以上的室内油浸式变压器，按规定应装设瓦斯保护。当油箱内故障产生轻微瓦斯或油面下降时，应瞬时动作于信号；产生大量瓦斯时，应动作于断开变压器各侧断路器。

（2）反应变压器绕组及引出线的相间短路、中性点接地侧绕组及引出线的接地短路、绕组匝间短路的纵联差动保护或电流速断保护：容量为 10 MV·A 及以上单独运行的变压器应装设差动保护；容量为 10 MV·A 及以下且过流时限大于 0.5 s 时应装设电流速断保护，当灵敏度不能满足要求时应装设差动保护，保护动作后应瞬时断开故障变压器各侧的断路器。

（3）反应变压器外部相间短路并作为变压器主保护（纵联差动保护、电流速断保护与气体保护）后备的过电流保护（过电流保护、复合电压启动的过电流保护、负序电流保护、单相低压启动过电流保护）。过电流保护一般用于降压变压器，对于升压变压器或过电流保护灵敏度不能满足要求的降压变压器，一般采用复合电压启动的过电流保护。保护装置动作后，应有选择性地切除外部故障或断开变压器各侧的断路器。

（4）反应中性点直接接地系统中外部接地短路的零序电流保护。变压器中性点直接接地运行时，应装设零序电流保护。变压器中性点可能接地也可能不接地运行，应装设零序电流、电压保护。保护装置动作后，应有选择性地切除外部故障或断开变压器各侧的断路器。

（5）反应变压器负荷过大的过负荷保护，过负荷保护应接于一相电流上，带时限动作于信号。在无人值班的变电所，必要时过负荷保护可动作于跳闸或断开部分负荷。

（6）反应变压器过励磁的过励磁保护：因为现代大型变压器的额定磁密接近于饱和磁密，频率降低或电压升高时容易引起变压器过励磁，导致铁心饱和，励磁电流剧增，铁心温度上升，严重过热会使变压器绝缘老化，寿命降低，最终造成变压器损坏。

## 二、变压器的非电量保护

变压器的非电量保护是相对于变压器的电气量保护而言的，通过监测变压器的非电气状态参数（如瓦斯气体、油温、油位等）及变压器辅助设备（如冷却器）的状态，判断变压器运行状态和外部环境，从而达到保护的目的。

### （一）瓦斯保护

变压器油箱内常见的故障是绕组匝间、层间绝缘损坏造成的短路故障，或高压绕组对地绝缘破坏引起的单相接地短路。油浸式变压器以变压器油作为绝缘和冷却介质，当发生相间短路或单相接地故障时，由短路电流或接地电容电流造成的故障点电弧温度很高，使附近的变压器油及其他绝缘材料受热分解产生大量气体，这些气体在油箱内上升，并流向油枕。当发生绕组的匝间或层间短路时，局部温度升高也会使油的体积膨胀，排除溶解在油内的空气，形成上升的气泡。故障越严重，产生的气体越多，流向油枕的气流速度越快，油箱内部压力越大。利用故障时气体上升、油面下降和气体压力构成的保护装置，称之为气体保护，也称为瓦斯保护。

瓦斯保护能灵敏地反映油箱内各种形式的故障。这是其他类型的保护装置所达不到的。例如绕组的匝间短路，其短路电流只在绕组的极少匝数的线圈内环流，反应在变压器外部电路的电流变化很小，尚不足以使变压器的差动保护或电流速断保护动作。因此，瓦斯保护是反应变压器油箱内故障最有效的一种保护方法。

瓦斯保护分为轻瓦斯保护和重瓦斯保护。轻瓦斯保护主要反应变压器内部轻微故障和变压器漏油，动作于信号；重瓦斯保护主要反应变压器内部严重故障，动作于跳闸。

1. 瓦斯继电器的构成及工作原理

瓦斯保护装置的主要元件是瓦斯继电器，它是反应气体的多少和流速情况从而动作的一种非电量继电器，安装在变压器油箱油枕的连接管道中。当油箱内部故障时，油箱内的气体流向油枕并驱动瓦斯继电器动作。为了便于气体的流动，在安装变压器时，应使变压器油管顶盖与水平面具有1%~1.5%的倾斜度，连接管与水平面具有2%~4%的倾斜度，如图5-27（a）所示。

目前国内采用的气体继电器主要是开口杯挡板式结构,其结构示意图如图 5-27(b)所示。正常运行时,继电器的开口杯内充满了油,开口杯因其重力抵消浮力后的力矩而处在上浮位置,固定在开口杯旁的磁铁位于干簧触点的上方,干簧触点可靠断开,轻瓦斯保护不动作;挡板在弹簧的作用力下处于正常位置,磁铁远离干簧触点,干簧触点也是断开的,重瓦斯保护也不会动作。由于采取了两个干簧触点串联和用弹簧拉住挡板的措施,使重瓦斯保护具有良好的抗震性能。

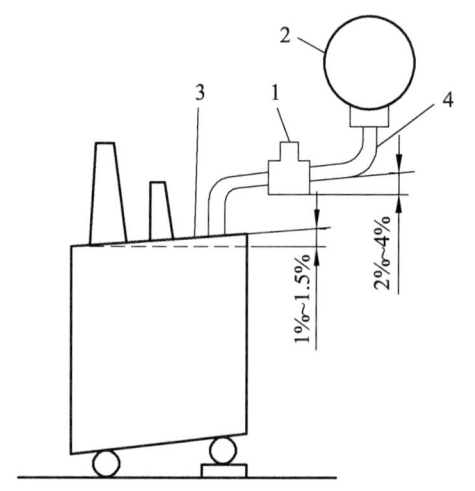
1—瓦斯继电器;2—油枕;3—变压器顶盖;
4—连接管道。

(a)安装示意图

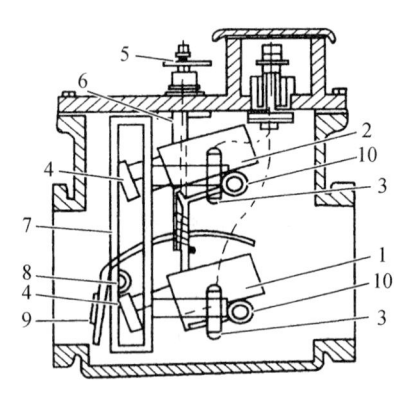
1—下开口杯;2—上开口杯;3—干簧触点;
4—平衡锤;5—放气阀;6—探针;7—支架;
8—挡板;9—进油挡板;10—永久磁铁。

(b)气体继电器的结构

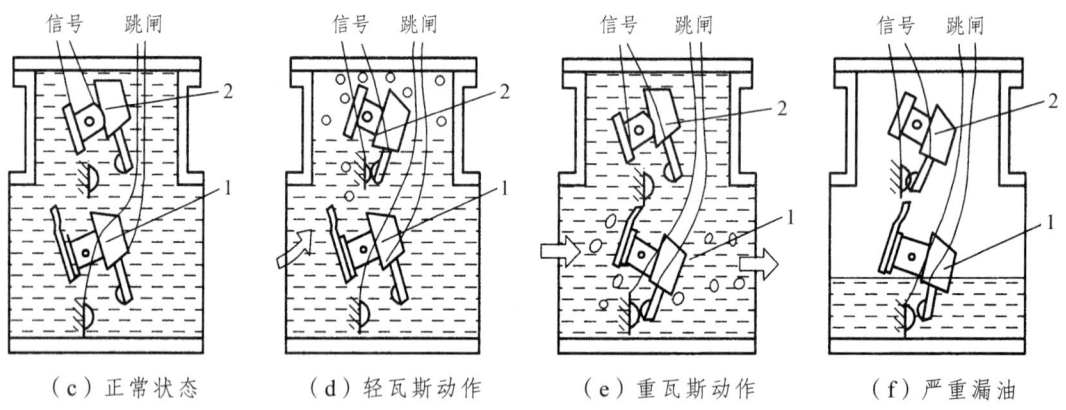

(c)正常状态　　(d)轻瓦斯动作　　(e)重瓦斯动作　　(f)严重漏油

1—下开口杯;2—上开口杯。

图 5-27　气体继电器的结构与动作原理示意图

常用的瓦斯继电器有两种:浮子式和挡板式。挡板式瓦斯继电器是将浮子式的下浮子改为挡板结构。挡板式结构又分为浮筒挡板式和开口杯挡板式两种形式。目前常用的是 QJ 系列和 FJ 系列的瓦斯继电器,如图 5-27(b)所示。该继电器采用开口杯挡板式,其中开口杯 1、2 和平衡锤固定在它们之间的一个转轴上,上开口杯 2 反映油箱内的轻微故障,下开口杯 1 反映油箱内的严重故障。

当变压器正常运行时，瓦斯继电器内部的上、下开口杯 2 和 1 都充满油，而上、下开口杯因各自平衡锤 4 的作用而升起，此时上、下两对干簧触点 3 都是断开的，如图 5-27（c）所示。

当变压器油箱内部发生轻微故障时，因故障产生的少量气体逐渐汇集于瓦斯继电器顶部，并由上而下地压缩其中的油，使油面下降，上开口杯 2 因失去油的浮力，盛有残余油的一端力矩大于转轴另一端平衡锤的力矩，于是上开口杯 2 下降，带动永久磁铁靠近上部干簧触点 3，使触点闭合，发出轻瓦斯保护动作信号，如图 5-27（d）所示。

当变压器油箱内部发生严重故障时，如相间短路、铁心起火等，由于故障产生的气体很多，油气流迅速地由变压器油箱冲击到联通管进入油枕。大量的油气混合体在经过瓦斯继电器时，冲击凹形挡板 8，使下开口杯 1 下降，带动永久磁铁靠近下部干簧节点 3，使之吸合，发出跳闸脉冲，表示重瓦斯保护动作，如图 5-27（e）所示。

当变压器严重漏油而使油面下降时，首先是上开口杯 2 露出油面，发出报警信号，进而下开口杯露出油面后，继电器动作，发出跳闸命令，如图 5-27（f）所示。

2．瓦斯保护的接线

瓦斯保护的原理接线图如图 5-28 所示。气体继电器 KG 的上触点由开口杯控制，闭合后，通过信号继电器 1KS 延时发出动作信号；KG 的下触点由挡板控制，动作后经信号继电器 2KS，连接片 XB 接通中间继电器 KM 并作用于断路器跳闸，切除变压器。

为了防止变压器油箱内部严重故障时油速不稳定，造成重瓦斯触点时通时断而不能可靠跳闸，KM 采用带自保持电流线圈的中间继电器。其中，按钮 SB 用于解除自锁，如不用按钮，也可用断路器 1QF 辅助动合触点实现解除自锁。连接片 XB 用以将气体继电器下触点切换到信号灯，使重瓦斯保护退出，以防止瓦斯保护在变压器换油或气体继电器试验时误动作。气体继电器动作后，可以在继电器上部的排气口收集气体，检查气体的化学成分和可燃性，从而判断出故障的性质。

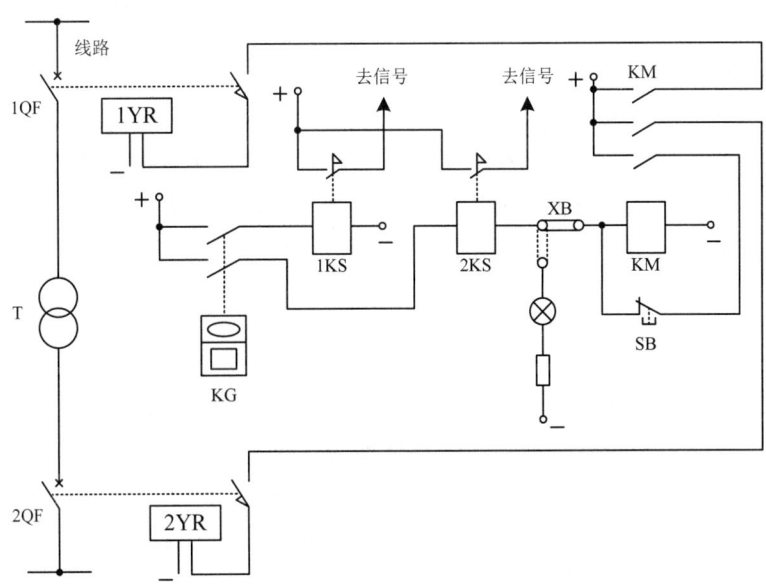

图 5-28 变压器气体保护原理接线图

## （二）温度保护

变压器如果长时间在较高温度下运行，会导致变压器的老化加剧，影响变压器的使用寿命，因此必须对变压器的温度进行监测。

油浸式变压器一般测量变压器的顶层油温，变压器温度的测量采用变压器专用的温度计，如图 5-29 所示。温控器主要包括 Pt100 热敏电阻、毛细管、波纹管、表头、压力式继电器。温控器除了显示温度，还带有电气接点用于发出报警信号及控制变压器冷却系统。

干式变压器的温度控制是通过预埋在干式变压器三相绕组中的三只 Pt100 热敏电阻来检测变压器绕组温度的。此外，还可以用另一只 Pt100 热敏电阻监测环境温度或一些比较重要的温度，如铁心温度等。干式变压器的温度控制系统如图 5-30 所示。

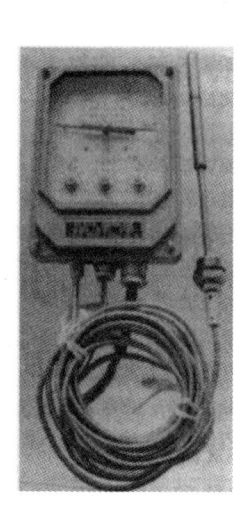

图 5-29 温控器

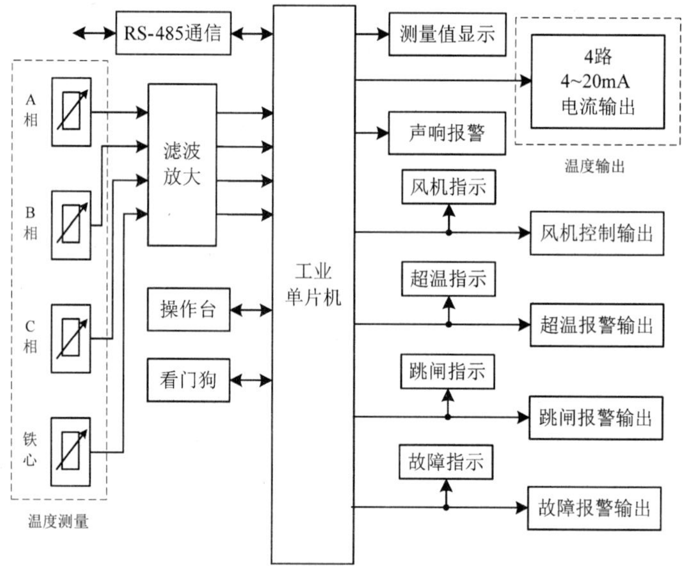

图 5-30 干式变压器的温度监控系统

## （三）压力释放保护

当变压器过载或故障时，会引起油箱内部压力升高，如果压力达到一定程度而得不到释放，则可能引起变压器爆炸，所以油浸式变压器需要装设压力保护装置——压力释放阀。当变压器内部达到一定压力时，压力释放阀便动作，释放阀的膜盘跳起，变压器油排出，同时释放阀便可靠关闭，使变压器油箱内保持正压，有效防止外部空气、水分及其他杂质进入油箱。

## （四）冷却器故障、风冷消失的保护

由于变压器铁耗和铜耗的影响，变压器在运行中会产生较多的热量，尤其在高温环境中，发热更加严重。中小型变压器一般利用散热器进行自然冷却，而大中型变压器一般都装有冷却装置。

当变压器采用风冷方式时，通常是在变压器油箱壁或散热器上加装风扇，以提高散热器的冷却效率。当风扇因故停转时，风扇的保护系统发出"风冷消失"的告警信号。当变压器采用强迫油循环冷却方式时，利用油泵将变压器油打入油冷却器冷却后再送回油箱。变压器可以装设多台冷却器和备用冷却器,根据温度和负载控制冷却器的投切。一般情况下,若部分冷却器出现故障,则投入其他冷却器或备用冷却器,并发出告警信号;若冷却器全停,则应发出跳闸信号。

对于现在常用的微机保护装置而言,来自变压器的非电气量接点有三种类型:不需要延时跳闸的接点、需要延时跳闸的接点、只需发告警信号的接点。一般情况下,不需要延时跳闸的非电气量保护包括本体重瓦斯、调压重瓦斯、压力释放、绕组过温等;需要延时跳闸的非电气量保护包括冷却器故障等;只需发出告警信号的非电气量保护包括本体轻瓦斯、调压轻瓦斯、本体油位异常、有载调压油位异常、油温高、风冷消失等。

### 三、变压器的纵联差动保护的原理与接线方式

变压器差动保护是一种用于反应变压器内部故障的保护类型,其基本原理是流入变压器的能量与流出变压器的能量理论上应该相等(不考虑变压器的励磁及漏磁损耗),实际运用中,常用电流的形式来反映。变压器保护中应用的纵联差动保护,其原理接线图如图 5-31 所示。

根据原理接线图可以看出,在双绕组变压器两侧均装设有电流互感器,并且电流互感器根据极性接成电流差的形式,即流入差动元件的电流为 $\dot{I}'_2 - \dot{I}''_2$。

由于变压器高压侧和低压侧的额定电流不同,所以必须适当选择两侧电流互感器的变比,使得在正常工作时和外部故障时两侧的电流相同,即:

$$\dot{I}'_2 = \dot{I}''_2 = \frac{\dot{I}'_1}{n_{TA1}} = \frac{\dot{I}''_1}{n_{TA2}} \quad (5\text{-}32)$$

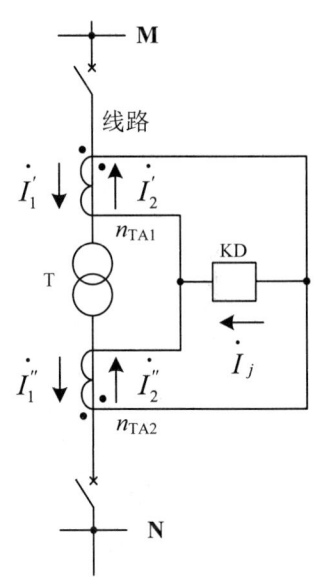

图 5-31 变压器差动保护原理接线图

则:

$$\frac{n_{TA2}}{n_{TA1}} = \frac{\dot{I}''_1}{\dot{I}'_1} = n_T \quad (5\text{-}33)$$

式中  $n_{TA1}$——高压侧电流互感器的变比;
   $n_{TA2}$——低压侧电流互感器的变比;
   $n_T$——变压器的变比。

从以上推导可以看出,这种按相实现的差动保护,其电流互感器变比的选择原则是两侧电流互感器的变比等于变压器的变比。按照上述方法实现的差动保护,在变压器正常运行或者出现变压器外部故障时,$\dot{I}'_2 - \dot{I}''_2 = 0$,差动保护不动作。当发生差动保护区内故障时,$\dot{I}'_2 - \dot{I}''_2 > 0$,差动保护动作,发出跳闸信号,变压器各侧的断路器分闸,切除故障,对变压器起到保护作用。

## 四、变压器相间短路的后备保护

变压器相间短路故障的后备保护不仅用来反映变压器外部故障引起的变压器绕组过电流,也作为差动保护和瓦斯保护的后备保护。通常采用过电流保护、低电压启动的过电流保护、复合电压启动的过电流保护等。

为了防止变压器长期过负荷运行,使绝缘老化,影响绕组的绝缘寿命,还应装设过负荷保护。

### (一) 过电流保护

变压器的过电流保护按照躲过变压器可能出现的最大负荷电流来整定。最大负荷电流可以按照以下两种情况考虑:

(1) 对并列运行的变压器,应考虑切除一台变压器后产生的过负荷。

(2) 对降压变压器,应考虑负荷侧电动机自启动时的最大电流,一般要求在变压器负荷侧母线短路时,其灵敏系数不小于 1.25。

保护装置的动作时限应与上、下级的过电流保护相配合,即比下一级保护的动作时限大一个 $\Delta t$,同时比上一级过电流保护时限低一个 $\Delta t$。保护动作时,跳开主变压器各侧的断路器。

变压器过电流保护由于是按照最大负荷来整定的,往往无法满足作为本元件近后备保护及相邻元件远后备保护的灵敏度要求。为此,可以采取低电压启动的过电流保护来解决,常见的有低电压启动的过电流保护和复合电压启动的过电流保护。

### (二) 低电压启动的过电流保护

低电压启动的过电流保护的原理如图 5-32 所示。可见,该保护主要是由过电流保护和低电压启动元件两个部分组成。

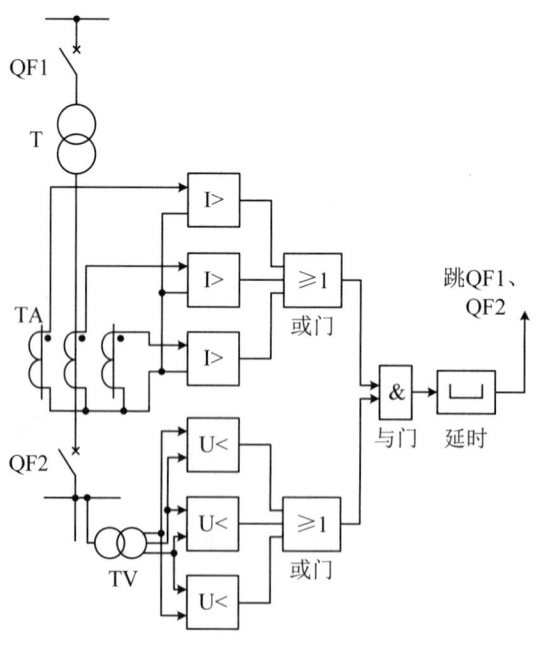

图 5-32 变压器低电压启动的过电流保护原理接线图

其中，过电流保护的动作电流可以不考虑并列变压器跳闸或电动机自启动等因素的影响，只需按照躲开变压器的额定电流来整定，这样可以降低过电流的整定值，从而提高保护的灵敏性。一般要求其作为近后备保护时灵敏度不小于1.3，作为远后备保护时灵敏度不小于1.2。

低电压元件的动作电压可按照正常运行时的最低工作电压来整定，一般取0.9倍额定电压。对于降压变压器，电压检测回路一般应接于低压侧母线的电压互感器上，以提高在负荷侧发生故障时的电压灵敏度。

### （三）复合电压启动的过电流保护

复合电压启动的过电流保护的原理及接线图如图5-33所示。由图中可以看出，复合电压元件包括正序低电压元件和负序低电压元件。正序低电压元件的电压取自本侧的电压互感器或变压器各侧的电压互感器，动作判据为实际测量值小于低电压元件整定值；负序低电压元件的电压取自本侧或变压器各侧，动作判据为实际测量值大于负序电压元件整定值，两个电压元件是"或"的关系；过流元件的电流取自本侧的TA，动作判据为任一相电流大于过电流整定值。

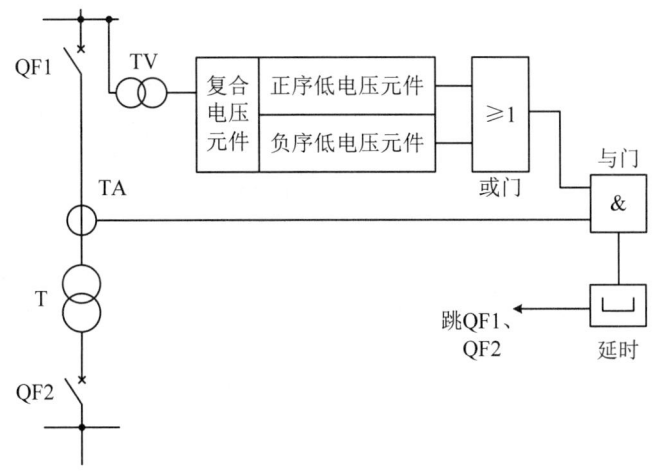

图5-33 复合电压启动的过电流保护原理及接线图

复合电压启动的过电流保护的动作电流整定值与低电压启动的过电流保护的动作电流整定值相同。负序电压按躲过正常运行时的最大不平衡电压来整定，一般取$(0.06 \sim 0.12)U_N$（额定电压）。低电压元件的动作值应小于正常情况下母线上可能出现的最低工作电压，一般取$(0.5 \sim 0.6)U_N$（额定电压）。由此可见，复合电压启动的过电流保护的电压灵敏度更高。

### （四）变压器的过负荷保护

为防止变压器因过负荷而造成的异常运行或变压器过电流问题，变压器需装设过负荷保护。变压器的负荷一般都是三相对称的，此时过负荷保护只需接入某一相电流；但如果变压器各相负荷不相等（如电气化铁道的牵引变压器），过负荷保护应该装设在重负荷的一相上，保护经延时作用于信号。

过负荷保护的动作电流按躲过变压器的额定电流整定，为防止过负荷保护在变压器外部短路时误动，其动作时间应大于变压器后备保护的最大时限，一般取8~10s。

### 五、变压器接地短路故障的后备保护

当地铁供电系统建有主变电所时,变压器电源一般引自 110 kV 城市电网,而这种中性点直接接地系统的变压器,一般要求在变压器上装设接地保护作为变压器主保护和相邻元件接地保护的后备保护。在发生接地故障时,变压器中性点将出现零序电流,母线将出现零序电压,变压器接地短路的后备保护通常都是反映这些电气量的变化的。

（一）中性点直接接地运行变压器的零序保护

中性点直接接地运行的变压器采用零序电流保护,在接地侧一般都配有两段式零序电流保护,如图 5-34 所示。

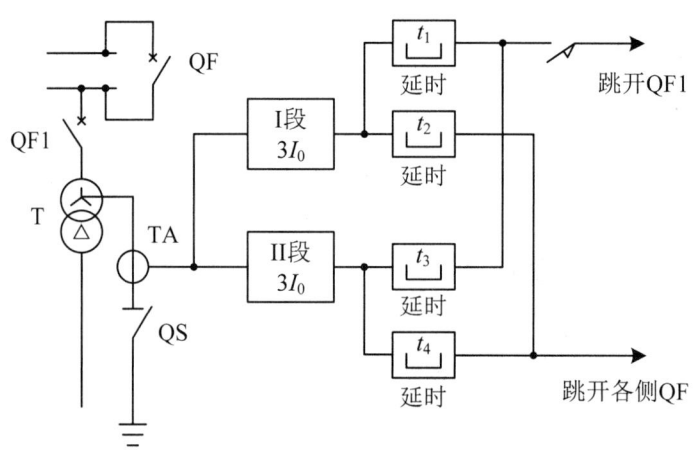

图 5-34 中性点直接接地运行的变压器零序电流保护的原理示意图

每段保护一般都配有两个时限,根据需要第一时限以较小时限跳开分段断路器或本侧断路器,以缩小事故范围；第二时限以一个较长时限跳开本侧断路器或变压器各侧的断路器。

零序 I 段保护的动作电流一般按不超过相邻元件零序 I 段范围整定,第一时限比相邻元件零序 I 段时限多一个时限 $\Delta t$,第二时限比第一时限多一个 $\Delta t$ 时限。

零序 II 段保护的动作电流一般按照不超过相邻元件零序后备段范围整定,第一时限比相邻元件零序后备段时限多一个 $\Delta t$ 时限,第二时限比第一时限多一个 $\Delta t$ 时限。

（二）中性点可接地也可不接地运行的变压器零序保护

中性点直接接地系统发生短路故障时,零序电流的大小与系统中变压器中性点接地数目和位置有关。为了使零序保护有稳定的保护范围和足够的灵敏度,系统中通常只有部分变压器的中性点接地运行,这就造成部分变压器中性点有时接地运行,有时不接地运行。当发生接地故障时,局部系统为中性点不接地系统,将会造成变压器中性点电压升高为相电压。对于这种后果,全绝缘变压器中性点的绝缘能够短时承受,但对于分级绝缘的变压器,绝缘将受到损坏,所以对不同绝缘水平的变压器应装设不同的零序保护。零序电流保护作为变压器中性点直接接地运行时的保护,而零序电压保护作为变压器中性点不接地运

行时的保护。零序电流保护的整定原则与上述直接接地变压器的零序保护整定原则相同。零序电压元件的动作电压按躲过在部分中性点接地的电网发生单相接地短路时保护安装处可能出现的最大零序电压来整定,所以它只在有关的中性点接地变压器已切断后才可能动作,其动作时限不需要与其他保护配合,为了避开暂态过程的影响,其动作时间一般为 $0.3 \sim 0.5$ s。

全绝缘变压器零序保护的原理如图 5-35 所示。

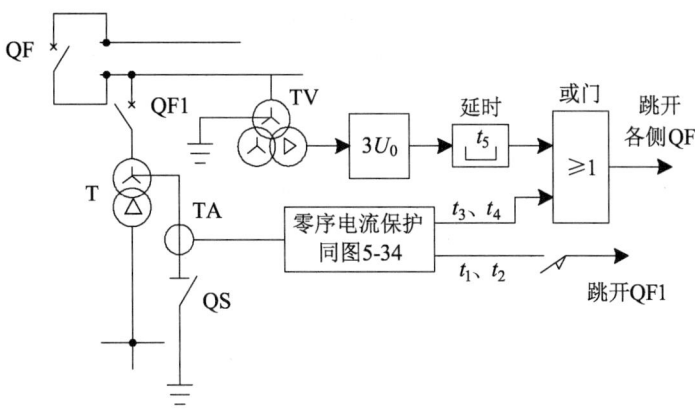

图 5-35 全绝缘变压器的零序电流保护原理示意图

分级绝缘变压器的中性点绝缘水平较低,一般需装设有放电间隙和避雷器,其原理接线图如图 5-36 所示。

此种保护是由零序电流元件和零序电压元件两部分组成,当电网发生接地故障且失去中性点时,放电间隙击穿,放电电流使零序电流元件启动,迅速切除变压器,零序电压元件作为放电间隙拒动的后备保护。接地保护动作时,应首先跳开中性点不接地的变压器,然后跳开中性点直接接地的变压器。

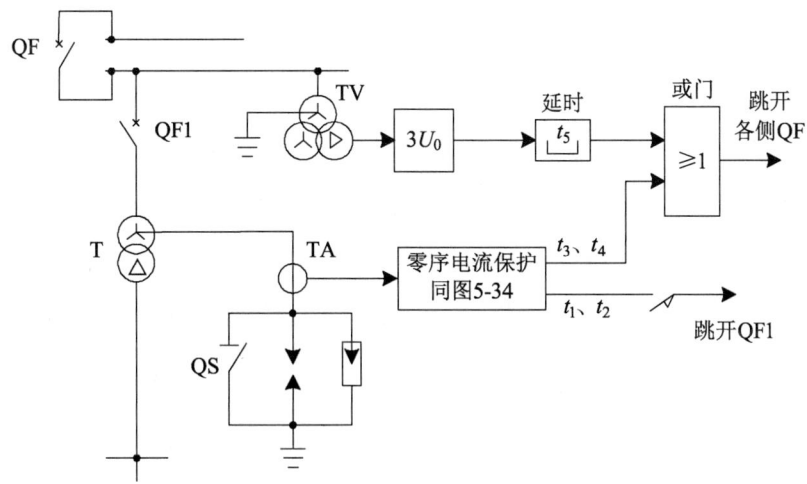

图 5-36 中性点装有放电间隙和避雷器的分级绝缘变压器的零序保护原理示意图

## 第四节 城市轨道交通直流供电系统的保护方式

在城市轨道交通牵引供电系统中，电能从牵引变电所经馈电线、接触网输送给电动列车、再从电动列车经钢轨、回流线流回牵引变电所。由馈电线、接触网（接触轨）、轨道回路及回流线组成的供电网络称为牵引网。城市轨道交通供电系统由牵引变电所或牵引降压混合变电所和牵引网系统共同完成向城市轨道交通列车输送电能的任务。目前，城市轨道交通采用直流供电，该直流供电系统包括直流开关柜、控制和保护系统、直流电缆、接触网等。

微课视频：
城轨交通直流供电
系统的继电保护

城市轨道交通直流供电系统在运行过程中也可能发生各种故障和不正常运行状态，它们可能引起系统事故的发生，对电气设备和人身安全造成威胁。国内外城市轨道交通系统运行统计数据表明，60%的轨道交通火灾事故起因是电气故障。可见，对直流供电系统进行控制和保护有利于轨道交通的安全、可靠运行。为此，必须在牵引变电所的开关柜内安装直流供电的保护装置。这些装置一方面在正常运行状态下能满足列车运行要求，另一方面在直流供电系统发生故障的情况下能有选择地迅速切除故障，以确保城市轨道交通的安全运行。

### 一、城轨牵引供电方式

牵引供电系统的供电方式是指牵引变电所向牵引网的供电方式，包括单边供电、双边供电和大双边供电三种模式。

单边供电是指任何一个馈电区（牵引网）仅能从一侧牵引变电所取得电源的供电方式。一般来说，只有线路的终端，如车辆段内才会采用这种供电方式。双边供电是指任何一个馈电区均同时从两侧牵引变电所取得两路电源，城市轨道交通的牵引供电系统正常运行时，其正线均应采用双边供电方式。双边供电方式如图 5-37 所示。

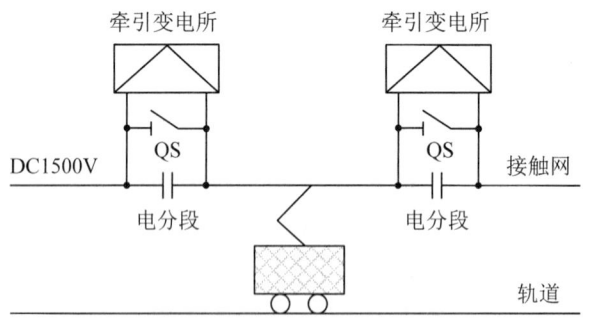

图 5-37 双边供电方式

通常认为，双边供电比单边供电具有更明显的优点。就牵引网的平均电压损失、列车带电运行时受流器上的电压损失、列车最大平均电压损失、牵引网的功率损失等而言，双边供电都是单边供电的 1/3～1/4。双边供电时，列车的再生能量可以被同行列车吸收，且当车流密度高时，再生能量更容易被同行列车利用；而单边供电时，再生能量被其他同行列车吸收的可能性极小。此外，双边供电的杂散电流是单边供电时的 1/3～1/4，双边供电走行轨对地电位如图 5-38 所示。

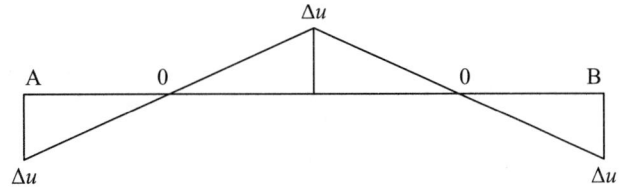

图 5-38  双边供电模式下走行轨对地电位示意图

鉴于双边供电比单边供电的优点更多，系统中任何一座牵引变电所因故障解列时，应采取技术措施，实行大双边供电。实现大双边供电有下列的两种方式。

（一）利用解列的牵引变电所的直流母线构成大双边供电

如图 5-39 所示，假设牵引变电所 B 发生故障（只是两套整流机组退出运行），并且其直流母线、上下行 4 路馈线断路器及其二次回路完好无损且能正常运行，可以考虑使用这种大双边供电方法。

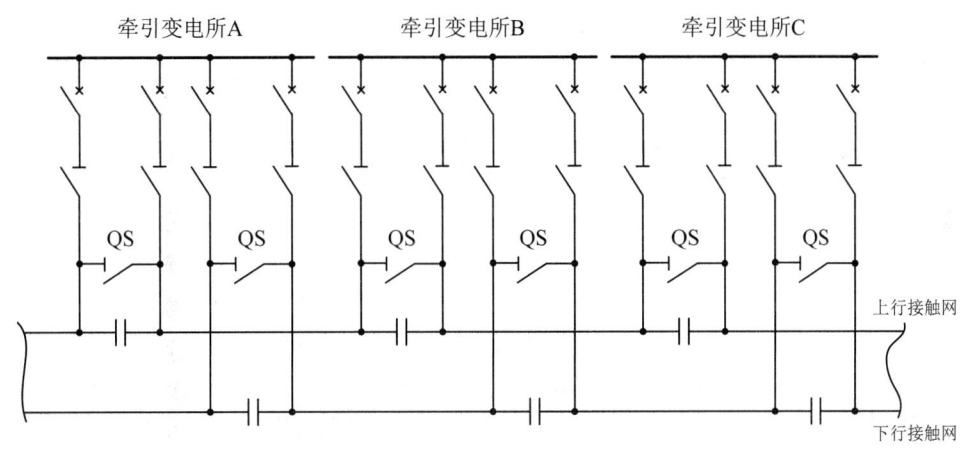

图 5-39  由直流母线构成大双边供电的原理示意图

利用故障变电所的直流母线将上、下行的接触网连接起来，虽然改变了电压质量、降低了损耗，但同时也可能会扩大事故范围，因为此时若接触网上的一点再发生短路故障时，可能引起多路馈出断路器跳闸，从而使事故范围扩大。

（二）利用纵向隔离开关构成大双边供电

如图 5-40 所示，假设牵引变电所 B 因故障解列（断路器、隔离开关均跳开），此时可以利用电分段处的纵向隔离开关构成大双边供电，这时牵引网运行不会受到故障牵引变电所的影响，图中两台纵向隔离开关 1QS、2QS 处于合闸状态。

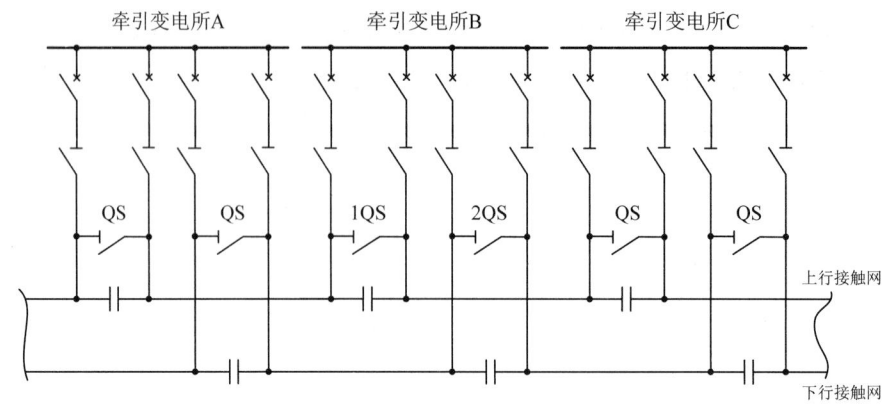

图 5-40　由纵向电动隔离开关构成大双边供电的原理示意图

## 二、城轨供电直流系统保护配置

### （一）城轨供电直流系统保护配置原则

城市轨道交通直流牵引供电系统的保护可以分为两部分：牵引整流机组的保护和直流馈线的保护。牵引供电系统保护的最大特点就是系统的"多电源"和保护的"多死区"。

所谓多电源是指有多个电源同时向一段牵引网供电。但是当牵引网发生短路时，并非仅双边供电两侧的牵引变电所向短路点供电，而是全线的牵引变电所都通过牵引网向短路点供电。所谓多死区，是因牵引供电系统本身构成的特点和保护对象的特殊性而形成保护上的死区。对任何保护系统的最基本要求就是要消除保护死区，并且在发生故障时要迅速切断电源。针对牵引供电系统的这两个特点，牵引供电系统除了采用交流系统常用的保护外，还设置了牵引变电所内部联跳保护、电流上升率 $di/dt$ 保护、电流增量 $\Delta I$ 保护、牵引网双边联跳保护等特殊保护措施，以完全满足上述要求。

对任何供电系统的继电保护而言，可靠性总是第一位的，而对直流牵引供电系统，速动性和可靠性是同等重要的，因此，直流侧保护都采用动作时间为毫秒级的保护设备，如直流快速断路器、电流上升率 $di/dt$ 保护、电流增量 $\Delta I$ 保护等，目的就是在直流短路电流上升过程中将其遮断，不允许短路电流到达稳态值。至于选择性，在直流牵引供电系统中则处于次要地位，其保护的设置是宁可误动作，不可不动作。误动作可以用自动重合闸进行矫正；不动作则后果严重。与交流电弧电压过零可以自动熄灭不同，牵引供电系统短路时产生的直流电弧如不迅速切断电源，会长时间维持燃烧而不熄灭。

配置原则：

（1）城市轨道交通直流保护应充分考虑到各种保护之间的相互配合关系，以保证在直流供电系统发生短路故障时，能快速、可靠地切除故障。城市轨道交通直流保护不同于交流电力系统保护，在交流电力系统中，保护动作定值与延时的配合可保证故障的可靠切除。而对城市轨道交通直流保护而言，接触网一旦发生故障，就要求其快速跳闸，不同原理的保护之间的配合就显得尤为重要。

（2）城市轨道交通直流保护应保证在列车正常运行时，不会因车辆启动或加速时产生的大电流而误跳闸。

（3）城市轨道交通直流保护应充分考虑某些特殊情况下的动作特性，如接触网末端短路或非金属性直接接地等情况。

## （二）直流开关柜的保护配置

图 5-41 所示为一个典型的牵引变电所的电气主接线图，该所将主变电站送来的交流高电压（典型值 35 kV）经过整流机组（包括变压器和整流器）降压、整流成 1500 V 的直流电，再经过直流开关柜向接触网供电。

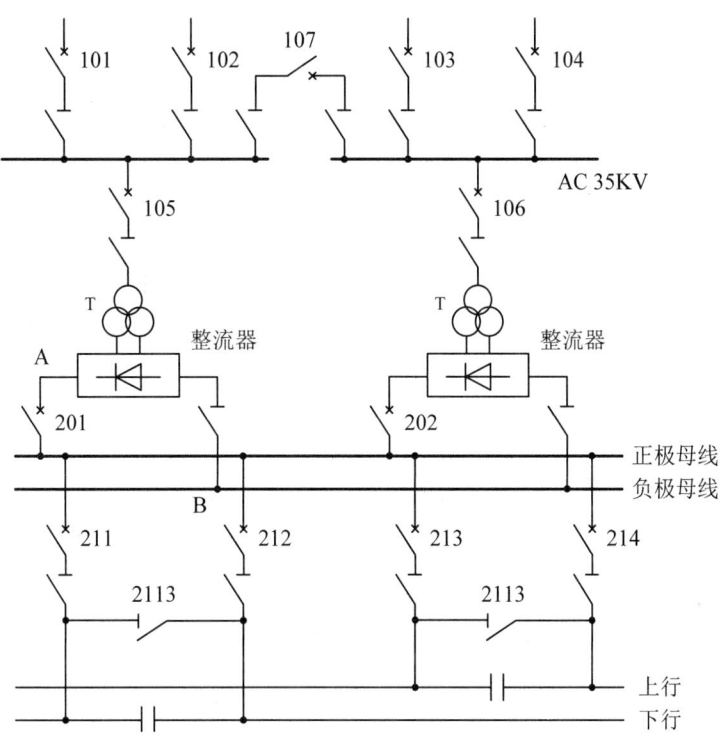

图 5-41 典型的牵引变电所主接线图

牵引变电所内的直流保护系统必须在系统发生故障时快速、准确地切除故障，同时又要避免列车正常运行时一些电气参数的变化引起保护装置误跳闸。后备保护的存在增加了故障切除的可靠性，同时也增加了与主保护配合的难度，所以保护的配置也不宜过多。不同的牵引变电所其电气特性不同，运行要求不同，所以保护装置的整定值不同，甚至保护的配置也不相同。通常，牵引变电所内的直流保护安装于开关柜中，其可能的配置如下。

1. 馈线柜（图 5-41 中对应 211、212、213、214 开关柜）

馈线柜安装于正极母线和接触网馈出电缆之间，其内配置正极母线、直流快速断路器及相关保护、控制设备，提供多种馈线保护和控制，在馈出接线铜排旁设有避雷器，这是城市轨道交通供电保护系统中最主要的保护设备。馈线柜内装设的手车式直流快速断路器，其手车能方便地拉出和推入。所有二次保护控制测量元件均安装于标准的安装导轨上，卡插式安装固定，方便更换，其安装接线方式均能满足运行维护过程可靠、方便、快捷的要求。

馈线柜配置的保护和控制功能包括：

（1）大电流脱扣保护（over-current protection）。

（2）电流上升率保护（di/dt protection）。

（3）定时限过流保护（definite-time over-current protection）。

（4）低电压保护（under-voltage protection）。

（5）双边联跳保护（transfer intetrip protection）。

（6）接触网热过负荷保护（cable thermal overload protection）。

（7）自动重合闸（automatic re-closure）

2．进线柜（图5-41中对应201、202开关柜）

进线柜（也称为正极柜），其功能是控制直流母线与车站变电所母线之间的通断，柜内主要由直流快速断路器、电动隔离开关、分流器、避雷器、测量与控制单元组成。保护系统安装在断路器操作机构中，主要由各种硬件电路构成，通过直流分流器、直流传感器、霍尔传感器、隔离变送器、分压器等元件测量线路的电流和电压，输入保护系统，根据系统判据，确定线路是否有故障。一旦系统检测出线路故障，断路器会跳开，从而切除故障，实现保护功能。整个系统的可靠性依赖于对线路电流、电压等电路信息量的精确检测以及保护判据的准确性。

进线柜配置的保护和控制功能包括：

（1）大电流脱扣保护（over-current protection）。

（2）逆流保护（reverse current protection）。

3．负极柜（图5-41中的B点）

负极柜采用固定安装方式，由加强型钢板和高强铝合金骨架组装而成，柜内装有手动/电动隔离开关，并可根据需要设置一套框架泄漏保护装置，防止直流设备内部绝缘损坏时造成人身危险。负极柜主要实现接地保护和框架泄漏保护功能。

4．轨道电位限制装置

轨道电位限制装置用于限制钢轨和地面之间产生较高的电压差，这种电压差是由于钢轨与地之间泄漏电阻的存在，使钢轨对地的电位升高而引起的。轨道电位限制装置的电压检测及接触器主触点均接于钢轨（负极）和地之间。

### 三、几种常见的直流保护

牵引变电所内的直流系统的故障形式主要有：短路故障，过负荷故障，过电压故障。其中最常见的也是危害最大的是短路故障。从本质上讲，短路故障有两种类型，一种是正极对负极短路，另一种是正极对大地短路。牵引变电所内配置的多数保护都是为了切除前一种故障，框架保护则是为了切除后一种故障。对于前一种故障，多数是由于架空接触网对钢轨短路所引起的，且短路点到牵引变电所的距离决定了短路电流的大小。图5-42所示为典型的近、远端短路故障电流与列车受电弓过接触网分段时的电流-时间特性。可以看出，远端短路故障电流的峰值与列车启动时的电流峰值相近，甚至小于该电流，所以，如何区分远端短路故障电流与列车的启动电流是牵引变电所直流保护的难点。另外，列车受电弓过接触网分段时，也会有一个峰值较高的电流出现。

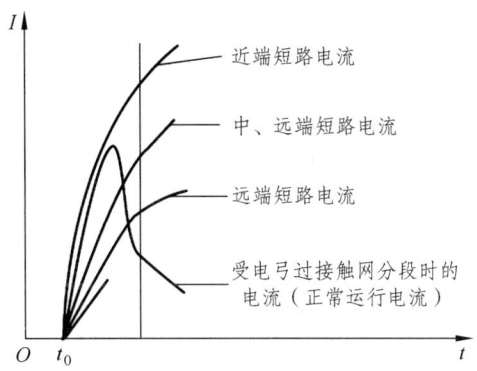

图 5-42　短路电流与列车运行电流特性示意图

### （一）大电流脱扣保护

大电流脱扣保护是一种直流断路器本身装设的基于电流幅值的保护。它采用电磁脱扣原理，是接触网近端短路故障的主保护。如瑞士 Secheron（赛雪龙）公司的直流断路器，在其内设有一个跳闸装置，它由一个钢片层压的固定引铁和一个可移动引铁组成，可移动引铁与一弹簧微调螺钉相连接，用于调节跳闸动作值，另外还有一个动铁心用于触发跳闸。在过流（短路或过载）的情况下，主回路中的绕组在固定引铁内产生一个磁场，动铁心受这个磁场的作用，通过一个杠杆推动棘爪，从而释放动触头，使断路器跳闸。

不同型号的直流断路器，过流跳闸电流整定范围为：6~12 kA 或 9~15 kA 或 12~18 kA，其跳闸动作值可以通过改变磁路，也就是通过调节空气气隙的大小而改变。大电流脱扣保护一旦检测到瞬时电流超过动作电流时，立即跳闸，所以大电流脱扣保护非常灵敏，尤其对于电流上升非常快的近端短路，往往先于电流上升率及电流增量保护动作。

大电流脱扣保护的整定：首先按躲过计算出的馈线的最大负荷电流来整定初值，同一供电臂两侧的馈线大电流脱扣保护整定值相同；为保证选择性，还应与相邻供电区间近端短路时的保护配合，防止越区跳闸；一般是取同时满足以上几个条件的最大值作为馈线的大电流脱扣保护定值。

通常，整定值 $I_{set}$ 的计算为：

$$I_{set} = K_{rel} \cdot I_{k \cdot min} \tag{5-34}$$

式中　　$I_{k \cdot min}$——被保护线路短路电流的最小值；

　　　　$K_{rel}$——可靠系数，取 1.5 左右。

### （二）DDL 保护

我国早期的城市轨道交通直流牵引供电系统通常采用大电流脱扣和过电流保护相互配合来实现对牵引网的保护，如早期的北京城市轨道交通、天津城市轨道交通等。大电流脱扣属于断路器本体装置，短路点距变电所越近，短路电流的上升率越大，电磁脱扣跳闸时间也越短，因而大电流脱扣主要用于近端短路保护。

对于短路点在远端的情况，短路电流相对较小，大电流脱扣时间也较长，甚至不能有效保护。过电流保护虽然能有效地保护到线路的末端，但其延时较长，保护速动性有所降低。随着近几年我国城市轨道交通的迅速发展，一种反应电流变化趋势的保护，即 DDL 保护，又称电流变化率（d$i$/d$t$）和电流增量（$\Delta I$）保护，逐渐成为直流牵引网末端短路的主保护。

DDL 保护既能切除近端的短路故障，也能切除大电流脱扣保护不能切除的故障电流较小的远端短路故障，既避免了单独的电流变化率 d$i$/d$t$ 保护受干扰而误动，又克服了电流增量 $\Delta I$ 保护存在拒动的缺点；它还可以避免对绝对电流的检测，且能有效区分机车启动电流和短路电流。DDL 保护逐渐成为城市轨道交通直流馈线保护的主保护。

当保护装置安装点附近发生短路故障时，保护装置检测到的电流上升率将会很大，因此可利用电流的上升量 $\Delta I$ 作为判据，在短路电流未达到它的最大峰值前就判断出故障并跳闸，从而更加有效地保护整个供电系统和列车的安全运行。当短路故障发生在远离保护装置安装处时，装置检测到的短路电流将会很小，电流增量 $\Delta I$ 保护将不再适用，可采用 d$i$/d$t$ 保护。

1. DDL 保护的工作原理

由于受到车辆启动、加速等运行状态的影响，直流牵引供电系统中车辆的取流不是总保持在一个水平上，实际馈线上的电流变化频繁且复杂。当采用 DDL 保护作为直流供电系统的主保护时，主要就是通过分析电流变化率 d$i$/d$t$、电流持续增加的时间 $t$ 和电流增量 $\Delta I$ 这三个参数，以检测远距离的短路故障。DDL 保护需要整定的保护参数有以下 6 个：保护装置的启动门限 $E$、保护装置的复位门限 $F$（$E>F$）、最大电流增量的设定值 $\Delta I_{\max}$、最大电流增量保护的动作延时时间 $t_{\Delta I \cdot \max}$、最小电流增量 $\Delta I_{\min}$、最小电流增量延时时间 $T$。

保护装置不断检测馈线上的电流 $I_f$ 及其电流变化率 d$i$/d$t$，并将该变化率 d$i$/d$t$ 与设定值 $E$ 和 $F$ 比较。若 d$i$/d$t$ > $E$，则开始测量电流增量（$\Delta I$）和电流持续增加的时间（$t$）。

在测量时间内（小于 $T$），若测得的电流增量 $\Delta I$ 大于最大电流增量的设定值 $\Delta I_{\max}$，则经过一段时间 $t_{\Delta I \cdot \max}$ 延时后，$\Delta I$ 保护出口动作并使断路器跳闸。若测量时间超过最小电流增量的延时时间 $T$ 且电流增量 $\Delta I$ 大于最小电流增量 $\Delta I_{\min}$，则 d$i$/d$t$ 保护出口动作并使断路器跳闸。如果在电流增量达到 $\Delta I_{\max}$ 之前或测量时间达到最小电流增量延时时间 $T$ 之前，电流变化率 d$i$/d$t$ < $F$ 且保持 $t_{\Delta I \cdot \max}$ 的时长，则电流增量 $\Delta I$ 的测量值和测量时间 $t$ 归零。根据上述 DDL 保护的工作原理，可以画出图 5-43 所示的 DDL 保护的工作特性曲线。

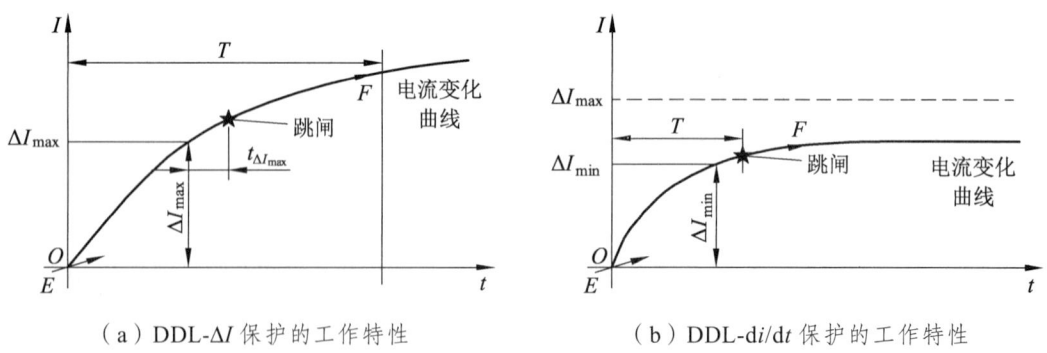

（a）DDL-$\Delta I$ 保护的工作特性　　　　（b）DDL-d$i$/d$t$ 保护的工作特性

图 5-43　DDL 保护的工作特性曲线

2. DDL 保护参数的整定原则

1) $E$ 和 $F$ 的设定

启动值 $E$（kA/s 或 A/ms）为保护装置的起始门限，当电流变化率 $di/dt > E$ 时，保护装置启动。短路情况下的初始变化率可由 $(di/dt)_{t=0}$ 计算得出，为保证保护装置的可靠启动，$(di/dt)_{t=0}$ 应大于 $E$。另外，考虑到短路故障发生时已存在一牵引电流，即在 $t=0$ 时，馈线上的电流等于牵引电流，这样初始电流变化率将会小于在极端条件下（$t=0$，$i=0$）计算出来的值。因此，在一般情况下可将 $E$ 设定为初始电流变化率计算值 $(di/dt)_{t=0}$ 的一半，以满足在有牵引负荷电流的状况下保护检测的要求。为了能够辨识出任何情况下的短路故障，当牵引电流较高时可以适当降低设定值，但必须避免与列车正常牵引负荷电流混淆。

电流变化率 $F$（kA/s 或 A/ms）为保护装置的复位门限，当 $di/dt < F$ 时，保护装置复位，这一电流变化率标志着短路故障的结束。$F$ 的值可适当降低以提高 DDL 保护的精度，也就是说可以更准确地辨识出发生在线路末端的短路故障。

2) $\Delta I_{max}$ 和 $t_{\Delta I \cdot max}$ 的设定

$\Delta I_{max}$ 这一参数应在车辆运行情况下对系统进行全面测试得出，通常该参数可在最大牵引电流和短路电流之间或者短路情况下 $E$ 和 $F$ 值所对应的电流之间选取，但不应小于车辆的启动电流。$t_{\Delta I \cdot max}$ 这一参数与 $\Delta I_{max}$ 有关，表示 DDL 保护中电流增量保护的动作延时时间并可以消除寄生电流。

3) $T$ 和 $\Delta I_{min}$ 的设定

最小电流增量延时时间 $T$ 这一参数可以改变 DDL 保护中 $di/dt$ 保护的检测时间，当电流变化率大于 $E$ 时，开始进入 DDL 保护的分析过程，当分析持续时间 $t$ 等于 $T$，且电流增量大于最小电流增量 $\Delta I_{min}$ 时，保护动作。需要注意的是，在分析电流增量和电流变化的期间，电流变化率都需要大于 $F$。通常 $T$ 值为 1.5 倍的短路时间常数或短路情况下 $di/dt$ 值从 $E$ 到 $F$ 所经历时间的 80%。

### （三）双边联跳保护

城市轨道交通牵引供电系统包括牵引变电所和牵引网，该系统有其自身的特点：电源多、供电方式多、回路多、参数多，这就决定了其短路计算和保护设置不同于交流供电系统，牵引供电系统设置的联跳保护就是一种比较有针对性的保护。目前，联跳保护已经发展成为牵引供电系统中的重要保护之一。

1. 联跳保护的概念

联跳，就是一个断路器因故障或事故跳闸之后，强迫与其相关的所有断路器跳闸。这是目前解决牵引供电系统直流断路器没有远后备保护的唯一可靠办法，应用在直流供电系统中的联跳保护，包括双边联跳保护和变电所联跳保护。

所谓双边联跳保护就是在供电系统发生故障后及时切断向短路点供电的电源。对于采用双边供电的接触网，即在一个供电区内的接触网有两个变电所对其供电，当其中一个变电所的直流馈线断路器因某些保护动作而跳闸的同时，还会发出联跳指令，使为同一个供电区供电的直流馈线断路器都跳闸。它能够切除故障电流特别小的远端短路故障，而跳闸命令是由距离故障点较近、感知到较大短路故障电流的变电站发出的。只要给一段接触网供电的两个牵引变电站中有一个能够正确跳闸，则另一个也会立刻跳闸，因此可靠性很高。

正常的双边联跳包括牵引网正常供电时的双边联跳与利用牵引变电所母线构成大双边供电时的双边联跳，如图 5-44 和图 5-45 所示。为了便于说明，图中只画出上行接触网双边联跳的示意图，纵向隔离开关均处于分闸的位置，同一个供电分区的馈出断路器实行双边联跳，这是目前普遍采用的一种保护方式。

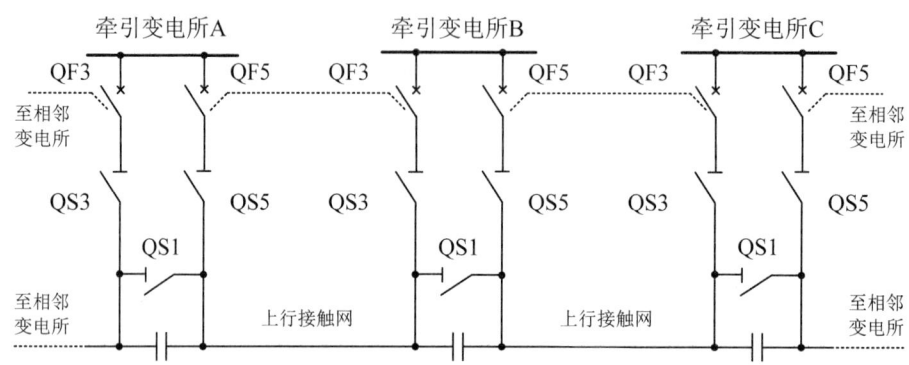

图 5-44　牵引网正常供电时的双边联跳示意图

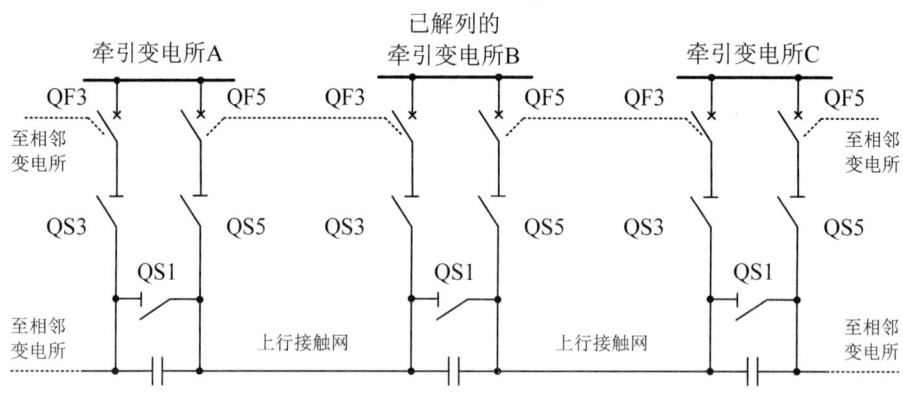

图 5-45　利用牵引变电所母线构成大双边供电时的双边联跳示意图

2．变电所联跳保护的工作原理

所谓变电所联跳保护，就是及时地切断变电所向短路点供电的所有电源。对于直流供电系统而言，设置牵引变电所联跳的根本原因就是因为在牵引变电所的直流断路器失灵拒动时，没有远后备保护，以下以图 5-46 来说明变电所联跳保护的工作原理。

从图中可以看出，该牵引供电系统具有多个电源、多个回路，牵引变电所有 6 台直流断路器（QF3～QF8）。现假设直流进线断路器上口至整流器出口处短路，如短路点是 Kr，则流向短路点的短路电流共 6 路，即 2 路整流机组的电流和 4 路馈出回路的短路电流。

当 Kr 点短路且直流断路器 QF3 失灵拒动时，即便是使 QF1、QF2、QF4 都断开，也不能切断短路点的电流，还有 $I_{k5}$、$I_{k6}$、$I_{k7}$ 和 $I_{k8}$ 四路短路电流通过牵引网向短路点 Kr 继续供电，若要迅速切断短路电流，则必须使四路馈出断路器 QF5、QF6、QF7 和 QF8 同时跳开，即必须实现牵引变电所的联跳。

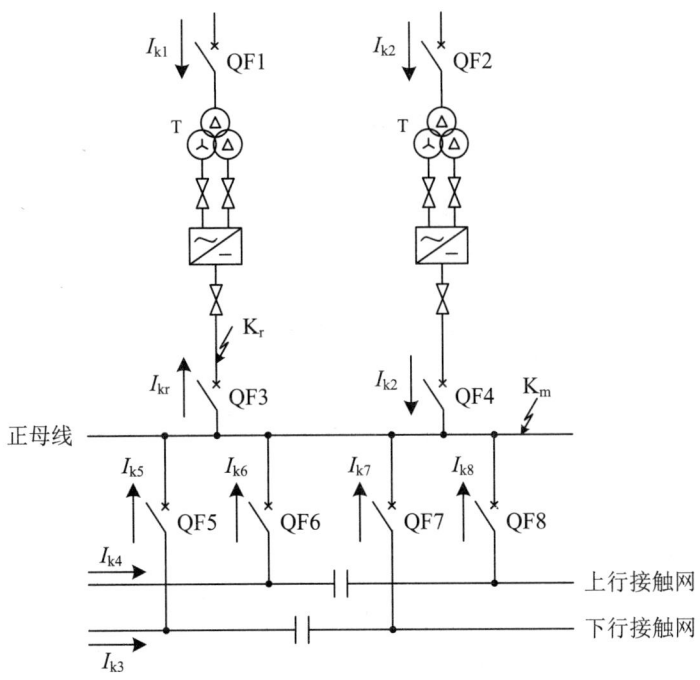

图 5-46 牵引变电所联跳示意图

当直流母线短路时,假设此时的短路点是 $K_m$,则流向短路点的短路电流也是 6 路,即 2 路整流机组的电流、4 路馈出回路的电流。此时只断开交流侧断路器 QF1 和 QF2 也不能切断短路电流,还有 $I_{k5}$、$I_{k6}$、$I_{k7}$ 和 $I_{k8}$ 四路短路电流通过牵引网向短路点 $K_m$ 继续供电,若要迅速切断短路电流,则必须使四路馈出断路器 QF5、QF6、QF7 和 QF8 同时跳开,即必须实现牵引变电所的联跳。

(四)定时限过电流保护

定时限过电流保护是电流上升率保护的后备保护,通常该保护的电流整定值 $I_{op}$ 较小,其整定的动作电流不需要躲过车辆的最大启动电流,而是依靠延时来区分故障电流和机车的启动电流的,其动作电流一般按照馈线的最大负荷电流来考虑,以达到切除远端短路故障的目的,其动作延时时间 $T$ 也较长,以避开列车启动的时间。例如,广州地铁 2 号线牵引供电系统中该保护的电流整定值 $I_{op}$ 是 3000 A,延时时间是 30 s。

当电流第一次超过定值时,保护启动,在延时时间段内,若电流一直超过定值,可以认为是短路电流,触发保护动作并跳开断路器。如果在延时时间段内的中间任一时刻电流没有超过定值,保护会自动返回,等待下次启动。

要注意的是,定时限过电流保护整定电流的设定分为正、反方向的 $I_{op+}$ 值和 $I_{op-}$ 值,正向定时限过电流保护仅用于检测馈出方向的电流。如果超过整定值,则保护装置触发断路器跳闸,测量值每 10 ms 更新一次。反向定时限过电流保护仅检测馈出的反方向电流,当车辆处于再生制动状态时,直流馈线用于直流越区供电回路。如果线路某些特殊位置发生故障,则可能会有反向电流通过直流馈线断路器,此时反向过电流保护用于检测并切除该故障。

### (五)接触网过热保护

接触网过热保护作为电流上升率保护的辅助保护,对断路器、供电线路(电缆、接触网)等提供热过载保护,该保护的目的是消除热过负荷故障,而非短路故障。当直流线路处于过负荷状态时,即使没有任何短路故障发生,接触线或进线电缆的温度也会上升,当热过载电流流过时,该电流虽不会引起巨大的破坏,但此电流持续时间长了,其产生的热量会超过某些薄弱设备所允许的发热量,从而可能导致供电系统的导体,尤其是接触网变软,引起这些设备不同程度的损坏。

接触网过热保护的工作原理主要是:根据接触网的电阻、接触网上流过的电流和时间,计算出接触网的发热量,再根据接触网的热负荷特性及环境条件推算出接触网的电缆温度。当测量的电缆温度超过 $T_{alarm}$ 时给出报警,超过 $T_{trip}$ 则跳开给该接触网供电的直流断路器。断路器跳开后,电缆逐渐冷却,当温度进一步下降,低于 $T_{reclosure}$ 时,则重新合上直流断路器。图 5-47 所示为接触网过热保护动作原理。

### (六)低电压保护

低电压保护也称为欠压保护,当接触线的电压低于某一定值且经延时后电压仍未达到正常值,保护装置发出跳闸命令,其保护原理如图 5-48 所示。其作用和定时限过流保护一样,作为电流上升率保护的后备保护,一般与其他保护形式互相配合,不作为单独的保护使用。它的整定值 $U_{min}$ 及延时时间必须与列车正常运行时的运行情况相互配合,应考虑最大负载下列车的启动电流和启动持续时间,还要考虑在一个供电区内多部列车连续启动的情况。

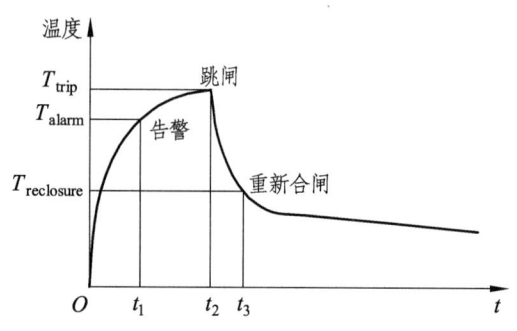

图 5-47 接触网过热保护动作原理示意图

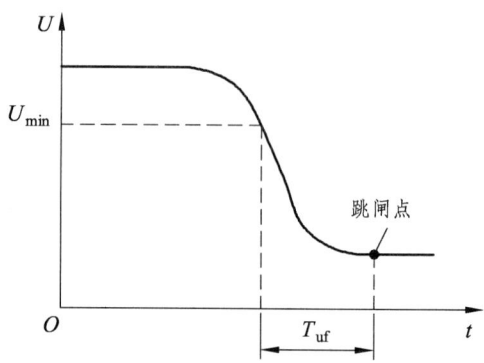

图 5-48 低压保护动作原理示意图

### (七)钢轨电位限制装置

在地铁直流牵引供电系统中,为了防止直流系统的回流电流无规则地流动,钢轨、直流开关柜等设备对地均采用绝缘安装方式。由于回流钢轨是回流电流的通路,而回流设备本身对地绝缘,在供电分区无车辆通行且直流牵引系统状态稳定时,钢轨对地电位是零;但是当供电分区接触网短路或有车辆通行时,受钢轨对地泄漏电阻的影响,钢轨电位被迅速抬高,这就可能会引起回流钢轨与大地之间产生超过安全许可的过电压。

在地铁的实际运行中,这种过电压可能会危及地铁设备及人员安全。因此,必须在回流钢轨与大地之间安装一套钢轨电位限制装置,以限制钢轨的对地电位,避免安全事故的发生。

当钢轨对地电位超出安全许可的电压时,钢轨电位限制装置就将钢轨与大地快速短接,以保证人员和设施的安全。该装置与大地和车站之间的关系如图 5-49 所示。

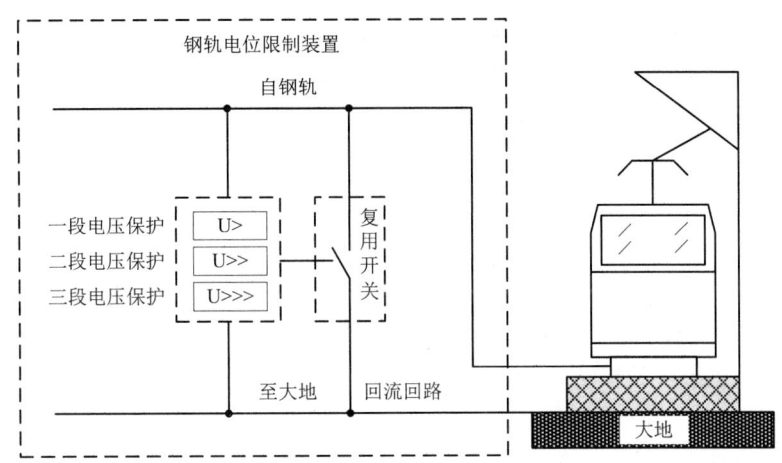

图 5-49　钢轨电位限制装置与大地和车站之间的关系

从图 5-49 中可以看出,钢轨电位限制保护包括 3 段过压保护,即一段过电压保护"U>"、二段过电压保护"U>>"和三段过电压保护"U>>>"。其中,值得注意的是第三段过电压保护"U>>>"是由电流型继电器和晶闸管电路组成的,与直流接触器的触头并接于钢轨与系统"地"之间。

常用的钢轨电位限制装置也被称为过电压保护装置(over-voltage protection device,OVPD),主要由晶闸管、接触器、电压检测装置、电流检测装置、控制单元、电源回路和动作计数单元等构成。其工作原理如图 5-50 所示,正常状态下接触器的线圈受电,接触器处于断开位,同时晶闸管也处于截止状态。

在图 5-50 所示的电路中,正常情况下,直流接触器 Q11B1 的触头是断开的(该触头在线圈 Q11B1 有电时是断开的),同时晶闸管处于截止状态。其工作时的保护原理如下:

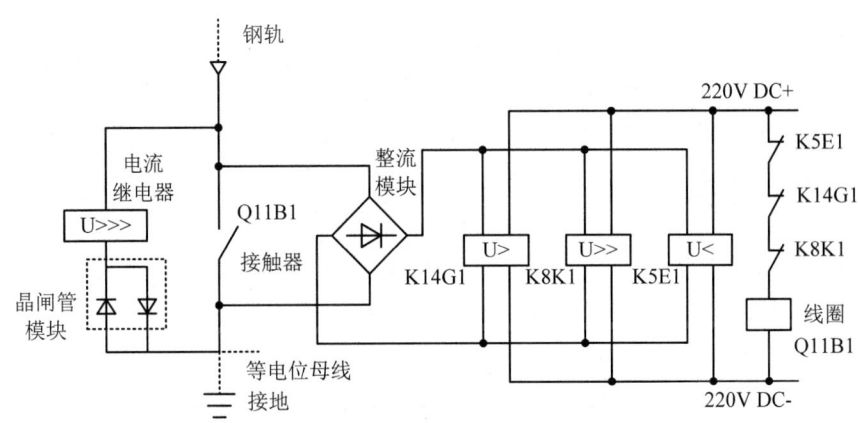

图 5-50　钢轨电位限制装置的工作原理

(1)一段过电压保护"U>":当运行钢轨与系统大地间的电压值小于一段过电压保护"U>"的设定值(通常是 90 V)时,直流接触器是断开的,即主触头断开。当测得的电压大于或等于一段过电压保护"U>"的设定值时，经过一段设定的延时后，该装置的直流接触器闭合，将回流钢轨与大地短接，"U>动作"信号灯与"合位指示"信号灯亮。10 s 后，直流自动接触器断开，"U>动作"信号灯与"合位指示"信号灯灭，系统完成复位。但是如果系统在 60 s 内动作三次，则接触器闭锁，需要按压复位按钮将其复位。

（2）二段过电压保护"U>>"：当运行钢轨与系统大地间的电压值大于或等于"U>>"的设定值（一般是 150 V）时，回流钢轨与大地被无延时短接，"U>>动作"信号灯、"合位指示"信号灯与"闭锁指示"信号灯亮，即接触器会闭锁，需要按压复位按钮将其复位。

（3）三段过电压保护"U>>>"：当运行钢轨与系统大地间的电压值大于或等于"U>>>"的设定值（一般是 600 V）时，则晶闸管立即导通以消除直流接触器的机械延时，同时直流接触器被激活，"U>>>动作"信号灯、"合位指示"信号灯与"闭锁指示"信号灯亮，即接触器会闭锁，需要按压复位按钮将其复位。

（4）低电压保护"U<"：如果在设定时间内（通常是 24 h）检测到的电压均小于设定值（通常为 5 V），即判定钢轨或钢轨连接电缆被破坏，不能运行列车，经一段时间的延时后，系统报故障并同时闭锁接触器，此时需要按压复位按钮将接触器复位。但如果在设定时间内无车辆运行，回流钢轨与系统的大地之间电压一直较小，也会出现上述的情况。

（八）框架泄露保护

1. 框架泄露保护装置

在地铁的直流牵引供电系统中，为了给列车提供直流 1500 V 的电源，每个牵引降压变电所内有两个整流机组（整流变压器+整流器柜），将电压等级为 35 kV 的交流电转换为 1500 V 的直流电并送到直流母排，直流母排通过馈线断路器向接触网供电。

由于导体的直流电阻比交流阻抗小得多，若牵引变电所内的直流 1500 V 开关柜的正极与柜体之间发生短路故障，那么短路电流将会很大，足以毁坏直流设备，甚至引起火灾、爆炸等严重后果。为了尽可能降低直流设备发生上述故障时对系统造成的破坏和影响，需要将故障部分迅速从系统中切除，因此直流系统专门设置相应的保护，即框架泄露保护。框架泄露保护是一种可以实时监视对地绝缘的直流供电设备的正极与单点接地的柜体之间的绝缘状况，并在其绝缘严重下降或者短路时作用于相关的直流断路器跳闸的一种保护设备。

直流牵引供电设备内部绝缘材料一旦失去功效，便可能危及人身安全，为防止人身伤害事故的发生，可将直流系统的框架泄漏保护装置安装在牵引降压变电所内，该保护主要包括反映直流泄漏电流的过电流保护以及反映接触电压过高的过电压保护，其中过电压保护还可作为钢轨电位限制装置的后备保护与车站的钢轨电位限制装置相配合。

一般情况下，框架泄露保护由一个测量泄漏电流的元件和一个测量电压的元件组成，如图 5-51 所示。用于漏电流监测的分流器是框架泄露保护装置的测量元件，其一端接地，另一端接到隔离放大器上，通过隔离放大器可以测量出漏电流在分流器上产生的电压，也就是说，该电压值和分流器的漏电流是一一对应的，通过测量电压值就可以测得流过的直流电流。电压监视设备通过隔离放大器测量回流轨与保护接地之间的电压，并根据测得的电压判断系统中是否发生故障。

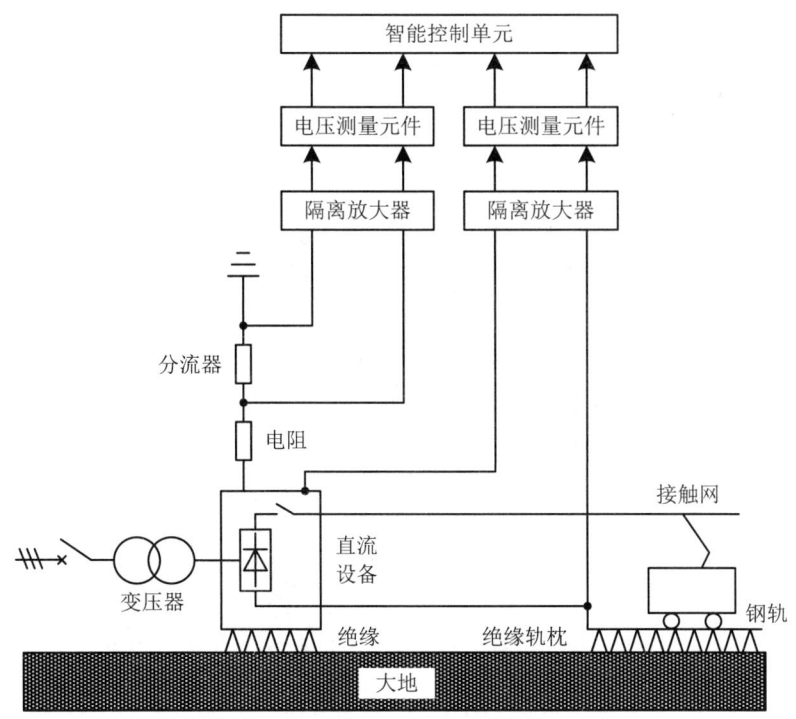

图 5-51 低阻抗框架泄露保护装置的组成结构

2．框架泄露保护的原理

框架泄漏保护的原理如图 5-52 所示，它是专为直流设备配备的正极与外壳发生故障时的一种保护措施，其保护原理是当正极对外壳发生绝缘损坏或短路时，快速切除故障，保证系统的安全运行。

框架泄漏保护装置由电流元件和电压元件组成。电流元件的检测元件一端接于绝缘安装的直流开关柜外壳上，另一端与变电所的接地网单点相连。电压元件用来测量设备外壳与直流设备负极之间的电压，一端接于负极，另一端接在设备外壳上。

直流系统正常运行时，电流检测回路中没有电流通过。当任意一个直流设备内正极对外壳短路时，接地电流通过电流元件流入接地网，再通过钢轨与地之间的绝缘泄漏电阻（或排流柜）回到负极。当泄漏电流超过整定值时，框架泄漏保护装置迅速切除故障。故障排除以后，须人工复归框架泄漏保护，断路器才能重新投入运行。

框架泄漏保护的电压元件由两段组成，一段报警，一段跳闸。当直流设备内正极对外壳短路时，电压元件会在负极和外壳之间检测到一个电压，当这个电压大于电压元件整定值时，保护系统发出跳闸命令，断路器跳开以切除故障。

框架泄漏保护的电压元件的功能与轨道电位限制装置的功能基本相同，只不过框架泄漏保护是保护变电所内的直流设备，而钢轨电位限制装置保护的是钢轨，不让钢轨带过高的、影响安全的电位。由于最初在直流牵引供电系统中没有钢轨电位限制装置，在框架泄漏保护内设置电压元件是用于保证车站乘客的安全。

框架保护适用于直流设备的正极对机柜外壳（与大地相连）或接触网对架空地线短路时的情况。在正常无短路状态下，钢轨（负极）与地的绝缘良好，可认为没有漏电流通过 A 点。

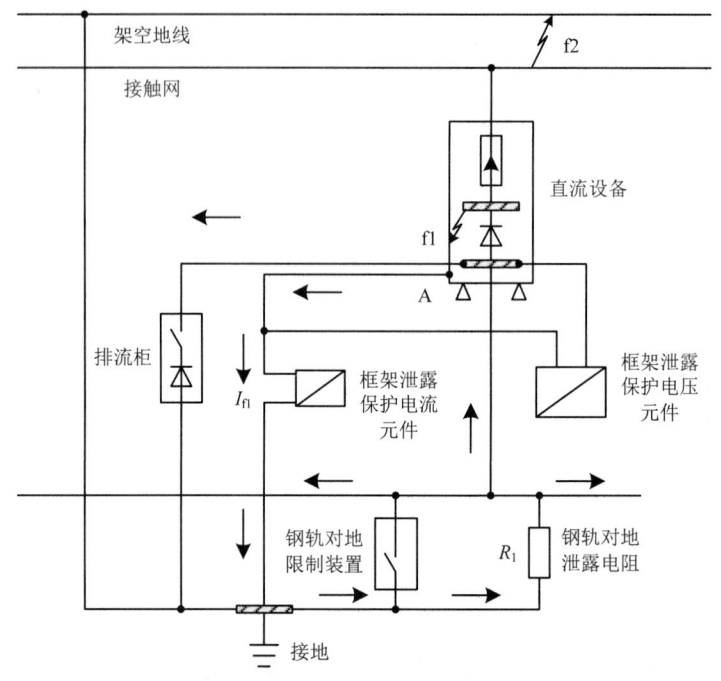

图 5-52 框架泄露保护原理示意图

当故障 f1 发生时,即直流设备的正极对机柜外壳短路时,故障电流 $I_{f1}$ 由正极通过 A 点,经泄漏电阻 $R_1$ 回流至负极,框架保护检测位于 A 点的机柜外壳对地的漏电流 $I_{f1}$,超过整定值则迅速动作。通常,在地和负极之间还安装一个排流柜,当排流柜投入运行时,其等效电阻值远小于 $R_1$,此时回路为正极—故障 A 点—电流元件—接地网—排流柜—负极,那么 $I_{f1}$ 将大大增加,这样,即使钢轨(负极)与地的绝缘非常良好且泄漏电阻 $R_1$ 非常大,但由于排流柜提供了泄漏电流 $I_{f1}$ 的流通通道,也大大提高了框架保护动作的灵敏性。

当故障 f2 发生,即接触网与架空地线发生短路时,由于 A 点离故障点较远,因此故障电流较小,检测 A 点故障电流不能检出故障,但此时框架保护会检测到外壳和负极之间的电位差迅速变得很大,框架保护可以迅速动作。

框架泄露保护动作的结果是迅速跳开本站内所有的直流断路器、交流侧进线断路器及邻近变电站向本区段供电的直流断路器,并需由人工复归后方可重新合上断路器。

# 第五节　微机继电保护与变电所综合自动化系统

## 一、微机继电保护的作用

微机继电保护系统是由计算机及配置的外围部件构成的一个实时监控系统。微机继电保护系统担负着分析电力系统中有关电量及其变化,判定电力系统中是否发生了故障的任务。也就是说,微机保护是一种以计算机、微控制器等器件作为核心部件而构成的继电保护。

微课视频:
微机继电保护

微机继电保护装置与传统式继电保护装置的区别主要是在比较环节上。前者是对数值进行运算和比较来判定系统中是否存在故障，一般通过软件来实现；而后者是通过比较某种物理量（如力、力矩等）之间的大小来判定系统中是否存在故障，主要靠硬件设备来完成。因此，前者的可靠性更高，而后者对设备的依赖性更高。

微机继电保护系统的工作原理体现在两个方面：一是当电力系统正常运行时，计算机建立与运行人员之间的联系，可进行整定值修改、时钟校正、打印整定值或显示当前的运行量；二是当电力系统出现故障时，计算机立即中断当前的工作，转入执行事故分析处理程序（也称为中断服务程序）。在微机保护系统中，由模拟量转换通道完成对电流、电压模拟量信号的变换，再经采样和 A/D 转换器变成数字量送入计算机。计算机按预定的分析处理程序进行运算（执行保护算法），随后将运算结果与整定值比较，判断是否发生了故障并决定是否发出信号或跳闸指令。为了保证继电保护装置动作的正确性，还需要把断路器位置及其他辅助开关（如转换开关、连接片等）的状态由开关量输入通道送入计算机。

## 二、微机继电保护的特点

微机继电保护系统与传统的机电型继电保护装置相比，具有以下优点：

（1）可实现多种功能。微机继电保护系统除实现保护功能外，还可实现诸如测量、监视及人机对话等功能。它还可以和远程系统一起实现异地控制和监视，实现远程的操作和修改。它和打印机、显示设备等人机交互设备联机后，可以在系统发生故障时提供许多可靠的信息，同时也便于工作人员对实际的工作情况进行实时记录。

（2）可获得多种保护特性，且容易获得较复杂的保护特性。对于传统的机电型继电保护装置而言，不同的保护特性需采用不同的电气线路，即具有不可替代性。微机继电保护装置是对某几种数学模型对应的软件（几种保护算法）进行编号来实现多种保护特性。简单保护特性与复杂保护特性的不同仅在于软件编号上，几乎不增加装置的复杂程度。

（3）微机保护装置的性能参数更稳定，运行中的整定调试工作量更少。传统的机电型继电保护装置由机械部件、电阻、电容以及半导体元件等构成。机械部件在运行过程中的磨耗、电阻等元件的老化都会使元件参数发生变化，并可能会对保护装置的性能参数（如动作特性、整定值、返回系数等）产生影响，严重时可能会引起保护装置的误动或拒动。微机继电保护装置的动作特性及整定值等是由编制好的程序确定并保存下来的，只要能确保程序和数据不丢失，则保护装置的性能参数就不会变化。另外，传统的机电型继电保护装置需要较大的整定调试及检修工作量；而微机继电保护装置配有较完善的服务程序支持，其检验与调试过程较简单。

（4）微机继电保护装置有较高的可靠性和自诊断功能。传统的机电型继电保护装置一般不具备检查自身故障的能力；而微机继电保护装置配置有功能较强的自检系统，能检出硬件故障，并给出报警信号，同时闭锁跳闸出口回路。

微机继电保护装置的缺点是：微机继电保护装置受环境温度、湿度、电磁干扰等的影响较大，对使用者的操作和维护技术要求较高。

目前微机保护已成为电力系统保护的主体。由于微机继电保护装置具备多种功能和优良的性能指标，其还将获得更广泛的应用。

### 三、微机继电保护装置的硬件结构

目前，微机保护装置均采用标准机箱、插拔式结构，以便于运行维护和提高装置的可靠性。这种结构是把整个硬件系统按照其功能划分为若干部分，并把每个部分做在一块插件板上，插入机箱内相应的插座，再由各插座间的连线（电源线、控制线、数据及地址线）将各插件板构成整体并实现到端子排的连接。

微机保护装置作为一套实时监控系统，一般包括以下几个子系统：数据采集系统、数据处理系统、开关量（数字量）输入/输出系统、外部通信接口和电源等，其结构如图 5-53 所示。

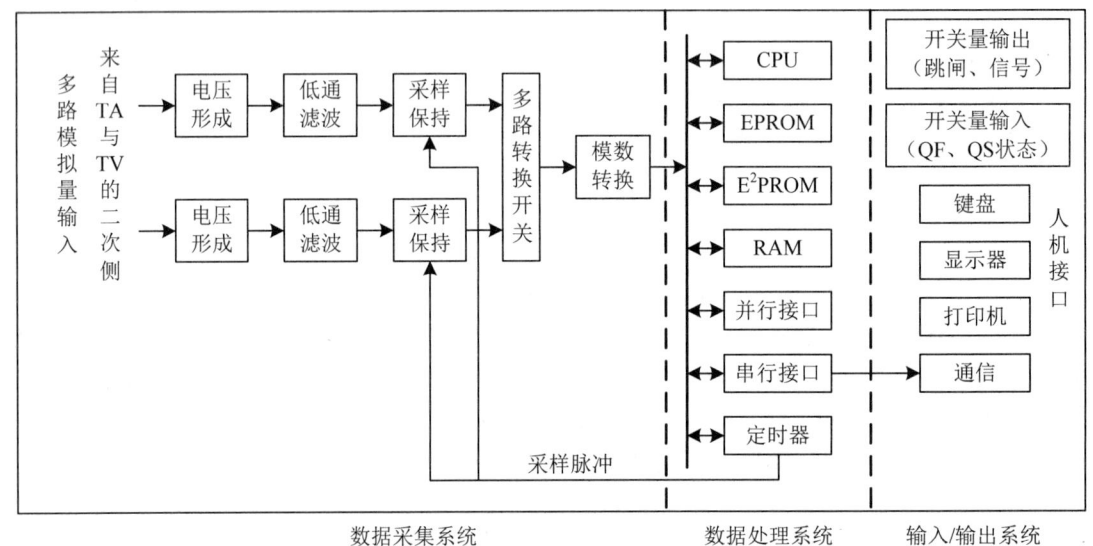

图 5-53 微机保护装置硬件系统的结构和原理

（1）数据采集系统：模拟量输入通道输入的是电流、电压信号，由于电流和电压信号都是随时间变化而变化的连续信号，而计算机只能处理数字信号，因此，需要将这种类型的模拟信号转变为数字信号，即完成模拟量到数字量的转化。该系统包括电压形成回路、滤波模块、采样保持模块、模数转换模块，以完成模拟输入量到数字信号的转换。

（2）数据处理系统：也称为 CPU 主系统，主要包括微处理器、存储器、随机存储器、定时器及相关接口等。微处理器执行存放在程序存储器中的保护程序，对由数据采集系统输入至随机存取存储器中的数据进行分析处理，以完成各种继电保护功能。

（3）开关量输入/输出系统。微机继电保护装置以数字量形式输出控制信号以实现对断路器等的控制。它是由若干并行接口、光电耦合器件及中间继电器等组成，完成各种保护出口跳闸、信号报警、外部触点输入及人机对话等功能。

（4）通信接口：包括通信接口电路和接口，以实现多机通信或联网。

（5）电源：其作用是将 220 V 或 110 V 直流电源变换成供微处理器、数字电路、模数转换芯片及继电器所需的弱电电压，有 ±5 V、±12 V、±24 V 等。

（一）数据采集系统

数据采集系统包括电压形成、低通滤波回路、多路转换开关和模数变换模块，主要功能是采集由被保护设备的电流、电压互感器输入的模拟信号,并将此信号经过适当的预处理,然后转换为微机继电保护系统所需要的数字量。

根据模/数转换的原理不同,微机保护装置中模拟量输入回路有两种方式:一种是逐次逼近型 A/D 转换方式;另一种是利用电压频率变换的转换方式。两种转换方式如图 5-54 所示。

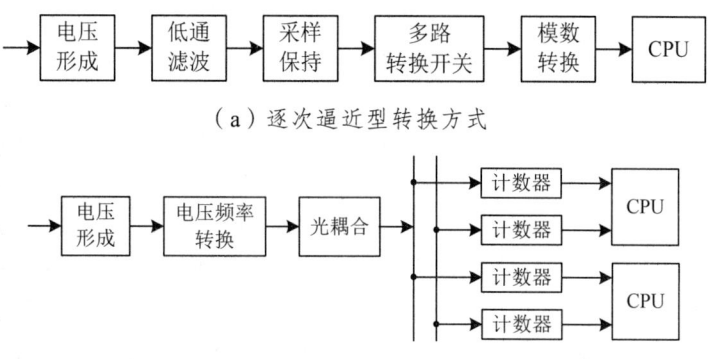

图 5-54 模拟量输入回路与转换方式示意图

微机保护要从被保护的电力设备和线路的互感器上取得电流、电压信息,但由于这些互感器二次侧的变化范围超过微机系统所能承受的能力,因此,需要降低、转换为微机保护系统需要的电压范围为 ±5 V 或 ±10 V 的低压电信号。目前,通常用电流变换器、电压变换器进行电量变换。

1．电压形成回路

交流电流变换一般采用电流变换器(UA),并在其二次侧并联电阻以取得微机保护装置硬件电路所需要的电压信号,只要铁心不饱和,其二次电流及并联电阻上的电压波形就可以保持与一次电流波形相同且同相,可以做到不失真变换。电流变换器在非周期分量的作用下容易饱和,其线性度变差,动态范围也变小。电压形成回路除了起电量变换外,还起到隔离作用,它使微机保护装置在电路上与电力系统二次回路隔离,在变换器一次与二次绕组之间通常有接地的屏蔽线圈以防止来自高压系统的电磁干扰。

电流变换器与电压变换器的输入变换及电压形成回路的原理如图 5-55 所示。

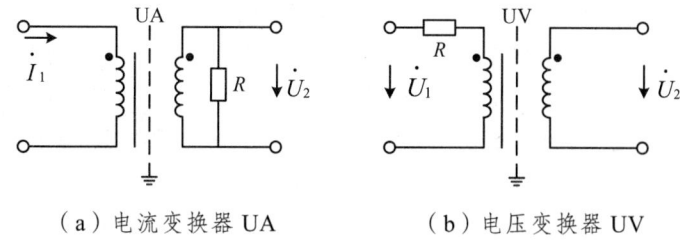

图 5-55 输入变换及电压形成回路的原理

2．采样保持电路(S/H)和模拟滤波器(ALF)

**1)采样保持电路**

采样保持电路的作用是在一个极短的时间内测量出模拟输入量在该时刻的瞬时值,并在模/数转换器进行转换的时间内保持输出不变,即把随时间连续变化的电气量离散化。

采样保持电路的工作原理可用图 5-56 来说明。

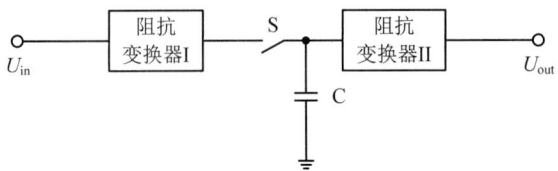

图 5-56 采样保持电路的工作原理

该采样保持电路是由一个电子模拟开关 S、电容 C 和两个阻抗变换器构成。开关 S 受逻辑输入端电平控制。在高电平时 S "闭合",此时电路处于采样状态,C 迅速充电或放电到采样时刻电压值。S 的闭合时间应满足使 C 有足够的充电和放电时间,即采样时间。为缩短采样时间,采用阻抗变换器 I,它在输入端呈现高阻抗,输出端呈现低阻抗,使电容 C 上的电压能迅速跟踪 $U_{in}$ 值。S 打开时,电容 C 上保持住 S 打开瞬时的电压,电路处于保持状态。同样,为提高保持能力,电路中应用了另一个阻抗变换器 II,它对 C 呈现高阻抗,而输出阻抗低,以增强带负荷能力。

模拟量连续加于采样器输入端,由采样脉冲控制采样器,使之周期性地短时开放,输出离散脉冲。采样脉冲宽度为 $T_c$,采样周期为 $T_s$,采样前的输出是经过离散化的模拟量。上述采样方法适用于单个或允许各输入信号依次顺序送到公用 A/D 转换器中的变量的采样。

**2）模拟低通滤波器（ALF）**

电力系统在发生故障时,故障瞬间的电压或电流里一般含有各种高频分量,而目前微机保护原理大部分是反应工频分量的,同时任何实际的变换器所能达到的最高采样频率总是有限的。由香农采样定理可知,如果被采样信号为有限带宽的连续信号,其所含的最高频率成分为 $f_{max}$,则采样频率 $f_s$ 应不小于 $2f_{max}$,则原来的模拟信号就可以完全恢复且不会畸变,否则将产生频率混叠现象,使原来的信号波形发生畸变。

**3）模拟量多路转换开关（MPX）**

保护装置通常需要对多个模拟量同时采样,以准确得到各个电气量之间的相位关系并且使相位关系经过采样后保持不变。因此,硬件电路中对每个模拟量设置一套电压形成回路、模拟低通滤波器回路和采样保持回路。但是由于模数转换器价格较高,为了降低成本,采用多路采样通道共用一个模数转换器,并用多路转换开关实现通道切换。

常用的多路转换开关包括选择接通路数的二进制译码电路和由它控制的各路电子开关,它们被集成在一个芯片中。

图 5-57 所示为常用的 16 路多路转换开关芯片 AD7506 的内部电路组成。它有 A0～A3 四个路数选择线,以便由 CPU 通过并行接口芯片或其他硬件电路给 A0～A3 赋以不同的二进制码,选通 S1～S16 中相应的一路电子开关,将被选中的某一路模拟量接通至公共的输出端供给模数转换器。

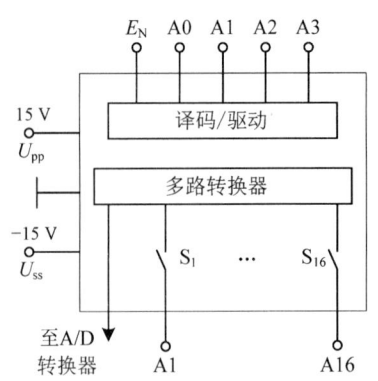

图 5-57 多路转换开关的电路组成

4）模数转换器

微机保护用的模数转换器绝大多数是应用逐次逼近法的原理实现的，如图 5-58 所示。为了简单起见，举例说明如下：转换开始时，控制器首先在数码设定器中设置一个最高位数码"1"，该数码经 D/A 数模变换为模拟电压 $u_o$，反馈到输入侧的比较器一端，与输入电压 $u_i$ 相比较。如果设定值 $u_o < u_i$，则保留该位原设置的数码"1"，然后由控制器在数码设定器中将次高位设置数码"1"，形成新的数码，经 D/A 变换，再反馈到输入侧比较器与 $u_i$ 比较。若设定值 $u_o > u_i$，则原设定次高位数码"1"改为"0"，然后再将下一高位设置数码"1"。重复上述的比较与设置，直到所设定的数码总值转换成的反馈电压 $u_o$ 尽可能地接近 $u_i$ 值。若其误差小于所设定数码中可改变的最小值（最小量化单位），则此时数码设定器中的数码总值即为转换结果。

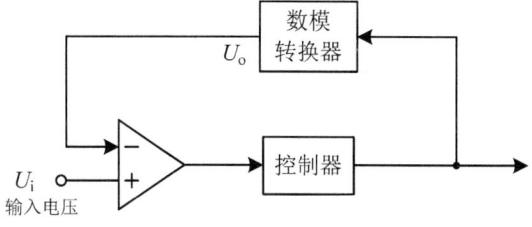

图 5-58　逐次比较式 A/D 转换器的原理

逐次比较式 A/D 转换的一个重要指标是转换精度，即 A/D 转换分辨率，它主要取决于设定数码的最小量化单位，A/D 转换输出的数字量位数越多，最小量化单位越小，分辨率越高，转换出的数字量舍入误差越小，A/D 转换的精度就越高。

逐次比较式 A/D 转换的另一个重要指标是 A/D 转换速度，它与 A/D 转换分辨率是有关的，通常分辨率越高，其转换速度就相对较低。若要求这两项指标都较高，则其芯片成本就十分昂贵。微机保护采样的量较多，保护动作速度快，因此要求转换速率较高。

## （二）微机保护装置的 CPU 主系统（数据处理系统）

CPU 主系统是微机保护的核心部分，包括中央处理单元（CPU）、只读存储器、随机存储器和定时器/计数器等。下面简单介绍各部分的主要内容。

### 1. 中央处理单元（CPU）

CPU 是计算机系统自动工作的指挥中枢，计算机程序的运行也依赖于 CPU。因此，CPU 性能的好坏在很大程度上决定了计算机系统性能的优劣。当前应用于电力系统微机继电保护中的 CPU 多种多样，且多为 8 位或 16 位 CPU，如 Intel 公司的 8086/8088、8031 系列及其兼容产品 8098、8096 以及 80C196 等。这一类 CPU 均是 20 世纪 80、90 年代的主流 CPU。其中，80C196 系列 CPU 是目前国内微机继电保护装置中最常采用的一种 CPU。一方面，这一系列 CPU 具有较高的性价比；另一方面，这一系列 CPU 的指令、结构以及寻址方式等均与早期较流行的 8098/8096 相似，使早期基于 8098/8096 的微机继电保护装置可以较顺利地移植到 80C196 上来。随着微电子技术的快速发展，新一代 32 位的 CPU 伴随着大规模、超大规模集成电路的广泛应用而被新一代微机继电保护装置普遍采用。这类 CPU 品种较多，如 Motorola 公司的 MC863XX 系列就是目前使用较多的一类。另外，随着数字信号处理器（DSP）的广泛应用，微机继电保护装置采用 DSP 来完成保护功能、实现保护算法已成为一种发展趋势。下面具体介绍 DSP 的特点及其作为微机继电保护装置中 CPU 主系统的优势。

1) **数字信号处理器的概念及其特点**

数字信号处理器（DSP）是一种经过优化后用于处理实时信号的微控制器，它是伴随着微电子学、计算机技术以及数字信号处理技术等学科的飞速发展而产生的。由于具有高运算速度、高可靠性、低功耗、低成本以及在 CPU 指令中直接提供数字信号处理的相关算法等优点，DSP 已在计算机领域得到了广泛的应用。

随着半导体工艺技术的飞速发展，DSP 的性价比不断提高，日益广泛应用于通信、工业控制等领域。由于 DSP 具有的先进的内核结构、高速运算能力以及与实时信号处理相适应的寻址方式等许多方面的优良特性，使许多过去由于 DSP 性能等因素而无法实现的继电保护算法可以通过 DSP 来轻松完成。以 TI 公司生产的主频为 66 MHz 的 32 位浮点 DSP TMS320C32 为例，其指令周期为 33 ns，按每周波采样 64 个点计算，在每个采样周期内可完成多达 9 000 余条 32 位的浮点运算指令，再加上如循环寻址、零开销重复模式等对程序结构的优化，还可进一步提高运行速度。

2) **数字信号处理器的应用**

国内外很早就开始研究将 DSP 应用到继电保护中去，近些年来，已有不少微机保护装置的生产厂家相继推出以 DSP 为核心构成的微机保护产品，其典型结构如图 5-59 所示。

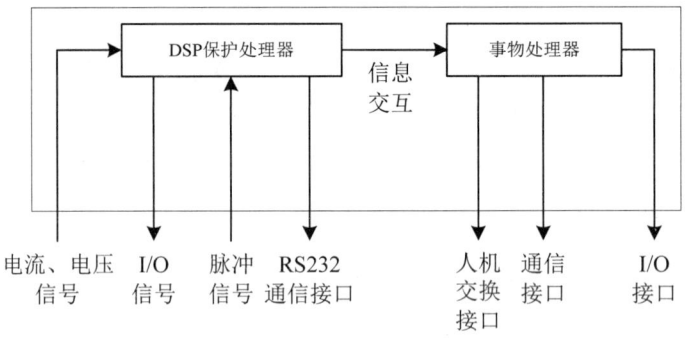

图 5-59　以 DSP 为核心的微机保护装置的典型结构

在这种结构中，DSP 主要承担实时数据的采集以及实现继电保护的功能，而将人机接口、网络通信和历史数据追忆等功能均交给监控管理 CPU 完成。这样，将保护功能和其他扩展功能分离，一方面可以使 DSP 更专注于完成保护算法，降低软件设计的复杂程度以减少不必要的失误；另一方面，扩展功能可由更擅长于网络通信、人机接口等功能的 CPU 来完成，以做到各施所长。

2．存储器

存储器主要用来存放程序、数据和中间运算的结果。计算机利用存储器把程序和数据保存起来，使计算机可以在脱离人的干预下自动地工作，它的存储容量和访问时间直接影响着整个计算机系统的性能。在微机保护装置中，常见的存储器主要有 EPROM（可擦除电可编程只读存储器）、$E^2$PROM（带电可擦除可编程只读存储器）、SRAM（静态随机存储器）、FLASH（快擦写存储器）以及 NVRAM（非易失性随机存储器）等。

随着大规模集成电路和存储技术的发展，半导体存储器的集成度在成倍地提高，现在已有不少 CPU 将 SRAM、FLASH、EPROM 等集成在一起,一方面降低了 CPU 外围电路的复杂性,另一方面也加强了整个系统的抗干扰能力。

3．定时器/计数器

定时器/计数器在微机保护装置中十分重要,除计时作用外,它还有两个主要用途:一是触发采样信号,引起中断采样;二是在 A/D 转换中,把频率信号转换为数字信号。

4．复位电路

当微机保护装置受到干扰导致运行程序跑飞后,系统可能陷入死循环,装置处于瘫痪状态。复位电路的作用就是监视程序运行情况,当程序跑飞时,则立即动作使程序重新开始运行,以避免微机系统产生死机或误动作。

（三）开关量输入/输出回路

1．开关量输入回路

对微机保护装置的开关量输入,即触点状态(接通或断开)的输入可以分为以下两大类:

1）安装在装置面板上的触点

这类触点也叫低电平（5V）开关量输入,包括在装置调试时或运行中定期检查装置用的键盘触点以及切换装置工作方式用的转换开关等。对于装在装置面板上的触点可以直接接至微机的并行接口,如图 5-60 所示。在初始化时规定,图中可编程并行接口的 PA0 为输入方式,则微机可通过软件查询,实时检测并获取图 5-60 中外部触点 $S_1$ 的状态。$S_1$ 闭合,PA0 = 0;$S_1$ 断开,PA0 = 1,其中,4.7 kΩ 电阻称为上拉电阻,以保证 $S_1$ 断开时,PA0 被拉到电平"1"。

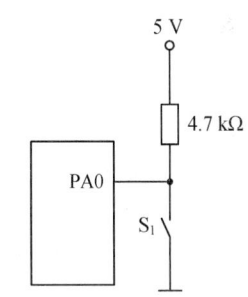

图 5-60 装置面板上的触点与微机接口的连接图

2）从装置外部经过端子排引入装置的触点

这类触点包括需要由运行人员不打开装置外盖而在运行中切换的各种压板、转换开关以及其他保护装置和操作继电器的接点等。

如图 5-61 所示,晶体管的导通和截止完全取决于外部触点 $S_2$ 的状态。当 $S_2$ 断开时,光敏晶体管截止,PA0 = 1;$S_2$ 闭合时,光敏晶体管饱和导通,PA0 = 0。

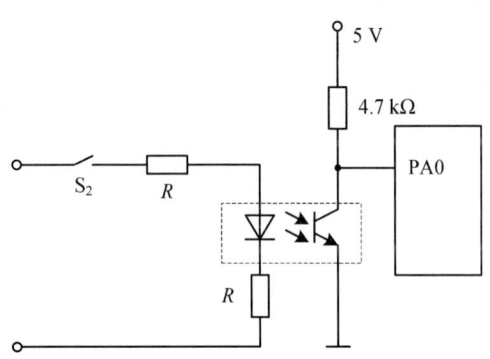

图 5-61 装置外部触点与微机接口的连接图

2．开关量输出回路

开关量输出主要包括保护的跳闸出口以及本地和中央信号等。一般都采用并行接口的输出口来控制有触点的继电器的方法，但是为了提高抗干扰能力，最好经过一级光电隔离，其电路图如图 5-62 所示。

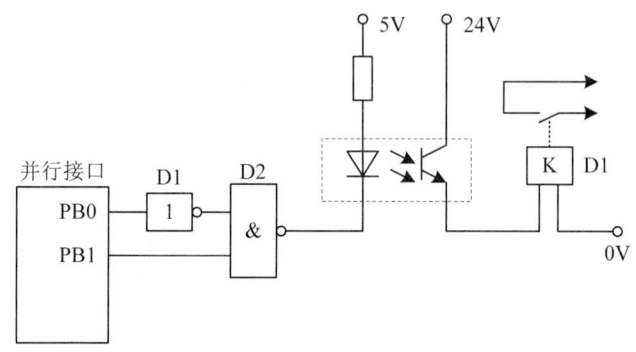

图 5-62 装置开关输出回路的接线图

在图 5-62 中，只要并行口的 PB0 输出为"0"，PB1 输出为"1"，则可以使与非门 D2 输出为低电平，光敏晶体管导通，继电器 K 得电，触点吸合。

在初始化和需要继电器 K 返回时，应使得 PB0 输出为"1"，PB1 输出为"0"。

采用设置反相器 D1 和与非门 D2，而不是将发光二极管直接与并行口相连，一方面是因为并行口带负载能力有限，不足以驱动发光二极管，另一方面因为采用与非门后要满足两个条件才能使 K 动作，增加了抗干扰能力。

最后应注意，图中的 PB0 经过一个反相器，而 PB1 却不经过反相器，这样连接可防止在拉合直流电源的过程中继电器 K 的短时误动作。在拉合直流电源过程中，当 5 V 电源处在中间某一个临界电压值时，可能由于逻辑电路的工作紊乱而造成保护误动作，特别是保护装置的电源往往接有大量的电容器，因此，拉合直流电源时，无论是 5V 电源还是驱动继电器 K 用的电源 E，都可能相当缓慢地上升或下降，从而完全可能来得及使继电器 K 的触点短时闭合。采用图 5-62 中所示的连接方式后，考虑到 PB0 和 PB1 在电源拉合过程中只可能同时改变电平的特性，在两项相反条件的互相制约下，能够可靠地防止误动作。

（四）人机接口电路及其他电路

微机继电保护的人机接口是指键盘、显示器与 CPU 接口电路。人机接口电路的主要作用是通过键盘和显示器完成人机对话任务、时钟校对及各保护 CPU 插件通信和巡检任务。

1．键盘输入电路

继电保护的键盘比较简单，保护面板上键盘只有七个键："↑""↓""←""→"（上、下、左、右键）、返回键、复位键和确认键。键盘输入电路有两种，一种是独立式按键电路，另一种是行列式按键电路，如图 5-63 所示。

**1）独立式按键电路**

如图 5-63（a）所示，在监控程序作用下，接口 CPU 对 74LS245 的输出不停地检测。由于每一个按键都有特定键值（例如：SB1 的键值为 11111100D，即 0FCH；SB2 的键值为 11111010，即 0FAH），输入 CPU 后，根据该键特定值就可以转向执行该键的功能程序。例如按下"↓"键，就转入执行将光标下移一行的程序。当键均未被接下时，74LS245 接口芯片的输入数码为 11111110，即 0FEH，接口 CPU 认为无键输入。

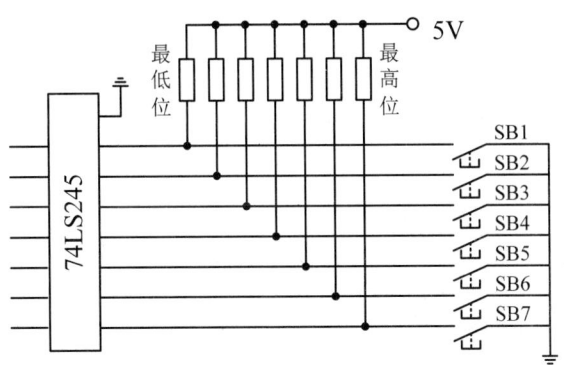

（a）独立式按键电路

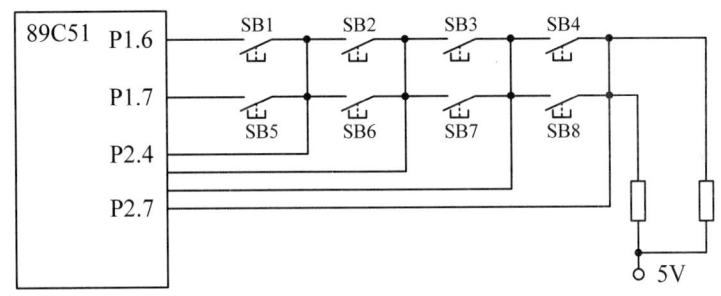

（b）行列式按键电路

图 5-63　键盘输入回路的电路图

**2）行列式按键电路**

如图 5-63（b）所示，CPU 依次给列线 P2.4、P2.7 扫描输出"0"，然后从行线 P1.6、P1.7 读入按键输入数码。在没有键按下时行线输入均为"1"。当某键按下时，该键对应的行线输入变为"0"，此时，行线的数码与列线数码是唯一确定的。将行线和列线数码组合起来，就能确定是哪一键按下。根据该键数码可以转向执行该键的功能程序。

**2．通信单元**

随着微处理器和通信技术的发展，其应用已从单机逐渐转向多机或联网，而多机应用的关键在于微机之间的相互通信。为了实现调度自动化，微机保护装置需要与系统管理机通信，以实现调度对微机保护装置的实时监控。为此，微机保护装置一般装有 RS-232 和 RS-485 标准串行接口。为了获得更远距离、更可靠、更方便的传输特性，也有采用 CAN 总线的接口方式。

## 3．电源

保护装置电源插件是开关电源,具有很强的抗干扰能力。它提供了三组稳压电源:① 5 V,供各种保护 CPU 等芯片电源;② ±15 V,供运算放大器及模/数转换芯片电源;③ 24 V,供启动、跳闸、信号、告警继电器电源。

## 四、微机继电保护的软件构成

微机保护的软件分为接口软件和保护软件两大部分。

接口软件是指人机接口部分的软件,其程序分为监控程序和运行程序。监控程序主要是键盘命令处理程序,是为接口插件及各 CPU 保护插件进行调节和整定而设置的程序。运行程序由主程序和定时中断服务程序构成。主程序的任务是完成巡检、键盘扫描和处理以及故障信息的排列和打印。定时中断服务程序包括软件时钟程序、以硬件时钟控制并同步各 CPU 插件的软时钟和检测各 CPU 插件启动元件是否动作的检测程序。

保护软件包括主程序和两个中断服务程序。主程序包括初始化和自检循环模块、保护逻辑判断模块及跳闸处理模块。中断服务程序包括定时采样中断服务程序和串行口通信中断服务程序。

## 五、综合自动化系统

### (一) 电力监控系统的基本概念

#### 1．SCADA 系统

它是以微型计算机为主构成的远方监视控制和数据采集系统,对现场运行的设备进行监视和控制,以实现数据采集、设备控制、测量、参数调节以及各类信号报警等功能,简称远方监控系统。

#### 2．轨道交通电力监控 PSCADA 系统

它主要由控制中心调度主站系统、各变电所内的综合自动化系统和通信网络三部分构成,主要是保证城市轨道交通供配电系统的安全正常运行,使城市轨道交通的调度、管理、运行、检修、技术等部门了解和掌握供配电设备的运行状态及设备的完好状况,并在系统出现故障时能及时分析原因,做出科学合理的判断。

#### 3．电力监控系统的优越性

(1)电力监控系统利用计算机技术和通信技术,改变了传统的二次系统模式,实现了信息共享,简化了系统,减少了连接电缆,减少了占地面积,降低了造价,改变了变电所的面貌。

(2)提高了变电所的自动化水平,减轻了值班人员和技术人员的工作量。

(3)先进的通信功能为各级调度提供了更多变电所的信息,以便调度中心及时掌握复杂电网及变电所的运行情况,实现对电力电能的合理调配。

(4)为无人值班管理模式提供了更好的条件,提高了劳动生产率,减少了人为误操作的可能性。

## （二）电力监控系统的基本结构和组成形式

### 1．轨道交通电力监控系统的基本结构

城轨交通电力监控系统一般采用两级管理（车站级、控制中心级）和三级监控（控制中心、车站级、现场级）的结构。

整个电力监控自动化系统由控制中心的主站监控系统、各个变电所中的综合自动化子系统及网络通信层构成，其系统结构如图5-64所示。

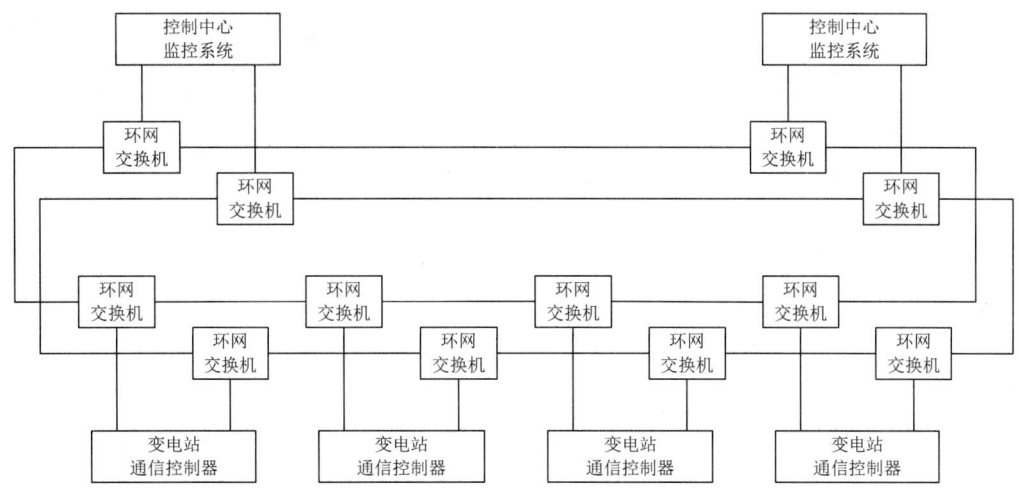

图5-64 电力监控自动化系统的结构组成

### 2．控制中心的结构形式

控制中心调度主站系统主要包括 SCADA 前置机、数据库服务器、操作员工作站、报表工作站、维护工作站、网关等主要节点和打印机。

一般控制中心调度主站系统采用100M以太网体系结构，网络通信协议采用TCP/IP协议。在正常的情况下，两个网同时工作，传送不同的系统信息。当其中一个网络发生异常和故障时，系统将全部需要传送的信息切换到另一个网络上。

## （三）变电所综合自动化系统的结构形式和配置

### 1．变电所综合自动化系统的概念

变电站综合自动化是指利用计算机系统、通信网络和现代通信等技术，将变电站的二次设备（包括控制、测量、保护、自动装置等）经过功能组合和优化设计，对变电站实行自动监控、测量和协调来提高变电站的运行效率和稳定性。它不仅提高了变电站的可控性，而且可以采用无人值班的管理模式，更有效地提高了劳动生产率，减少了人为误操作的可能性，最大限度地提高了变电站的可靠性和经济性。

### 2．变电所综合自动化系统的结构形式

变电所综合自动化采用集中管理、分散（层）分布与集中分布相结合的系统结构。如图5-65所示，110 kV 线路和主变压器部分的集中主屏在控制室内；35 kV 以下间隔的综合测控保护单元均直接安装在开关柜上。

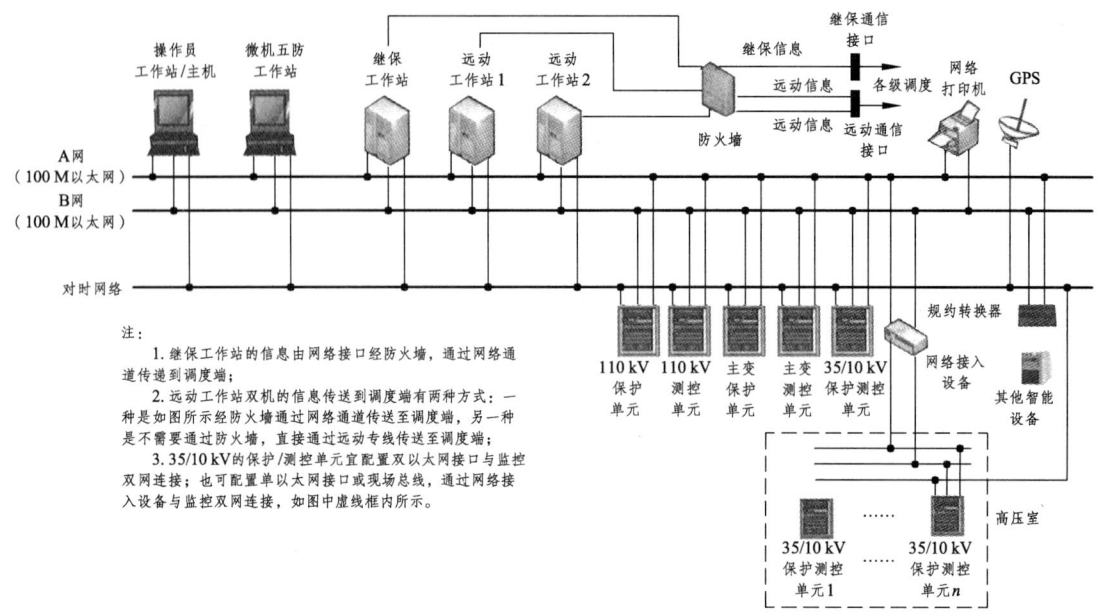

图 5-65 变电所综合自动化系统设备的布置图

**1）分散分布式与集中分布式相结合的结构形式**

以每个电网元件（如一条馈线、一台变压器、一组电容器等）为对象，把控制、保护、测量等功能设计安装在同一个微机装置中。对于 6~35 kV 的中低压线路，可以将这个微机保护监控装置分散安装在各个开关柜上，然后通过通信网络和监控主机进行信息交换；对于高压线路或变压器等重要设备的保护监控装置仍然采用集中主屏方式安装在主控室内。这也是当前综合自动化的主要结构形式。

**2）分布分散式与集中分布式相结合的结构特点**

（1）6~35 kV 的中低压线路的保护监控采用分散式结构，就地安装在开关柜中，通过现场总线与主控室监控机交换信息，可以节约控制电缆。

（2）高压线路、变压器等重要设备的保护监控采用集中主屏方式，安装在主控室或保护室中，使这些设备的保护监控装置处于比较好的工作环境中，可以提高供电的可靠性。

（3）其他的自动装置，如备用电源自投装置和电压无功综合控制装置采用集中主屏方式，安装于主控室或保护室中。电能计量采用集中主屏方式，安装于主控室或保护室中。

（4）变电所站级管理层由安装于控制信号盘上的主监控单元、液晶显示器以及场所内的监控系统等组成，间隔层由全所内的 110 kV、35 kV 的主要设备的全套微机测控、保护单元以及直流电源智能监控单元等组成。

**（四）变电站综合自动化系统的功能**

1．保护功能

对站内所有的电气设备进行保护，如线路、变压器、母线、电容器等。此外，还要具有故障记录、存储多套整定值、整定值修改、备用电源自动投入等功能。

2．数据采集功能

（1）状态量采集。状态量包括：断路器状态、隔离开关状态、变压器分接头信号及变电站一次设备告警信号等。目前这些信号大部分采用光电隔离方式输入系统，也可通过通信方式获得。保护动作信号则采用串行口（RS-232 或 RS-485）或计算机局域网通过通信方式获得。

（2）模拟量采集。常规变电站采集的典型模拟量包括：各段母线电压、线路电压、电流和功率值、馈线电流、电压和功率值、频率、相位等，此外还有变压器油温、变电站室温等非电量的采集。模拟量采集精度应能满足 SCADA 系统的需要。

（3）脉冲量。脉冲量主要是脉冲电度表的输出脉冲，也采用光电隔离方式与系统连接，内部用计数器统计脉冲个数，实现电能测量。

3．事件记录和故障录波测距功能

事件记录应包含保护动作顺序记录及断路器跳合记录。其 SOE 分辨率一般在 1~10 ms 之间，以满足不同电压等级对 SOE 的要求。变电站故障录波可根据需要采用两种方式实现：一是集中配置能与监控系统通信的专用故障录波器；另一种是分散型，即由微机保护装置兼作记录及测距计算，再将数字化的波形及测距结果送到监控系统，由监控系统存储和分析。

4．控制功能

操作人员可通过电子显示屏幕对断路器、隔离开关、变压器分接头、电容器组进行远程操作。为了防止系统故障时无法操作被控设备，在系统设计时应保留人工直接跳合闸设备。

5．同期检测和同期合闸功能

该功能可以分为手动和自动两种方式实现。可选择独立的同期设备实现，也可以由微机保护软件模块实现。

6．电压和无功的就地控制功能

无功和电压控制一般采用调整变压器分接头，投切电容器组、电抗器组、同步调相机等方式实现。操作方式可手动、可自动，人工操作可就地控制或远程控制。

7．数据处理功能

历史数据的记录和存储是数据处理的主要内容，它包括上一级调度中心、变电管理和保护要求的数据，主要有：

（1）断路器动作次数。

（2）断路器切除故障时截断容量和跳闸操作次数的累计数。

（3）输电线路的有功、无功，变压器的有功、无功，母线电压定时记录的最大、最小值及其时间。

（4）独立负荷有功、无功，每天的峰、谷值及其时间。

（5）控制操作及修改整定值的记录，根据需要，该功能可在变电站当地全部实现，也可在操作中心或调度中心实现。

8．系统的自诊断功能

系统内各插件应具有自诊断功能，自诊断信息也像被采集的数据一样周期性地送往后台机和远方调度中心或操作控制中心。

9．与远方控制中心的通信

本功能在常规远程控制"四遥"（遥信、遥测、遥控、遥调）的基础上增加了远方修改整定保护定值、故障录波与测距信号的远距离传输等功能，其信息传输量较大。根据现场的要求，系统应具有通信通道的备用及切换功能，以保证通信的可靠性。

10．防火、保安系统

从设计原则而言，无人值班变电站应具有防火、保安措施。

# 第六节　自动重合闸与备用电源自投

运行经验表明，在电力系统中发生的故障绝大多数是暂时性的，如雷击过电压引起的绝缘子表面闪络、大风引起的短时碰线、通过鸟类身体放电、风筝绳索或树枝落在导线引起的故障等。对于这些故障，当电路被继电保护快速切断后，故障点电弧自行熄灭，故障也随即自行消除，这时如果把断开的断路器重新合闸，往往可恢复供电，减少停电时间，提高电力系统的稳定性。

除上述的暂时性故障之外，也有"永久性故障"，例如，由于线路倒杆、断线、绝缘子击穿或损坏等。对于这些故障而言，在线路被断开后，故障仍然存在，这时即使再合上断路器，线路也不能恢复正常的供电。

在电力系统中，输电线路是发生故障最多的元件，并且它的故障大多属于暂时性故障，因此高压输电线路中广泛采用自动重合闸装置。根据运行资料表明，输电线路自动重合闸的成功率在 60%～90% 之间。

## 一、自动重合闸的作用及基本要求

### （一）自动重合闸的作用

自动重合闸的作用可归纳如下：

（1）在线路发生暂时性故障时，迅速恢复供电，可大大提高供电的可靠性，减少线路停电时间。

（2）在有双侧电源的高压输电线路上，采用重合闸装置，可以提高电力系统并列运行的稳定性。

（3）在电力网设计过程中，装设自动重合闸装置，可暂缓架设双回线路以节约投资。

（4）对断路器本身由于机构不良或继电保护误动作而引起的误跳闸，也能起到纠正的作用。

采用自动重合闸后，当重合于永久性故障时，会使电力系统再一次受到短路电流的冲击，

微课视频：自动重合闸

可能引起系统振荡,对超高压系统还可能降低并列运行的稳定性,同时断路器在很短时间内连续切断两次短路电流,这就恶化了断路器的工作条件。例如,油断路器在采用重合闸后,其遮断容量也会有不同程度上的降低(一般降低到 80% 左右),因而在短路电流较大的电力系统中,装设油断路器的线路不允许使用自动重合闸装置。

由于自动重合闸装置本身投资很低、工作可靠,可以避免因暂时性故障停电所造成的损失,因此,在电力系统中应用广泛。

### (二)对自动重合闸的基本要求

保护规程规定,在 1 kV 及以上的架空线路或电缆与架空线的混合线路中,当其上装有断路器时,应装设自动重合闸;在高压熔断器保护的线路上,一般采用自动重合熔断器。对自动重合闸的基本要求有以下几条:

(1)动作迅速。自动重合闸装置在满足故障点去游离(即介质强度恢复)所需时间和断路器消弧室及断路器传动机构准备好再次动作所需时间的条件下,自动重合闸装置的动作时间应尽可能短。因为从断路器断开到自动重合闸发出合闸脉冲时间越短,用户的停电时间也可以相应缩短,从而减轻故障对用户和系统带来的不良影响。重合闸动作的时间一般为 0.5~1 s。

(2)在下列情况下,自动重合闸装置不应动作:

① 由值班人员手动操作或通过遥控装置使断路器跳闸时,重合闸不应该动作。

② 手动合闸于故障线路时,继电保护动作使断路器跳闸后,不应重合闸。

③ 当断路器处于不正常状态时(如操动机构中使用的气压、液压降低等),不允许重合闸。

(3)重合闸装置的动作次数应符合预先的规定。一次重合闸应该只动作一次,当断路器重合于永久性故障而跳闸后,重合闸不应该动作;对于二次重合闸应该能动作两次,当第二次重合于永久性故障而跳闸以后,重合闸不应该动作。

(4)动作后自动复归。自动重合闸装置动作后应能自动复归,准备好下一次再动作。但对于 10 kV 及以下电压级别的线路,如无人值班时也可采用手动复归方式。

(5)用不对应原则启动。一般自动重合闸可采用控制开关位置与断路器位置不对应原则启动重合闸装置,对综合自动重合闸,宜采用不对应原则和保护同时启动。

(6)与继电保护相配合。自动重合闸应能与继电保护相配合,自动重合闸装置的合闸时间应能整定,在重合闸前或重合闸后加速继电保护动作,以便更好地与继电保护装置相配合,缩短故障切除时间,提高供电的可靠性。

### (三)自动重合闸的分类和配置原则

#### 1. 自动重合闸的分类

根据重合闸时断路器所接通或断开的电力元件的不同,可将重合闸分为线路重合闸、变压器重合闸和母线重合闸。根据重合闸控制断路器连续合闸次数的不同,可将重合闸分为多次重合闸和一次重合闸。多次重合闸一般使用在配电网中与分段器配合,自动隔离故障区段,是配电自动化的重要组成部分;而一次重合闸主要用于输电线路。

根据重合闸控制断路器的相数不同,可将重合闸分为单相重合闸、三相重合闸、综合重合闸等。

1）三相重合闸

三相重合闸是指无论在输、配电线上发生的是单相短路还是相间短路，继电保护装置均将线路三相断路器同时跳开，然后启动自动重合闸再同时重新闭合三相断路器的方式。若重合于暂时性故障，则重合闸能够成功，否则保护再次动作，跳开三相断路器，这时，是否再重合要视情况而定。目前，一般只允许重合闸动作一次，称为三相一次自动重合闸。

2）单相重合闸

单相重合闸是指线路发生单相接地故障时，保护动作于只断开故障相的断路器，然后进行单相重合。若故障是暂时性的，则重合成功；若故障是永久性故障，而系统又不允许非全相长期运行，则重合后，保护再次动作，使三相断路器跳闸，不再进行重合。

当采用单相重合闸时，如果发生相间短路，一般都是跳开三相断路器，且不进行三相重合；如果因任何其他原因断开三相断路器，也不再进行重合。

3）综合重合闸

综合重合闸是将单相重合闸和三相重合闸综合在一起，当发生单相接地故障时，采用单相重合闸方式工作；当发生相间短路时，采用三相重合闸方式工作。综合考虑这两种重合闸方式的装置称为综合重合闸装置。

综合重合闸装置经过转换开关的切换，一般都具有单相重合闸、三相重合闸、综合重合闸和直跳（线路上发生任何类型的故障时，保护通过重合闸装置的出口，断开三相，不再重合闸）四种运行方式。目前，在 110 kV 及以上的高压电力系统中，综合重合闸已得到了广泛应用。

2．自动重合闸的配置原则

《技术规程》规定自动重合闸的配置原则是：

（1）1 kV 及以上架空线路或电缆与架空混合线路，在具有断路器的条件下，当用电设备允许且无备用电源自动投入时，应装设自动重合闸装置。

（2）旁路断路器和兼作旁路母联断路器或分段断路器，应装设自动重合闸装置。

（3）低压侧不带电源的降压变压器，可装设自动重合闸装置。

（4）必要时，母线故障也可采用自动重合闸装置。

根据自动重合闸运行的经验可知，线路自动重合闸的配置和选择应根据系统的结构、实际运行条件和规程要求具体确定。一般而言，自动重合闸类型可按下述条件进行选择：

（1）110 kV 及以下电压的系统，单侧电源线路一般采用三相一次重合闸装置。

（2）220 kV、110 kV 及以下的双电源线路用三相重合闸能满足系统稳定和运行要求时，可采用三相自动重合闸装置。

（3）220 kV 线路采用三相自动重合闸不能满足系统稳定和运行要求时，可采用综合重合闸装置。

（4）330～500 kV 线路，一般应装设综合重合闸装置。

（5）在带有分支的线路上使用单相重合闸时，分支侧是否采用单相重合闸，应根据有无分支电源以及电源大小和负荷大小确定。

（6）双电源 220 kV 及以上电压等级的单回路联络线，多采用单相重合闸；主要的 110 kV 双电源回路联络线，采用单相重合闸对电网安全运行效果显著时，可采用单相重合闸。

## 二、单侧电源线路三相一次自动重合闸

在我国电力系统中,三相一次重合闸的应用非常广泛。所谓三相一次自动重合闸,就是无论输电线路发生的是单相短路还是相间短路,继电保护装置均将线路三相断路器同时跳闸,然后重合闸装置启动,将三相断路器同时合闸。若重合于暂时性故障,则重合闸成功;若重合于永久性故障,则继电保护装置再次将三相断路器同时断开,不再重合闸。

三相一次重合闸的工作原理如图 5-66 所示,其主要由重合闸启动元件、重合闸时间元件(延时元件)、一次合闸脉冲元件、手动跳闸后闭锁元件和手动合闸后加速元件组成。

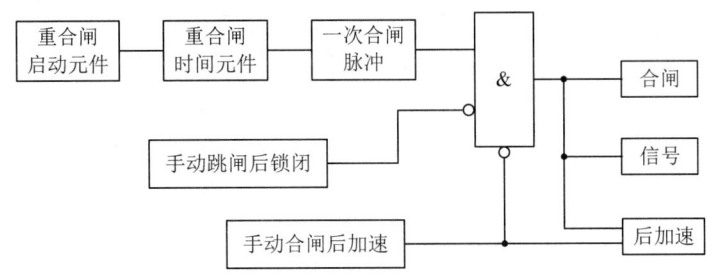

图 5-66 三相一次重合闸的工作原理

(1)重合闸启动元件:作用是当断路器跳闸后,使重合闸的延时元件启动。

(2)重合闸时间元件:重合闸启动元件发出启动指令后,时间元件开始计时,这里的延时是为了保证断路器跳闸后,故障点有足够的去游离时间以恢复绝缘强度并使操动机构能准备好再次动作。

(3)一次合闸脉冲元件:在达到时间元件的延时时间后,一次合闸脉冲元件会发出一个可以合闸的脉冲命令。如果重合闸失败,那么它也不再发出可以合闸的命令。

(4)手动跳闸后闭锁元件:当手动跳开断路器后,也会启动重合闸回路,为了消除这种情况造成的误合闸,设置了闭锁环节,使其不能形成合闸命令。

(5)重合闸后加速保护跳闸回路:对于重合于永久性故障时,在保证选择性的前提下,尽可能地加快故障的再次切除,需要保护装置与重合闸配合。当手动合闸到带故障的线路上时,保护装置动作并跳闸。

## 三、自动重合闸装置与继电保护的配合

在电力系统中,继电保护和自动装置配合使用可以简化保护装置,加速切除故障,提高供电的可靠性。自动重合闸装置与继电保护装置的配合方式有自动重合闸前加速和自动重合闸后加速两种方式。

### (一)自动重合闸前加速保护

自动重合闸前加速保护简称"前加速",多用于单侧电源供电的干线式线路中。

前加速由无时限电流速断保护组成,图 5-67 所示为前加速保护动作的原理示意图。假定在每条线路上均装设有电流速断保护和定时限过电流保护,且其定时限过电流保护的动作时限按照阶梯原则整定,则靠近电源端的保护 3 处的断路器 QF3 的继电保护动作时限最长。

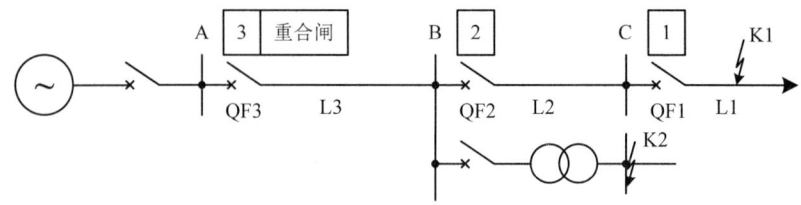

图 5-67 重合闸前加速保护动作的原理

为了加速切除故障，在断路器 QF3 处可以采用自动重合闸前加速保护动作方式，即在断路器 QF3 处不仅有电流速断保护，还装设有能保护线路 L1、L2 和 L3 的定时限电流保护和自动重合闸装置。此时，不论故障是出现在线路 L1、L2 或 L3 上，第一次都是由 QF3 处的电流速断保护无延时地断开断路器 QF3，随后自动重合闸装置将断路器重合一次。

若重合于永久性故障，则需要再次动作，但重合以后保护的第二次动作是有选择性的。例如，当故障发生在线路 AB 以外（如 K1 点故障）时，则保护 3 的第一次动作是无选择性的，即断路器 QF3 跳开。如果此时的故障是暂时性故障，则 QF3 重合时能够重合成功，恢复正常供电；如果此时的故障是永久性故障，则在 QF3 重合之后，过流保护按照动作时限有选择地动作并将相应的断路器断开。例如在 K1 点故障时，由 QF1 的保护跳开。

前加速保护主要是在 35 kV 及以下的电力网络中采用，其优点在于能够快速切除故障，使暂时性故障来不及发展成为永久性故障，而且所需的设备少。其缺点在于重合于永久性故障时，再次切除故障的时间可能很长，装有重合闸装置的断路器动作次数较多，若此断路器或重合闸拒动，则停电的范围将会扩大，甚至在最末一级线路上发生的故障也可能造成全线路停电。

（二）自动重合闸后加速保护

自动重合闸后加速保护简称为"后加速"。后加速保护是指第一次线路故障时，按照有选择性的方式动作，随后进行重合闸，如果重合于永久性故障，第二次跳闸则按照无选择性的方式跳闸。如图 5-68 所示，采用后加速保护方式时必须在每条线路上都装有选择性保护和自动重合闸装置。

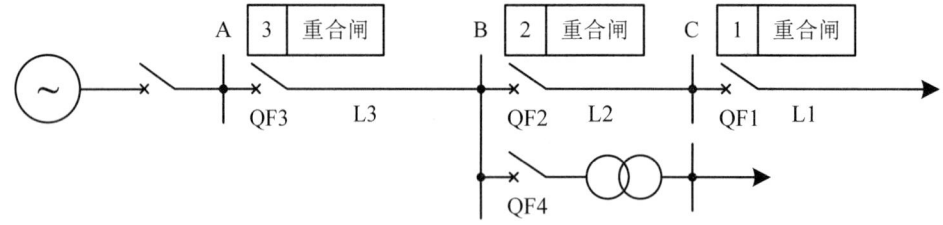

图 5-68 重合闸后加速保护动作的原理示意图

当任意一条线路发生故障时，首先由故障线路的保护装置有选择性地动作将故障切除，然后由故障线路的自动重合闸装置重合，同时将选择性保护的延时部分退出工作。如果发生的是暂时性故障，则重合成功，恢复正常供电；如果发生的是永久性故障，则故障线路瞬时无选择性地将故障再次切除。

采用重合闸后加速保护的优点是第一次跳闸是以有选择性的方式动作，不会扩大事故范围。在重要的高压网络中，一般都不允许无选择性的动作，应用这一工作方式尤其适合。同时这种方式使得重合于永久性故障时断路器能够快速跳开，有利于系统的并联运行稳定性。其主要缺点是第一次故障可能带有延时，如果主保护拒动，而由后备保护来跳闸，则动作时间较长。每个断路器上均要装设一套自动重合闸装置，结构较为复杂。

### 四、直流保护自动重合闸

对于非永久性短路故障而言，自动重合闸的应用无疑是提高供电可靠性的重要手段，但不同于交流系统保护，直流断路器的重合不允许带故障闭合后加速跳闸，那样会造成断路器寿命的较大损失，因此必须在确认线路发生的是非永久性短路故障时才允许合闸，故需要加装线路检测保护。直流馈线主保护、线路检测和自动重合闸保证了直流牵引馈线保护的快速性、选择性与可靠性的要求。

以前的电磁式保护不设线路检测，直流断路器跳闸后立即重合闸一次，若重合闸不成功，则闭锁重合闸。现在的微机式保护，直流断路器合闸前先进行线路检测，线路检测成功后，断路器再合闸。如果运行中断路器跳闸，在断路器重合闸前也先进行线路检测，若线路检测通过，则认为不存在永久性短路点，进行断路器重合闸；反之，若线路检测不通过，则认为运行线路上短路点仍然存在，为避免断路器再次受到短路电流的冲击，断路器不再重合。需要指出的是，目前实际运行中，重合闸动作的条件一般设定为线路检测通过且重合闸不成功次数小于设定次数，而不同于以往的重合闸动作一次不成功就被闭锁，这有利于提高供电的可靠性。

### 五、备用电源自投

#### （一）备自投概述

备用电源自投装置（简称"备自投"）是指当工作电源（或工作设备）因故障被断开后，能够自动而迅速地将备用电源（或备用设备）投入工作，保证用户连续供电的一种装置。

1．备自投装置一次接线的分类

（1）明备用：在正常情况下，有明显断开的备用电源或设备的方式，如图5-69所示。

（2）暗备用：在正常情况下，没有断开的电源和设备，而是用分段母线间的断路器取得备用电源或设备的方式，如图5-70所示。

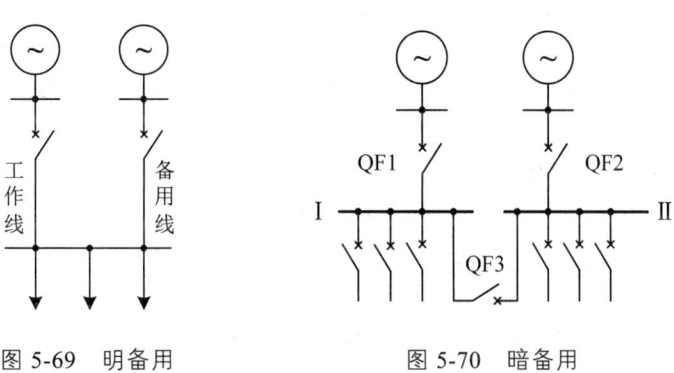

图5-69　明备用　　　　　图5-70　暗备用

2．备自投的优点

（1）提高供电可靠性，节省建设投资。

（2）简化继电保护。

（3）限制短路电流，提高母线残余电压。

3．对备自投装置的基本要求

（1）工作电源的电压无论何种原因消失时，备自投装置均应动作。

实现：备自投装置在工作母线上设置独立的低压启动部分，当工作母线失去电压后，启动部分动作，断开供电元件的受电侧断路器。

（2）应保证在工作电源断开后，备自投装置才动作。

实现：供电元件侧断路器的动断触点是启动备自投装置的出口。

（3）备自投装置应保证只动作一次。

实现：控制备用电源断路器的合闸脉冲，使之只能合闸一次。

（4）当工作母线和备用母线同时失去电压时，备自投装置不应启动。

实现：此备用电源必须具备有电压鉴定功能。

（5）备自投装置的动作时间应该使负荷停电时间尽可能的短。

（6）电压互感器二次侧熔断时，备自投装置不应动作。

（7）一个备用电源同时作为几个工作电源的备用时，如果备用电源已代替一个工作电源，当另一个工作电源又被断开时，只要事先已核实备用电源的容量能满足要求，备自投装置应仍能动作。

（8）应当检验备自投装置动作时备用电源的过负荷情况及电动机自启动情况。

（二）自动装置的配置

1．自动装置的配置原则

（1）自动装置应满足供电安全、可靠、灵活的运行要求，自动装置应具有安全闭锁功能以提高供电可靠性、确保系统安全运行。

（2）自动装置在短路故障被切除后能快速恢复供电。

（3）各级备自投装置在动作时间上相互配合协调。

2．自动装置的设置

（1）35 kV 母线分段断路器设置备自投装置，自投功能可在当地/远方进行投入或撤除。在当地开关柜上设置硬压板，在控制中心电力监控系统设置软压板。当软压板与硬压板均在允许位置时，备自投装置投入；当软压板与硬压板其中一个或两个在禁止位置时，备自投装置退出。

（2）牵引变电所的 1500 V 直流馈线断路器设置带有故障性质判断的自动重合闸装置。当牵引网发生故障时，保护启动，使断路器分闸后，延时启动线路测试，对线路进行循环测试。如故障是瞬时性的，断路器重新合闸；如故障是永久性的，一个测试周期过后，自动重合闸将闭锁直流断路器的合闸功能。

（3）0.4 kV 母线分段断路器设置备用电源自动投入装置，并具有自投/自复和手投/手复两种工作模式。自投/自复功能可在当地/远方进行投入或撤除。在当地开关柜上设置硬压板,在控制中心电力监控系统设置软压板。当软压板与硬压板均在允许位置时,自投/自复功能投入;当软压板与硬压板其中一个或两个在禁止位置时,自投/自复功能退出,转入手投/手复工作模式。

(4)交流自用电系统两路进线设置双电源自动切换装置或功能。

(5)35 kV 侧的备自投装置与 0.4 kV 侧的备自投装置在投入时间上设置级差,实现相互协调配合。一个 35 kV 进线电源失电时,由 35 kV 侧备自投装置根据情况将备用电源投入,0.4 kV 侧备自投装置不动作。

(三)备用电源自动投入装置的运行方式

1．进线备自投方式

母线上的两条电源进线在正常运行时一条工作、一条备用,当工作线路因故障跳闸造成母线失去电压时,备自投装置动作将备用线路自动投入,如图 5-71 所示。

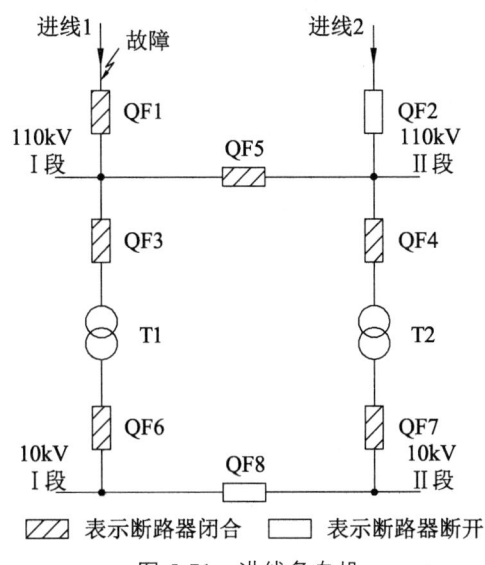

图 5-71 进线备自投

1）运行条件

电源进线 1 运行,带两段 110 kV 母线,电源进线 2 热备用,两台主变压器同时运行或一台运行一台备用。

2）备自投装置的动作过程

当电源进线 1 线路故障,使断路器 QF1 跳闸时,将导致 110 kV 母线失压且进线 1 无电流,随后进线备自投装置启动,检测并确认断路器 QF1 已跳开且进线 2 有电压,最后闭合断路器 QF2。

2．高压分段断路器备自投方式

1）运行条件

电源进线 1 和电源进线 2 均投入运行,且各带一段 110 kV 母线,110 kV 分段断路器热备用,两台主变压器同时运行或者一台运行、一台备用,高压分段断路器备自投的原理如图 5-72 所示。

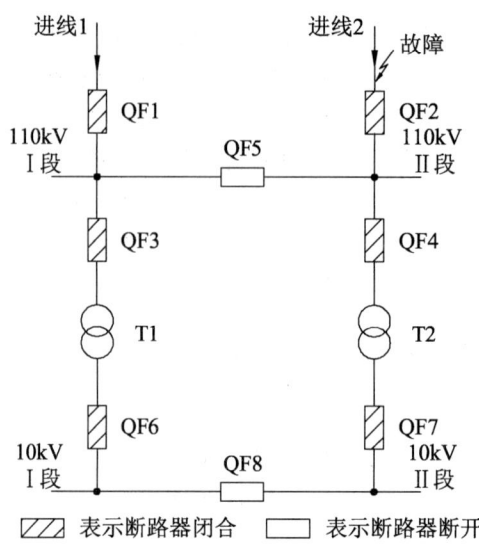

图 5-72 高压分段断路器备自投

**2）备自投装置的动作过程**

当电源线路故障使断路器 QF2 跳闸时，将导致 110 kV 侧的 II 段母线失压且故障线路无电流，110 kV 侧分段备自投装置启动，检测并确认断路器 QF2 已跳开且 110 kV 侧的 I 段母线有电压，最后闭合母线联络断路器 QF5。

**3．低压分段断路器备自投方式**

正常运行时，两段 10 kV 的低压母线均投入，分段断路器处于断开状态，两段母线互为备用。当一段低压母线因电源进线故障造成母线失压时，备自投装置动作并将分段断路器自动投入，低压分段断路器备自投的原理如图 5-73 所示。

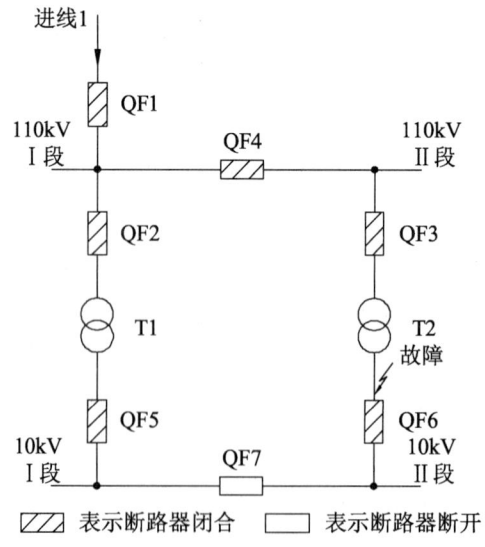

图 5-73 低压分段断路器备自投

1）运行条件

正常运行时，两台主变压器投入运行且各带一段低压母线，低压母线分段断路器 QF7 断开，两台主变压器互为备用，低压母线分段断路器 QF7 备自投。

2）低压分段断路器备自投的动作过程

主变压器 T2 故障时，主保护动作使其高压与低压侧的断路器全部跳开，此时 10 kV 侧的Ⅱ段母线失压且主变压器 T2 低压侧无电流，备自投启动，随后确认断路器 QF6 已断开且 10 kV 侧的Ⅰ段母线有电压，最后闭合低压母线分段断路器 QF7。

4．变压器备自投方式

正常运行时，两台变压器一台工作、一台备用，当工作变压器故障、母线失压时，备自投装置动作，将备用变压器自动投入，变压器备自投的原理如图 5-74 所示。

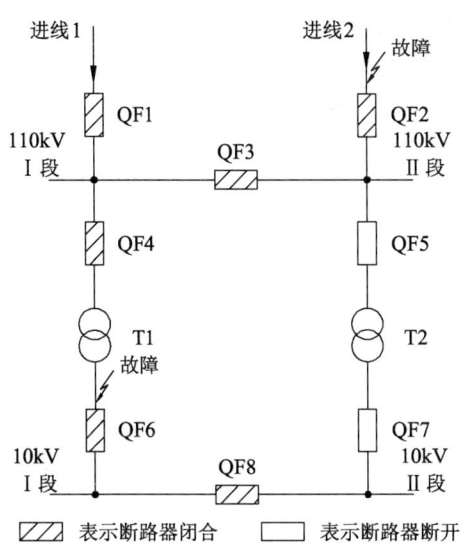

图 5-74　变压器备自投

1）运行条件

正常运行时，10 kV 母联断路器 QF8 闭合，主变压器 T1 两侧的断路器（QF4 和 QF6）闭合，主变压器 T2 两侧的断路器（QF5 和 QF7）断开，主变压器 T1 带两段低压母线运行，主变压器 T2 作为备用。

2）变压器备自投的动作过程

主变压器 T1 故障时，主保护动作使其高压侧与低压侧的断路器全部跳开，此时 10 kV 侧的Ⅰ段母线和Ⅱ段母线失压且主变压器 T1 低压侧无电流，备自投启动，随后确认断路器 QF6 已断开且 110 kV 侧的Ⅱ段母线有电压，最后分别闭合备用变压器 T2 高压侧的断路器 QF5 和低压侧的断路器 QF7。

**思考题**

1. 电力系统发生短路故障时，可能引起哪些严重后果？
2. 继电保护装置的基本任务是什么？
3. 继电保护装置一般包括哪些部分？
4. 对继电保护装置的基本要求是什么？分别进行阐述。
5. 三段式电流保护分别指的是哪三段？每一段各有什么特点？
6. 零序电流的三段保护分别指的是哪三段？每一段各有什么特点？
7. 什么是纵联差动保护？画图并阐述其工作原理。
8. 常用的变压器保护有哪些？
9. 大双边供电的方式有哪些？画图并说明。
10. 常见的直流保护有哪些？
11. DDL 保护的原理是什么？
12. 什么是双边联跳保护？设置该保护的目的是什么？
13. 微机继电保护的特点是什么？
14. 微机继电保护装置的硬件包括哪些部分？
15. 什么是自动重合闸？它的作用是什么？
16. 对自动重合闸的基本要求是什么？

# 第六章 城市轨道交通供电系统的接线形式及其运行机理

## 第一节 城市轨道交通供电系统对电气主接线的要求

城市轨道交通供电系统中的负荷大多属于一级供电负荷，一旦供电中断，将打乱运输计划，影响列车的正常运行，影响城市轨道交通的环控系统、照明系统等的运行，会造成较大的社会影响。因而，建设一个安全、灵活、经济、可靠的城市轨道交通供电系统，对城市轨道交通有着极为重要的意义。

微课视频：
城轨交通供电系统对电气主接线的要求

城市轨道交通供电系统包括外部电源系统和内部电源系统。内部电源系统由中压环网供电系统、牵引供电系统和低压变配电系统三个部分构成。其中中压环网供电系统是城市轨道交通供电系统的主要部分，它涉及外部电源方案、主变电所的位置及数量选择、牵引变电所及降压变电所的位置与数量选择、牵引变电所与降压变电所的主接线形式等。

### 一、电气主接线的概念

变电所的电气主接线是指由断路器、隔离开关、互感器、避雷器、变压器、母线、电缆等高压一次设备，按照一定的顺序连接起来用于电能输送和电能分配的电路。电气主接线反映了变电所的基本结构和功能。在运行中，它能表明高压电网的连接方式、电能输送和分配的关系以及变电所一次设备的运行方式，为实际运行操作提供依据。在设计中，主接线的确定对变电所电气设备选择、配电装置布置、继电保护配置和计算、自动装置和控制方式选择等都有重大影响。此外，电气主接线对牵引供电系统运行的可靠性、电能质量、运行灵活性和经济性也起着决定性作用。

用规定的设备文字符号和图形代表上述电气设备、导线，并根据它们的作用和运行操作次序，按一定要求连接的单线或三线接线图，称为电气主接线图。它不仅标明了各主要设备的规格、数量，而且反映了各设备的连接方式和各电气回路间的相互关系。在主接线图中，使用国标规定的文字与图形符号，常用设备的文字符号和图形符号如表 6-1 所示。

表 6-1  常用电气设备的文字符号与图形符号

| 名称 | 文字符号 | 图形符号 | 名称 | 文字符号 | 图形符号 |
|---|---|---|---|---|---|
| 断路器 | QF |  | 熔断式隔离开关 | QB |  |
| 熔断器 | FU |  | 单相变压器 | T |  |
| 隔离开关 | QS |  | 三绕组变压器 | T |  |
| 负荷开关 | QL |  | 电抗器 | L |  |
| 负荷开关-熔断器组合电器 | QB |  | 电流互感器 | TA |  |
| 接地开关 | QE |  | 电压互感器 | TV |  |
| 电路端子 | X | ○ | 避雷器 | FA |  |

## 二、对电气主接线的基本要求

对电气主接线的基本要求包括：可靠性、灵活性、安全性和经济性。

### （一）可靠性

供电可靠性是电力生产和分配的首要要求。对于城市轨道交通而言，首先应保证电力牵引负荷、运输用动力、信号负荷的安全、可靠供电。牵引负荷和部分动力负荷（如地铁的动力、主要照明和信号电源等）为一级负荷，中断供电将直接造成运输阻塞，甚至造成人员伤亡、设备损坏，进而导致生产无法正常进行、城市秩序混乱等。因此，主接线的接线方式必须保证供电的安全可靠性。可以认为，由事故造成中断供电的可能性越小、影响范围越小、停电时间越短，主接线的安全可靠性就越高。因此，城市轨道交通供电系统除了采用双回输电线或环形电源供电外，还应选择合理的接线方式或采用与其他措施（如自动装置）配合，保证在电路转换、设备检修和事故处理等情况下供电的可靠性和连续性。对于其他动力负荷和地区负荷，则应根据用户的重要程度（一般为二级、三级负荷，它们对可靠性要求不同）和具体情况，考虑相应的接线形式和可靠性要求。

## （二）灵活性

电气主接线应能适应电力系统的各种运行状态，并能灵活地进行运行方式的转换。不仅要求电气主接线在正常运行时能可靠地供电，而且要求在系统故障、设备检修及设备故障时，也能适应调度的要求，并能灵活、简便、迅速地倒换运行方式，使停电时间最短，影响范围最小，同时，设计主接线时应留有发展扩建的余地。对灵活性的要求有以下几点：

（1）调度灵活，操作方便。调度时可以灵活地投入或切除变压器和线路、调配电源和负荷，满足系统在事故运行方式、检修方式及特殊运行方式下的调度要求。

（2）检修安全。检修时，可以方便地停运断路器、母线及其继电保护设备，进行安全检修而不至于影响电力系统的运行和对用户的供电。

（3）扩建方便。扩建时，可以容易地从初期接线过渡到最终接线。在不影响连续供电或停电时间最短的情况下，投入变压器或线路而不互相干扰，并对一次和二次部分的改建工作量最少。

## （三）安全性

对电气主接线的安全性要求，主要体现在隔离开关的正确配置和隔离开关接线的正确绘制方面。隔离开关的主要用途是将检修部分与电源隔离，以保证检修人员的安全。在电气主接线图中，凡是应该安装隔离开关的地方都必须配置隔离开关，不能有遗漏之处，也不能为了节省投资而不安装。在绘制隔离开关时，电源应通过瓷瓶与隔离开关的刀片联结，因为这样的安装方式可以使得在断开或闭合隔离开关时，刀片端的带电时间较短，进而保证操作人员的安全。

## （四）经济性

在设计主接线时，主要矛盾往往发生在可靠性与经济性之间。欲使主接线可靠、灵活，必然要选高质量的设备和现代化的自动装置，从而引起投资的增加。因此，主接线的设计应在满足可靠性和灵活性的前提下应做到经济合理。一般从以下几个方面考虑：

1．投资省

（1）主接线应简单清楚，节省断路器、隔离开关、电流互感器、电压互感器、避雷针等一次设备。

（2）使继电保护和二次回路不过于复杂，减少二次设备的数量并减少控制电缆的使用。

（3）限制短路电流，以便于选择价格较低的电气设备或轻型电器。

（4）如能满足系统安全运行与继电保护要求，则终端或分支变电所可采用简易电器。

2．占地面积小

主接线设计要为配电装置的布置创造条件，尽量减少占地面积。

3．电能损失少

在变电所正常运行时，电能损耗主要来自变压器，应经济合理地选择变压器的型式、容量和台数，尽量避免两次变压而增加电能损耗。此外，在系统规划设计中，应避免建立复杂的操作枢纽，为简化主接线，变电所接入系统的电压等级一般不超过两种。

## 第二节 城市轨道交通主变电所的主接线形式与应用实例

城市轨道交通供电系统中的牵引变电所和沿线分布的降压变电所,一般都是集中地由主变电所或城市电网的降压变电所输出的专用中压(10~35 kV)环网供电。本节将对主变电所的典型接线形式和特点进行分析和论述。

### 一、主变电所电气主接线

#### (一)主变电所电气主接线的主要特点

主变电所电气主接线的主要特点总结如下:

(1)由主变电所供电的直流牵引变电所和一些比较重要的降压变电所,主要是为一级负荷供电,应设两路 110 kV 高压专用电源进线或一个回路专线,另一回路接在其他 110 kV 的供电线上。

微课视频:
城轨交通主变电所的
主接线形式与应用实例

(2)主变电所电气主接线包括高压(110 kV)和中压(10~35 kV)两个部分。为了减少地处城市的主变电所的占地面积,在保证安全性和可靠性的前提下,应尽量减少配电装置的间隔数量(尤其是高压断路器的间隔数量),从而简化主电路接线。

(3)主变电所电气主接线形式与主变压器的容量,要统筹考虑城轨交通发展的近期和远期规划,以便实现资源共享,即一个主变电所尽可能同时为多条城轨交通线路供电。此外,若干主变电所常与中压电网一起构成独立环网供电系统(如图 6-1 所示),则主变电所中的某个主变压器发生故障或退出运行时,应考虑将其中压主接线的母线或馈线与相邻的主变电所的母线或馈线连接,实现供电的连续性。

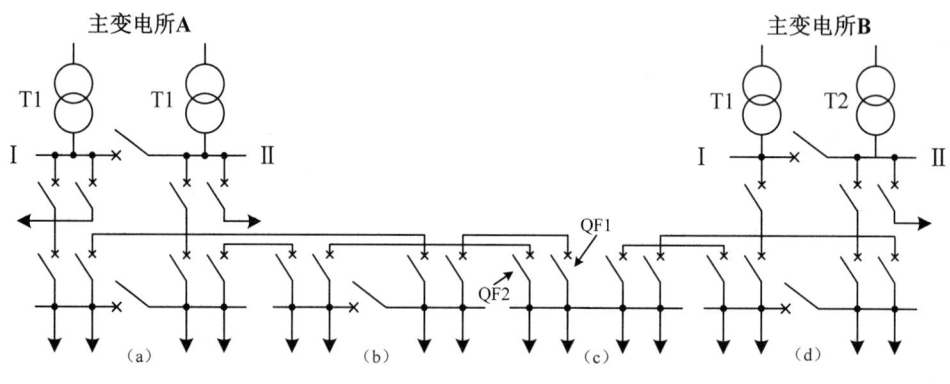

(a)牵引、降压变电所　(b)降压变电所　(c)牵引变电所　(d)牵引、降压变电所

图 6-1 供电系统和主变电所向沿线各种变电所供电的方式

例如,在图 6-1 中,当主变电所 A 中的一台主变压器故障或者全所退出运行时,可以通过操作环网上的联络断路器 QF1 和 QF2,实现主变电所 B 经由牵引变电所(c)的高压母线向牵引、降压变电所(a)和降压变电所(b)的重要牵引负荷与主要动力负荷供电。

(4)主变电所常用的典型电气主接线形式有高压线路-变压器组单元接线、桥形接线(包括内桥接线、外桥接线)等形式,后续将对这几种典型的电气主接线形式进行论述。

（二）主变电所的典型主接线形式

1. 线路-变压器组单元接线

图 6-2 所示为线路-变压器组单元接线的几种典型接线形式，其特点是接线简单、设备少、经济性好，适用于一路进线且只有一台主变压器的小型变电所。

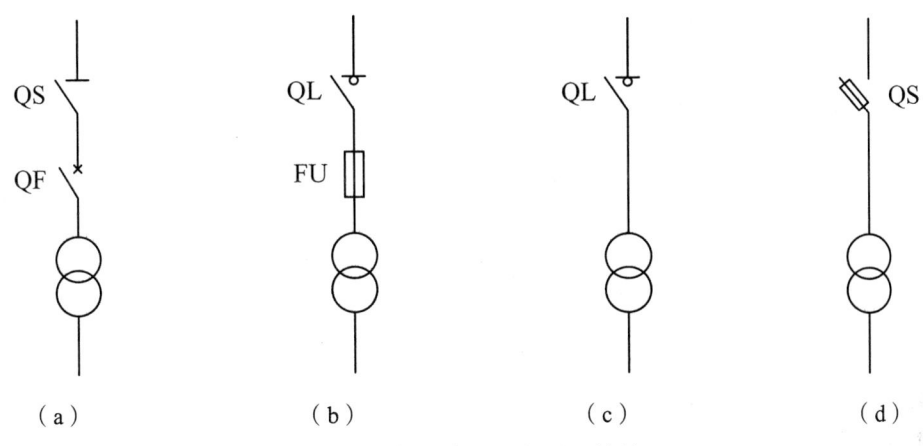

图 6-2 线路-变压器组单元接线

图 6-2（a）中，在变压器的高压侧设置断路器和隔离开关，当变压器故障时，继电保护装置动作并使断路器 QF 跳闸。这种方式具有操作简便、故障后恢复供电快、易与上级保护相配合、易于实现自动化等特点。

图 6-2（b）与图 6-2（a）的区别在于，采用负荷开关与熔断器的组合电器代替价格较高的断路器，变压器的短路保护则由熔断器实现。为了避免因熔断器一相熔断造成变压器断相运行，熔断器配置的熔断顶针可使负荷开关跳闸。负荷开关除用于变压器的投入与切除外，还可以用来隔离高压电源以便于变压器的安全检修。

图 6-2（c）中变压器的高压侧仅设置负荷开关，未设置保护装置。这种接线仅适用于距离上级变配电所较近的车间变电所使用。此时，变压器的保护必须依靠安装在线路首端的保护装置来完成。当变压器容量较小时，负荷开关也可以用隔离开关代替，但需要注意的是，隔离开关只能用来切除空载运行的变压器。

图 6-2（d）是户外杆上变电台的典型接线形式，小容量的变压器安装在电线杆上，户外跌落式熔断器作为变压器的短路保护，也可以用来切除空载运行的变压器。这种接线方式简单经济，但其可靠性差。随着城市电网的改造和发展，架空线改为电缆线，户外杆上的变电台逐步被组合式变压器所取代。

线路-变压器组单元接线可靠性不高，只能用于三级负荷的供电。采用环网电源供电时，可靠性相应提高，可以给部分二级负荷供电。

当有两路电源进线和两台主变压器时，可以采用双回线路-变压器组单元接线，再配以变压器二次侧的分段式单母线接线，能使可靠性大大提高，如图 6-4 所示。正常运行时，两路电源与两个主变压器同时工作，变压器二次侧母联断路器断开。一旦任一主变压器或任一电源进线故障或检修时，主变压器两侧断路器会在继电保护装置的作用下自动断开，母联断路器自动投入，恢复整个变电所的供电。双回线路-变压器组单元接线可以供给一级、二级负荷使用。

双回线路-变压器组单元接线的优点及其运行特点如下：

（1）接线简单，高压设备少，占地面积小，不需要设置高压线路的继电保护（仅在线路始端设置），降低了总投资。

（2）正常运行方式下，两组线路-变压器组各自分列工作，中压母线分段断路器断开，两段中压母线分别由两台主变压器供电。当一路高压进线失电或一台主变压器退出运行时，将中压母线分段断路器合闸，由另一台主变压器向两段中压母线同时供电，提高了供电可靠性。

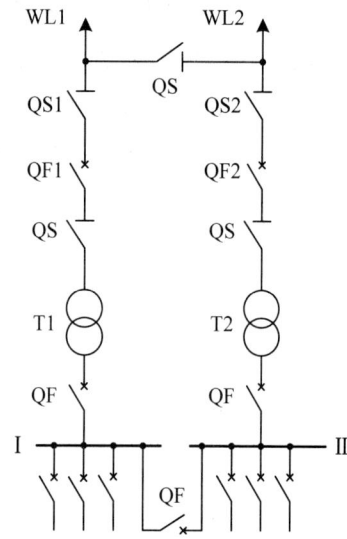

图 6-3 线路-主变压器组单元接线

（3）当一台主变压器或一路进线故障，导致一组线路-主变压器组退出运行时，如主变压器一、二级负荷率较低，只需将中压分段断路器投入，由另一组线路主变压器组承担主变电所供电范围内的全部一、二级负荷。

（4）当任一段中压母线发生故障时，与该段母线连接的主变压器中压侧断路器因继电保护动作而跳闸，同时该段母线上中压馈线连接的环网第一级牵引或降压变电所进线断路器因失压而自动跳闸，按中压供电网运行方式，转换由另一段中压母线继续供电。

（5）如图 6-3 所示，当一台主变电器（T1）在检修期间，另一组线路主变压器组的进线线路（WL2）发生故障，则整个主变电所将全部停电，退出运行。若在两组进线间连接一组带隔离开关（正常运行时断开）的中间跨条（导线），则在上述主变压器 T1 检修和另一回路进线（WL2）故障的情况下，将隔离开关合闸，即可实现由 WL1 向主变压器 T2 供电，这增强了主变电所工作的灵活性和可靠性。

双回线路-变压器组单元接线方式适用于受建筑面积限制的室内或地下主变电所，且当一台主变压器退出运行时，其他主变压器能承担本主变电所供电范围内的全部一级和二级负荷的情况。

2．桥形接线

当只有两条线路和两台主变压器时，可以采用桥形接线，采用桥形接线时所用的断路器最少，桥形接线可以分为内桥形和外桥形两种，如图 6-4 所示。其共同特点是有一条横跨连接的"桥"，图中，在两台变压器一次侧进线处用一桥路断路器将两回进线相连，桥路连在进线断路器之下且靠近变压器侧的称为内桥，连在进线断路器之上且靠近电源线路侧的称为外桥。两种桥式接线都能实现电源线路和变压器的充分利用，如变压器 T1 故障，可以将 T1 切除，由电源 1 和电源 2 并列（满足并列运行条件时）给 T2 供电，以减少电源线路中的能耗和电压损失；若电源 1 的线路故障，可以将电源 1 切除，由电源 2 同时给变压器 T1 和 T2 供电，以充分利用变压器并减少能耗。

1）内桥接线

内桥接线的桥臂位于线路断路器的下方（内侧），靠近主变压器，如图 6-4（a）所示，电源、线路投入和切除时操作简便，但是变压器故障时操作较复杂。当电源 1 的线路故障或检修时，需要先将进线上的断路器和隔离开关断开，然后将桥路断路器接通（桥接断路器两

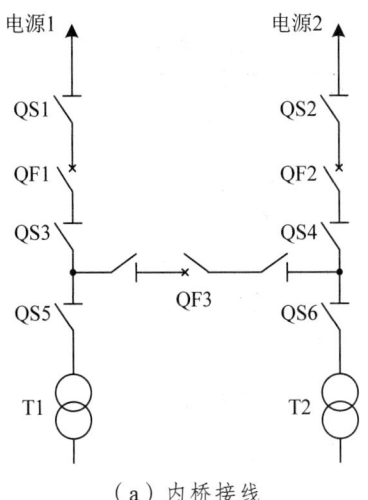 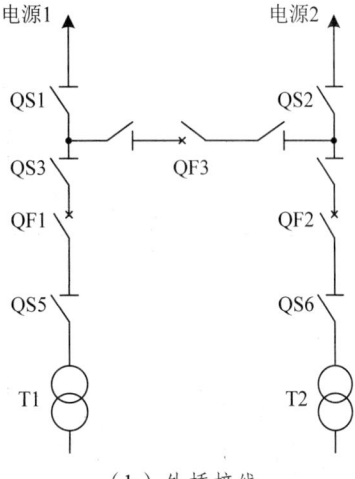

（a）内桥接线　　　　　　　　　　　　（b）外桥接线

图 6-4　桥形接线

侧的隔离开关先接通），才可恢复对变压器 T1 的供电。但是当变压器 T1 故障时，则需要确保进线上的断路器和桥接断路器都断开，此时电源 1 暂时无法向外界供电。在断开隔离开关 QS5 后，接通电源 1 进线上的断路器和桥接断路器，方可恢复电源 1 向外界的供电。

内桥接线的具体特点如下：
（1）其中一回线路检修或故障时，其余部分不受影响。
（2）变压器投入、切除或故障时，有一回线路会短时中断供电，操作较复杂。
（3）线路侧断路器检修时，线路需要停运较长的时间。

**2）外桥接线**

外桥接线的桥臂位于线路断路器的上方（外侧），如图 6-4（b）所示。外桥接线的特点与内桥接线相反，电源线路的投入和切除时的操作较复杂，变压器故障时操作较为简便。例如，当其中的一个变压器发生故障或运行中需要断开时，只需要断开它们上方的断路器即可，且不会影响电源线路的正常工作。但是当从电源到 QS1 的线路故障或者检修时，需要短时断开与该线路连接的变压器，并且需要在断开进线首端的隔离开关后，闭合桥路断路器后才能恢复工作。

外桥接线的具体特点如下：
（1）变压器投入、切除或故障时，不影响其余部分的正常工作，操作较简单。
（2）其中一回线路检修或故障时，需要将与该线路对应的变压器停运，操作较为复杂。
（3）进行变压器侧的断路器检修时，变压器需要停运较长时间。

除上述几种典型的主变电所电气主接线形式外，还有一台半（3/2）断路器接线、4/3 断路器接线、变压器-母线组连接、单元接线、角形接线等多种接线形式，但是这些接线形式在城市轨道交通供电系统中并不常见，这里不再进行论述。

## 二、主变电所电气主接线的应用实例

下面以图 6-5 所示的某城市轨道交通线路一主变电所的电气接线图为例，详细介绍该变电所的电气主接线、运行方式、主要设备的选型、防雷、过电压保护与接地等。

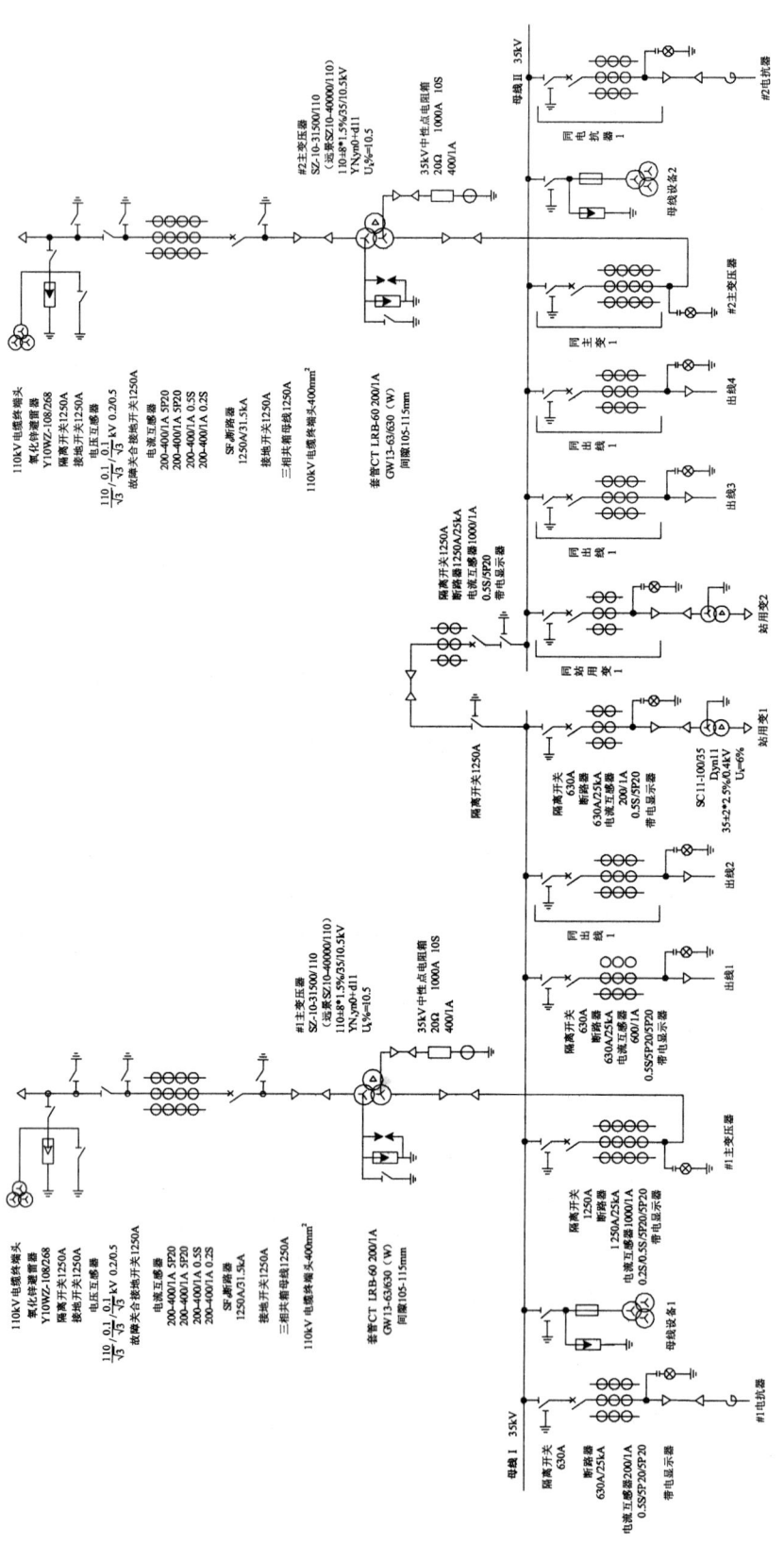

图 6-5 主变电所电气接线图

（一）电气主接线

（1）110 kV 侧电气主接线采用线路-变压器组接线方式，由城市变电站提供两回专用电源线路和电缆进线。每回进线的电源容量应能满足本所供电区域的正常供电要求，并在相邻主变电所故障的情况下对相邻供电区域提供支援。

（2）35 kV 侧接线形式采用单母线分段接线，均为电缆出线。

（3）主变压器 110 kV 侧中性点采用避雷器加保护间隙实现过电压保护，同时也可经隔离开关接地。

（4）35 kV 侧采用小电阻接地形式，接地电阻选择 20 Ω。由于主变压器接线方式为 YN,yn0+d11 接线，接地电阻直接接在主变压器的低压侧。

（5）在 35 kV 侧每段母线设所用变压器一台，所用变压器容量为 100 kV·A。

（6）由于 35 kV 出线均为电缆，且出线较长，经计算电缆电容充电功率较大，故在每段母线设置一组并联电抗器。

（二）运行方式

（1）正常运行时，两台主变压器分列运行。每台主变压器的容量应承担其供电区域内的全部一、二、三级负荷的供电。

（2）当一台变压器故障退出运行时，35 kV 母联断路器有条件地自动合闸，由另一台主变压器承担本所供电区域的一、二级负荷供电。

（3）所内控制和监视设备采用电力监控系统提供的监控设备，按有人值守、无人值班设计。

（三）主要设备选型

（1）为便于无人值班管理，主变压器选用自冷油浸式有载调压型变压器，型号为 SZ10-31500/110，电压等级为$(110 \pm 8) \times 1.25\%/35/10.5$ kV，$U_k\% = 10.5$，带平衡线圈，接线方式为 YN,yn0+d11，配 17 档油浸式有载调压开关。该型变压器的外观如图 6-6 所示。

图 6-6 主变压器

（2）110 kV 配电装置采用 GIS 组合电器。

（3）主变中性点单相接地刀闸选用 GW13-72.5（W）型，配 CJ11 电动机构。
（4）主变中性点氧化锌避雷器选用 YH1.5W-72/186 型。
（5）35 kV 配电装置采用气体绝缘式高压开关柜。
（6）接地电阻选用 20 Ω，额定电流 1000 A，选用成套柜式。
（7）所用变压器选用干式变压器，带 IP20 外壳，容量为 100 kV·A。
（8）110 kV 的电缆进线，与主变连接采用单芯 400 mm² 电缆。
（9）35 kV 配电装置采用气体绝缘高压开关柜，室内双列布置，全电缆出线，层高为 5.0 m。主变 35 kV 侧采用双拼单芯 400 mm² 电缆连接。
（10）35 kV 并联电抗器采用环氧浇注干式铁心并联电抗器。与 35 kV 开关柜之间采用电缆连接，电缆截面：铜芯 $3 \times 95$ mm²。
（11）35 kV 接地电阻采用成套柜式，布置在接地变压器室。与 35 kV 开关柜之间采用电缆连接，电缆截面：铜芯 $3 \times 95$ mm²。
（12）35 kV 所用变压器采用干式配电变压器，带 IP20 外壳，与 35 kV 开关柜之间采用电缆连接，电缆截面：铜芯 $3 \times 95$ mm²。

### （四）防雷、过电压保护与接地

#### 1．直击雷保护

全所配电装置为全户内布置，采用屋顶避雷带防直击雷，屋顶避雷带采用 $40 \times 4$ 镀锌扁钢，并用 $60 \times 8$ 镀锌扁钢引下与主接地网可靠连接。

#### 2．过电压保护

为防止线路侵入的雷电波过电压，在 110 kV 进线及 35 kV 每段母线上分别安装避雷器。主变电所 35 kV 侧引出线不考虑装设避雷器。为保护主变压器的中性点绝缘，在 110 kV 主变压器的中性点装设一台避雷器及放电间隙（间隙 105～110 mm）。

#### 3．接地

（1）全所接地方式以水平接地体为主，辅以垂直接地极，水平接地网采用 $60 \times 6$ 镀锌扁钢，垂直接地体采用 $60 \times 8$ 镀锌扁钢，垂直接地体采用 $50 \times 5$（$L = 2.5$ m）的角钢。布置尽量利用配电楼以外的空地，深埋接地极。全所主接地网的接地电阻应不大于 0.5 Ω。
（2）变电所的大门处设置与主接地网相连接的均压带。
（3）考虑到微机保护、微机监控系统对接地要求较高，二次设备室的接地采用铜排。由于 35 kV 保护分散在开关柜上，因此 35 kV 开关柜内接地采用铜排。110 kV 的 GIS 设备接地采用 $50 \times 5$ 铜排。

## 第三节　城市轨道交通供电系统中压网络的主接线及应用实例

中压网络是通过中压电缆，纵向把上级主变电所和下级牵引变电所、降压变电所连接起来，横向把全线各个牵引变电所、降压变电所连接起来的一种供电设施，类似于电力系统中的输电线路。中压网络不是供电系统中独立的子系统，它与主变电所共同构成中压环网供电系统，是供电系统的核心部分之一。

根据中压网络功能的不同，将为牵引变电所供电的中压网络称为牵引供电网络，将为降压变电所供电的中压网络称为动力照明供电网络。目前，我国城市轨道交通主要采用牵引动力照明混合网络与牵引动力照明独立网络。牵引动力照明混合网络采用同一电压等级，并通过公用电源电缆同时向牵引变电所、降压变电所提供中压电能，供电系统的整体性比较好。牵引动力照明独立网络既可采用不同的电压等级，也可以采用同一个电压等级，牵引网络与动力照明网络相对独立，相互影响较小。对于集中式供电系统，牵引网络和动力照明网络可以采用牵引动力照明独立网络，也可以采用牵引动力照明混合网络。对于分散式供电系统，则采用牵引动力照明混合网络。

微课视频：
城轨交通供电系统中压网络的主接线与应用实例

## 一、中压网络的电压等级

我国现行中压配电标准电压等级有 35 kV、20 kV、10 kV、6 kV 和 3 kV。目前，国内城轨既有线路中压网络采用 35 kV（若采用国外设备则为 33 kV）和 10 kV，普遍采用牵引动力照明混合网络。随着城乡电力消费的增长，20 kV 成为目前公认的具有发展前景的优选电压级，发展 20 kV 配电网已提上议事日程。具体采用哪种电压等级，要结合外部电源、线路走向、运能、站点设置、设备供应情况等多方面的因素，进行技术、经济比较后来确定。

通常，就供电能力来讲，中压系统的供电能力（主要指功率输送能力和电压损失）与电压等级密切相关，在其他条件不变（如导线长度、输送功率、导线规格不变）的情况下，供电线路的功率输送能力与电压成正比，电压损失与电压的平方成反比。即在负荷大小、功率因数、线路参数不变的情况下，电压等级越高，计算电流越小，功率损失越小。此外，电压等级的选择还要考虑工程造价以及长期运营的经济性，表 6-2 列出了不同电压等级的情况对比。

表 6-2 不同电压等级的对比

| 项目 | 35 kV | 33 kV | 20 kV | 10 kV |
| --- | --- | --- | --- | --- |
| 适用标准 | 国家标准 | 国际标准 | 国家、国际标准 | 国家、国际标准 |
| 对外部电压等级的要求 | 不要求城网 35 kV | 不要求城网 33 kV | 不要求城网 20 kV | 一般城网均为 10 kV |
| 设备国产化 | 国内 | 国外 | 国内 | 国内 |
| 环网柜情况 | 无环网柜 | 有环网柜 | 有环网柜 | 有环网柜 |
| 设备尺寸及占地面积 | 较大 不利于减小车站体量 | 较小 利于减小车站体量 | 较小 利于减小车站体量 | 较小 利于减小车站体量 |
| 设备价格 | 适中 | 最高 | 适中 | 最低 |
| 输电容量 | 较大 | 较大 | 适中 | 较小 |
| 输电距离 | 较长 | 较长 | 适中 | 较短 |
| 城轨应用情况 | 国内有采用 | 国内外有采用 | 国外有采用 | 国内外有采用 |

## 二、几种常见的母线接线方式

通常认为电气主接线负责从电源接收电能,并通过出线或馈电线路分配电能。当进、出线数量较少时,可采用无汇流母线接线形式。而当进、出(馈)线数量较多时,常设置汇流母线(简称母线)作为中间环节,便于电能的汇集和分配。应用于城轨交通供电中压网络的几种常见的母线接线形式包括:单母线不分段接线、单母线分段接线、具有旁路母线的单母线接线、双母线接线等。下面我们将对这几种常见的母线接线形式进行讲解。

### (一) 单母线不分段接线

单母线不分段接线如图 6-7 所示。图中用单线图代表三相,进线指电源,出线指线路,如 G 为进线,WL1、WL2、WL3 和 WL4 为出线,进线和出线统称为回路。汇流母线 W 是进线和出线之间的中间环节。每条线路均装设有断路器 QF,因为断路器具有灭弧装置,可以开断、闭合负荷电流或短路电流。断路器两侧装有隔离开关 QS,紧靠母线侧的隔离开关称作母线隔离开关,靠线路侧的隔离开关称作线路隔离开关,隔离开关由于没有灭弧装置,不能开断负荷电流和短路电流。安装隔离开关的目的是,在回路停运后用隔离开关隔开电源,当检修线路或断路器时,形成一个检修人员能看见的明显的"断开点"。这样,万一断路器的合分闸指示失灵,也可以保证检修人员的安全。QE 是接地开关(或称接地刀闸),在检修线路或设备前将其合上,使线路或设备与地等电位,即安全接地,以防止突然来电或感应电压对检修人员造成伤害。

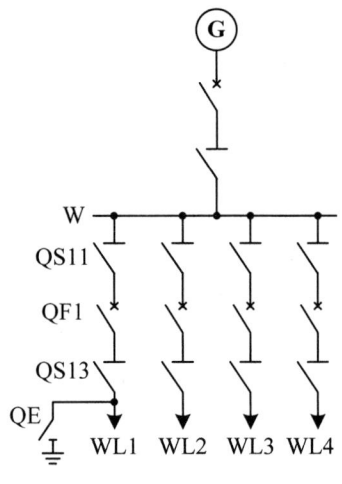

图 6-7 单母线不分段接线

由于断路器有灭弧装置,而隔离开关没有,所以停送电操作必须严格遵守操作顺序,即隔离开关必须在断路器断开的情况下或等电位的情况下(有旁路连接隔离开关)才能进行操作。如出线 WL1 检修后恢复送电的操作顺序为:先拉开 QE,接着检查 QF1 确认在断开状态,再依次合上 QS11、QS13 和 QF1。停电操作顺序则相反:先断开 QF1,接着检查 QF1 并确认其处于断开状态,再断开 QS13 和 QS11。

单母线不分段接线的特点:

(1) 接线简单、设备少、配电装置费用低、经济性好,并能满足一定的可靠性。
(2) 每个回路均设有断路器,可以切断负荷电流或故障电流。
(3) 任一出线均可从电源回路取得电能,不会因运行方式的不同而造成相互影响。
(4) 检修母线或与母线连接的隔离开关时,将造成全部停电;母线发生故障,将使全部电源回路断开,待修复后才能恢复供电。
(5) 检修任一出线及其断路器时,仅该回路停电,其他回路不受影响;检修进线及其断路器时,系统全部停电。

### (二) 单母线分段接线

当出线回路数增多,可靠性要求较高且有两路电源进线时,可以采用单母线分段接线。

单母线分段接线是利用断路器将母线分段，如图 6-8 所示。图中 QF3 为母线分段断路器，也称为母联断路器。根据电源数目和功率，可将母线分为 2 段或者 3 段，段数越多，故障时停电范围越小，但使用的断路器数量也越多，其配电装置和运行也就越复杂，所需要的建设费用越多。

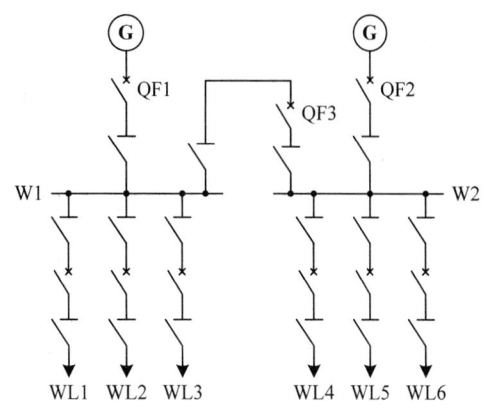

图 6-8 单母线分段接线

单母线分段接线可采用断路器分段，也可采用隔离开关分段，但是使用隔离开关分段的接线方式可靠性较差，由于隔离开关不能带负荷操作，母线故障时将造成短时间的停电，因而一般采用断路器进行分段。正常运行时，分段断路器是处于接通还是断开状态由系统的运行方式决定。当分段断路器闭合时，两母线段是并列运行，当分段断路器断开时，两母线段是分列运行。

单母线分段接线提高了供电的可靠性和灵活性，但也存在一定的缺点：
（1）当一段母线或母线隔离开关故障或检修时，该段母线的回路在检修期内都要停电。
（2）当出线为双回路时，常使架空线路出线交叉跨越。
（3）扩建时需要向两个方向均衡扩建。

### （三）具有旁路母线的单母线接线

单母线分段接线虽然能提高供电系统运行的可靠性与灵活性，但回路中断路器检修或损坏时也会使得其中的一路电源无法向负荷供电。从我国电力系统的运行实践和故障统计资料来看，主接线系统中断路器的故障率较高、检修较为频繁，是配电装置中的薄弱环节，当电源回路或出线回路增多时，合理使用备用元件解决断路器检修时引起的供电问题就显得十分必要，这也是提高主接线可靠性的重要一环。为此，增设一套旁路母线和一台公共备用的旁路断路器，组成具有旁路母线的单母线接线来解决这一问题是可行的。下面将介绍几种带旁路母线的单母线接线形式。

1. 带专用旁路断路器的接线

单母线分段带专用旁路断路器的接线如图 6-9 所示。接线中设有旁路母线 WP、旁路断路器 QF4 及母线旁路隔离开关 QS1、QS2、QS3，此外在各出线回路的线路隔离开关的外侧还装有旁路隔离开关 QS4 和 QS5，使旁路母线能与各出线回路连接。

在正常运行时，旁路断路器 QF4 以及各出线回路上的旁路隔离开关都是断开的，旁路母线 WP 不带电。通常旁路断路器两侧的部分隔离开关处于合闸状态，即 QS3 处于合闸状态，而 QS1、QS2 二者之一是合闸状态，另一台开断，如 QS1 处于合闸状态、QS2 就处于分闸状态，此时旁路断路器 QF4 对 I 段母线 W1 上各个出线断路器就处于随时待命的"热备用"状态。

当出线 WL1 的断路器 QF5 要检修时，需要保证 QS1 处于合闸状态（若其处于分闸状态，则与 QS2 切换），QS3 也处于合闸状态，则尝试合上旁路断路器 QF4。如果旁路母线有故障，则 QF4 在合闸后会因保护动作使其自动跳闸，此时旁路母线不能使用；如果旁路母线完好，

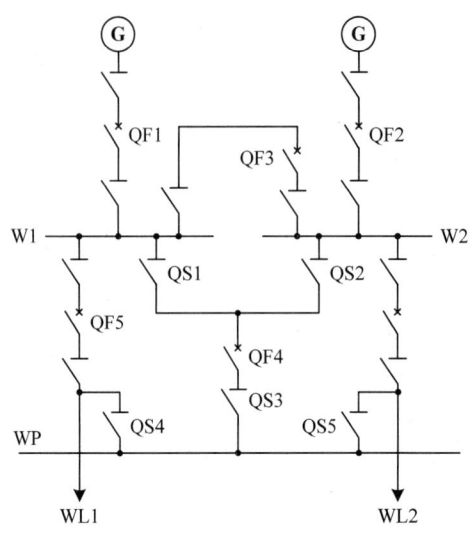

图 6-9 单母线分段带专用旁路断路器的接线

QF4 在合上后不会跳开,就能进行对 QF5 的操作,即合上出线 WL1 的旁路隔离开关 QS4(两端为等电位),然后断开出线 WL1 的断路器 QF5,再断开其两侧的隔离开关,这样便完成了由旁路断路器 QF4 代替断路器 QF5 的转换,可以对 QF5 进行检修,并保证出线 WL1 不停电。这种接线大大增加了供电的可靠性,但增加了一台旁路断路器的投资。

2. 分段断路器兼作旁路断路器的接线

分段断路器兼作旁路断路器的接线如图 6-10 所示。该接线方式可以减少设备,节省投资。在正常工作时,这种接线按照单母线分段运行,即工作母线侧的隔离开关 QS1 和 QS2 接通,分段断路器 QF3 接通,Ⅰ段母线 W1 和 Ⅱ段母线 W2 并联工作;而分段断路器 QF3 的旁路母线侧的隔离开关 QS3 和 QS4 断开,旁路母线 WP 不带电。

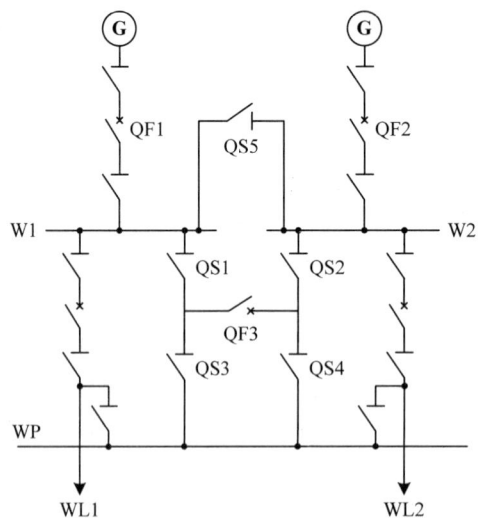

图 6-10 单母线分段断路器兼作旁路断路器的接线

当Ⅰ段母线 W1 上的出线断路器需要检修时,为了使两个分段母线 W1 和 W2 能保持联系，需要先合上分段隔离开关 QS5，然后断开断路器 QF3 和隔离开关 QS2，再合上隔离开关 QS4，最后合上 QF3。如果旁路母线是完好的，QF3 不会跳开，这时可合上待检修出线的旁路隔离开关，最后断开要检修的出线断路器及其两侧的隔离开关，就可对该出线断路器进行检修。检修完毕后，使该出线断路器投入运行的操作顺序与上述的相反。

3. 旁路断路器兼作分段断路器的接线

旁路断路器兼作分段断路器的接线如图 6-11 所示。该接线方式下，设置一台两个分段母线公用的旁路断路器 QF3。正常工作时隔离开关 QS1 和 QS3 接通，旁路断路器 QF3 接通，此时旁路断路器 QF3 作为两个分段母线 W1 和 W2 的分段断路器，且旁路母线 WP 处于带电运行状态。

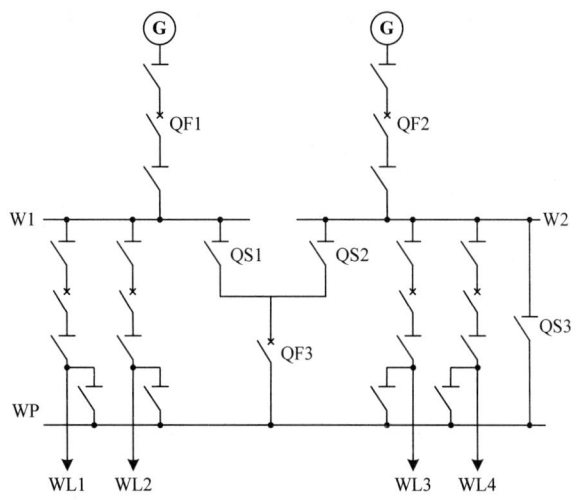

图 6-11 旁路断路器兼作分段断路器的接线

如果 I 段母线 W1 上的出线断路器需要检修，可用旁路断路器代替其工作，操作顺序如下：先合上隔离开关 QS2，以保持 W1 和 W2 间的联系，接着断开连接于旁路母线 WP 与 II 段母线 W2 之间的隔离开关 QS3，再合上待检修出线回路的旁路隔离开关，最后断开要检修的出线断路器及其两侧的隔离开关，即可对该出线断路器进行检修。

（四）双母线接线

双母线接线设有两套母线，可以互为备用，如图 6-12 所示。两套母线通过母线联络断路器（简称母联断路器）QF3 连接起来，每路电源经过断路器后用两台隔离开关分别与两套母线相连接。正常运行时，如母线 W1 工作，即与 W1 连接的所有回路的隔离开关都闭合，而与 W2 连接的所有隔离开关都断开，且母联断路器 QF3 打开。

双母线接线的特点是：

（1）由于它比单母线接线增加了一套备用母线，因此，当工作母线发生短路故障时，可将全部回路迅速转换到由备用母线供电，缩短停电时间。

（2）检修母线时可倒换到由另一套母线工作而不中断供电，检修任一回路的母线隔离开关时，只需使本回路停电。

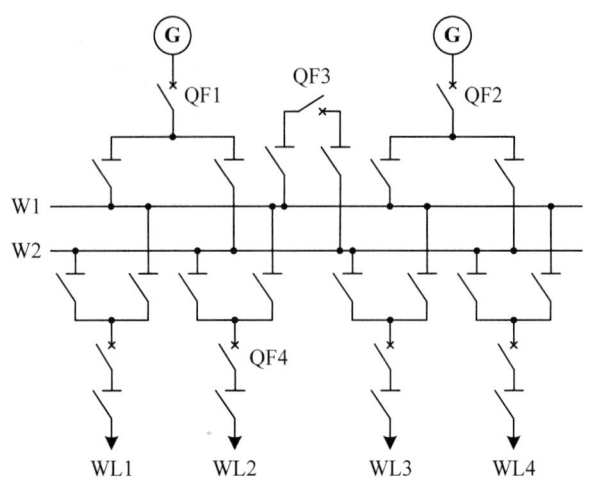

图 6-12 双母线接线方式的接线

（3）无备用断路器情况下，检修任一断路器时，可通过一定的转换操作，用母联断路器代替被检修断路器，且停电时间很短。这时电路按带旁路母线的单母线接线方式运行，被检修断路器的两侧用导线跨接，如图 6-13 所示。图中，W1 为工作母线，W2 为旁路母线，断路器 QF3 及其两端的隔离开关闭合，以代替 QF4 工作。

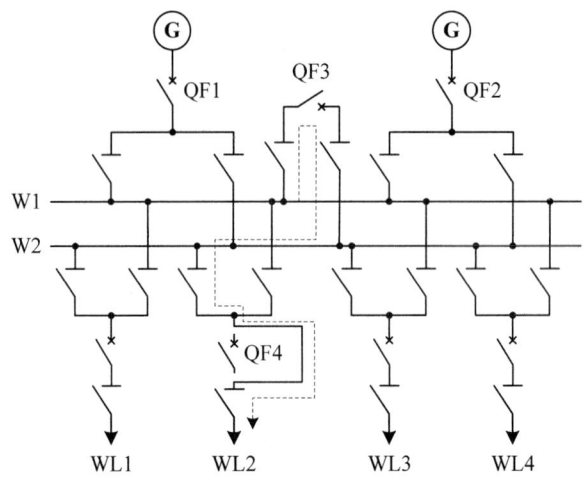

图 6-13 检修断路器时的双母线接线运行方式

此外，双母线接线方式具有较好的运行灵活性，它还可以按照单母线分段的接线方式运行，即只需将电源与负荷平均分配在两套母线上，通过母联断路器使两套母线连接且并列运行。有时为了系统的需要，亦可将母联断路器断开（处于热备用状态），两套母线同时运行。

双母线接线的缺点是隔离开关数量多，配电装置结构复杂，转换操作步骤繁琐，且一次投资费用和占地面积相应增大。

这种接线由于有较高的可靠性，被广泛应用于进出线回路较多、容量较大的系统中。牵引变电所电源回路较多（四回路以上）时也经常采用。对于 110 kV 以上电压的变电所，如线路较多且检修断路器不允许停电时，则可采用带旁路母线的双母线接线，其接线图如图 6-14 所示。

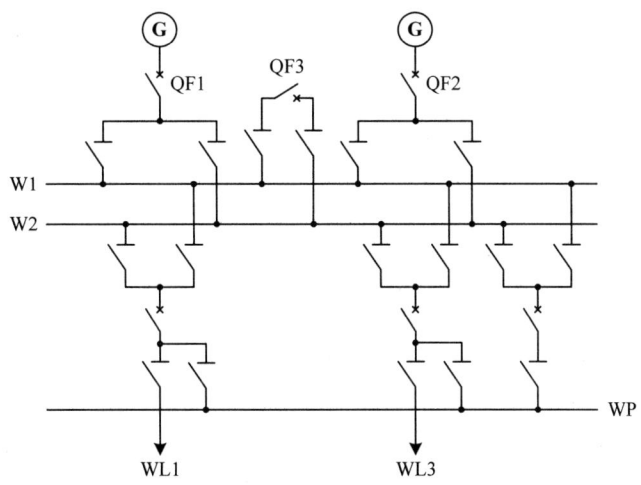

图 6-14　带旁路母线的双母线接线的接线

## 三、几种常见的中压网络的接线方式与运行方式

城市轨道交通的中压网络形式一般包括单环网、双环网结构形式，也有的采用放射式结构形式，以满足降压变电所有两个独立电源进线的要求。

### （一）单环网中压网络的接线方式与运行方式

单环网中压网络的接线如图 6-15 所示。这种网络在大、中运量的城轨供电系统中基本不采用。限于历史条件，上海城市轨道交通 1 号线的牵引网络采用了类似的中压网络方案。

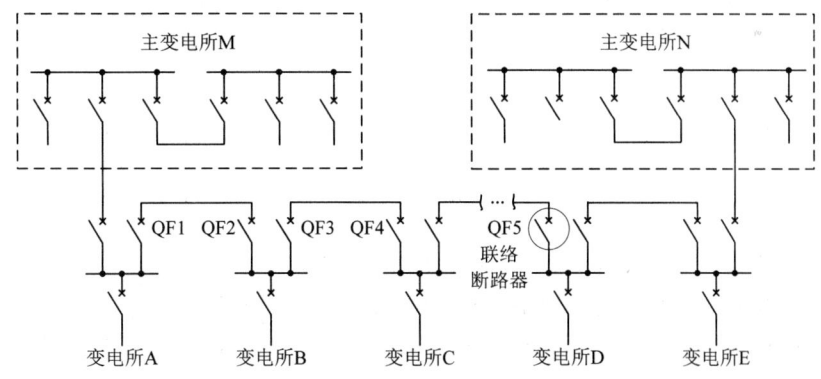

图 6-15　单环网中压网络的接线

正常情况下，主变电所 M（电源开闭所）的一条出线和主变电所 N（电源开闭所）的一条出线分别向就近的变电所提供单路电源，相邻变电所通过单回电缆连接，电源联络断路器处于分闸的状态。

若某条中压线路要退出运行，以由主变电所 M 到变电所 B 的线路退出运行为例，此时调度中心首先会遥控该进线电源两端的两个断路器 QF1 和 QF2 断开，将该段电源电缆隔离。随后，调度中心遥控闭合位于变电所 D 的联络断路器 QF5，实现由主变电所 N 向变电所 B 越区供电。

若中压母线出现故障，以变电所 B 的中压母线故障为例，则该变电所的进线断路器 QF2 跳闸，此时调度中心遥控断开 QF1 以及变电所 B 与下一级变电所 C 联络的电缆两端的两个断路器 QF3、QF4，将变电所 B 的故障母线隔离。然后遥控闭合电源联络断路器 QF5，由主变电所 N 向变电所 C 越区供电，变电所 B 退出运行，其余各变电所为单电源运行。

（二）双环网中压网络的接线方式与运行方式

双环网中压网络的两个供电分区之间设置联络电缆，如图 6-16 所示。目前，这种网络结构在大、中运量城轨供电系统中被广泛采用。正常情况下，主变电所（电源开闭所）为变电所提供两个独立电源，两个电源分列运行，主变电所母线分段断路器、变电所 C 的联络断路器以及各变电所母线分段断路器均处于断开状态，其他断路器处于闭合状态。

当系统中的一个进线电源退出运行时，以变电所 A 的 I 段母线的进线电源退出为例，此时需要断开该中压电缆两端的两个断路器，并闭合母线分段断路器，由 II 段母线的进线电源承担本变电所范围内的全部一、二级负荷。

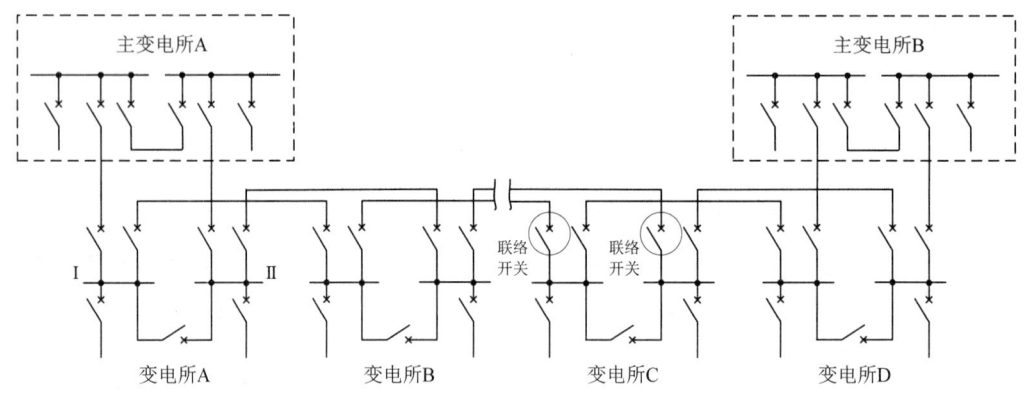

图 6-16 双环网中压网络的接线

当变电所中的一段中压母线退出时，母线分段断路器会被闭锁，不能合闸，此时要由另一段母线的进线电源承担本变电所范围内的一、二级负荷。如牵引整流机组所接母线故障，则牵引整流机组退出运行。变电所两段中压母线均退出时，该变电所退出运行。

当该变电所介于两个供电分区之间时，可通过调整两个供电分区的分界点重新划分用电负荷，恢复受影响的各变电所至正常运行方式。如该变电所不属于供电分区末端变电所，且本供电分区无联络电源，将导致其下级环接的各变电所退出运行，对供电造成严重影响，甚至造成供电中断。

（三）放射式中压网络的接线方式与运行方式

放射式中压网络供电，变电所之间没有直接的电气连接。其优点在于任意一回中压电缆故障时，不影响其他回路供电，且操作灵活方便，易于实现保护和自动化，这种网络结构在小运量的新交通制式中有所运用。

放射式中压网络不存在中压电缆故障后的负荷转移，可以不考虑线路的备用容量，每回线路可满载运行，即正常最大供电负荷不超过该线路安全载流量。放射式中压网络有单回路放射式和双回路放射式两大类型。

1．单回路放射式

单回路放射式单母线中压网络的接线如图 6-17 所示。

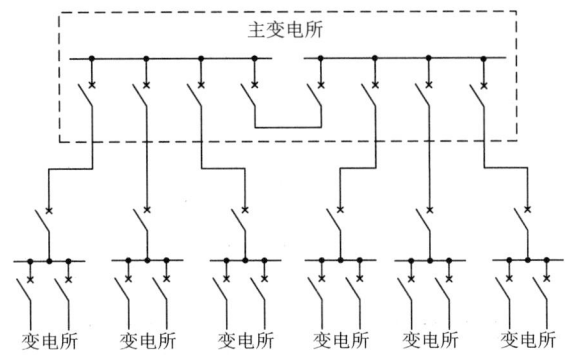

图 6-17　单回路放射式单母线中压网络的接线

正常情况下，主变电所（电源开闭所）馈出多回中压电源为城轨供电系统的各个变电所直接供电，主变电所（电源开闭所）的中压母线的分段断路器处于分闸状态，变电所进线断路器处于合闸状态。当变电所进线故障时，主变电所相应的馈出断路器跳闸，该变电所退出运行。当变电所母线退出时，其进线断路器或者主变电所相应的馈出断路器跳闸，该变电所也会退出运行。

2．双回路放射式

**1）单母线接线**

双回路放射式单母线中压网络的接线如图 6-18 所示。

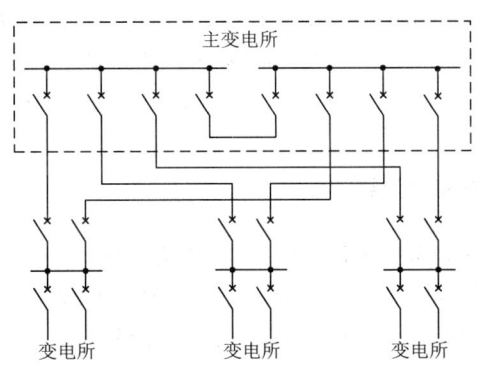

图 6-18　双回路放射式分段单母线中压网络的接线

正常情况下，主变电所（电源开闭所）分别馈出两回中压电源为城轨供电系统的各个变电所直接供电，变电所的两个进线均接于同一段母线上。正常情况下只有一个进线为变电所的母线供电，另一条电源进线作为备用。当变电所正常工作的进线电源退出运行时，另一个备用的电源投入运行。当变电所的两个进线电源均退出运行时，主变电所（电源开闭所）相应的馈出断路器跳闸，该变电所退出运行。

由于变电所中压侧为单母线接线形式，因此在中压母线故障时，正常工作的进线断路器跳闸，备用进线断路器被闭锁（不能被操作），该变电所退出运行。

2）单母线分段接线

双回路放射式分段单母线中压网络如图 6-19 所示，这种网络结构在靠近主变电所的牵引变电所中有所采用。

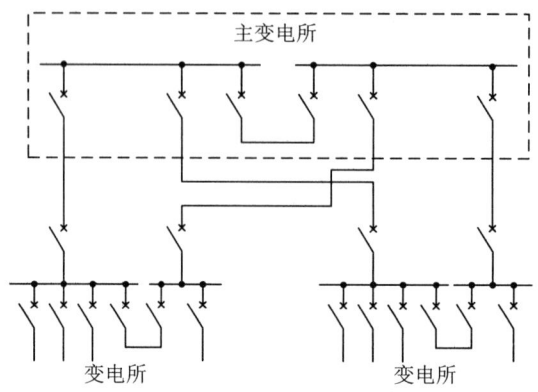

图 6-19 双回路放射式分段单母线中压网络

在正常运行情况下，主变电所（电源开闭所）分别馈出两回中压电源为城轨供电系统的各个变电所直接供电，但是这两个电源分别接于两段不同的母线上，即正常情况下，母线分段断路器处于分闸状态，两个电源分列工作，共同承担该变电所范围内的全部负荷。

当某个变电所中有一回进线电源要退出运行时，与之对应的进线断路器跳闸，启动备用自投，即母线分段断路器合闸，由另一个进线电源承担该变电所范围内的全部一、二级用电负荷。当变电所的两个进线电源均退出运行时，主变电所（电源开闭所）相应的馈出断路器跳闸，该变电所退出运行。

若某个变电所的一段中压母线要退出运行，则本段母线上的进线断路器跳闸，分段断路器闭锁且不合闸。此时由另一个进线电源承担该变电所范围内动力照明系统的一、二级负荷。若牵引整流机组所接母线发生故障，则该牵引整流机组将退出运行。

### 四、典型中压网络的接线实例

广州地铁某线路供电系统如图 6-20 所示。该系统采用 110/35 kV 二级电压制、集中供电方式，线路建设 2 个 110/35 kV 主变电所，每个主变电所均从城市电网引入 2 路 110 kV 电源，设置 2 台 110/35 kV 主变压器，主变压器将 110 kV 电源降压到 35 kV，再通过 35 kV 中压环网供电网络将电能分配给地铁车站（车辆段、控制中心）的牵引变电所、降压变电所。35 kV 侧的母线接线方式均采用单母线分段的接线形式，根据每条地铁线路车站变电所数量进行分区供电，配置适当数量的馈出断路器。35 kV 环网电缆配备有导引线差动保护作为主保护，延时过电流保护作为后备保护。

35 kV 环网采用的是小分区供电方式，即供电分区的数量比主变电所数量的 2 倍还要多。由图 6-21 可以看出，该线路设有主变电所 1（河南主变电所）和主变电所 2（瑶台主变电所）。由于主变电所 1（河南主变电所）靠近车辆段，所以车辆段变电所是单独一个供电分区。2 个主变电所馈出的 35 kV 电源在市二宫变电所通过环网分段断路器进行联络。

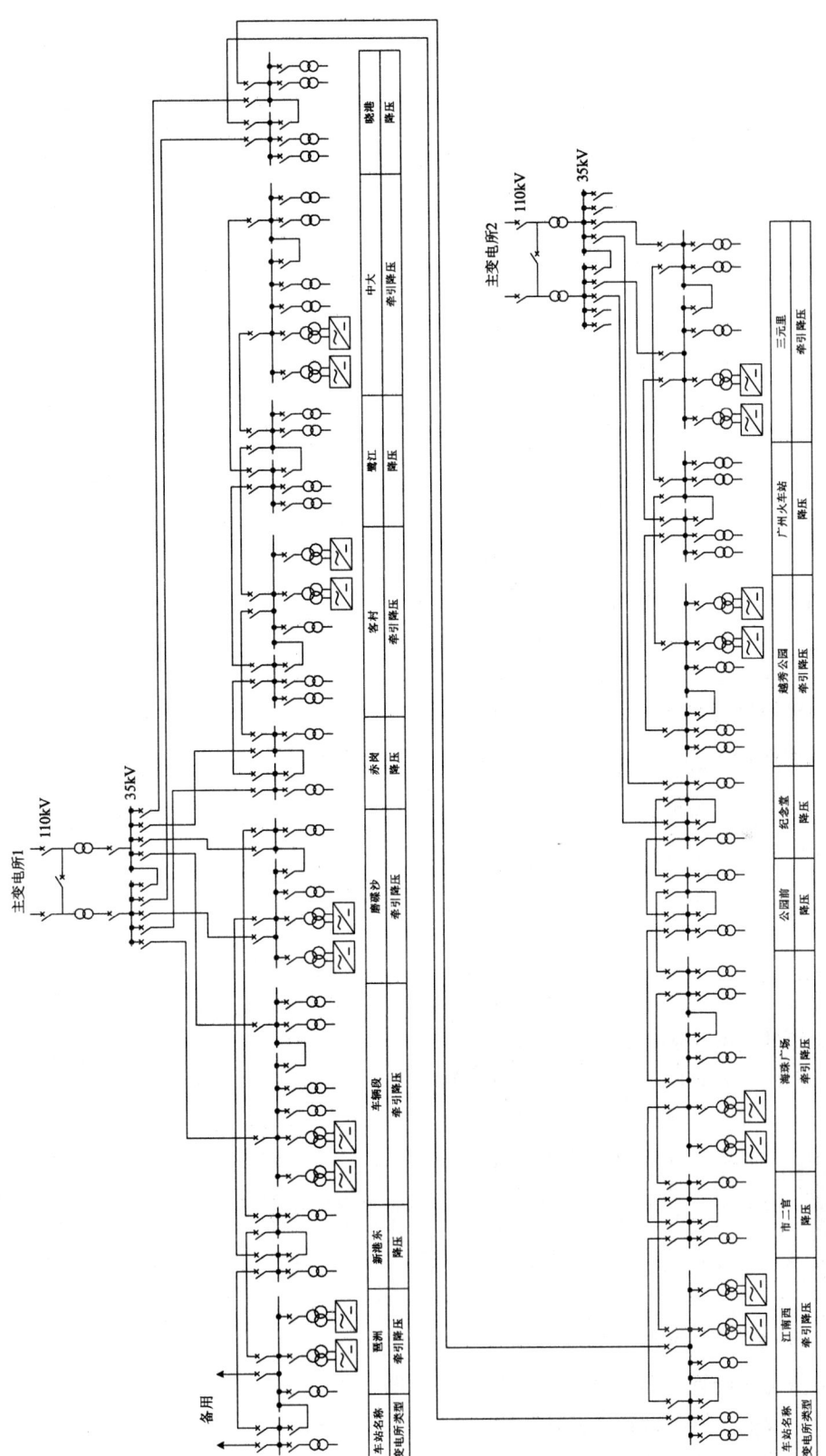

图 6-20 广州地铁某线路的中压环网接线示意图

# 第四节　城市轨道交通牵引变电所的主接线形式与应用实例

## 一、牵引变电所的作用与要求

### （一）牵引变电所的作用

牵引变电所的主要作用是将电力系统提供的三相工频交流电能转换为牵引所需的直流电能。在电力牵引系统中，牵引变电所有着举足轻重的作用，是轨道交通车辆正常运行的重要保障。根据牵引制式的不同，牵引变电所可分为直流牵引变电所和交流牵引变电所。目前，我国的牵引变电所主要有电气化铁路的单相工频交流制式的牵引变电所和城市轨道交通的直流牵引变电所，本节主要介绍直流牵引变电所。

城市轨道交通牵引变电所是从主变电所（电源开闭所）获得电能，经过降压和整流后变成牵引所需的直流电能。牵引变电所主接线包括高压交流受、配电系统（35 kV）和直流受、馈电系统（0.75～1.5 kV）两个部分，整流机组（整流变压器与整流器）是交、直流系统交换的重要环节。

当前，城市轨道交通牵引供电系统的整流机组全部采用三相全波桥式整流，为降低直流中的脉动分量和整流变压器一次侧的谐波含量，减少对城市电力系统的影响，一般应采用 12 脉波或 24 脉波整流电路。

### （二）对牵引变电所的要求

牵引变电所的设置取决于牵引网的电压等级、牵引网的电压损失，同时应对杂散电流腐蚀防护、线路损耗、电缆敷设、土建造价及运营管理等加以统筹考虑。

牵引变电所的分布应尽量均匀，便于牵引整流机组规格统一，便于维护管理并降低维护成本。牵引变电所的容量和设置的距离是根据牵引供电计算的结果，并作经济技术比较后确定的，一般设置在沿线若干车站及车辆段附近，变电所间隔一般为 2～4 km。牵引变电所按其所需总容量，常设置两组整流机组并列运行，沿线任一牵引变电所故障，由两侧相邻的牵引变电所承担其供电任务。

牵引变电所的布点应兼顾安全性与可靠性等技术指标，在此基础上结合经济指标进行合理安排，其主要涉及以下四个方面的内容。

1．满足直流牵引供电系统运行方式的要求

直流牵引供电系统有多种运行方式，主要包括：单牵引整流机组双边供电、双牵引整流机组双边供电、大双边供电、双牵引整流机组单边供电。目前，我国城市轨道交通供电系统中主要采用双牵引整流机组双边供电以及大双边供电。

**1）单牵引整流机组双边供电**

各牵引变电所设置一套牵引整流机组，同一供电分区由相邻牵引变电所各经一路馈线同时馈电，牵引网电压质量较好且能耗较低。该接线形式主要在法国巴黎、日本东京等城市地铁采用，我国尚无应用实例。

### 2）双牵引整流机组双边供电

各牵引变电所的两套牵引整流机组均投入运行，馈电方式和单牵引整流机组双边供电形式相同，牵引网电压质量好，牵引网能耗低。其缺点在于当一套整流机组故障或检修退出后，另一套牵引整流机组若继续运行，牵引变电所整流方式将由双机组等效 24 脉波变成单机组 12 脉波，谐波含量增加。

一般而言，对于集中式外部电源系统，某牵引变电所只有一套牵引整流机组运行时，谐波含量的增加一般能控制在允许范围内。对于分散式外部电源系统则需要认真核算，经校核后确认谐波含量没有超标，那么另一套牵引整流机组才可以继续运行。这是因为双边供电无论是对线路损耗的降低还是对再生能量的利用都非常有利，同时双边供电方式对杂散电流的腐蚀防护也是有利的。

### 3）大双边供电

在正常工作状态下，正线接触网由两个相邻牵引变电所构成双边供电，当某个中间牵引变电所退出运行时，相关正线接触网由与该牵引变电所相邻的两个牵引变电所通过直流母线或纵向隔离开关等越区供电，即大双边供电方式。

实现大双边供电有下列两种形式：

（1）利用解列的牵引变电所的直流母线构成大双边供电。使用这种大双边供电形式时。要求具备如下的条件，即牵引变电所的两套牵引整流机组退出运行时，其直流母线、上下行 4 路馈线断路器及其二次回路完好且能正常运行，其接线图如图 6-21 所示。

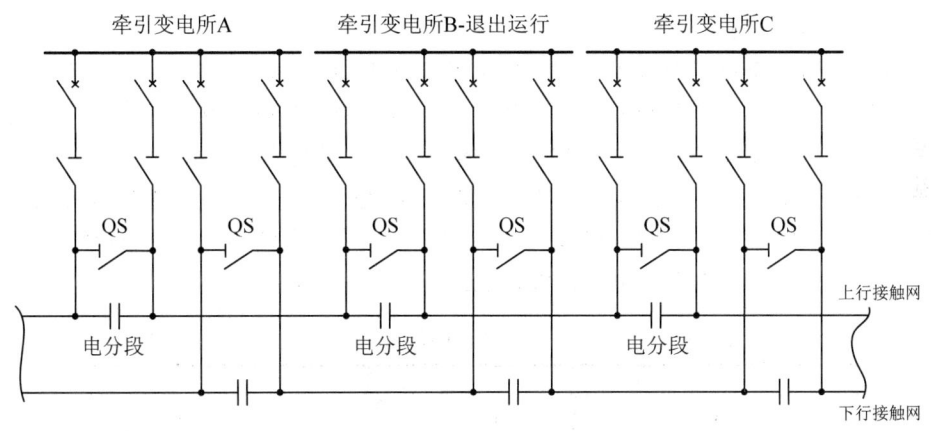

图 6-21　利用牵引变电所的直流母线构成大双边供电的接线图

这种大双边供电方式的优点是简单方便，容易实现；缺点是当故障涉及故障变电所的直流母线或馈线断路器时都不适用。

利用故障变电所的直流母线将上、下行的接触网连接起来，改善了牵引网的电压质量，但同时也可能扩大了事故范围，因为此时当接触网上的某一点再发生短路故障时，可能引起多路馈线断路器跳闸，从而使事故范围扩大。

（2）利用纵向隔离开关构成大双边供电。当牵引变电所故障解列时，利用电分段处的纵向电动隔离开关构成大双边供电，使整座牵引变电所可以退出运行，运行不受故障牵引变电所的影响，其接线方式如图 6-22 所示。

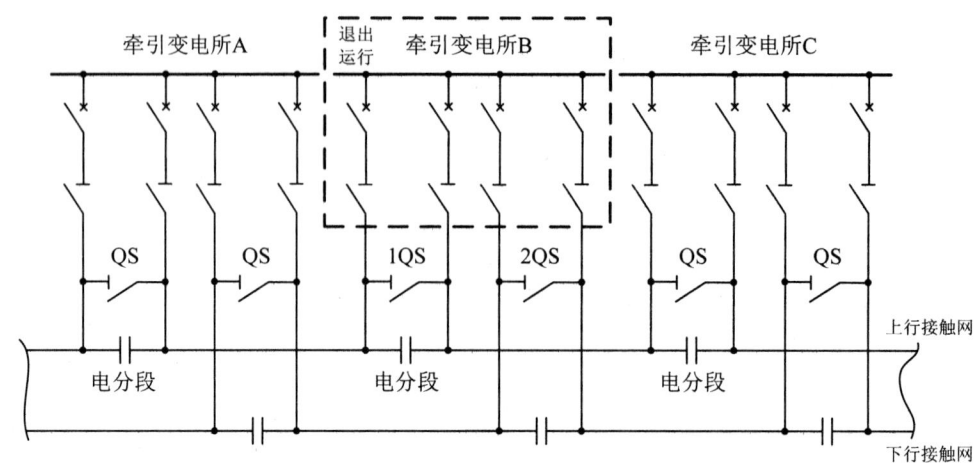

图 6-22 利用纵向隔离开关构成大双边供电的接线图

这种大双边供电方式的优点是简单方便；缺点是由于纵向隔离开关不能带负荷操作，对线路的正常运营有短时间的影响。

**4）双牵引整流机组单边供电**

双牵引整流机组单边供电有两种情况：

（1）线路末端牵引变电所 A 向线路末端供电分区馈电，或牵引变电所 A 解列、牵引变电所 B 向线路末端供电分区馈电，此时牵引网的电压质量较差，牵引网的电能损耗也较大，其接线形式如图 6-23（a）所示。

（2）沿线中间某个牵引变电所（假设是牵引变电所 B）退出运行后，该牵引变电所左、右供电分区分别由相邻的牵引变电所 A、C 经一路馈线单边馈电。此时，牵引网的电压质量较差、能耗较大，其接线形式如图 6-23（b）所示（图中用馈出线断开表示变电所退出）。

对于线路中间供电分区，由于单边供电时的牵引网电压质量较差，能耗也较大，必要时还将增加牵引变电所数量。因此，单边供电只作为牵引供电系统运行中一种特殊处理手段、临时供电方式，而不能成为直流牵引供电系统经常运行的方式。

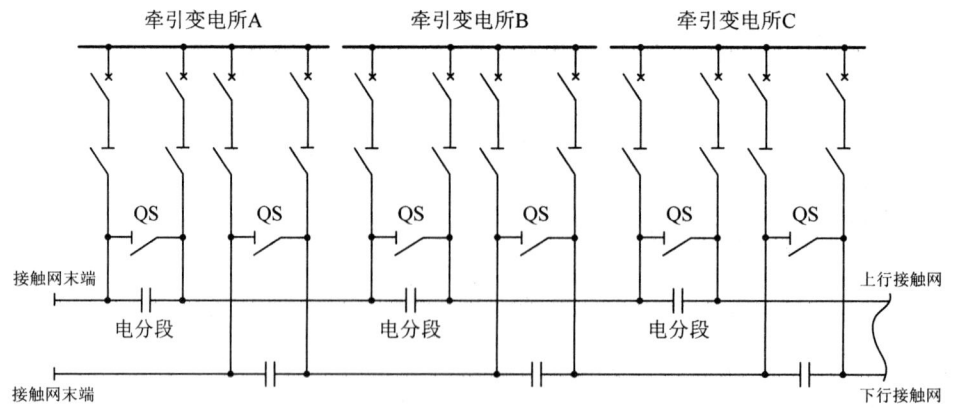

（a）线路末端牵引变电所单边供电

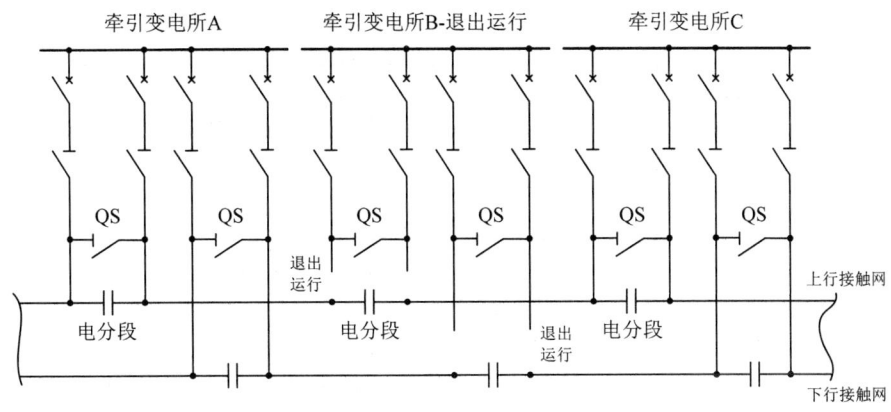

(b)线路中间牵引变电所单边供电

图 6-23 双牵引整流机组单边供电的接线图

对于线路末端供电分区,由于线路末端牵引变电所的末端供电分区长度较小,牵引网最大电压损失值将小于允许值,线路末端供电分区正常运行时允许采取单边供电方式。

**2. 满足牵引网电压损失允许值的要求**

国际电工委员会(IEC)标准及国家相关规范规定的牵引网电压的波动允许范围见表 6-3。

表 6-3 牵引电压波动的允许范围

| 序号 | 标称电压/V | 最高电压/V | 最低电压/V |
|---|---|---|---|
| 1 | 直流 750 | 900 | 500 |
| 2 | 直流 1 500 | 1 800 | 1 000 |

牵引网电压损失包括牵引网平均电压损失和最大电压损失。其中,牵引网最大电压损失值是影响牵引变电所数量的关键因素,平均电压损失值对牵引网能耗影响较大。

就牵引变电所数量而言,在牵引网回路阻抗一定的条件下,牵引变电所之间距离的大小主要由牵引网电压允许波动范围及允许载流量确定。直流 750 V 电压的波动范围比直流 1500 V 级电压的波动范围小。直流 750 V 系统为了保证供电臂末端电压满足要求,必须减小牵引变电所的间距,所以全线牵引变电所数量相对较多。

无论正常双边供电,还是故障时的大双边供电,牵引网最大电压损失都不能超过允许值。至于单边供电情况,应该区别对待。线路末端单边供电时,牵引网最大电压损失不能超过允许值;或者线路末端牵引网上、下行并联时,牵引网最大电压损失也不能超过允许值。线路中间牵引变电所单边供电时,牵引网最大电压损失尽量不要超过允许值,当超过允许值时,应该采用大双边供电,或减少列车运行对数。

依据牵引网最大电压损失不能超过允许值,以确定牵引变电所供电分区的长度。供电分区距离越短,牵引网电压质量就越好。相反,供电分区距离越长,牵引网电压质量就越差。

**3. 兼顾杂散电流腐蚀防护的需要**

在城轨直流牵引供电系统中,电动列车所需电能由牵引变电所提供,通过接触网向列车供电,并利用走行轨兼做回流网,返回到牵引变电所。

直流牵引电流流经走行轨时，因走行轨存在内部电阻，在走行轨上产生纵向电位。纵向电位的大小与直流牵引电流、走行轨电阻和供电分区长度有关。

在相同条件下，牵引变电所的供电分区长度越短，走行轨上产生的纵向电位差越小，杂散电流泄漏量也越少。相反地，供电分区长度越长，走行轨上产生的纵向电位差越大，杂散电流泄漏量则越多，不利于杂散电流腐蚀的防护。

**4．兼顾线路能耗的要求**

刚性接触网的单位阻抗一般为 0.013 Ω/km，低碳钢接触轨的单位阻抗一般为 0.02 Ω/km，钢铝复合接触轨的单位阻抗一般不超过 0.01 Ω/km。柔性接触网因受结构、材质的影响，其单位阻抗一般为 0.02～0.03 Ω/km。用作回流的走行轨上、下并联后单位阻抗一般为 0.01 Ω/km。所以，牵引网的单位电阻比较大，一般为 0.02～0.04 Ω/km。

另外，车站的站间距在施工时可能做优化调整，线路网络化运营也存在线路贯通需求，所以牵引变电所布点时，单一方法可能不能解决问题，需要几种方法配合使用，以追求满足牵引供电系统技术要求的同时，又具有良好的经济指标。

## 二、牵引变电所的主接线形式及其运行方式

牵引变电所中的设备主要包括交流中压设备、牵引整流机组、直流设备等，其主接线应满足可靠性、灵活性和经济性的基本要求。主接线的可靠性包括一次部分和相应二次部分的可靠性，其很大程度取决于设备的可靠性，采用可靠性高的电气设备可以简化接线。具体要求为：断路器故障或检修时，不影响或减少对牵引负荷的供电；母线故障或检修时，短时间内应能恢复送电，对列车正常运行的影响降到最小。

微课视频：
牵引变电所的主接线形式及运行方式

此外，主接线应满足调度、检修的灵活性要求。在故障运行方式、检修运行方式以及特殊运行方式下，调度人员可以灵活地投入和退出断路器或整流机组，检修时可以方便地停运断路器及其继电保护设备而不影响系统运行。

### （一）整流机组与 35 kV 中压网络的连接形式与运行方式

国内大部分城市轨道交通采用牵引动力照明混合网络，分段单母线接线形式，设置母线分段断路器。对于牵引变电所，两套牵引整流机组设置有两种形式：一是分别接至两段母线（目前已不再采用）；二是同接在一段母线上。

**1．两套牵引整流机组分别接至两段母线的形式**

在牵引变电所两段母线电压平衡或差别甚微的情况下，两套牵引整流机组分别接至两段母线，单套牵引整流机组为 12 脉波整流，其接线图如图 6-24 所示。

当牵引变电所两段母线电压不平衡时，容易引起两套牵引整流机组输出负荷不均衡，有时差别比较大，造成一套重载、另一套轻载。在两套牵引整流机组输出侧设置平衡电抗器，可实现两套牵引整流机组的输出负荷一致。经实践证明，这种接线形式效果不理想，电源电压误差将导致牵引整流机组选择困难，目前已经不再采用。

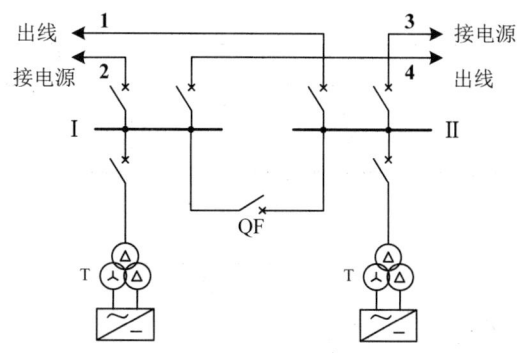

图 6-24　两套牵引整流机组分接两段母线的接线图

**2．两套牵引整流机组同接一段母线**

为了平衡两套牵引整流机组的输出负荷，将两套牵引整流机组接在同一段中压母线上，构成等效 24 脉波整流，这种方式有利于谐波治理。当一套牵引整流机组故障退出时，另一套牵引整流机组在过负荷允许的情况下可以继续维持运行。其常见的接线方式如下：

**1）单母线接线**

这种方式下，牵引变电所的中压单母线不分段，母线引入两个电源，并根据工程实际条件和需要组成中压网络。单母线不分段接线方式的接线简单、造价低，但可靠性也较低。该方式的主接线图如图 6-25 所示。

该接线方式下系统的运行方式如下：

（1）正常运行方式。正常运行时，一个进线电源供电，并向相邻的牵引变电所供电。

（2）进线电源失电的运行方式。若该母线的进线电源失电，经过解除相关联锁，出线电源可以自动转变成进线电源，由相邻变电所反向提供中压电源。

（3）母线故障运行方式。当母线故障时，该牵引变电所退出运行，由相邻的牵引变电所实施大双边供电方式。由于切换到大双边供电模式时需要一定的切换时间，这可能会对列车的正常运行造成短时间的影响。

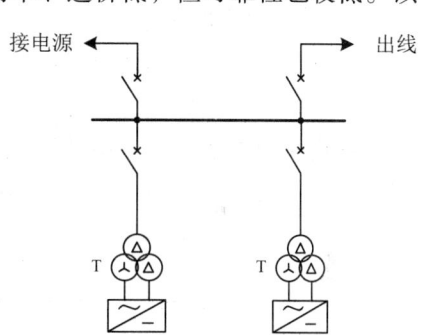

图 6-25　两套牵引整流机组接单母线的接线图

**2）单母线分段接线**

该模式下，牵引变电所的中压侧采用分段单母线接线形式，并设置分段断路器。每段母线各引入一个进线电源，并根据中压网络的结构在牵引变电所的中压母线上设置联络断路器，其接线图如图 6-26 所示。

该接线方式下系统的运行方式如下：

（1）正常运行方式。正常运行时，两个独立的进线电源同时供电，两段母线并列运行。

（2）进线电源失电运行方式。一个进线电源失电退出运行时，分段断路器自动投入运行，由另一个进线电源向本牵引变电所的两段母线供电。两个进线电源同时失电退出运行时，可以通过调度命令进行倒闸操作，由相邻变电所反向提供中压电源。采用这种方式时，倒闸操作需要一定时间。在倒闸操作期间，进线电源失电的母线上的牵引整流机组会暂时退出运行，但对线路运营影响很小。

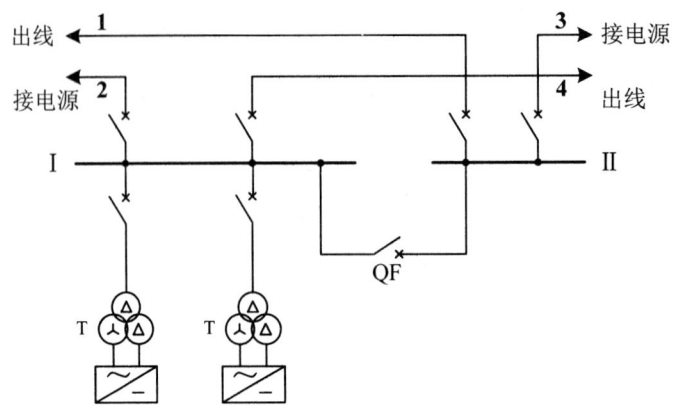

图 6-26 两套牵引整流机组接分段单母线的接线图

（3）母线故障运行方式。当一段母线故障并退出运行后，闭锁分段断路器的自投功能，分段断路器不投入运行，另一段母线继续运行。此时，若牵引整流机组连接在该段故障母线上，则该牵引变电所的整个牵引直流系统退出运行，直流牵引供电系统则通过对直流系统内部的操作，让相邻牵引变电所实施大双边供电方式。当两段母线退出时，本牵引变电所退出运行。

3）三段母线接线

该接线方式设置两段进线电源母线和一段牵引整流机组工作母线。两段进线电源母线分别接在Ⅰ段和Ⅲ段母线上，两套牵引整流机组接于牵引整流机组工作母线上（母线Ⅱ段）。两段进线电源母线和一段牵引整流机组工作母线分别用断路器分段，并通过分段断路器进行两路进线电源的自动切换，该方式的接线图如图 6-27 所示。

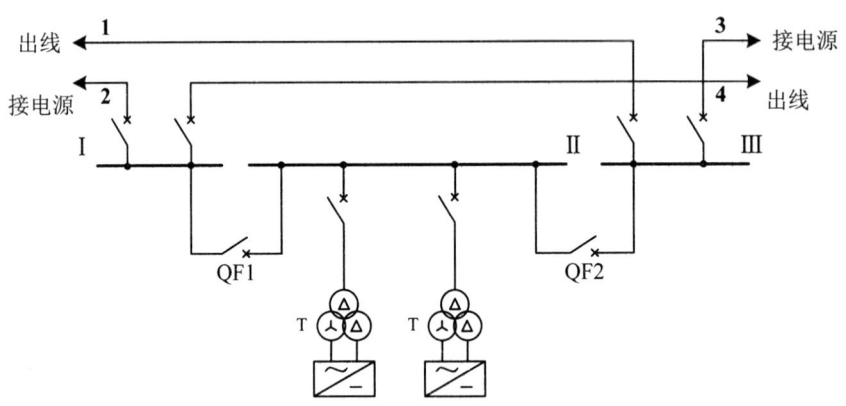

图 6-27 两套牵引整流机组接三段母线的接线图

该接线方式下系统的运行方式如下：

（1）正常运行方式。正常运行时，一台分段断路器合闸，另一台分段断路器分闸，两路中压进线电源分列运行，两套牵引整流机组并联运行。

（2）进线电源失电运行方式。当一个进线电源失电退出运行时，与其对应的连接整流机组母线的分段断路器断开，另一个分段断路器自动投入运行，维持两套牵引整流机组的并联运行。当两个进线电源同时失电退出运行时，可以通过调度命令进行倒闸操作，由相邻变电所反向提供中压电源。

（3）母线故障运行方式：

① 正常运行时，若不带牵引整流机组的母线故障，对直流牵引供电系统几乎无影响，只需要断开该母线与整流机组母线之间的断路器即可。

② 正常运行时，若带牵引整流机组的母线故障，牵引整流机组的中压母线与故障母线分段断路器跳闸，该牵引变电所的整个直流系统退出运行。

③ 若两个进线电源母线同时故障，该牵引变电所退出运行，直流牵引供电系统通过对直流系统内部的操作，由相邻的牵引变电所实施大双边供电。

（二）直流系统的主接线形式与运行方式

直流侧系统主接线包括从整流机组的阳极输出端至正极母线（含工作正极母线和备用正极母线）的电路、与回流轨连接的回流线、负极母线及其与整流器阴极端连接的电路、从正极母线馈出的馈线以及上述电路中的断路器等配电设备。按照母线形式，直流系统主接线主要有单母线接线和双母线接线两种形式。

1. 直流单母线主接线

直流单母线主接线系统如图 6-28 所示，等效 24 脉波的两台整流机组的直流输出端通过直流快速断路器 QF3、QF4 与正极母线连接，这样整流机组产生的直流电能就可以送到系统的直流母线上，供给列车使用。

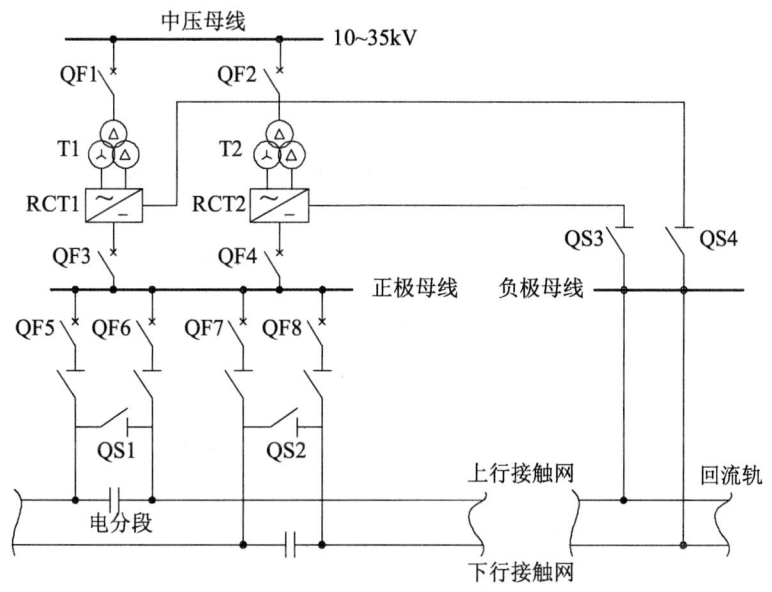

图 6-28 直流单母线主接线

整流机组的阴极通过隔离开关 QS3、QS4 分别与负极母线相连，以便进行运行调度和控制自动化，同一馈电区电分段处上行和下行接触网之间设有纵向隔离开关（QS1 与 QS2），其作用是当该牵引变电所退出运行时，可以通过它们由相邻牵引变电所引入电能，实现大双边供电。

在正常和各种故障与检修情况下，直流单母线主接线系统的运行特点如下：

1）正常运行的运行方式

正常运行时，等效 24 脉波整流双机组并列工作，整流器阳极输出端的快速断路器、馈线快速断路器及馈线隔离开关、整流器负极与负极母线间的隔离开关均处于合闸状态，纵向电动隔离开关 QS1、QS2 处于断开状态。该牵引变电所与相邻牵引变电所对两个供电区的上行和下行接触网实现正常的双边供电。

2）单套整流机组退出时的运行方式与操作

当整流机组的交流进线上的断路器 QF1（QF2）因整流机组 T1-RCT1（T2-RCT2）故障而跳闸时，直流输出快速断路器 QF3(QF4)会被联动跳闸；此时所有的馈线快速断路器（QF5、QF6、QF7、QF8）均被联动跳开，并且不进行自动重合闸。待故障整流机组隔离后，用遥控的方式将馈线快速断路器（QF5、QF6、QF7、QF8）全部合闸，纵向电动隔离开关 QS1、QS2 处于断开状态。此时，另一套整流机组 T2-RCT2（T1-RCT1）在其过负荷能力允许的情况下承担全部牵引负荷，该牵引变电所与相邻牵引变电所对同一供电分区维持正常的双边供电。

3）两套整流机组退出时的运行方式与操作

两套整流机组 T1-RCT1、T2-RCT2 均退出时，运行方式与单套整流机组退出时运行方式类似。控制中心对上传的保护信号等信息进行判别，若判定不是因直流母线故障或框架保护引起的动作时，则断开该牵引变电所直流输出快速断路器 QF3、QF4 与纵向电动隔离开关 QS1、QS2，随后遥控馈线快速断路器 QF5、QF6、QF7 及 QF8 合闸。此时，图 6-29 所示的两相邻牵引变电所 A、C 的直流馈线通过接触网和两机组退出运行的牵引变电所直流母线（牵引变电所 B 的母线），构成大双边供电（或称越区供电）。

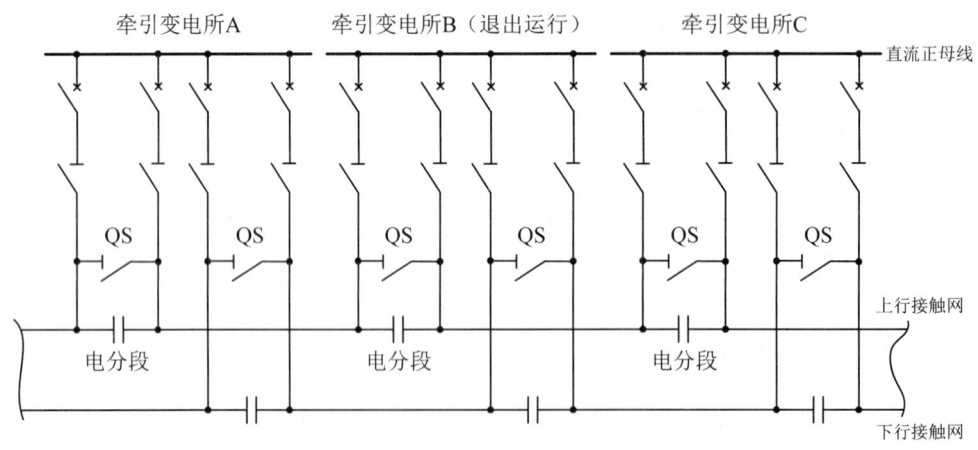

图 6-29　由直流母线或纵向隔离开关构成大双边供电的接线图

该大双边供电方式的优点是操作方便，易于实现，但也存在两个方面的缺点：一是当故障发生在故障变电所直流母线或馈线断路器处时，不适宜使用；二是大双边供电范围内，当接触网某处又发生短路故障时，将引起多路馈线断路器跳闸，导致事故范围扩大。

4）单台馈线快速断路器退出时的运行方式与操作

牵引变电所单台馈线快速断路器 QF5（QF6、QF7、QF8）退出时，控制中心遥控断开对应馈线上的隔离开关及同一方向（上行或下行）的馈线快速断路器及其馈线电动隔离开关。

在满足纵向隔离开关合闸条件的情况下，如纵向隔离开关连接的两端牵引网均为无压状态时，可遥控闭合纵向隔离开关 QS1（QS2），由相邻牵引变电所通过故障牵引变电所的纵向隔离开关构成双边供电。此时，该牵引变电所退出的馈线快速断路器和对应的馈线隔离开关均处于断开状态，相关联的纵向隔离开关处于合闸状态。

5）电分段两侧上（下）行两台馈线快速断路器退出的运行方式与操作

牵引变电所电分段两侧上（下）行的两台馈线快速断路器 QF5、QF6（QF7、QF8）退出，在满足纵向电动隔离开关 QS1（QS2）合闸条件的情况下，遥控闭合纵向电动隔离开关 QS1（QS2）；相邻牵引变电所通过故障牵引变电所的纵向电动隔离开关 QS1（QS2）构成大双边供电。此时，该牵引变电所退出的馈线快速断路器及馈线电动隔离开关处于断开状态，纵向电动隔离开关处于合闸状态，而另外两台完好的馈线快速断路器仍处于合闸状态，与相邻牵引变电所保持正常的双边供电。

6）直流单母线主接线系统的优缺点

（1）直流单母线主接线系统在任何设备、母线故障或检修退出运行时，均能实现不影响直流牵引供电系统持续供电的要求，系统有较高的可靠性和灵活性，且接线简单、造价较低（与双母线主接线系统相比）。目前，该系统在国内城轨交通供电系统中有较多的应用。

（2）因该接线系统中没有直流馈线备用快速断路器，当任意一台馈线断路器退出运行时，需操作纵向隔离开关，由相邻牵引变电所实现大双边供电。由于隔离开关的操作限制条件较严格（不能带负荷操作），致使操作判断时间较长，由正常情况的双边供电转换为大双边供电时间也较长。

（3）当牵引变电所或供电系统中设有移动式备用馈线快速断路器时，则由备用馈线快速断路器取代故障快速断路器的时间可以缩短，从而能较快地恢复正常双边供电运行方式。但采用这种快速断路器备用方式需要增加牵引变电所直流配电装置间隔的面积，使一次性投资增大，因此，宜结合具体线路情况进行技术经济比较后选择。

2．直流双母线主接线

直流双母线主接线设有工作母线、备用母线，在两者间设有备用直流馈线快速断路器 QF5 与每路馈线快速断路器（QF6、QF7、QF8、QF9）并列，每路馈线快速断路器还设有旁路电动隔离开关（如 QS1、QS2 等），其主接线如图 6-30 所示。

备用直流快速断路器可取代任何一台发生故障的馈线快速断路器，它具备馈线快速断路器的所有功能，包括合闸线路测试功能、与相邻牵引变电所相同供电分区馈线快速断路器的双边联跳功能以及所内故障联跳功能等，并且它始终处于热备用状态。其他设备和直流单母线主接线系统相同。直流双母线系统的上述配置，其主要目的是解决直流馈线断路器故障引起的停电和安全运行问题。

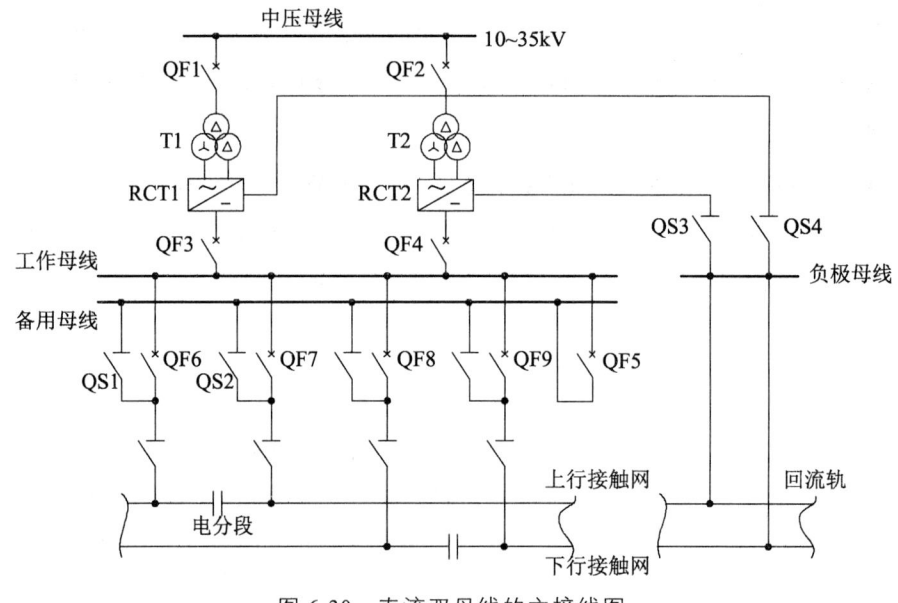

图 6-30　直流双母线的主接线图

在正常和各种故障与检修情况下，直流双母线主接线系统的运行特点如下：

**1）正常运行方式**

等效 24 脉波整流方式的双机组并列运行，整流器输出端的直流快速断路器、馈线快速断路器及馈线隔离开关均闭合，馈线开关柜旁路的隔离开关及备用馈线快速断路器处于断开状态。本牵引变电所与相邻牵引变电所对同一供电分区实施正常双边供电。

**2）单套整流机组退出时的运行方式与操作**

单套整流机组退出时的运行方式与上述直流单母线系统的情况相同。单套整流机组退出运行时，与退出的整流机组对应的直流输出快速断路器断开，馈线快速断路器及馈线隔离开关均闭合。馈线开关柜旁路隔离开关及备用快速断路器处于断开状态。该牵引变电所与相邻牵引变电所对同一供电分区实施正常双边供电。

**3）两套整流机组退出时的运行方式和操作**

两套整流机组退出时的运行方式与上述直流单母线系统的情况相同。此时，该牵引变电所直流输出快速断路器、馈线开关柜旁路隔离开关及备用直流快速断路器 QF5 均处于断开状态，全部馈线直流快速断路器均处于合闸状态。相邻牵引变电所相应的直流馈线通过接触网和两机组退出运行的牵引变电所的直流母线，构成大双边供电。

**4）单台馈线快速断路器退出时的运行方式与操作**

假设牵引变电所单台馈线快速断路器 QF6 退出，那么可以闭合备用快速断路器 QF5，使备用母线与工作母线连通（等电位），随后闭合与该馈线快速断路器并联的旁路隔离开关 QS1 代替该馈线快速断路器继续运行，此时，该变电所与相邻牵引变电所对同一供电分区仍实施正常的双边供电，该牵引变电所退出的馈线开关柜内旁路隔离开关 QS1 及备用快速断路器 QF5 均处于闭合状态，退出的馈线快速断路器 QF6 及其他非故障馈线开关柜内的旁路隔离开关处于断开状态。

若牵引变电所电分段两侧上、下行的两台馈线快速断路器 QF6、QF7（QF8、QF9）先后退出，可以通过相对应的旁路电动隔离开关和备用母线构成双边供电，与单台馈线快速断路器退出时的运行方式相同。

### 5）一台馈线快速断路器与备用快速断路器先后退出时的运行方式与操作

牵引变电所一台馈线快速断路器 QF6 和备用快速断路器 QF5 先后退出，对应的馈电分区可以通过旁路隔离开关和备用母线构成双边供电，也可以由相邻牵引变电所实施单边供电。

### 6）直流双母线主接线系统的优缺点

（1）直流双母线主接线在任何设备、母线故障或检修退出运行时，均能实现不影响直流牵引供电系统持续供电的要求，系统运行的可靠性和灵活性很高。由于增加了备用母线，所有馈线快速断路器增加了旁路隔离开关，使其接线较单母线系统复杂，并增加了操作和联锁关系的复杂性，同时其造价也有所提高，适用于客流量很大的轨道交通线路的牵引变电所。

（2）由于设有直流备用快速断路器和备用直流母线，当任何馈线快速断路器因故障或检修而退出运行时，可以立即由备用快速断路器合闸，通过备用母线和故障快速断路器的旁路隔离开关取代故障馈线快速断路器工作，恢复正常供电，从而较大地缩短了停电时间、合理地解决了馈线快速断路器可能出现的频繁故障导致的安全供电问题，这也是直流双母线主接线系统的主要优点。

## 三、典型牵引降压混合变电所的接线实例

郑州地铁某线路的牵引降压混合变电所的主接线如图 6-31 所示。可以看出，该变电所的 35 kV 的交流母线采用单母线分段的接线形式，系统引入的 2 路 35 kV 的电源进线，分别连接至两条 35 kV 的交流母线上，并且通过母联断路器连接。

对于牵引变电部分，两台降压变压器均连接到 35 kV 交流母线的 I 段，从母线 I 段上获得交流电能并降压，随后经过整流器的整流作用，产生 1500 V 的直流电能，并通过直流馈线送到接触网上。接触网部分采用了双边供电的形式，相邻的供电分区之间使用电分段将接触网分开。

对于降压变电部分，两台降压变压器分别连接到 35 kV 交流母线的 I 段和 35 kV 交流母线的 II 段，分别从母线 I 段和母线 II 段上获得交流电能并降压，产生 0.4 kV 的交流电能，并通过馈线送到 0.4 kV 交流母线，最后通过馈线送给负载使用。

此外，系统中还设置了一些保护装置，例如，35 kV 交流母线的 I 段和 35 kV 交流母线的 II 段均设置有避雷器和电压互感器，可以实现对侵入雷电波的防护以及母线电压的测量与保护。

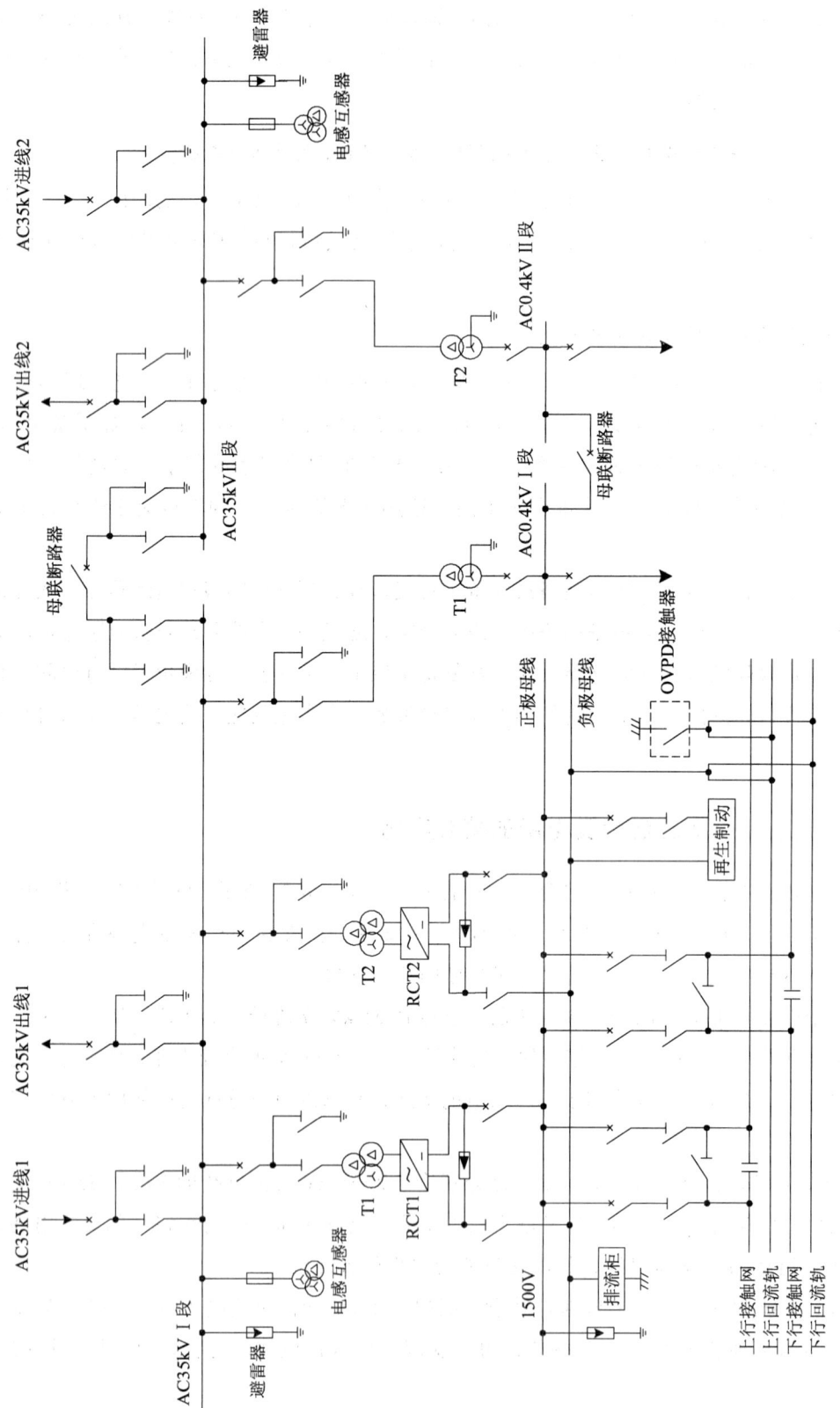

图 6-31 直流牵引降压混合变电所的典型主接线图

# 第五节　城市轨道交通降压变电所的主接线形式与应用实例

城市轨道交通的降压变电所直接为列车运营控制、通信信号、行车安全、防灾安全、应急处理和旅客服务等动力照明设施供电，是城轨交通正常运营的重要组成部分。降压变电所的可靠供电对现代城轨交通的安全运行意义重大，也是保障旅客输送快速性、安全性的重要条件。为此，必须合理地选择降压变电所的供电电源和电气主接线，选择可靠的一次和二次电气设备，并配置完善的继电保护装置和自动装置。

## 一、降压变电所的负荷性质与分类

降压变电所的负荷，根据用电设备在运输生产中的作用及突然中断供电所造成的危害程度，按有关设计规范的规定，一般可分为以下三级：

（1）一级负荷：短时（切换到恢复供电所需时间）停电就会造成主要设备损坏或危及人身安全，并直接影响运输秩序的用电负荷。

一级负荷包括：变电所操作电源，通信系统设备，信号系统设备，自动售检票系统设备，屏蔽门/安全门设备，火灾自动报警系统设备，消防系统设备，电力监控与环控设备（包括通风与空调）、监控系统设备，灭火系统设备，人防门，防淹门及其他与防灾有关的风机、电动阀门、消防泵、车站废水泵及区间主排水泵、雨水泵，地下车站站厅、站台公共区的一般照明，应急照明，地下区间照明，兼做疏散用的自动扶梯等。

车站站厅及站台照明由降压变电所两段低压母线分别供电，各带约50%的照明负荷。其他一级负荷应由低压双电源双回线路供电，当一个电源发生故障时，另一个电源不能同时受到破坏。一级负荷中特别重要的负荷如变电所操作电源、火灾自动报警系统、通信系统、信号系统及应急照明系统，还应设置不间断电源装置。

（2）二级负荷：允许短时停电（最多几分钟），恢复供电后，对运输生产不造成明显不利影响的用电负荷。与防灾无关的风机、污水泵、设备管理用房照明、不用于疏散的自动扶梯、电梯等属于二级负荷。

二级负荷宜由双回线路供电，对电梯及其他距离变电所不超过半个站台有效长度的负荷，可采用双电源单回线路专线供电。

（3）三级负荷：不属于上述一、二级负荷的其他低压用电负荷。

空调制冷、广告照明、电热设备等都属于三级负荷。三级负荷可以是单电源、单回线路供电方式，当系统中只有一个电源供电时允许切除该类负荷。

## 二、降压变电所主接线的特点及基本要求

（1）降压变电所的供电电源，应按一级负荷由双电源两回路进线供电，一般设有两台配电变压器，每台配电变压器应满足远期一、二级负荷所需的容量，正常情况下，两台配电变压器分别供电。对一级负荷中特别重要的负荷，还应增设独立于正常电源的应急电源。

（2）降压变电所数量多，沿线分布广，综合经济、技术、性能考虑，除应设在负荷中心外，还应尽可能与牵引变电所合并。对不同工作环境和服务对象的降压变电所，其电气主接线应有所不同。

（3）电气主接线由电源中压侧和低压侧接线两部分组成。当中压侧任一进线的断路器和高、低压母线以及任一配电变压器或低压输出断路器退出运行时，主接线的其他无故障设备和接线应能保证一、二级负荷的可靠供电。

（4）电气主接线应能满足故障和检修情况下，调度控制灵活性的要求，高、低压断流开关（断路器和低压自动开关）应具有自动或远程监控分、合闸功能。在满足可靠性、灵活性和实用性的前提下，同时具备经济性。

### 三、降压变电所典型电气主接线形式及其运行方式

降压变电所中压侧电气主接线主要有3种形式：① 不带分段断路器的分段单母线接线；② 带分段断路器的分段单母线接线；③ 线路-变压器组接线。

（一）不设母线分段断路器的分段单母线接线

1．不设母线分段断路器的分段单母线典型电气主接线形式

该接线方式的电气主接线如图 6-32 所示，降压变电所的中压电源侧为分段单母线，不设母线分段断路器，降压变电所的两段母线上各设一台配电变压器。

微课视频：
降压变电所的主接线形式及运行方式

两路电源进线 WL1、WL2 分别连接至中压分段单母线的两个分段母线上，每段母线上各设一台配电变压器，其低压输出端经低压断路器 QF6、QF7 分别连接到低压分段单母线的两个分段上，两段低压母线上的负荷应尽量均衡分配，与配电变压器安装容量相匹配。

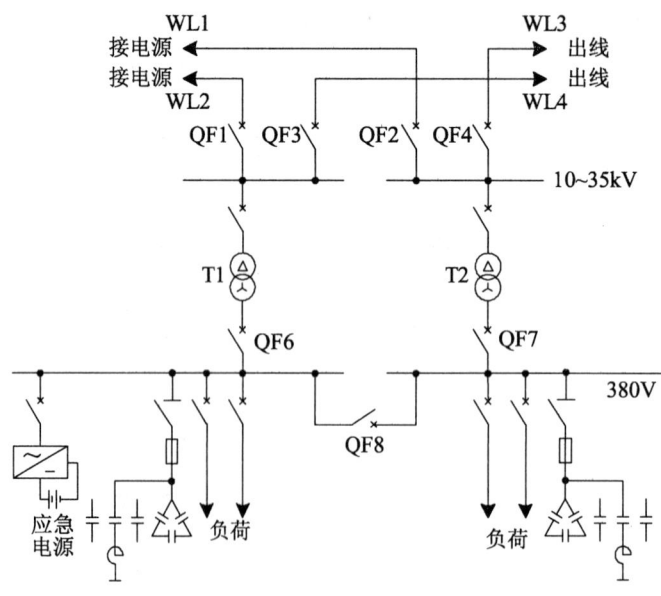

图 6-32　不设分段断路器的分段单母线主接线

2．在正常和各种故障与检修状态时，中压不带分段断路器的分段单母线主接线的运行特点和操作情况

（1）一个进线电源失电退出后运行，可以有两种运行方式：

方式一：根据低压负荷情况，自动或手动切除三级负荷，并将断路器 QF8 合闸，由另一台配电变压器承担本降压变电所全部一、二级负荷的正常用电。

方式二：通过调度命令进行倒闸操作，由相邻变电所经过 QF3 或 QF4 反向提供中压电源。采用这种方式时，倒闸操作需要一定时间。在倒闸期间，本降压变电所的全部一、二级负荷由另一段母线上的配电变压器承担。

（2）当中压侧的一段母线或配电变压器退出时，应闭合低压侧分段断路器 QF8，由一台配电变压器承担全部一、二级负荷正常用电。

（3）两个进线电源失电退出时，可以通过调度命令进行倒闸操作，由相邻变电所经过 QF3 和 QF4 反向提供中压电源。采用这种方式时，倒闸操作需要一定时间。在倒闸期间，本降压变电所暂时退出运行，对线路运营有短时间的影响。

（4）两台配电变压器或两段中压母线同时因故障或检修而退出时，该降压变电所退出运行。此时可以考虑让连接于低压母线的应急电源（蓄电池）通过逆变器维持对应急负荷的短时供电。

（二）设母线分段断路器的分段单母线接线

1．设分段断路器的分段单母线典型电气主接线形式

该接线方式的主接线如图 6-33 所示，降压变电所的中压电源侧为分段单母线，设有母线分段断路器，母线分段断路器可手动操作也可以自动操作。降压变电所的两段母线上各设一台配电变压器，其接线组别均为 DYn11。

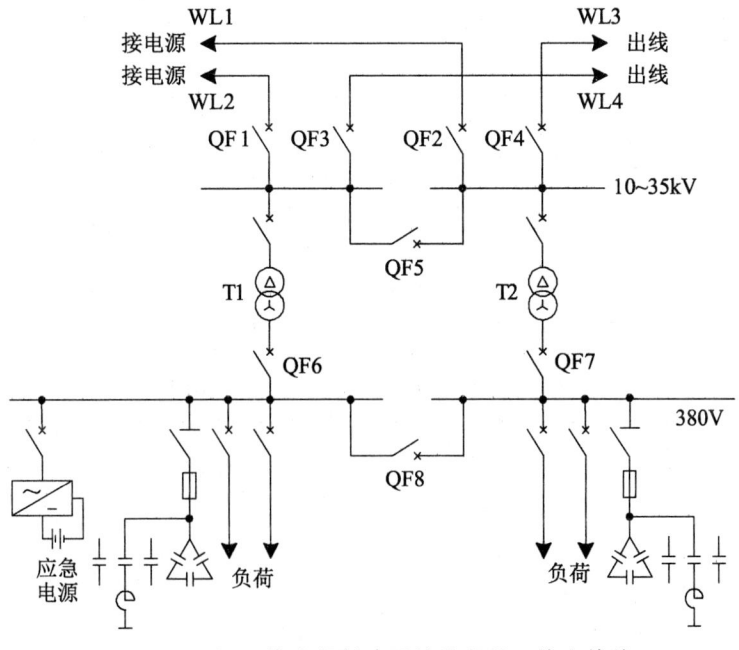

图 6-33　设母线分段断路器的分段单母线主接线

电源进线分别连接至中压分段单母线的两个分段母线上，每段母线上各设一台配电变压器，其低压输出端经低压断路器 QF6、QF7 分别连接到低压分段单母线的两个分段上，两段低压母线上的负荷应尽量均衡分配，与配电变压器安装容量相匹配。重要的一、二级负荷应分别由两段母线各引出一路低压馈线供电，以满足其高可靠性的需求。

2．在正常和各种故障与检修状态时，设分段断路器的分段单母线主接线的运行特点和操作情况

（1）正常运行时，两路电源进线 WL1、WL2 分开供电，两台配电变压器 T1、T2 同时并列工作，低压 380 V 的两条分段母线并列受电和馈电，中压分段断路器 QF5 和低压分段断路器 QF8 断开。

（2）一路进线（如 WL1）电源失压，QF2 断开后，可有两种运行方式：一种是按低压负荷类别，自动或手动切除第三级负荷，并将断路器 QF8 闭合，由另一台配电变压器经由 WL2 电源受电并承担全部一、二级负荷正常用电；另一种运行方式是将分段断路器 QF5 投入运行（或自动投入），由另一电源进线 WL2 向降压变电所的两段母线和两台变压器维持正常供电。第二种方式操作简单，且能保证正常供电。

（3）两路电源进线 WL1、WL2 失电，QF1、QF2 断开后，由调度发出倒闸操作指令，使相邻变电所经由断路器 QF3、QF4 反向向两段母线供电，保持系统的正常供电，但倒闸操作时会使全所短时停电。

（4）当一段中压母线故障退出后，闭锁分段断路器 QF5 的投入功能（即 QF5 不能投入），QF5 断开，另一段母线和配电变压器继续运行，这时应自动或手动切除三级负荷，并将低压侧分段断路器 QF8 闭合，由一台配电变压器承担全部一、二级负荷正常用电。

（5）一台配电变压器退出后（配电变压器上端和下端的断路器均断开），另一台配电变压器继续运行，此时应将低压侧分段断路器 QF8 闭合，由一台配电变压器承担全部一、二级负荷正常用电。

（6）两段低压母线其中的一段故障退出后，将分段断路器 QF8 断开，同时将与该故障母线相连的馈线上的断路器也断开，其他部分正常工作。

（7）两台配电变压器或两段中压母线同时因故障或检修而退出时，该降压变电所退出运行。此时可以考虑让连接于低压母线的应急电源通过逆变器维持对重要负荷的短时供电。

3．带分段断路器的分段单母线主接线的优缺点

（1）降压变电所中、低压带分段断路器的分段单母线主接线因任何单一设备、母线故障或检修及两路电源进线失电而退出运行时，均能实现不影响对一、二级负荷持续供电的需要，主接线系统有很高的可靠性和运行灵活性。

（2）与不设分段断路器的分段单母线主接线比较，分段单母线增设分段断路器后，增设一个断路器配电间隔的投资增加不多，但供电可靠性和运行操作的灵活性大大提高，因而受到轨道交通线路的广泛采用。

（3）两台配电变压器或两段母线同时发生故障或检修时，将造成全所停电。尽管该类故障出现的概率极小，但为了防止这种重大故障的发生，应在低压母线处设置应急电源装置 EPS（Emergency Power Supply）。该装置在交流电源供电中断时，通过切换开关转换为由蓄电池经

逆变器向应急照明等用户提供交流电源。除此之外还可以考虑引入独立于供电电源的专用供电线路作为应急（备用）电源。

### （三）线路-变压器组的典型主接线形式

线路-变压器组的典型电气主接线形式如图 6-34 所示。两路中压电源经过降压变压器降压后，汇流到低压母线，随后经过低压母线的馈线向负载供电。

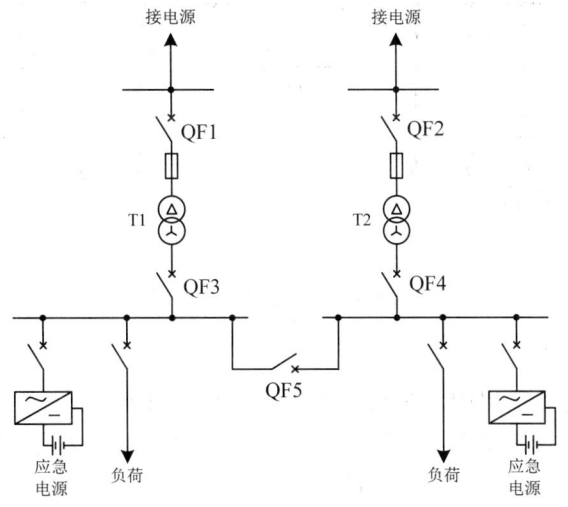

图 6-34　线路-变压器组的主接线

当一个进线电源失电或一台配电变压器退出时，根据低压负载的情况，自动或手动切除三级负荷，另一路进线电源及其对应的配电变压器容量应满足本降压变电所的全部一、二级负荷的正常用电需要。当两路进线电源或两台配电变压器同时退出时，本降压变电所退出运行，此时可以考虑让连接于低压母线的应急电源（蓄电池）通过逆变器维持对重要负荷的短时供电。

## 四、低压主接线与运行方式

### （一）低压主接线的形式

0.4 kV 配电系统直接面向车站、区间的低压用户，从用电设备负荷的分类上来看，一、二级负荷占绝大多数，它们对低压电源的可靠性要求高。主变电所、电源开闭所、中压网络等输变电环节采取了一系列措施以提高供电系统的可靠性，在 0.4 kV 配电系统这一环节多采用分段单母线接线形式，并装设母线分段断路器，其接线如图 6-35 所示。

两段低压母线上的负荷应尽量均衡分配，也要与配电变压器的安装容量相匹配。采用低压集中补偿方式进行无功补偿，低压母线设电力电容器组，电容器通过无功补偿控制器进行分组循环投切。

### （二）低压主接线的运行方式

正常运行时，两个独立的低压进线电源同时供电，两段母线分列运行。

当一个低压进线电源失电时，进线断路器与母线分段断路器可以采用"自投自复、自投手复、手投手复"等投入方式。

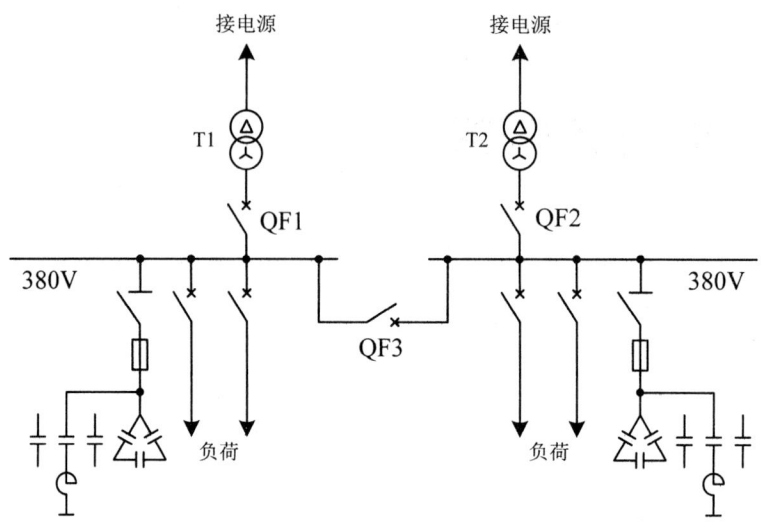

图 6-35 低压电气主接线

1．自投自复运行方式

当一路低压进线电源失电时，母线分段断路器自动投入，另一路低压进线电源向两段母线供电。该低压进线电源来电时，母线分段断路器自动分闸，该低压进线断路器自动合闸，恢复正常运行方式，该方式是一种常见的运行方式。

2．自投手复运行方式

当一路低压进线电源失电时，母线分段断路器自动投入，另一路低压进线电源向两段母线供电。该低压进线电源来电时，母线分段断路器手动分闸，该低压进线断路器手动合闸，恢复正常运行方式。

3．手投手复运行方式

当一路低压进线电源失电时，母线分段断路器手动投入，另一路低压进线电源向两段母线供电。该低压进线电源来电时，母线分段断路器手动分闸，该低压进线断路器手动合闸，恢复正常运行方式。

 思考题

1. 中压环网供电系统的作用是什么？
2. 牵引供电系统的作用是什么？
3. 什么是电气主接线？对电气主接线的基本要求是什么？
4. 内桥接线与外桥接线分别有什么特点？
5. 常见的母线接线方式有哪些？
6. 画出双环网中压母线的接线图，并阐述其工作机理。
7. 以图 6-32 为例，说明直流牵引降压混合变电所的工作机理。
8. 电力系统中，对负荷是如何进行分类的？
9. 降压变电所中压侧电气主接线的形式有哪几种？

# 第七章 接触网系统

## 第一节 接触网概述

城市轨道交通供电系统的供电电源一般取自城市电网,通过城市电网一次电力系统和城市轨道交通供电系统实现电能的输送或变换,然后以适当的电压等级与形式供给城市轨道交通各类用电设备。

### 一、牵引供电系统概述

城市轨道交通供电系统一般包括外部电源、主变电所(或电源开闭所)、牵引供电系统、动力照明供电系统、电力监控系统等。其中,牵引供电系统包括牵引变电所和牵引网,动力照明供电系统包括降压变电所和动力照明配电系统。

如图7-1所示,牵引供电系统主要由8个部分构成。

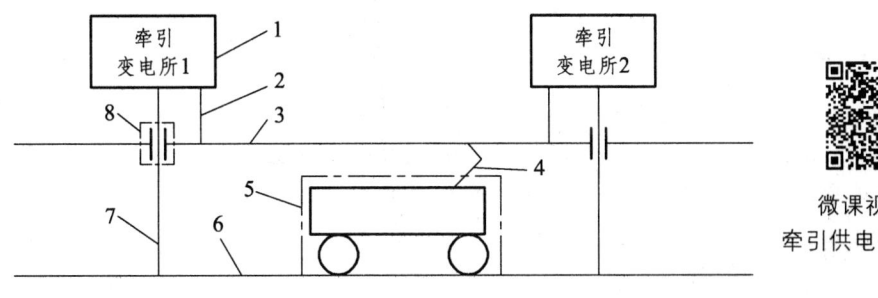

1—牵引变电所;2—馈电线;3—接触网;4—受电弓;5—电动列车;
6—钢轨;7—回流线;8—电分段。

图7-1 牵引供电系统示意图

其各部分功能简述如下:
(1)牵引变电所:向一定区域内的城市轨道交通车辆供给电能。
(2)馈电线:从牵引变电所向接触网输送牵引电能的导线。
(3)接触网(或接触轨):经过电动列车的受电弓或受电靴向电动列车供给电能的导电网(有接触轨方式和架空接触网方式)。

（4）受电弓：电动列车从接触网取得电能的电气设备。

（5）电动列车：城市轨道交通车辆。

（6）钢轨：列车行走时的承载单元，在牵引供电系统中利用走行轨作为牵引电流回流的电路。

（7）回流线：供牵引电流返回牵引变电所的导线。大多数城市轨道交通供电系统利用钢轨回流。在采用跨座式单轨系统时需沿线路专门敷设单独的回流线，因为它采用的是水泥地面——橡胶轮系统。

（8）电分段：为便于检修和缩小事故范围，将接触网分成若干段称为电分段。

在城市轨道交通牵引供电系统中，电能从牵引变电所经馈电线、接触网输送给电动列车，再从电动列车经钢轨（轨道回路）、回流线流回牵引变电所，这一回路称为牵引供电回路。

牵引网由接触网、回流网、连接电缆和附属设备构成。接触网和回流网分别与牵引变电所电源的正极和负极连接，向车辆供电。接触网是为车辆提供电源的正极供电网，回流网是为车辆提供回流的负极回流网。

回流网由走行轨、扼流变压器（也称为阻抗棒）、负回流电缆和均流电缆等构成。如果是场站，则还有单向导通装置。列车电流流入走行轨后将通过负回流电缆回流至牵引变电所的负极母线。

接触网的电压电流制式与馈电方式如下：电压电流制式主要有直流 750 V（允许电压波动范围 500～900 V）和直流 1500 V（允许电压波动范围 1000～1800 V）两种；馈电方式包括接触馈电和非接触馈电，而目前主要采用接触馈电。接触馈电方式包括架空接触网、第三轨、第四轨等多种方式。非接触馈电还有待进一步研究。

城市轨道交通牵引网电压制式主要采用直流 1500 V 或 750 V，两种电压均被广泛应用。我国国家标准和国际电工技术委员会（IEC）对牵引网电压制式的规定是一致的。采用较高的电压等级可以获得较大的牵引变电所间距，从而减少牵引变电所数量，节省工程投资，且在站间距较大的线路上避免设置不便于管理的区间牵引变电所；在运量大、车速高的线路上可以避免过大的牵引电流对电气故障判断的影响，运营中的电能损耗也相对较小。因此，较高的牵引网电压在技术和经济性方面均有优势，但是可能会对隧道的断面提出更高的要求，增加土木工程的投资。

牵引网制式的选择应结合车辆受电要求、牵引负荷容量、列车运行最高速度及城市特点等因素综合分析确定。

目前我国城市轨道交通牵引网主要有以下几种方式：

（1）DC 1500 V/750 V 架空刚性接触网供电、走行轨回流方式。

（2）DC 1500V/750 V 架空柔性接触网供电、走行轨回流方式。

（3）DC 1500 V/750 V 第三轨接触供电、走行轨回流方式。

（4）DC 750 V 第三轨接触供电、走行轨回流方式。

（5）DC 750 V 第三轨接触供电、回流轨回流方式。

对于不同的线路形态也可以进行组合，如地下区段采用刚性接触网，地面和高架区段采用柔性接触网。

## 二、城轨接触网的类型

城市轨道交通供电形式不同，其接触网的构成也不一样。按接触网的结构形式分，接触网可分为架空接触网和接触轨两种基本形式。城市轨道交通供电系统中，750 V 电压级多采用接触轨，1500 V 电压级多采用架空接触网。但小运量的城市轻轨也有采用 750 V 架空接触网的线路，同时也有采用 1500 V 接触轨的线路。

接触轨是沿线路敷设的与轨道平行的附加轨，故又称为第三轨。

（一）架空接触网

根据接触网悬挂结构和形式的不同，架空接触网又分为柔性架空接触网和刚性架空接触网两种形式。

1. 柔性架空接触网

柔性接触网适用于地下线、地面线及高架线，它具有结构紧凑、跨距较小、工作电压相对较低、接触网线索较多、结构较复杂、坡度变化较大和曲线半径较小等特点。

柔性架空接触网主要由支柱与基础支持装置、定位装置和接触悬挂及附加导线等几部分组成。

在城市轨道交通供电系统中，柔性架空接触网正线一般采用全补偿链形接触悬挂，且多采用单压力索、双接触线式或双承力索、双接触线式全补偿链形接触悬挂，外加 3~4 根辅助馈电线组成。同时也有采用简单接触悬挂的，车辆段一般采用简单接触悬挂。例如，广州城市轨道交通线路的接触网采用单承力索、双接触线式全补偿链形接触悬挂，上海城市轨道 1 号线和香港地铁 1 号线采用弹性支座式的简单接触悬挂。这两种柔性悬挂形式距隧道内拱顶悬挂高度均小于 350 mm。

2. 刚性架空接触网

刚性接触网是和柔性接触网相对应的一种接触悬挂方式。所谓刚性悬挂就是要考虑整个刚度，一般采用具有相应刚度的导体或具有相应刚度的汇流排与接触线组成。悬挂导体轨接触网适用于地下线路，因其自身所具有的优点，已逐渐被广泛应用，国内广州、南京、郑州等城市的地铁也已经采用。

刚性接触网主要由汇流排、接触线、膨胀元件、接头、中心锚结、支持和定位装置等组成。

刚性接触网的最大优点是结构简单、占用空间小、载流量大、不易产生断线、寿命长、电阻低、接触网压降小等，适用于地下线路。刚性悬挂接触网在地铁中的应用比较晚，自 20 世纪 90 年代起开始广泛采用。刚性悬挂的汇流排形式有两种：T 形结构形式和 Π 形结构形式，如图 7-2 所示。

T 形结构形式首先于 1961 年在日本的日比谷线开始应用，而 Π 形结构形式则于 1983 年在法国的 RATPA 线开始采用。目前世界上形成了以日本为代表的 T 形结构及以瑞士和法国为代表的 Π 形结构形式，两种结构形式相比，T 形结构形式刚性较小，支撑绝缘子跨距较小，自重较大，造价较高，一般认为 Π 形结构形式优于 T 形结构形式。

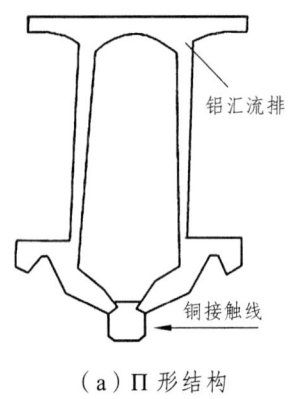 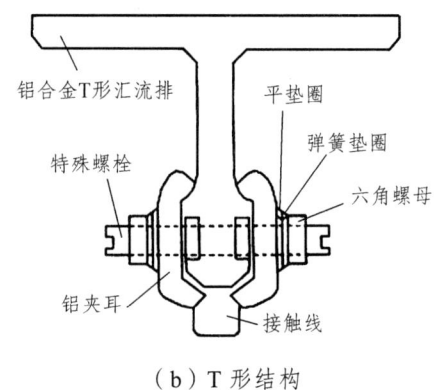

(a）Π形结构　　　　　　　　　　　　（b）T形结构

图 7-2　Π形和T形结构刚性接触网

## （二）接触轨

接触轨又称为第三轨，它是沿线路敷设的专为电动车辆提供电能的设备。接触轨适用于地下线、地面线及高架线，最早出现在英国伦敦地铁，从19世纪80年代开始，接触轨开始广泛应用于城市轨道交通。接触轨供电方式在国内的最早应用是1969年建成并试运营的北京地铁1号线，其接触轨系统采用直流825 V的电压等级，之后随着牵引变电所的改造而成为直流750 V，安装方式为上部接触受流方式，材质为低碳钢。

世界各国的地铁，除了法国巴黎、马来西亚个别线路为第四轨回流外，其余皆采用走行轨回流。采用走行轨回流的最大优点是工程简单、可靠，缺点是在结构中产生杂散电流，需要专门加以防护。采用第四轨回流的优点是回流轨绝缘安装，不会产生杂散电流，无须防护，缺点是需要专门敷设回流用的接触轨，工程造价较高。

随着我国地铁建设事业的蓬勃发展，天津、武汉、广州等城市也相继建设采用接触轨技术的地铁线路，接触轨技术也不断得到发展，其安装方式由上部接触受流为主发展成为上部接触受流与下部接触受流方式并存，并有向下部接触受流方式发展的趋势；而且接触轨材质由低碳钢材料发展为钢铝复合材料，绝缘支座除了采用传统的电瓷外，还开发出了环氧树脂材料、硅橡胶材料等，防护罩由木板材料发展为玻璃钢材料；电压等级方面，广州地铁开发出了直流1500 V电压等级的接触轨系统。

正线接触轨一般布置在车辆行车方向的左侧，在道岔区等个别地段布置在车辆行车方向的右侧。

## （三）接触轨与架空接触网的形式特点比较

无论是架空接触网还是接触轨，都因其不同的特点而应用于具有不同需求的城市轨道交通线路，都是可行的牵引接触网形式，在各自的应用领域中仍不断发展进步，不存在孰优孰劣的问题。各种接触网形式的特点比较如表7-1所示。

（1）柔性架空接触网需要架设支柱，支持悬挂接触网要安装腕臂或横跨，横跨由金属桁架或横向承力索、上下部定位绳组成。在城市中间密布支架和电线网会影响市容，有碍观瞻，但通过巧妙的规划设计可以减少不利影响。

表 7-1　各种接触网形式的特点比较

| 比较项目 | 接触轨 | 刚性架空接触网 | 柔性架空接触网 |
|---|---|---|---|
| 结构 | 简单 | 简单 | 较复杂 |
| 受流质量 | 较好 | 较好 | 好 |
| 正线允许行车速度 | ≤130 km/h | ≤140 km/h | 简单悬挂≤140 km/h<br>链形悬挂≤350 km/h |
| 可靠性 | 高 | 高 | 较高（存在断线隐患） |
| 耐磨性 | 高 | 一般 | 一般 |
| 安装精度要求 | 高 | 高 | 一般 |
| 维护保养工作量 | 较少 | 较少 | 较大 |
| 人身安全性 | 采取措施后有保障 | 较高 | 较高 |
| 对地面景观的影响 | 无影响 | 无影响 | 有影响 |
| 受恶劣气候条件的影响 | 小 | 小 | 较大 |
| 对隧道净空的要求 | 无特别要求 | 相对柔性接触网稍小 | 相对较大 |

（2）刚性架空接触网一般只应用于地铁隧道，其汇流排载流面积小、便于架设，不会发生断线事故；即使发生故障，其故障范围也很小，减少了维修工作量。

（3）接触轨受流时，接触轨位置低，没有明显的高大部件（如立柱、横向承力索、金属桁架等），城市景观好，对电磁污染较易采取防护措施。这也是国内外某些城市轨道交通采用接触轨受电方式的原因之一。钢铝复合接触轨用作接触轨，电压等级可增至 1500 V，改善了接触轨受流的性能，扩大了接触轨受流方式的应用范围和前景。

（4）在安全性方面，封闭运行的城市轨道交通，无论采用架空接触网还是接触轨，都能完全保证安全。当发生事故需要疏散乘客时，架空接触网会给人带来更多的安全感。

### 三、城轨接触网的组成结构

架空接触网是在城市轨道交通线路上空架设的一条特殊形式的输电线路，它由接触悬挂、支持装置、定位装置、支柱与基础等几部分组成。

架空接触网是由多个锚段构成的，锚段是接触网中相对独立的机械分段。锚段和锚段之间通过锚段关节（刚性接触网也可用膨胀关节）进行过渡，在锚段的中部设置中心锚结，锚段的两端设置下锚固定装置。在车辆行进中，受电弓在不同的锚段之间切换过渡以保证对车辆连续地供电。

接触轨在结构上则是由多段相互间存在断口的接触轨构成的，每一段均是接触轨系统中相对独立的机械分段，其主要结构包括接触轨和支持接触轨的绝缘支座等。

（一）架空柔性接触网的结构

一般习惯将架空柔性接触网分为接触悬挂、支持装置、定位装置、支柱与基础四大组成部分，如图 7-3 所示。

1．接触悬挂

接触悬挂包括接触线、吊弦、承力索、补偿器及连接零件。接触悬挂通过支持装置架在支柱上，其作用是将从牵引变电所获得的电能输送给电动列车。电动列车运行时，受电弓顶部的滑板紧贴接触线摩擦滑行得到电能（简称"取流"）。为了保证滑板的良好取流，接触悬挂应达到下列要求：

（1）接触悬挂的弹性应尽量均匀。接触悬挂弹性是指接触悬挂在受电弓抬升作用下所具有的抬高性能，用单位垂直力接触线升高量 $\eta$ 表示，单位为 mm/N。衡量接触悬挂弹性好坏的标准是：① 弹性的大小，它取决于接触线索张力；② 弹性均匀程度，它取决于悬挂结构、悬挂类型和某些附在接触线上集中负载的集中程度等。当接触线本身不平直或在接触线的某位置存在着较大的集中负载时，接触线将出现硬点，影响接触网的受流质量。

（2）接触线对轨面的高度应尽量相等，限制接触线坡度。接触线坡度是指架空接触网中一个跨距两端的支柱悬挂处，接触线距轨面的高度差与跨距值的千分比，即

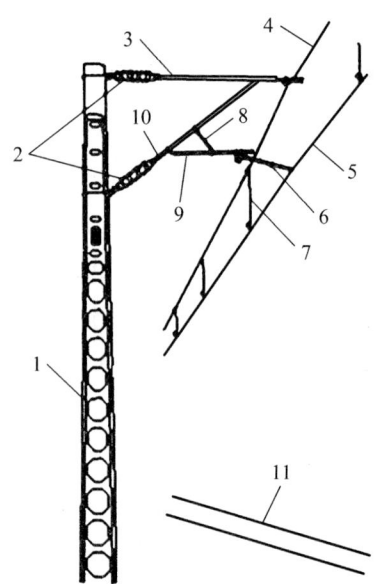

1—支柱；2—棒式绝缘子；3—腕臂；
4—承力索；5—接触线；6—定位器；
7—吊弦；8—定位管支撑；9—定位管；
10—单耳腕臂；11—钢轨。

图 7-3　架空柔性接触网的组成

$$i = \frac{H_A - H_B}{1000 \times L} \times 1000‰ \quad (7\text{-}1)$$

式中　$H_A$、$H_B$——跨距两端的接触线距轨面的高度，mm；

　　　$i$——接触线坡度；

　　　$L$——跨距，m。

接触线坡度对车辆运行速度有很大影响，坡度选择不当，会产生离线、起弧等不正常情况。出入段接触线悬挂点处，接触线距两轨面连线的高度从 4040 mm 过渡到 5000 mm，在此接触线高度发生变化的过程中，接触线的坡度应根据车辆行驶速度确定，满足《地铁设计规范》（GB 50157—2003）的要求。

当柔性架空接触线的高度变化时，其最大坡度及变化率的有关规定如表 7-2 所示。当刚性接触网不同悬挂点接触线底面距轨面连线的距离发生变化时，必须保证接触线坡度变化不大于 1‰。

表 7-2　柔性架空接触线的最大坡度及坡度变化率

| 列车速度/(km h) | 接触线最大坡度/‰ | 接触线最大坡度变化率/‰ |
| --- | --- | --- |
| 10 | 40 | 20 |
| 30 | 20 | 10 |
| 60 | 10 | 5 |
| 90 | 6 | 3 |
| 110 | 5 | 2 |

（3）接触悬挂在受电弓压力及风力作用下应有良好的稳定性，即电动列车运行取流时，

接触线不发生剧烈的上、下震动，在风力作用下不发生过大的横向摆动，这就要求接触线有足够的张力，并能适应气候的变化。

（4）接触悬挂的结构及零部件应力求轻巧、简单、可靠，做到标准化，以便检修和互换，缩短施工及运行维护时间，具有一定的抗腐蚀能力和耐磨性，以延长使用年限。另外，要结合国情尽量节省有色金属及钢材，降低造价。

2．支持装置

支持装置是接触网中支持接触悬挂，并将其机械负荷传给支柱固定部分的装置。支持装置包括腕臂、平腕臂、棒式绝缘子（或水平拉杆、悬式绝缘子串）及接触悬挂的悬吊零件。根据接触网所在区间、站场和大型建筑物的需求不同，支持装置表现为不同的形式，例如，腕臂结构、软横跨和硬横跨结构（多股道站场使用）、隧道和桥梁等其他大型建筑物上的特殊支持结构。

3．定位装置

定位装置包括定位管、定位器、定位线夹及其连接零件，其作用是固定接触线的横向位置，使接触线水平定位在受电弓滑板运行轨迹范围内，保证接触线与受电弓不脱离，使受电弓磨耗均匀，同时将接触线的水平负荷传递给支柱。

4．支柱与基础

支柱与基础用以承受接触悬挂、支持和定位装置的全部负荷，并将接触悬挂固定在规定的位置和高度上。我国接触网中主要采用预应力钢筋混凝土支柱和钢柱。基础用来承载支柱负荷，即将支柱固定在地下用钢筋混凝土制成的基础上，由基础承受支柱传给的全部负荷并保证支柱的稳定性。预应力钢筋混凝土支柱可不设单独的基础，支柱的一部分直接埋入地下，起到基础的作用。

（二）刚性接触网的结构

刚性接触网主要由汇流排、接触线、膨胀元件、接头、中心锚结、支持和定位装置等构成，如图7-4所示。架空刚性接触悬挂通过支持与定位装置直接安装于隧道顶部或隧道壁上，也有安装于支柱（或倒立柱）上的情况。

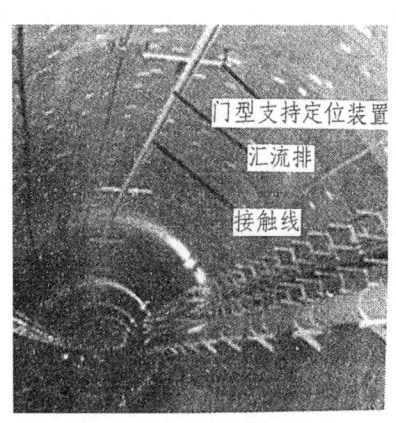

图7-4　刚性接触网的结构

（三）接触轨的结构

接触轨的功能与架空接触网一样，通过它将电能输送给电动车组。不同点在于：接触轨是沿着走行轨布置、敷设在走行轨旁的钢轨，电动车组由伸出的受流器与之接触而接收电能。接触轨系统主要由接触轨、绝缘支座、端部弯头、膨胀接头、防护罩、中间接头、中心锚结、电连接和接地线等组成，如图7-5所示。

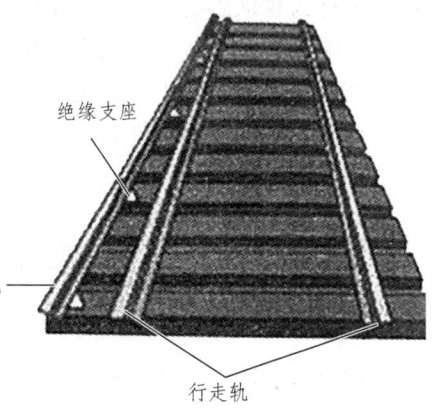

图7-5　接触轨的结构

## 四、城轨接触网的供电方式

城市轨道交通牵引变电所从电力系统得到电能后,经变电所主变压器降压至适合使用的电压等级后,再经馈电线将电能送到接触网上,因此接触网是向车辆供电的特殊输电线路。

牵引变电所牵引侧母线上的额定电压为 1500 V/750 V,最高电压为 1800 V/1000 V,在供电距离较长时,电能在输电线路和接触网中产生电能损耗,使接触网末端电压降低。接触网末端电压不应低于车辆的最低工作电压,即 900 V/500 V。

### (一)单边供电

城市轨道交通供电系统接触网(或接触轨)在每个牵引变电所附近由电分段进行电气隔离,分成两个供电分区,每个供电分区又称为一个供电臂。在正常情况下,两相邻供电臂之间的接触网在电气上是绝缘的,若每个供电分区只能从一端的牵引变电所获得电能的供电方式,称为单边供电。

单边供电时,相邻供电臂电气上独立,运行灵活,接触网上发生故障时,只影响到本供电分区,故障范围小,牵引变电所馈线保护装置也较简单。在城市轨道交通线路的末端或在后期工程没有投入运营的情况下,一些区段都会采用这种方式。一般来说,车辆段内也采用单边供电方式。另外,在故障情况下也会出现部分区段单边供电的现象。

### (二)双边供电

若每个供电分区可同时从两个牵引变电所获得电能,这种供电方式称为双边供电。双边供电可提高接触网电压水平,减少电能损耗。因此,目前城市轨道交通多采用这种方式,特别是正线一般采用双边供电方式。在采用双边供电时,当某一牵引变电所因故障退出运行时,该段接触网就成了单边供电。

### (三)越区供电

单边供电和双边供电为正常的供电方式,还有一种非正常供电方式(也称为事故供电方式)叫作越区供电。越区供电是当某一牵引变电所因故障不能正常供电时,故障变电所担负的供电臂,经相应的开关设备与相邻供电臂接通,由相邻牵引变电所进行临时供电,这种供电方式称为越区供电。因越区供电增大了该变电所主变压器的负荷,对电气设备安全和供电质量影响较大,因此,只能在较短时间内实行越区供电,它是避免中断运输的临时性措施。

在越区供电方式下,供电末端的接触网(或接触轨)电压较低,电能损耗较大,因此,要视情况适当减少同时处在该供电区段的列车数目。

越区供电只是在不得已的情况下,短时采用的一种运行方式。

## 五、城轨接触网的选型原则和技术特点

### (一)城轨接触网选型的原则

城轨接触网选型的原则如下:
(1)供电可靠性高,保证安全运营。

（2）便于施工安装和事故抢修。
（3）使用寿命长、维修工作量小。
（4）对环境的影响小。
（5）有利于降低工程造价。
（6）具备线网协调性。
（7）尽量采用国产设备，减少对国外产品的依赖。

### （二）城轨接触网的技术特点

1．架空接触网的技术特点

城市轨道交通架空接触网一般采用直流 1500 V 电压供电。

在地铁隧道内，目前采用的刚性接触网可以避免断线事故，在区间发生停车事故需要疏散乘客和地面设施检修维护时能较好地保障人身安全。

在地面段及高架区间，一般采用柔性接触网。柔性接触网结构较复杂，对自然环境灾害比较敏感，大风、导线覆冰、雷害都可能引起地面或高架区段的架空接触网故障；受电弓和接触网的相对位置超出许可范围时，也容易造成弓网事故，直接影响行车。

架空接触网的导线架设位置较高，检修不便，需要配备检修、架线作业车等专用轨道车辆，日常维护检修周期短，断线事故抢修时间较长，运营可靠性相对较差，对于城市轨道交通的运营管理较为不利。此外，高架和地面区段的架空接触网导线数量多，支持装置结构形式缺乏美感，对城市景观有一定影响，不宜在风景名胜和繁华商业区使用。

2．接触轨的技术特点

接触轨安装在走行轨旁，一般采用直流 750 V 电压供电。近年来，广州、深圳的部分地铁工程采用了直流 1500 V 电压供电，可以相对减少牵引变电所的工程投资，改善高架线路景观协调性差的状况；但在较高的电压下，一旦发生人员触电事故则死亡率较高，对检修维护人员的心理压力较大，必须具备严密的防护措施，执行严格的管理制度。

接触轨供电方式结构简单，工作状态稳定，事故率低，故障抢修时间短，维护检修方便，使用期长，可靠性高，对城市景观无影响。接触轨需要安装保护罩，在发生区间停车事故需要进行乘客疏散的情况下，要求对接触轨先行停电；在线路其他设施抢修或检修维护时，也要先对接触轨停电。采用接触轨的线路要求全面封闭。在车辆段内，工作人员要特别注意防止碰触接触轨和车辆集电靴。

3．架空接触网和接触轨的技术经济比较

架空接触网和接触轨（第三轨）一般来说均能满足城轨运营要求，但它们在技术性能方面差异较大，主要表现在二者的空间位置和结构特点上。接触轨的工作可靠性略高，架空接触网对人身安全的保障度较高。

根据我国城市轨道交通架空接触网的建设和运营经验，在隧道外，一般采用柔性接触网；正线、试车线和出入段线采用链形悬挂，车场线采用弹性简单悬挂。在隧道内，则有全补偿链形悬挂、弹性支座简单悬挂、刚性悬挂这三种悬挂方式。

这里将隧道内刚性接触网、隧道外柔性接触网这两种目前广泛采用的组合形式与下部受流形式的接触轨做一比较，见表 7-3。

表 7-3 接触网技术经济比较

| 比较项目 | | 刚性架空接触网（隧道内） | 柔性架空接触网（隧道内） | 接触轨（下部受流） |
|---|---|---|---|---|
| 实用性 | 适用速度及受流质量 | 满足 80 km/h 车速，受流质量良好 | 满足 80 km/h 车速，受流质量良好 | 满足 80 km/h 车速，受流质量良好 |
| | 载流能力 | 满足要求 | 满足要求 | 满足要求 |
| | 运行经验 | 运行经验丰富 | 运行经验丰富 | 750 V 运行经验丰富，1500 V 运营经验较少 |
| 可靠性 | 弓网故障概率 | 隧道内低 | 隧道外稍高 | 低 |
| | 机械故障迁延性 | 隧道内低 | 隧道外稍高 | 低 |
| | 短路故障耐受能力 | 隧道内低 | 隧道外稍高 | 强 |
| | 故障恢复时间 | 机械故障恢复时间隧道内较短 | 机械故障恢复时间隧道外较长 | 机械故障恢复时间短 |
| 安全性 | 人员的安全性 | 高 | 高 | 正常时高，违规作业或突发特异事件时较低 |
| | 运输的安全性 | 高 | 高 | 高 |
| | 设备的安全性 | 高 | 高 | 高 |
| 可实施及可维护性 | 设计经验 | 丰富 | 丰富 | 丰富 |
| | 安装精度要求 | 高 | 高 | 高 |
| | 施工及维护工艺、操作 | 隧道内简单 | 隧道外较复杂 | 简单 |
| | 施工及维护机具 | 多，且使用率较高 | 多，且使用率较高 | 少 |
| | 维修养护周期 | 比较长 | 较短 | 较短 |
| | 备件及其管理 | 多，要求高 | 多，要求高 | 多，要求高 |
| 耐久性 | 接触线/接触轨磨耗速度 | 较快 | 较快 | 慢 |
| | 正线主材预期运行寿命 | 铝制汇流排 40~50 年 | 铜合金接触线 20~25 年 | 钢铝复合接触轨 50~70 年 |
| | 绝缘件耐久性 | 较长 | 较长 | 较短 |
| 环境适应性 | 对自然灾害的耐受性 | 好 | 隧道外较差 | 好 |
| | 载流导体腐蚀性环境适应度 | 隧道内刚性悬挂需采取措施防电化学和碱液腐蚀 | 隧道外主要是恶劣气候造成的腐蚀 | 隧道内需防碱液腐蚀 |
| | 隧道净空要求 | 低，局部要略加高（同一制式下） | 无要求 | 低（同一制式下） |
| | 线网协调性 | 可与相关线路协调兼容 | 可与相关线路协调兼容 | 兼容性较差 |
| | 景观影响度 | 无影响 | 隧道外有一定影响 | 基本无影响 |

续表

| 比较项目 | | 刚性架空接触网（隧道内） | 柔性架空接触网（隧道内） | 接触轨（下部受流） |
|---|---|---|---|---|
| 经济性 | 对土建投资的影响 | 稍有影响 | 稍有影响 | 如用 1500 V 有影响 |
| | 工程造价 | 较低 | 较低 | 较高 |
| | 接触网运营及维护费用 | 相对较高 | 较高 | 较低 |
| | 车辆受流器运营维护费用 | 较低 | 较低 | 较高 |
| 国产化 | 主要部件国产化情况 | 刚性接触网少量部件需要进口 | 主要部件基本国产化 | 已全部国产化 |
| | 接触网系统国产化程度 | 96% 以上 | 90% 以上 | 100% |

全补偿链形悬挂和弹性支座简单悬挂接触网都有很成熟的使用经验，技术上可以满足轨道交通的运能和车速要求，工程造价则比刚性悬挂略高，运营维护工作量也较大。全补偿链形悬挂和弹性支座简单悬挂一般需要土建工程预留接触网导线在隧道侧壁下锚的空间，增加了隧道建造的工程量和施工难度。同时由于导线承受较大的张力，一旦发生断线事故，需要较长的抢修时间，对于城市轨道交通线路运营可靠性及城市正常交通秩序构成的潜在威胁相对较大，故在近十余年来，刚性悬挂技术逐渐趋于完善并经实践证明其安全可靠性后，隧道内早期采用的全补偿链形悬挂和弹性支座简单悬挂有被刚性悬挂所取代的趋势。

刚性悬挂形式的接触网结构简单，受流质量可以满足行车速度的要求，对隧道建筑影响小，载流截面积大（线路阻抗小、节能且有利于加大牵引变电所间距），工程造价较低，运营维护工作量较小；通过防淹门和人防门时，便于采取技术措施减少相互干扰。

刚性悬挂的主要缺点是接触线磨耗较快，但因其无张力条件下的接触线允许磨耗量也较大，而且正线使用的接触线比柔性悬挂少一根，所以接触导线的综合耗用量相差不大。刚性悬挂近年来在我国已经积累了很多工程实践和运营经验，在技术、经济和运营可靠性方面都有较为明显的优势。

## 六、城轨接触网的工作特点及对它的基本要求

城市轨道交通是一种大容量的载客交通工具，大部分位于地下隧道中，其行车密度高、载客量大。而接触网是城市轨道交通的关键供电设备，专门给电客车供电，它直接影响着城市轨道交通的运行可靠性，对保证城市轨道交通运输的畅通有着极为重大的意义。因此，必须使接触网始终处于良好的工作状态，安全可靠地向轨道车辆供电。

### （一）城轨接触网的工作特点

1. 没有备用

由于接触网与电动车组在空间上的关系，和轨道一样无法采取备用措施，所以一旦接触网出现故障，会导致整个供电区间全部停电，使电动车组失去电供应而停运。

2．常处于动态运行状态

和一般电力线路只在两点间固定传输电能不同，在接触网下面有许多电动车组高速运动取流，通过接触网的电流很大。电动车组受电弓或受流器以对接触网一定的压力和速度与接触网接触摩擦运行，运行中不可避免地会产生受电弓离线而引起电弧，加之露天区段接触网还要承受风、雾、雨、雪及大气污染的作用，使接触网一直处在震动、摩擦、电弧、污染、伸缩的动态运行状态之中，对接触网的各种线索、零件都产生恶劣影响，使其发生故障的可能性较一般电力线路的概率要大得多。

3．结构复杂，技术要求高

接触网的运行环境和运行特点决定了其结构与一般电力线路有很大的不同。为了保证电动车组能安全、可靠、质量良好地从接触网取流，对接触网导线的高度、定位器的坡度、接触网的套型、均匀度等都有定量的要求。

（二）对城轨接触网的基本要求

一旦接触网发生故障中断牵引供电，将影响电动列车的正常运行。例如，由于电动车组的震动和接触网高度变化等因素，往往造成滑板和接触线间的压力变化很大，有时甚至产生脱离的现象，致使滑板和接触线之间的脱离处产生电弧；如果接触线本身不平直而出现小弯或者悬挂零件不符合要求超出接触面，滑板滑到此处将发生严重碰撞或电弧，这是很不利的工作状态，因为碰撞和电弧会造成接触网和受电弓的机械损伤和烧伤，严重者将造成断线事故，而且受流不良会对电动车组上的电机和电器产生不利的影响，所以应该避免。

因此，为了尽量保证对电动车组良好地供电，对接触网提出以下要求：

（1）在运行过程中和恶劣的气候条件下，能保证车辆正常受流，要求接触网在机械结构上具有良好的稳定性和足够的弹性。在电气性能方面，应具有良好的导电性能和绝缘性能。

（2）接触网设备及零件应具有足够的耐磨性和抗腐蚀能力，并尽量延长设备的使用年限。

（3）要求接触网对地绝缘良好，安全可靠。

（4）设备结构尽量简单，便于施工，零部件互换性强，有利于运营及维修。在事故情况下，便于抢修和迅速恢复送电。

（5）接触网距走行轨轨面的高度应恒定。

（6）在满足高可靠性和高安全性的前提下，尽可能降低投资成本，特别要注意节约有色金属及钢材，做到结构合理、维修简便、便于新技术的应用。

## 七、影响城轨接触网性能的基本参数

城轨接触网的很多技术参数（如接触线高度、拉出值、坡度等）与车辆及其受流装置的技术标准和状态直接相关，而接触网和受流装置的技术标准和状态又会受轨道线路的影响。

例如，柔性接触网中要根据线路需要来决定腕臂采用哪种装配形式，要求腕臂既有足够架空的机械强度，结构尽量简单、轻巧，易于施工安装、维修更换，还要满足一定的技术要求，包括腕臂跨越线路股道的数目、接触悬挂的结构高度、接触线高度、支柱侧面限界和支柱所在位置（即支柱设在直线上还是设在曲线区段，是在曲线内侧还是在曲线外侧）等。腕臂跨越股道数目越多，接触悬挂结构高度越高，支柱侧面限界越大，则腕臂就应长一些。在曲线上，腕臂还要根据受力状况决定配合拉杆或压管使用。

（一）导高

在架空接触网中，导高是接触线悬挂点高度的简称，是指接触线无弛度时定位点处（或悬挂点处）接触线距轨面的垂直高度，一般用 $H$ 表示。接触线的最高高度是根据受电弓的最大工作高度确定的，而接触线的最低高度则是考虑了带电体对接地体之间的空气绝缘确定的。城轨车辆 A 型车受电弓的工作高度为 3980～5800 mm，受电弓的落弓高度一般不超过 810 mm。考虑到接触线可能出现负弛度、保证受电弓与接触线间的工作压力以及保证架空接触网设备和车辆应满足的最小净空尺寸的需要，我国地铁设计规范（GB 50157—2013）规定：地上线路接触线距轨面的高度宜为 4600 mm，困难地段不应低于 4400 mm；车辆基地的地上线路接触线距轨面高度宜为 5000 mm；隧道内接触线距轨面的高度不应小于 4040 mm。

（二）支柱侧面限界

支柱侧面限界是指轨平面（或轨面连线中心）内支柱内缘（靠线路一侧）与轨道线路中心线的水平距离，一般用 $C_x$ 表示。《城市轨道交通技术规范》（GB 50490—2009）中规定："轨行区土建工程和机电设备的设置应符合相应的限界要求。列车（车辆）在各种运行状态下，不应发生列车（车辆）与列车（车辆）、列车（车辆）与轨行区内任何固定的或可移动物体之间的接触"。接触网是沿轨道线路架设的，采用支柱支持接触网时，为了确保行车安全，要求接触网支柱及其他电气装置的建筑不得侵入车辆走行限界。为了安全起见，支柱侧面限界的设计取值比建筑接近限界规定值要大。在城市轨道交通中，接触网支柱侧面限界一般不得小于 2300 mm。

采用接触轨受电时同样需要考虑侧向限界问题。例如，某电气配件厂提供的接触轨防护罩内缘至接触轨中心线宽度为 86 mm，如图 7-6 所示。设受流器车辆限界（设备限界）和接触轨防护罩之间的安全间隙为 20 mm，则可得接触轨中心线到线路中心线的水平距离 $A$ 为

$$A = 1365 + 20 + 86 = 1471 \text{（mm）} \tag{7-2}$$

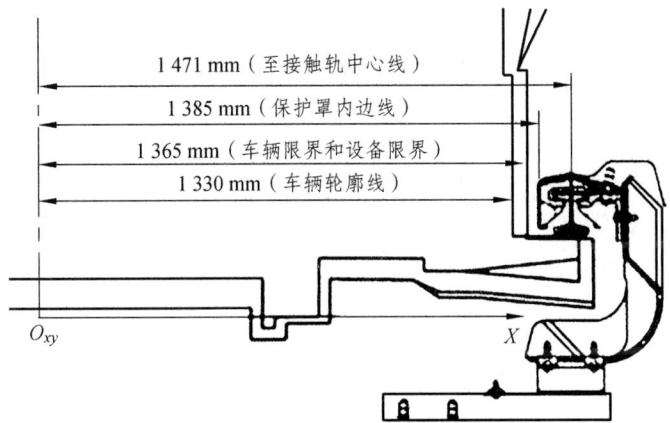

图 7-6 接触轨和车辆限界及设备限界的关系

事实上，当采用顶部架空接触网受电时，建筑限界高度是按受电弓工作高度和接触网系统结构高度计算确定的。

（三）结构高度

结构高度是指链形悬挂接触网的悬挂点处承力索与接触线的垂直距离，用符号 $h$ 表示。刚性悬挂接触网的结构高度可以用下式表示：

$$h = F_0 + C_{\min} \tag{7-3}$$

式中　　$h$——结构高度，mm；

　　　　$F_0$——接触线无弛度时承力索弛度，mm；

　　　　$C_{\min}$——最短吊弦长度，mm。

确定一个技术、经济都合理的结构高度，一般应考虑以下几个方面的因素：

（1）最短吊弦长度不要过小，在极限温度下，其沿线路方向的偏角不超过30°。

（2）在条件许可下，尽可能减少支柱高度。

（3）选择适当的悬挂类型，全补偿比半补偿要求的结构高度较低。

（4）考虑适当的调整范围。

（5）便于调整和维修。

城轨交通中由于净空有限，全补偿简单链型悬挂接触网的结构高度一般取值较小。例如，地面区间正线和试车线结构高度一般为 1000～1200 mm，地面车站结构高度一般为 500 mm，矩形隧道结构高度一般为 270 mm，圆形隧道结构高度一般为 235 mm，马蹄形隧道结构高度一般为 267.5 mm（不同的隧道形式是由于采取了不同的施工方法：圆形隧道采用的是盾构法施工，矩形隧道采用的是明挖法施工，马蹄形隧道采用的则是矿山法暗挖施工），当采用弹性补偿简单链形悬挂时，吊索座处至接触线的吊索高度一般为 400 mm。

## 八、城轨交通系统的受流装置

从接触导线（架空接触网）或接触轨将电能引入电动列车的装置，称为受流装置或受流器。受流装置按其受流方式可分为杆形受流器、弓形受流器、侧面受流器、轨道式受流器、受电弓等几种形式。采用最多的就是受电弓和接触轨受流器（或称受流器），如图7-7所示。受流装置与接触网直接摩擦接触受流的是滑板，按照材质分类有纯金属滑板（铜、钢）、粉末冶金滑板、碳滑板和浸金属碳滑板等。根据接触网线材质的不同应选用不同材质的滑板。碳滑板适用于铜及铜合金接触线，纯金属滑板（铜、钢）、粉末冶金滑板和浸金属碳滑板则适用于低碳钢和钢铝复合接触轨等。滑板材料和接触网线材的匹配可以改善和减小磨耗，提高受流质量。

（一）受电弓

电动列车依靠其顶部升起的受电弓直接从接触线获取电能，由司机控制其升降。受电弓升起工作时，以一定的接触压力紧贴接触线，将电能引入电动列车。

（a）受电弓　　　　　　　　　　（b）接触轨受流器

图 7-7　受流装置

一列电动列车一般有两个受电弓同时工作。电动列车通过受电弓直接从接触线上滑行取流，其形式一般有单臂式和双臂式两种，目前一般采用单臂式受电弓，其结构如图 7-8 所示，技术参数如表 7-4 所示。受电弓顶部的滑板紧贴接触线。滑板固定在托架上，托架一般采用 2 mm 的铝板冷压制成。

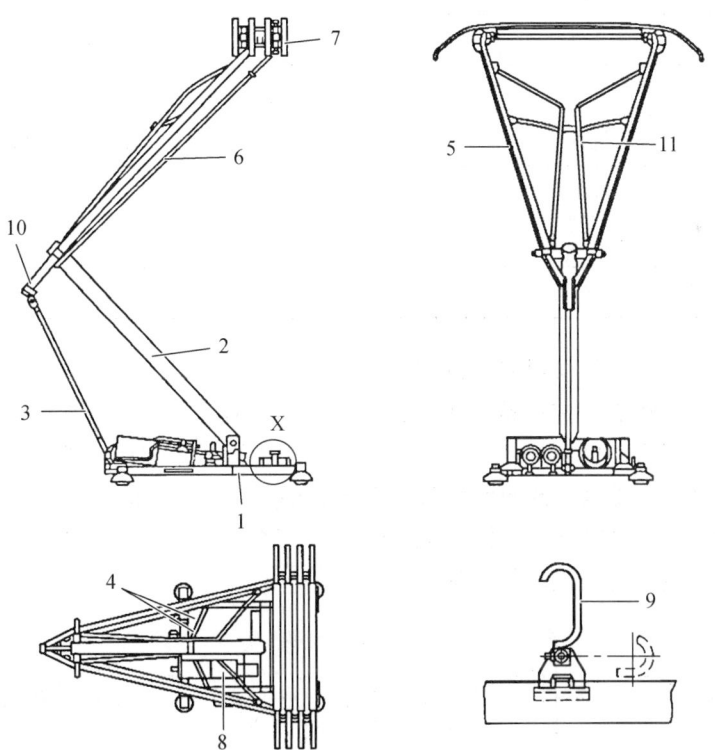

1—底架；2—下臂杆；3—推杆；4—升弓弹簧；5—上部杠架；6—上部导向杆；7—滑板；
8—传动气缸；9—落弓固定钩；10—活动接头；11—支撑架。

图 7-8　单臂受电弓

表 7-4　国产某型受电弓的主要技术参数

| 项目 | 参数值 |
| --- | --- |
| 额定电压 | DC 1500 V |
| 额定运行电流 | 1680 A |
| 最大短时电流 | 3500 A |
| 最大启动电流 | 1600 A |
| 车辆静止时的最大电流（DC 1000 V 和单弓受电） | 540 A |
| 落弓高度（从绝缘子安装面起，包括绝缘子） | ≤310 mm |
| 工作高度（落弓位置滑板面起） | 150～1950 mm |
| 最大升弓高度（落弓位置滑板面起） | >2550 mm |
| 绝缘子高度 | 80 mm |
| 弓头长度 | （1550±5）mm |
| 滑板长度（最大允许工作范围） | （800±1）mm |
| 滑板材质 | 浸金属碳 |
| 标称静态接触压力 | 100 N |
| 额定工作气压 | 550 kPa |
| 车辆供风气压 | 450～950 kPa |
| 升弓时间 | ≤8 s |
| 降弓时间 | ≤8 s |
| 质量（包括绝缘子） | ≤140 kg |

为了使受电弓与接触线接触且升降时不产生冲击，在接触网高度允许变化的范围内，要求受电弓滑板对接触线有一定的接触压力，并且在升弓时滑板离开底架要快，贴近接触线要慢，以防弹跳；在降弓时脱离接触线要快，落在底架上要慢，以防拉弧和发生冲撞。以柔性接触网为例，接触线与受电弓滑板间的位置关系如图 7-9 所示。将接触线布置成"之"字形，当受电弓从 A 位置运行到 B 位置时，接触线和受电弓的接触点从滑板的上方移动到下方，在每一个跨距内，受电弓滑板被较均匀地磨耗。

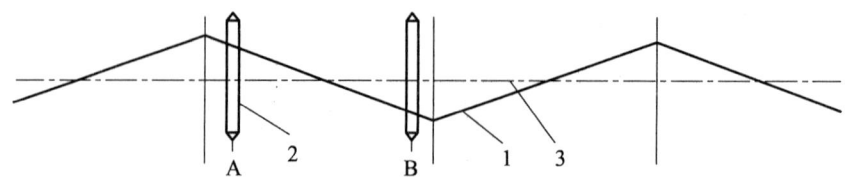

1—接触线；2—受电弓弓头（俯视）；3—受电弓中心线。

图 7-9　接触线与受电弓滑板的位置关系

## （二）接触轨受流器

接触轨受流器系统主要由受流器整件、受流器供风单元箱、受流器熔断器箱等组成。受流器整件主要由绝缘底座、机架、气动升降装置、拉簧压力系统、调整齿板、升降靴止挡、受流器臂轴、碳滑板及各连接部件等组成。接触轨受流器的结构如图7-10所示。

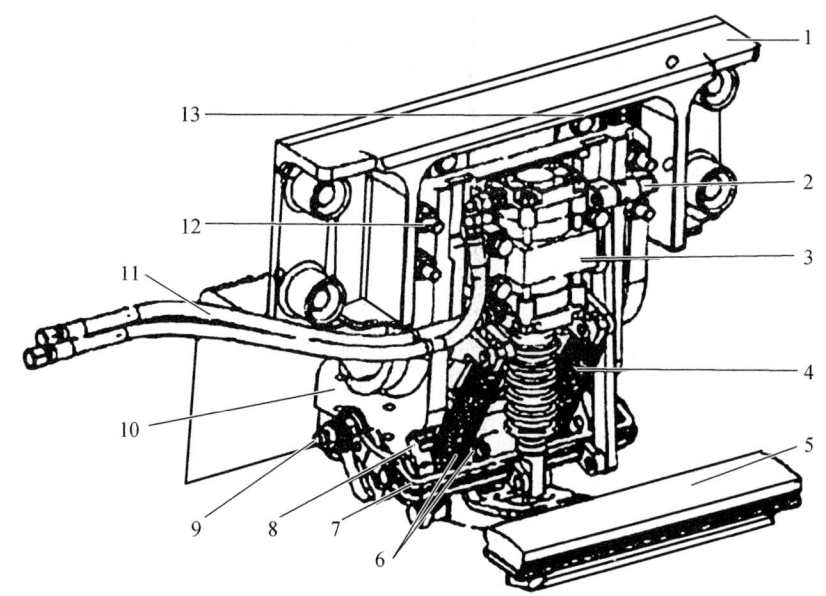

1—绝缘底座；2—手动回退装置；3—气动升降装置；4—拉簧压力系统；5—碳滑板；
6—受流器止挡；7—回退柄；8—硬止动件；9—臂轴；10—机架；
11—气管；12—调整螺栓；13—调整齿板。

图7-10 受流器的结构示意图

随着车轮的磨损以及车体主扰度的变化，接触轨受流器的安装位置必须调整。因此，在检修过程中需定期对受流器臂轴高度进行测量。受流器臂轴的高度必须高于运行轨轨顶面（183±2）mm。如果高度超限，则松开安装螺母，调整机架的位置，上下移动一个或几个齿槽。调整齿板上共有20个齿槽，每个齿槽距离为4mm，因此，通过测量臂轴高度可以确定需要调整几个齿槽。更换新的碳滑板后须对受流器臂轴高度等进行测量检查，如有超限，需进行调整。与受电弓受流方式不同，采用接触轨受流的地铁车辆，其每节列车的两侧均配置有车辆受流器。例如，某地铁6号线电动列车是A-B-B-A的4节编组形式，每对AB车左右两边各有两支受流器，共4支，整车共8支。同一对AB车之间受流器是相互连通的，即1个靴受电，其他3个靴也会带上电。两对AB车之间的高压牵引部分相互独立，低压部分是相互连通的。图7-11所示为A-B-B-A的4节编组车辆的受流器配置，表7-5所示为某型号接触轨受流器的主要技术参数。

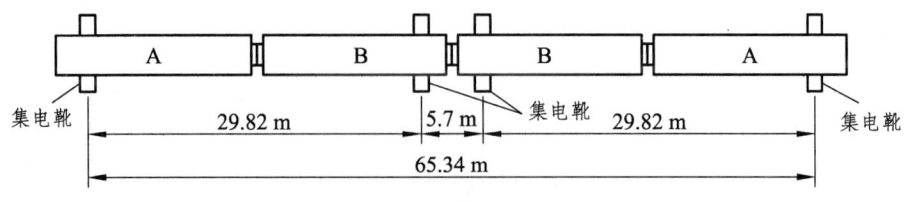

图7-11 车辆受流器配置

表 7-5　某型号接触轨受流器的主要技术参数

| 项目 | 技术参数 |
|---|---|
| 受流器与接触轨的接触压力 | （120±24）N |
| 受流器碳滑板的接触表面 | 184.5 cm$^2$ |
| 受流器升靴时高于轨顶面的距离 | 252～262 mm |
| 受流器降靴时高于轨顶面的距离 | 145.5～155 mm |
| 受流器臂轴高度 | 高于轨顶面（183±2）mm |
| 受流器熔断器参数 | 1900 V（DC）、600 A |
| 受流器质量 | 32 kg |
| 熔断器箱质量 | 7.8 kg |

（三）电分段

接触轨分段有电分段和机械分段。机械分段指接触轨在机械方面有明显的分段，而在电气上直接接通。电分段是在电气上隔离，其作用是缩小故障范围，同时有利于继电保护的设置。

1．电分段的设置位置

（1）有牵引变电所的车站。

（2）车辆段或停车场与正线的接口处。

（3）车辆段或停车场内不同的供电分区之间。

（4）折返线、联络线和区间存车线之间。

（5）列检库入口处。

2．电分段的形式

1）**分段式电分段**

如图 7-12 所示，在有牵引变电所的车站设电分段，分段式电分段一般设置在进站端。列车从一个供电分区到另一个供电分区时有一节动车不取流，不会造成两个供电分区电连接。

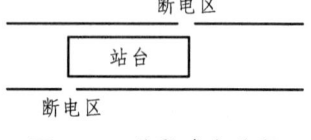

图 7-12　分段式电分段

2）**短轨式电分段**

短轨式电分段情况下，列车从一个供电分区到另一个供电分区时可以实现不间断取流。其特点是短轨必须通过短路器单独供电，这样增加了供电系统的复杂性。图 7-13（a）所示为短轨设置在与站台平行的区段，而图 7-13（b）所示为短轨设置在站台的进站端。

对短轨式电分段有两个要求：一是必须实现不间断供电，二是不应造成两个供电分区电连接。断电区的长短必须根据严格的计算，结合编组实际确定。

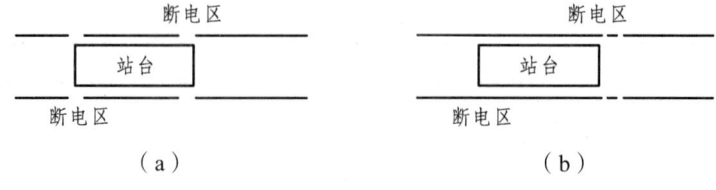

图 7-13　短轨式电分段

## 第二节　柔性架空接触网

接触网是牵引网的重要组成部分，也可以说是核心部分，它主要负责把电能可靠地输送到车辆上。和其他电气设备不同，它属于无备用的设备，因此其安全性、可靠性就显得尤为重要。

微课视频：
柔性接触网

根据城市轨道交通供电形式的不同，其接触网的构成也不一样。接触网按其结构可分为架空式和接触轨式。架空式接触网又可分为柔性（弹性）接触网和刚性接触网。由于接触轨是沿线路敷设的与轨道平行的附加轨，故又称为第三轨。

### 一、柔性架空接触网的结构

柔性接触网分为简单接触悬挂和链形接触悬挂两种基本类型，主要由支柱与基础（隧道为支撑部件）、支持定位装置、补偿装置、接触悬挂、馈电线和架空地线、避雷器和放电间隙等几部分组成。如广州地铁 1 号线正线接触网采用双接触线形式，即接触线并联，以降低电压损失，同时可以提高电流的通过能力。正线是下锚补偿的简单链形悬挂，车辆段采用未补偿的简单悬挂。

#### （一）支柱

支柱承受着接触悬挂和支持装置传递来的负载（包括自身重力），同时把负载传入基础，并将接触线悬挂到一定的高度。如图 7-14 所示，它是柔性接触网的主要组成部分，也是重要的承载单元。

图 7-14　支柱和拉线

在隧道外，接触网悬挂通过支柱及基础固定。支柱按其在接触网中的作用可分为中间支柱、锚柱、道岔定位支柱、硬横跨支柱等几种，分别完成不同的功能。中间支柱是柔性架空接触网使用最普遍的支柱。

在城市轨道交通供电系统中，一般使用金属支柱和等径预应力钢筋混凝土支柱。金属支柱又分为普通桁架结构式钢柱、整体型材 H 形钢柱和圆形钢柱。其中 H 形钢柱是一种较新型的支柱，国内只有在地铁中使用过，其他形式的支柱与铁路系统的型号一致。金属支柱具有强度高、抗碰撞和安装运输方便等优点，H形钢柱和圆形钢柱还具有体积较小、外观整齐美观和易于维护等优点。

### （二）基础

基础承受支柱所传递的力矩，并传给土体，是起支持作用的。一般所说的基础主要是指金属支柱的基础，至于钢筋混凝土支柱，是它的地下部分代替了基础的作用。

基础不但能够承受静态负荷，而且还必须能够承受动态负荷。在设计负荷的要求范围内，基础不应发生下沉和位移。基础是柔性接触网稳定的基石。

支柱通过浇注在混凝土中的锚固螺栓固定，可以采用将支柱插入钢筋混凝土基础预制孔中的方式固定。

### （三）支持和定位装置

支持装置是指支持接触悬挂并将其负荷传给支柱或其他建筑物的结构，主要包括腕臂、吊柱、硬横跨（梁）等。定位装置是确定接触线平面位置的装置，主要由定位器、定位管、支持夹环（支持器）、定位线夹等组成，其功能是固定接触线的位置，使接触线总是处在受电弓滑板运行轨迹范围内，保证接触线与受电弓不脱离，并将接触线的水平负荷传给支柱。定位器有直管定位器、弯管定位器。

支持和定位装置可分为腕臂形式（平腕臂支持装置见图 7-15、弓形腕臂支持装置见图 7-16）和软、硬横跨（梁）形式（见图 7-17）。腕臂形式的支持定位装置包括腕臂、拉杆及定位装置等。软、硬横跨（梁）形式的支持定位装置主要包括横向承力索、上下部定位绳及定位器和吊弦等。

在单线路上使用的腕臂形式有斜腕臂、直腕臂和绝缘旋转腕臂等几种结构形式。目前，广泛使用的是质量小、结构灵活的绝缘旋转腕臂。在车辆段，为了节省投资，尽可能不要每条轨道都单独设立支柱，而使用中间立柱，采用双线路腕臂，即一根支柱上分别悬挂左右两条线索，为两条线路供电。

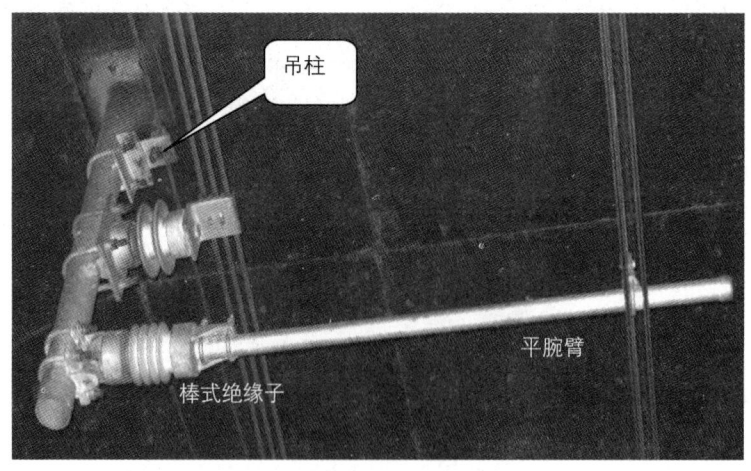

图 7-15 平腕臂支持装置

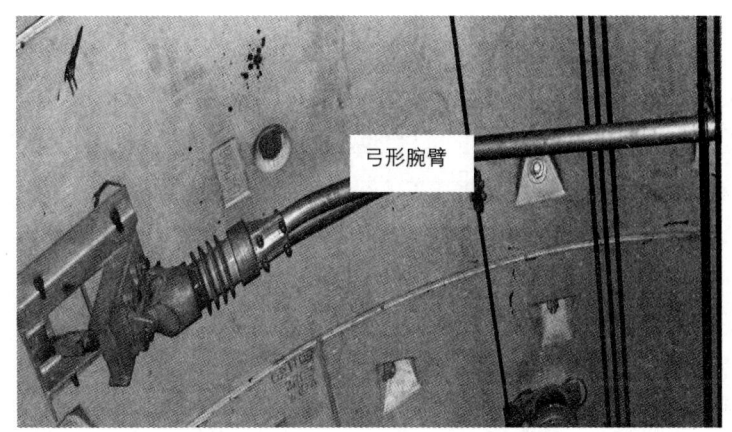

图 7-16 弓形腕臂支持装置

图 7-17 硬横跨（梁）

软、硬横跨（梁）形式的支持定位装置广泛应用于地铁的车辆段和地面咽喉地区，是属于多线路上的专用支持定位装置。硬横跨（梁）装置的支柱所受的横向力矩小，比较稳定，且便于机械化施工，多在 3~4 股道上采用。

定位装置有水平定位装置和弓形定位装置，如图 7-18、图 7-19 所示。

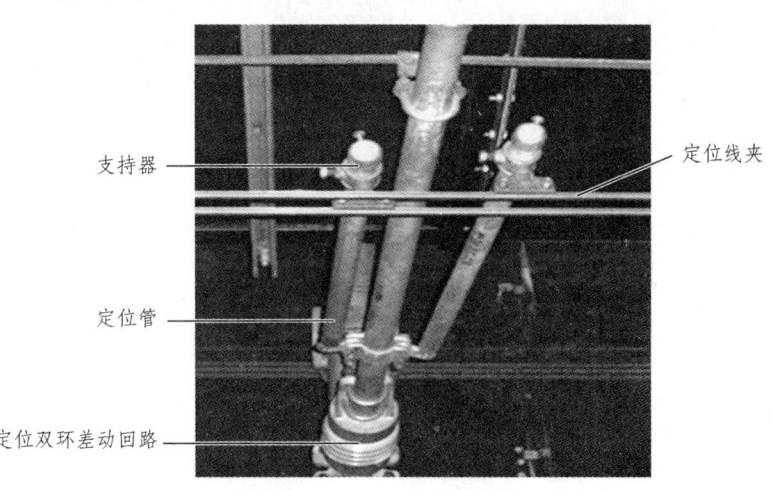

图 7-18 水平定位装置

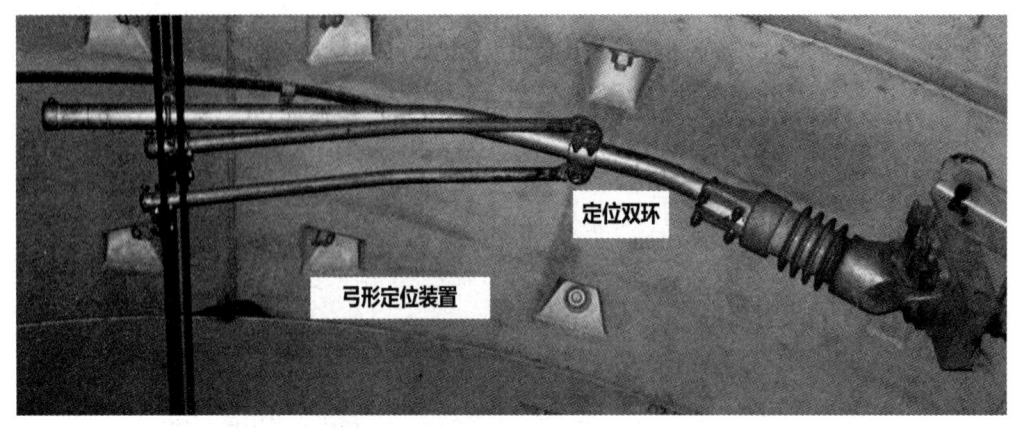

图 7-19　弓形定位装置

### (四) 补偿装置

补偿装置是自动调整接触线和承力索张力的补偿器及其断线制动装置的总称，主要包括 3.6T 系棘轮装置、补偿绳、坠砣、限制架等部件，其结构如图 7-20 所示。

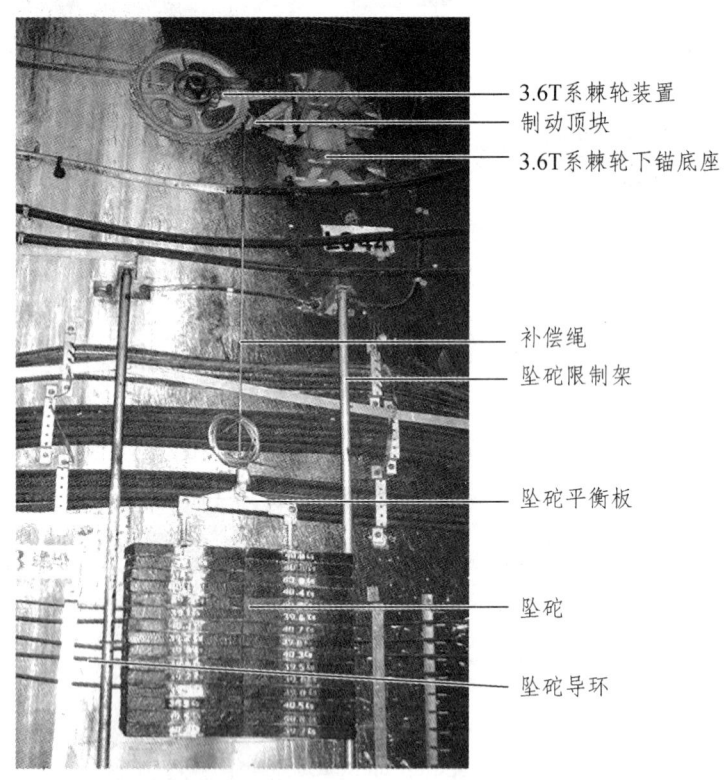

图 7-20　补偿装置

棘轮（见图 7-21）与制动顶块间的间隙为 7~10 mm，补偿绳的长度要保证补偿坠砣在极限温度范围内自由伸缩，补偿绳不得有接头和断股，并不得与棘轮齿缘相摩擦。

图 7-21 棘轮

### (五)馈电线和架空地线

馈线的作用是与接触线并联,提高供电能力。架空地线属于保护线,其结构如图 7-22 所示。

图 7-22 馈电线和架空地线

### (六)避雷器和放电间隙

氧化锌避雷器主要用于防止大气过电压损坏接触网设备。氧化锌避雷器实物如图 7-23 所示。

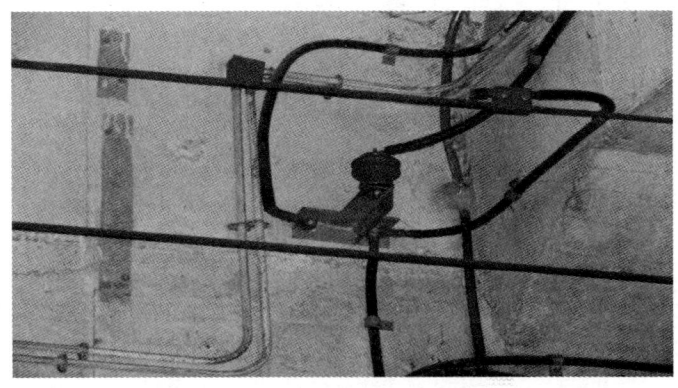

图 7-23 氧化锌避雷器

### （七）接触悬挂

接触悬挂是将电能传给电动客车的供电设备。它包括接触线、承力索、吊弦以及连接它们的零件，如图 7-24 所示。

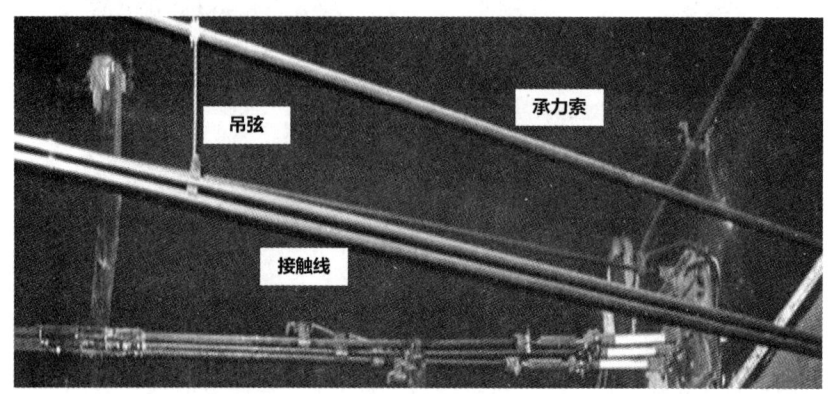

图 7-24　接触悬挂

## 二、柔性架空接触网的分类

按承力索的设置情况，柔性架空接触网可分为简单悬挂和链型悬挂两种类型。

### （一）简单悬挂

简单接触悬挂是由一根或几根相互平行的固定装置上的由接触线所组成的悬挂。这种悬挂方式比较简单，支持装置和支柱所承受的负荷较轻，支柱高度要求较低，因而建造费用比较低。但是其弛度大，弹性不均匀，接触网取流效果差，车辆速度受到限制，因此一般用于城市有轨电车以及城市轨道交通线路的车辆段等车速较低的线路。

接触网弹性不均匀会导致受电弓上下追随速度和电动车组运行速度不协调而发生离线和冲击现象，为了改善这种现象，在一些国家的干线上大量采用了带弹性吊索的简单悬挂，即弹性简单接触悬挂，又叫简化接触网，如图 7-25 和图 7-26 所示。

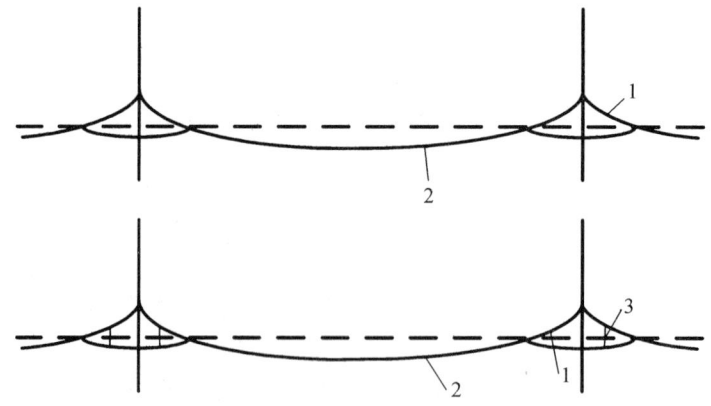

1—弹性吊索；2—接触线；3—短吊弦。

图 7-25　弹性简单接触悬挂示意图

图 7-26 弹性简单接触悬挂现场图

## (二)链形悬挂

### 1. 概述

接触线通过吊弦(或辅助索)而悬挂到承力索上的悬挂,称为链形悬挂。链形悬挂可以在某一温度下使接触线处于无弛度状态,也就是在整个跨距内,可使接触线至轨面保持相等的高度。这种悬挂由于接触线是悬挂到承力索上的,因而基本上可以消除悬挂点处的硬点,使接触悬挂的弹性在整个跨距内都比较均匀。由于链形悬挂具有高度一致、弹性均匀、稳定性好等优点,且具有较好的取流性能,因此,在运量大、速度高的干线上多采用链形悬挂,如图 7-27 所示。

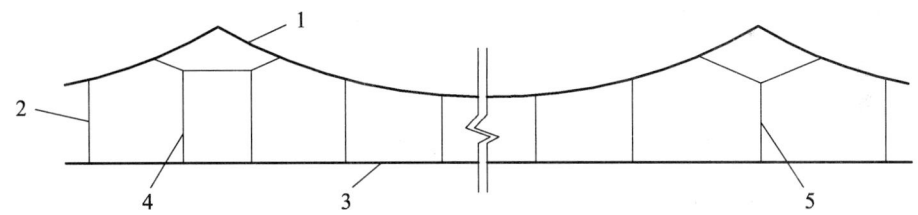

1—承力索;2—吊弦;3—接触线;4—Π形弹性吊弦;5—Y形弹性吊弦。

图 7-27 弹性链形悬挂

全补偿简单链形悬挂接触网的弹性均匀,受流质量好,稳定性较好,弓网关系匹配也较好,适用于较高速度的行车中,但其结构占用的空间较大,在隧道内使用时需要增加一定的土建工程量,如图 7-28 所示。

全补偿简单链形悬挂接触网是由支柱(基础)、支持装置、定位装置、接触悬挂和补偿装置等组成的。补偿装置(补偿器)设置在锚段两端,能自动补偿接触线或承力索内的张力,它是自动调整接触线或承力索张力的补偿器及其制动装置的总称,由补偿滑轮、补偿绳、杠杆、坠砣杆和坠砣组成。当温度变化时,线索受温度影响伸长或缩短,由于补偿坠砣的重力作用,可使线索沿线路方向移动而自动调整线索张力,使张力恒定不变,并借以保持线索的弛度使其满足技术要求。

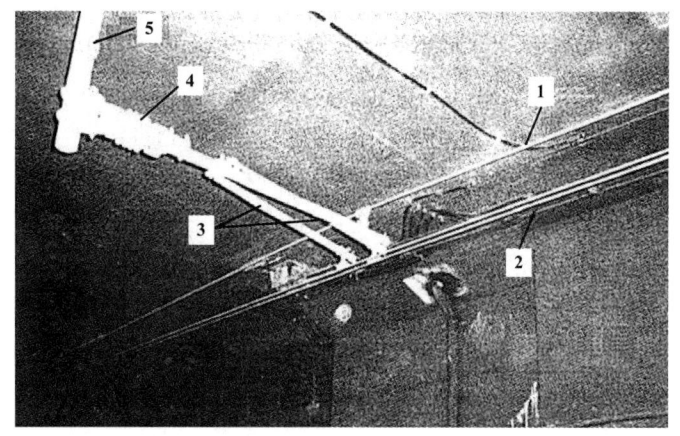

1—承力索；2—接触线；3—定位管；4—绝缘子；5—隧道顶端固定支柱。

图 7-28　全补偿简单链形悬挂方式在隧道的实际悬挂图（水平悬挂）

**2．链形悬挂的分类**

链形悬挂的类型很多，可根据悬挂链数、线索拉紧方法、悬挂点处的吊弦形式和线索相对位置的特征等进行分类，现简单介绍如下。

**1）根据悬挂的链数划分**

（1）单链形悬挂。这种悬挂的特点是接触线借助于吊弦悬挂在承力索上。根据悬挂点处吊弦形式的不同又分为简单链形悬挂和弹性链形悬挂两种，简单链形悬挂如图 7-29 所示。

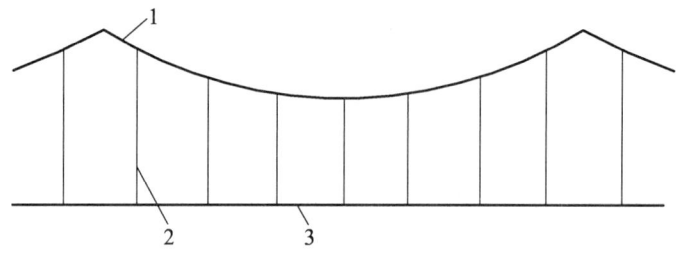

1—承力索；2—吊弦；3—接触线。

图 7-29　简单链形悬挂

（2）双链形悬挂。由两根辅助索组成的悬挂称为双链形悬挂。与单链形悬挂相比，这种悬挂方式多了一根辅助索，其弹性更加趋于均匀，多应用于铁路。

（3）多链形悬挂。它包括承力索在内具有三条辅助索，也可称为三链形悬挂。这种悬挂方式的接触线高度更趋于一致，弹性也更加均匀，它适用于高速运行区段。应该指出，三链形悬挂的结构已相当复杂，虽然可以增加弹性的均匀度和提高稳定性，但安装和维修比较困难，因而实用意义较小。

**2）根据线索的紧固方法划分**

（1）未补偿链形接触悬挂。这种悬挂的所有线索两端均为死固定（硬锚），如图 7-30 所示。在温度变化时，接触线和承力索的长度，即张力和弛度产生变化，因而这种悬挂的运行状态是不好的。

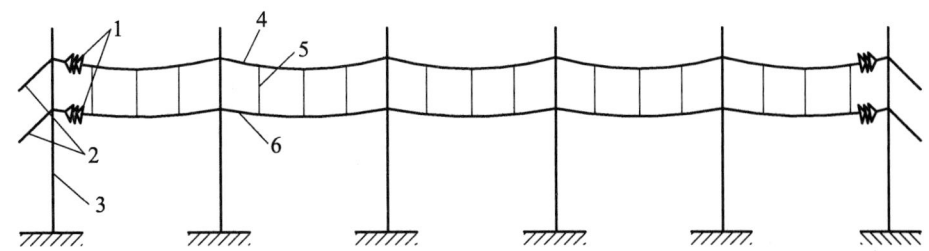

1—绝缘子；2—拉线（下锚）；3—支柱；4—承力索；5—吊弦；6—接触线。

图 7-30　未补偿链形接触悬挂

（2）具有季节调整的链形接触悬挂。为了减小线索张力和驰度的变化范围，可在接触线的下锚处安装一个松紧调整螺钉，以便进行张力调整。通常在春、秋两季各调整一次。春季将接触线拉紧，使其张力在夏季时不要过小；秋季将接触线放松，使其张力在冬季低温下不至于超过最大许可值。

（3）半补偿链形悬挂。在单链形悬挂中，只在接触线下锚端加设张力自动调整装置，承力索不补偿，这就是半补偿链形悬挂，如图 7-31 所示。这是电气化铁道干线中采用较多的一种悬挂形式。

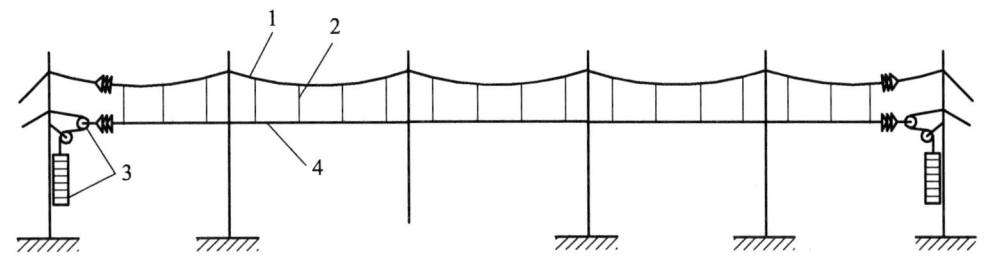

1—承力索；2—吊弦；3—补偿装置；4—接触线。

图 7-31　半补偿链形悬挂

（4）全补偿链形悬挂。这种悬挂的全部线索（承力索和接触线）在下锚端均安装张力自动调整装置。在温度和负载（冰、风）变化时，各线索的张力保持不变，如图 7-32 所示。因此，这种悬挂方式具有较好的运行条件，在城轨干线上基本采用这种悬挂形式。

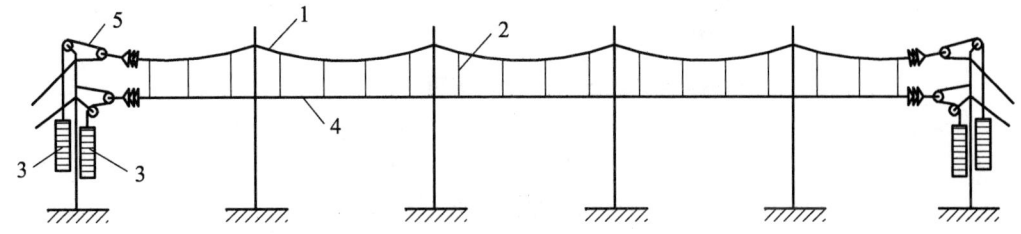

1—承力索；2—吊弦；3—补偿装置；4—接触线；5—滑轮组。

图 7-32　全补偿链形悬挂

3）根据线索相对于线路中心的位置划分

（1）直链形悬挂。此方式的接触线和承力索在平面上的投影相重合，它们既可以沿线路中心布置，也可以布置成"之"字形。

（2）半斜链形悬挂。此方式的承力索沿线路中心布置，接触线成为"之"字形布置，如图 7-33 所示。这种形式吊弦的横向偏斜不大，对接触线的固定构件和机械计算方法均不必特别考虑。也可以认为它是属于直链形悬挂的类型。但是，它与直链形悬挂相比，不仅有较好的稳定性，而且施工更为方便。

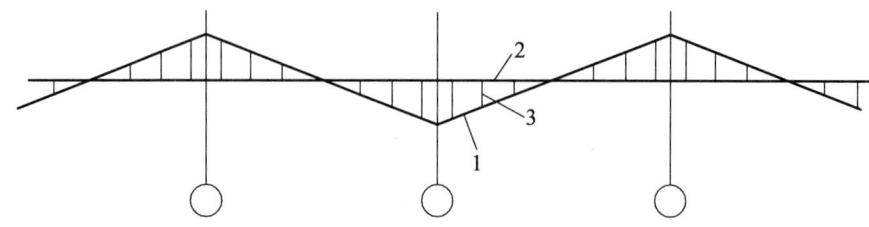

1—接触线；2—承力索；3—吊弦。

图 7-33 半斜链形悬挂

（3）斜链形悬挂。在直线区段上的斜链形悬挂如图 7-34 所示，接触线和承力索依次在悬挂点固定于线路两侧。

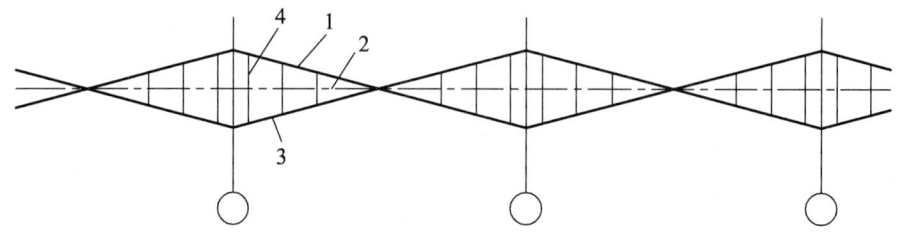

1—承力索；2—线路中心；3—接触线；4—吊弦。

图 7-34 斜链形悬挂

4）根据隧道内安装形式划分

（1）一般悬挂形式：一般由两根承力索、两根接触线及辅助馈线组成，承力索和接触线均有补偿装置，如图 7-35 所示。此种方式所占用的隧道净空较大，增加土建投资，但技术成熟，行车速度快。隧道内的跨距一般为 20 m 左右。

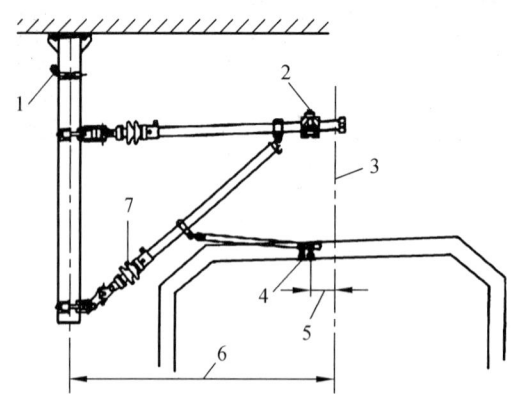

1—固定支柱；2—承力索及线夹；3—轨道中心和受电弓中心；4—接触线及线夹；
5—"之"字值（拉出值）；6—侧面界限；7—绝缘子。

图 7-35 隧道内的一般悬挂形式

（2）弓形腕臂形式：地铁为了减少隧道净空，采用弓形腕臂作为支持部件的链形悬挂。此种方式由 1~2 根承力索、2 根接触线及辅助馈线组成，承力索和接触线均有补偿装置，如图 7-36 所示。由于采用链形悬挂，结构稳定，受流好，速度可以达到 120 m/h。

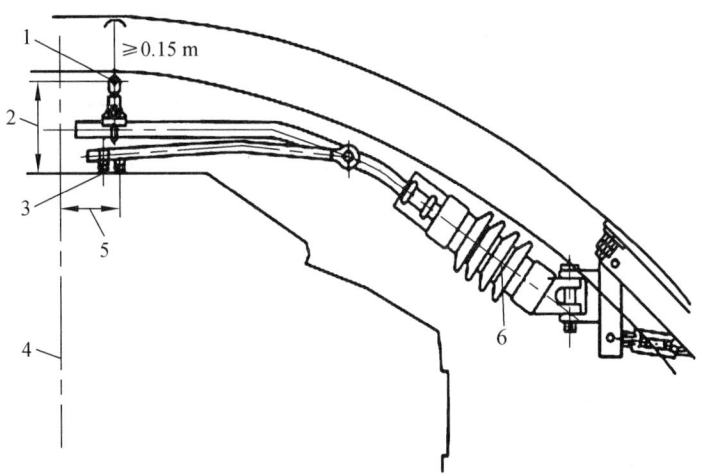

1—承力索；2—结构高度；3—双接触线；4—轨道中心和受电弓中心；
5—"之"字值（拉出值）；6—绝缘子。

图 7-36　隧道内全补偿简单链形弓形腕臂悬挂

在隧道内接触网悬挂通过底座、支持装置（腕臂、绝缘子）、定位装置（定位器）固定，其隧道支撑可通过角形支架或者专用吊柱用锚栓固定在隧道上。隧道内的跨距一般为 20 m。

（3）水平悬挂。隧道内全补偿简单链形水平悬挂的现场安装如图 7-37 所示。

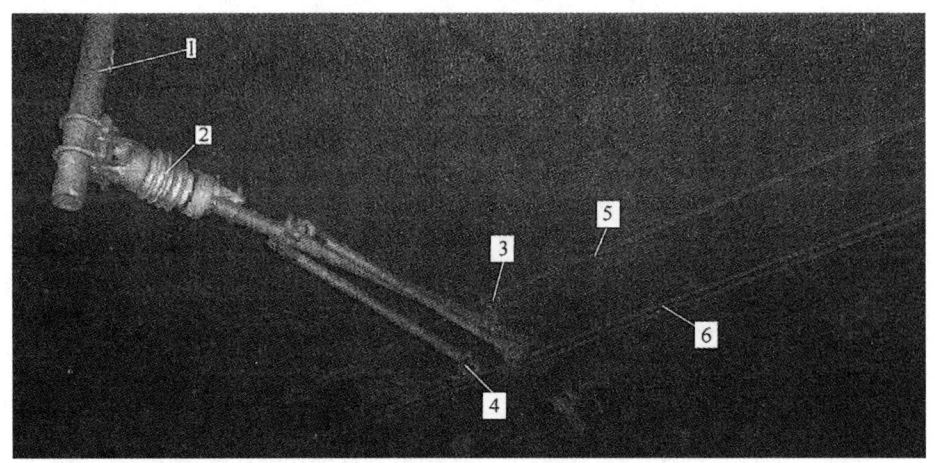

1—隧道顶端固定支柱；2—绝缘子；3—承力索线夹；4—接触线线夹；5—承力索；6—接触线。

图 7-37　隧道内全补偿简单链形水平悬挂的现场安装图

## 三、柔性悬挂方式的电分段

电分段的作用是通过在接触网中设置特殊的装置或结构形式将接触网分隔成若干个从结构和电气上相互隔离的区段。它可以缩小事故范围，使接触网的运行方式更灵活。

接触网被电分段分隔成若干个独立供电分区后,可以实现各供电分区由相应的牵引变电所分别供电,保证供电质量,同时在接触网故障时将事故范围控制在尽可能小的范围内,实现安全、可靠运营。正线接触网的电分段如图7-38所示。

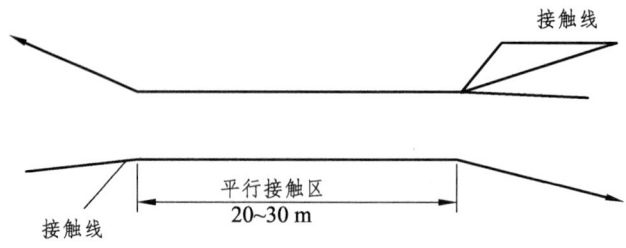

图 7-38　正线接触网的电分段示意图

柔性悬挂电分段一般采用锚段关节形式和分段绝缘器方式。

### (一) 锚段关节形式电分段

柔性悬挂中的锚段关节形式电分段如图 7-39 所示,当列车从供电分区 A 经过电分段进入供电分区 B 时,列车受电弓从接触网取流可分为 3 个阶段。

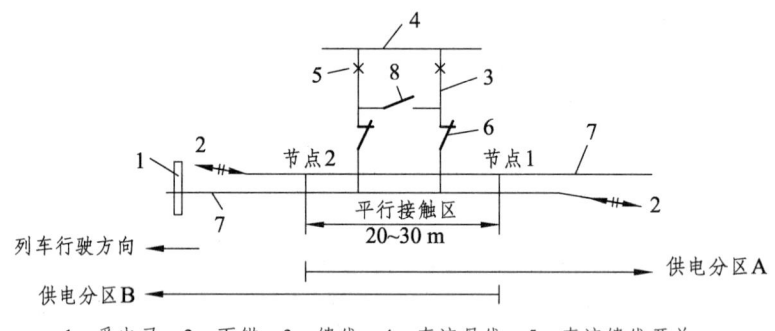

1—受电弓;2—下锚;3—馈线;4—直流母线;5—直流馈线开关;
6—隔离开关(闭合);7—接触线;8—隔离开关(分断)。

图 7-39　锚段关节形式电分段示意图

第1阶段:供电分区 A 的接触线向列车受电弓供电。第2阶段:通过节点1,进入并行接触区后,供电分区 A 及供电分区 B 的接触线共同向列车受电弓供电。第3阶段:通过节点2,进入供电分区 B 后,供电分区 B 的接触线向列车受电弓供电。

不难看出,列车受电弓过电分段时,可能产生拉弧现象的位置是在节点1和节点2的弓网结合处和分离处。如每列列车按两端各设一个受电弓考虑,列车的最大起动电流为3000 A,不考虑供电分区中其他列车的影响,以此电流穿越电分段(并假设供电回路为电阻回路)。列车受电弓均从供电分区 A 的接触线上受流,每个受电弓电流为起动电流的一半,即1500 A;当列车行至节点1时,列车前端受电弓将由供电分区 A 接触线供电转变为由 A、B 两区的接触线共同供电,在转变的瞬间,供电分区 B 的接触线与受电弓存在由分离到接触的过程。

### (二) 柔性分段绝缘器电分段

该方式是采用特殊的专门设备——柔性分段绝缘器实现分段的。柔性分段绝缘器由铜导流板、主绝缘滑道、悬挂装置和消弧角等构成，其结构如图 7-40 所示。它主要实现接触线电气上的断开，但又不能让运行的车辆失电。柔性分段绝缘器主要用于城市轨道交通隧道内、站场、停车库、车辆段等柔性接触网电分段处，其结构简单、安装与维修方便。

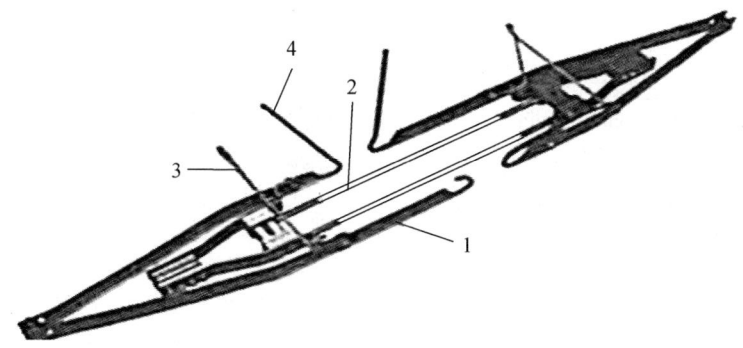

1—铜导流板；2—主绝缘滑道；3—悬挂装置；4—消弧角。

图 7-40　柔性分段绝缘器的结构示意图

在实际运营中，一般柔性分段绝缘器和隔离开关是配合使用的，它们二者是并联的关系。也就是说，在特殊情况下，可以通过隔离开关把柔性分段绝缘器短接，如图 7-41 所示。正常运营时，并联的隔离开关是分断的。

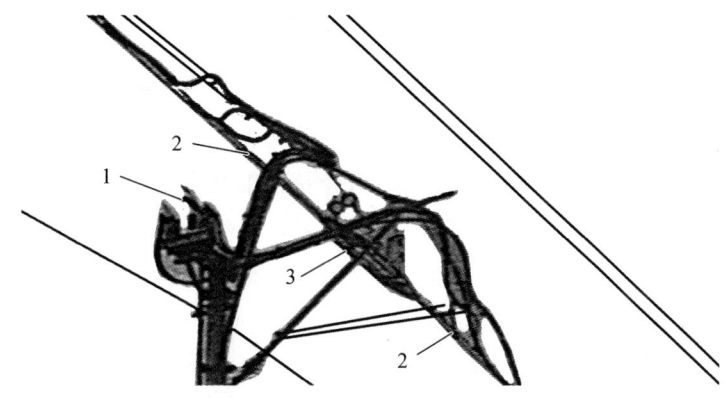

1—隔离开关；2—接触线；3—分段绝缘器。

图 7-41　柔性接触网中隔离开关和分段绝缘器配合使用

## 四、柔性架空接触网的要求、特点及工程案例

地铁是一种大容量的载客交通工具，且大部分在地下隧道中，其行车密度大、载客量大，要求具有很高的可靠性和安全性。接触网是地铁的关键供电设备，专门给地铁电动车辆供电，要求具有高可靠性和安全性，由于地下隧道净空比较小，因此要求接触网的结构在满足需要的情况下尽量简单。

地铁具有以下主要特点：结构紧凑、跨距较小；工作电压相对较低、电流大；接触网线索较多、结构较复杂；坡度变化较大和曲线半径较小等。

在地铁中，正线一般采用全补偿链形悬挂，且多采用单承力索、双接触线式全补偿链形接触悬挂，外加 3~4 根辅助馈电线组成，线材一般采用铜材。车辆段一般采用简单悬挂。

上海地铁采取直流供电方式，电压 1500 V，电流 600 A。上海地铁 1 号线接触网由西门子公司设计，引进德国银铜导线、棘轮补偿装置、弹性支持底座、下落式隔离开关、镶入式膨胀螺栓、高强度不锈钢丝绳及铁质和铅质坠砣（国内电气化铁路多采用水泥坠砣）。架空接触网地面部分采取全补偿简单链形接触悬挂，隧道部分采用西门子公司特殊研制的、能满足较小圆形隧道限界需要的低净高弹性接触悬挂。接触导线采用 120 mm$^2$ 的双沟式银铜合金线。接触网隧道内为双导线弹性支座简单悬挂定位方式，并列 4 条辅助馈线和一条架空地线，共同构成架空网系统。

广州地铁 1 号线接触网采用全补偿简单链形悬挂，过渡线采用有补偿简单弹性悬挂。在圆形和马蹄形隧道内采用弓形绝缘旋转腕臂，矩形隧道内采用水平绝缘旋转腕臂。

深圳地铁一期接触网工程主要分为竹子林车辆段和正线隧道两大部分。隧道正线、试车线为全补偿简单链形悬挂，其余为简单悬挂。辅助馈线为 3 根 TJ50 导线，架空地线为 1 根 TJ120 导线。接触网采用直流 1500 V 供电。

## 第三节　刚性架空接触网

刚性悬挂是和弹性悬挂相对应的一种接触悬挂装置，架空刚性悬挂一般采用相应刚度的导电轨或具有相应刚度的汇流排与接触线组成。汇流排相当于承力索，并利用其刚性保持接触线在固定位置。

微课视频：
刚性接触网

刚性接触网一般适用于地下隧道区段，不适用于地面和高架区段。刚性接触网目前允许的行车速度为 120~140 km/h。

架空刚性接触网主要用于地下铁道，至今已有一百多年的历史了。1895 年，架空刚性悬挂首次在美国巴尔的摩第一条电气化铁路中应用；1961 年，作为架空刚性悬挂的主要形式，T 形刚性悬挂在日本城市轨道中投入使用；1983 年，作为架空刚性悬挂的另一种主要形式，Π 形刚性悬挂在法国巴黎投入使用。目前，国外架空刚性悬挂已得到了广泛应用，如法国、瑞士、西班牙、日本、韩国等。

刚性悬挂接触网经过十几个国家四十多条地铁的运营，在设计上不断改进，目前已经逐渐完善。刚性悬挂接触网的工程造价低于柔性悬挂接触网，在隧道内使用仍能保证较宽的、受电弓所需要的空气绝缘间隙，长隧道区间不需要预留接触网下锚空间，汇流排载流截面大、温升小，不需要辅助馈线，结构稳定可靠，零件种类少，维护简单易行。所以，尽管刚性悬挂接触网在我国使用的时间不长，但其总体优势得到了业界的肯定，在许多新建城市轨道交通项目中得到了推广。目前刚性悬挂接触网的国产化率可达到 96% 以上。

## 一、刚性架空接触网的结构

刚性架空接触网结构比较简单，主要由铝合金汇流排、接触线、绝缘元件和悬挂装置等组成。刚性悬挂方式相当于安置在隧道顶部的接触轨，因此，刚性悬挂装置同时具有接触轨和接触网所具有的优点，在 20 世纪 70 年代后期被许多国外的城市采用。国内第一条架空刚性悬挂接触网于 2003 年 6 月 28 日在广州建成（广州城市轨道 2 号线，长约 18.4 km），采用 PAC110 型、接触线性为 Π 形汇流排结构。

架空刚性悬挂接触网根据汇流排截面形状不同，可分为 Π 形结构和 T 形结构，如图 7-42 所示，这两种结构又可分为单接触线和双接触线式。由于汇流排本身能承受较大的电流，所以目前多采用单接触线式。下面以单接触线 Π 形结构为主进行介绍。

单接触线 Π 形架空刚性悬挂接触网主要由支持和定位装置、汇流排和中心锚结、锚段关节、接触导线、伸缩部件、分段绝缘器、线岔、隔离开关等组成。接触悬挂接触网通过支持和定位装置安装于隧道顶或隧道壁上。简单来说，架空刚性悬挂用刚性的汇流排代替了柔性悬挂的上部承力索。对应于架空式刚性接触馈电模式，车辆提供的受流设备也是受电弓，二者联合完成电能的传输和接收。

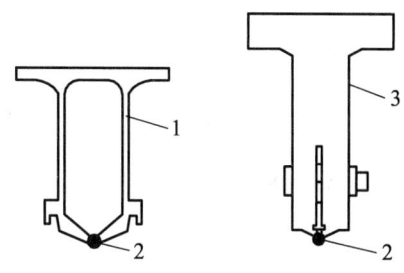

1—Π 形结构；2—接触线；3—T 形结构。

图 7-42 汇流排结构

### （一）支持和定位装置

刚性架空接触网的支持和定位装置由预埋件、悬吊件、绝缘子及定位部件组成，其结构如图 7-43 所示。其中弹性绝缘悬挂组件是直流 3 kV 以下的城市轨道交通刚性悬挂接触网汇流排安装、定位的重要元件。弹性绝缘悬挂组件由汇流排夹、绝缘伞群护套、弹性橡胶元件、上连接螺栓等部分组成。

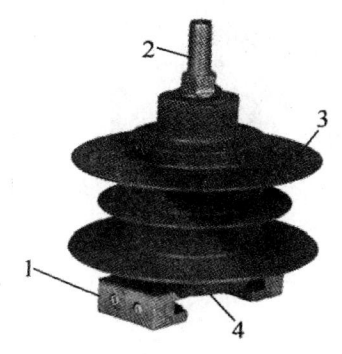
（a）实物图

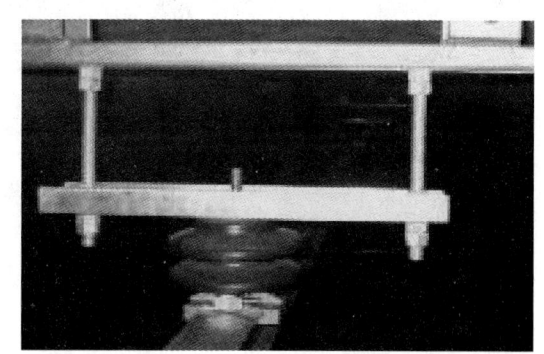
（b）实际安装图

1—汇流排夹；2—上连接螺栓；3—绝缘伞群护套；4—弹性橡胶元件。

图 7-43 弹性绝缘悬挂组件

架空刚性接触网的支持和定位装置主要有两种类型：门形结构和腕臂式结构。

门形结构如图 7-44 所示，它由悬吊螺栓、横担槽钢、绝缘子及汇流排线夹等组成，其特点是结构简单、可靠、调节较困难，大量用于隧道内。

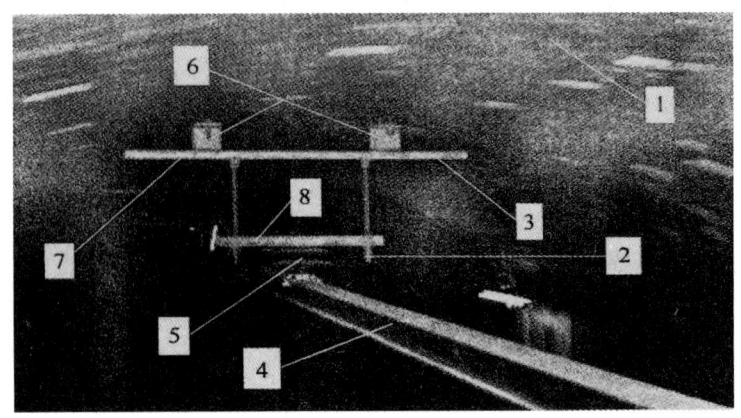

1—隧道壁；2—悬吊螺栓；3、7—角钢焊接底座；4—汇流排；
5—绝缘子；6—底座；8—水平悬挂角钢。

图 7-44 标准门形结构

腕臂结构如图 7-45 所示，它主要由可调节式绝缘腕臂、汇流排线夹、腕臂底座、倒立柱或支柱组成，其特点是调节灵活、外形美观、结构复杂、成本高等，此种结构主要用于净高较高的隧道或地面线路中。

1—汇流排；2—汇流排夹；3—绝缘子；4—汇流排；
5—倒立柱；6—腕臂底座。

图 7-45 腕臂结构

## （二）汇流排及中心锚结

汇流排一般用铝合金材料制成，其形状一般做成 Π 形和 T 形。Π 形结构汇流排包括标准型汇流排、汇流排终端及刚柔过渡元件，它采用铝合金挤压制造，单根长度可达 12 m 以上，采用接头板和螺栓连接满足任意长度要求。T 形汇流排的垂直断面系数约为 H 形汇流排的一半，而自重较 Π 形汇流排约重 1 kg/m，所以要保持相同的跨中垂度。T 形悬挂跨距一般采用 5 m，最大允许 6 m，相对较短。而 Π 形悬挂跨距在列车速度为 100 km/h 以下时允许为 12 m，速度为 100 km/h 以上时允许为 8 m。T 形采用连续的长线夹（长为 1 m）固定接触线，而Π形汇流排依靠自身固定接触线。由于线夹螺母多，成本上T形较Π形高。综上所述，Π形较T形更合理。

标准型汇流排一般有PAC110和PAC80两种，是刚性接触悬挂的主要组成部分，其长度一般被制成10 m或12 m；汇流排终端用于锚段关节、线岔及刚柔过渡处，作用是保证关节、线岔和刚柔过渡的平滑、顺畅，其长度一般做成7.5 m；刚柔过渡元件用于刚性悬挂与柔性悬挂过渡处，其作用是保证两种悬挂方式的平滑、顺畅过渡。

铝合金汇流排既作为固定接触线的嵌体，同时又作为导电截面的一部分，用于夹持、固定150 mm² 银铜合金接触线，并承载及传输牵引电流。其铝合金汇流排标称制造截面为2214 mm²，相当于铜当量截面1181 mm²，持续载流量大于3500 A，最高允许工作温度为100 ℃。根据铝合金汇流排截面的不同又分为T形与Π形两种。郑州地铁采用的Π形铝合金汇流排如图7-46所示。

图7-46　铝合金汇流排

中心锚结采用V形拉线绝缘棒方式，在每个锚段中部设置中心锚结，防止汇流排发生顺线路方向的纵向窜动。其结构如图7-47所示，主要由中心锚结线、锚结绳、调节螺栓及固定底座组成，其作用是防止接触悬挂窜动。中心锚结安装调试完毕后，其两端锚结绳的张力应一致。

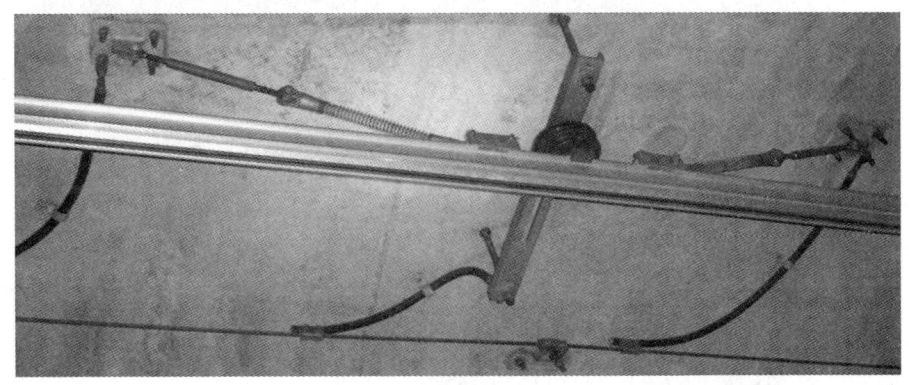

图7-47　中心锚结

刚性接触网拉出值在一个锚段内呈正弦波布置，依次为 240 mm、180 mm、120 mm、60 mm、0 mm，使得受电弓滑板磨耗均匀。其示意图见图 7-48。

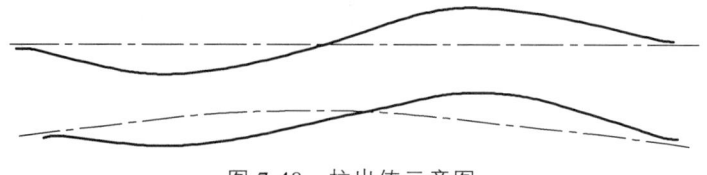

图 7-48　拉出值示意图

（三）锚段关节

刚性锚段间采用平行重叠的关节方式，以便使受电弓的平滑过渡。锚段关节重叠长度一般为 6.6 m，非绝缘锚段关节水平间距为 150 mm，绝缘锚段关节水平间距为 260 mm，绝缘锚段关节装设在有牵引变电所的车站进站端。其平面示意图见图 7-49，其安装现场见图 7-50。

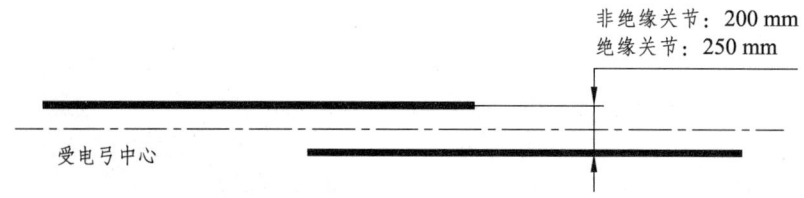

图 7-49　刚性锚段关节平面示意图

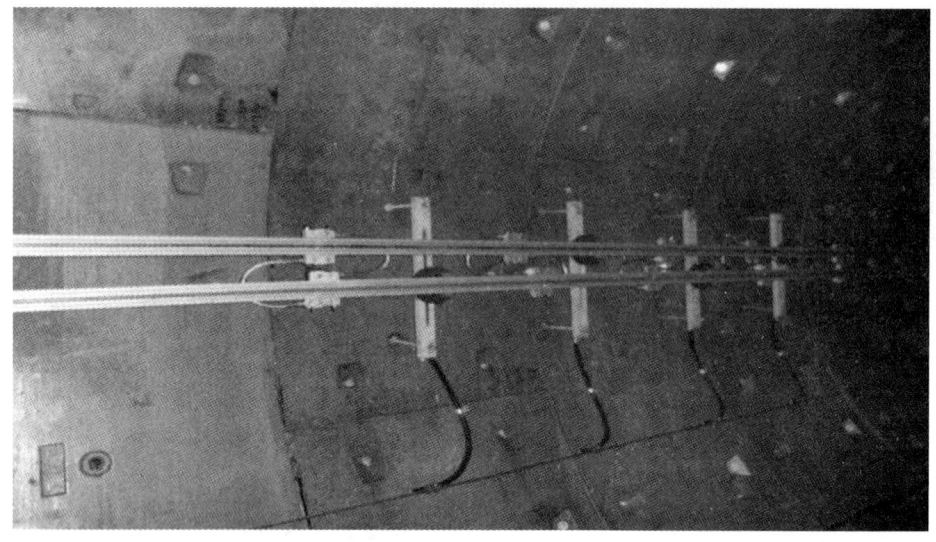

图 7-50　刚性锚段关节安装现场图

（四）分段绝缘器

与绝缘锚段关节相同，分段绝缘器起到电分段的作用。正线间渡线，折返线、存车线与正线间，车辆段、停车场与正线间，停车场各供电分区之间，停车场各库线入口处都安装有分段绝缘器。分段绝缘器具有消弧性能，属于贯通式，其主体由绝缘体及滑道组成，滑道两端装有消弧角。其结构见图 7-51，外形见图 7-52。

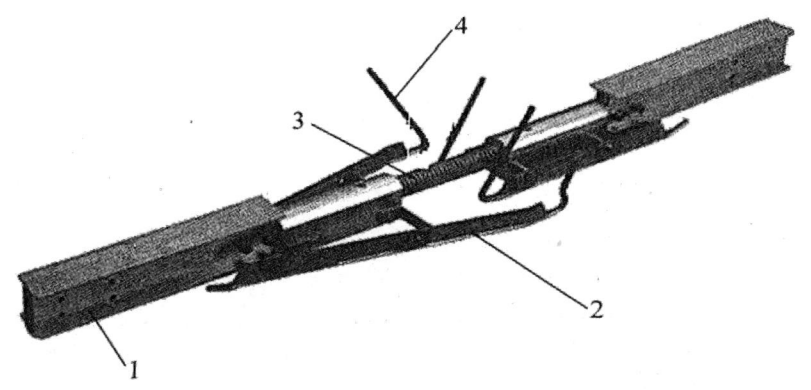

1—汇流排接线端子；2—铜导流滑道；3—绝缘体；4—消弧角。

图 7-51 分段绝缘器的结构

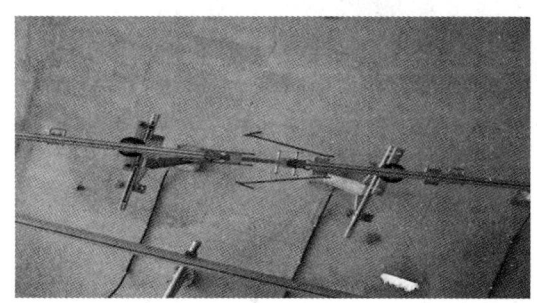 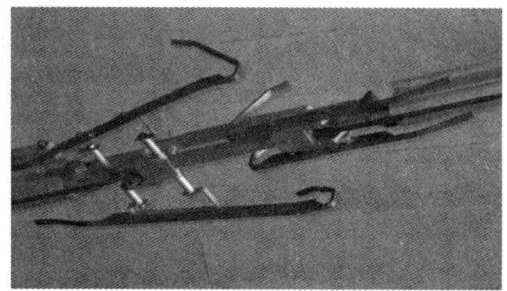

图 7-52 分段绝缘器外形

## （五）接触线

接触导线一般采用银铜导线，与柔性接触悬挂所采用的接触导线相同或相似，其截面积一般采用 120 mm² 或 150 mm²。接触导线通过特殊的机械镶嵌于 Π 形汇流排上或通过专用线夹固定于 T 形汇流排上，与汇流排一起组成接触悬挂。为了增强导流能力，除了单接触线形式外，还有双接触线式。目前多采用单接触线形式。

## （六）伸缩部件

伸缩部件的功能是：能在一定范围内自由伸缩，同时又能满足电气性能的要求，也就是说，既能保证电气上的良好接触和导电的需要，又能保证机械上的良好伸缩性。一般一个锚段安装一个膨胀元件，其作用是补偿铝合金汇流排与银铜接触线因热胀系数不同而产生的热膨胀误差。根据计算，半个锚段汇流排与接触线的热胀差值大概是 70 mm。

## （七）接头

单接触线式 Π 形汇流排接头主要由汇流排接头连接板和螺栓组成，用于连接两根汇流排。其要求是既要保证被连接的两根汇流排机械上良好对接，又要有足够大的接触面积，确保良好的导电性能。

## (八)线岔

架空刚性接触网线岔采用无交叉线岔结构,正线接触网不中断,侧线单独一根,与正线接触网侧向错开,其水平间距一般为 200 mm,侧线网端部向上弯曲 70 mm 左右。其安装现场如图 7-60 所示。

图 7-53 刚性接触网线岔的安装现场图

## (九)隔离开关及电连接

接触网的上网隔离开关与变电所内的直流小车一一对应。例如,郑州地铁 2 号线的隔离开关处设置有消弧棒,变电所内的直流小车引出 5 根 400 mm$^2$ 的电缆至上网隔离开关,从上网隔离开关引出 10 根 150 mm$^2$ 的电缆至汇流排,其上网隔离开关的外形和安装现场如图 7-54 所示。

(a)外形

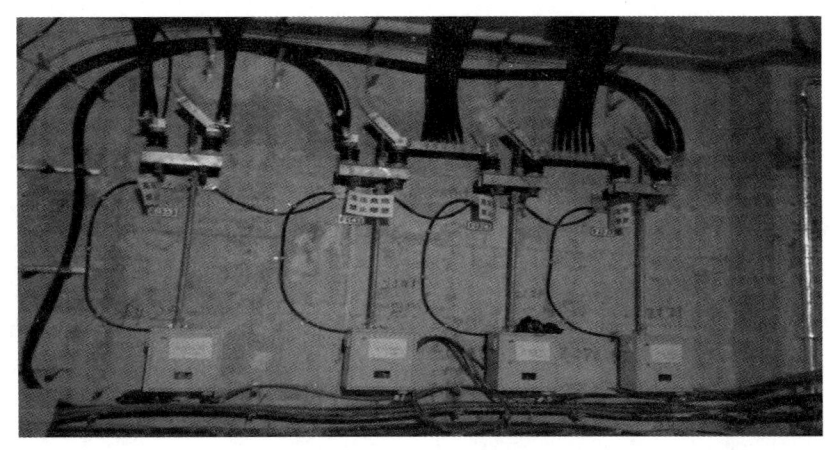

（b）安装现场图

图 7-54　上网隔离开关

## 二、刚性悬挂定位的安装方式

刚性架空接触网适用于地下区段，隧道有以下几种断面：圆形隧道、马蹄形隧道、矩形隧道等。针对不同的断面形式，刚性架空接触网有不同的安装方式，如图 7-55 所示，刚性架空接触网的定位安装方式有垂直定位和悬臂（水平）悬挂定位两种。地铁 1500 V 刚性架空接触网采用垂直悬挂定位方式安装，结构比悬臂架空定位方式简单，可靠性高。

垂直悬挂靠水平悬挂角钢调节导线拉出值，利用垂直悬吊螺栓调节导线高度。垂直悬挂定位安装方式采用角钢焊接底座，在隧道顶部安装，用 4 个螺栓调整接触线的空间位置。

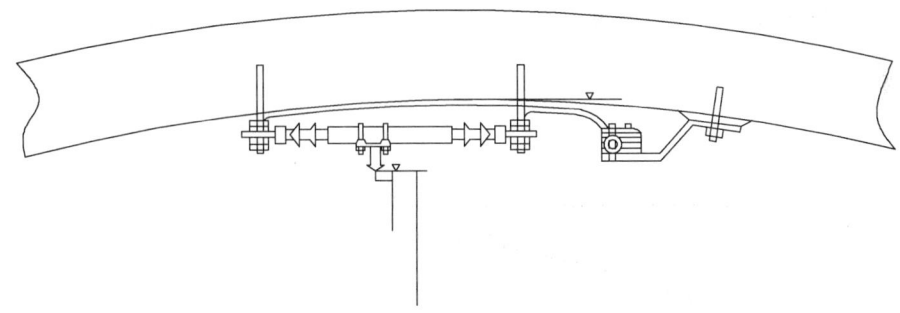

图 7-55　隧道内刚性接触网垂直安装示意图

水平悬挂方式通过各零件的铰接，以悬臂方式和隧道壁相连接。悬臂悬挂安装形式在受电弓中心线 650 mm 的隧道顶部安装吊柱，采用通用的高强度瓷质支柱绝缘子或硅橡胶棒形绝缘子倾斜悬臂悬挂或定位刚性悬挂。采用 300 ~ 1000 mm 长度的吊柱，通过悬臂偏离垂直受电弓方向安装，适应拉出值在 ± 150 mm 范围变化。

## 三、刚性悬挂方式的电分段

架空刚性接触网的电分段有两种结构：绝缘锚段关节式与分段绝缘器式。而架空刚性接触网可以采用绝缘锚段关节代替分段绝缘器来实现电分段,这样接触网就变得简洁了,同时还可以节省投资,维护检修工作也变得较简单。

目前,由于受接触网形式及安装空间的条件限制,国内外架空接触网电分段采用的形式不尽相同。前面已经讲过了柔性电分段,下面讲解刚性悬挂方式的电分段。

### (一)锚段关节实现机械和电气分段

在锚段关节处,两条汇流排平行重叠,重叠长度一般为 3.6(4) m,端部向上弯曲 70 mm 左右,水平间距为 200~300 mm,一般非绝缘关节为 200 mm,绝缘关节为 250 mm。采用这种方式后,可以基本消除列车受电弓的拉弧现象,保证了列车受流质量。架空刚性悬挂接触网锚段关节电分段如图 7-56 所示。

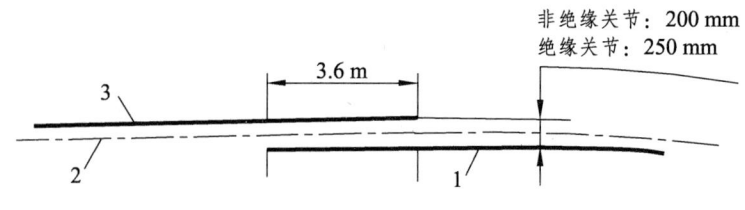

1—左汇流排;2—受电弓中心;3—右汇流排。

图 7-56 架空刚性悬挂接触网锚段关节电分段

线岔采用无交叉线岔结构,正线接触网不中断,侧线单独一根,与正线接触网侧向错开,其水平间距一般为 200 mm,侧线网端部向上弯曲 70 mm 左右,如图 7-57 所示。

根据线路节能坡的设计原则及列车靠右行驶的规定,列车惰行处一般为车站的列车进站端。主要考虑的是出站列车过电分段时,受电弓和接触线不被较大的列车起动电流造成的电弧电流损伤。

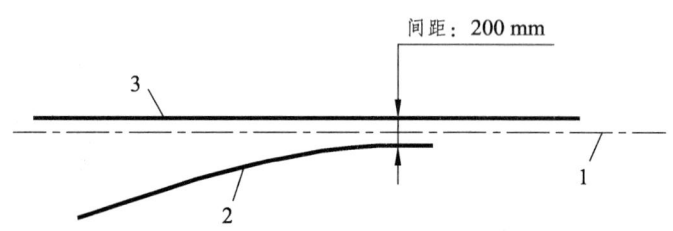

1—受电弓中心;2—岔行线路汇流排;3—直行线路汇流排。

图 7-57 架空刚性悬挂接触网线岔处锚段关节电分段

### (二)分段绝缘器方式电分段

分段绝缘器方式电分段一般适用于空间狭小的地下隧道,可以节省空间,但须设置专用的分段绝缘器,当列车受电弓滑过电分段时,因导线与分段绝缘器连接处存在受力"硬点",容易造成受电弓离线并出现较为明显的拉弧现象,影响列车的受流质量。

刚性分段绝缘器主要用于城市轨道交通隧道内架空式Π形刚性接触网电分段处。其结构简单、安装、维修方便,适用于 -35 ℃ ~ 459 ℃ 温度范围。

### 四、刚性和柔性接触网的过渡及比较

刚柔过渡装置安装于刚性悬挂与柔性悬挂的过渡处，以使刚性悬挂与柔性悬挂之间的刚度逐渐变化，实现受电弓的平滑过渡。刚柔过渡装置一般采用两种方式：关节式与切槽汇流排贯通式。

关节式刚柔过渡：采用终端汇流排与柔性悬挂并列运行，实现刚性和柔性过渡。过渡处刚性悬挂接触线应比柔性悬挂接触线高 20～50 mm，其结构如图 7-58 所示。

图 7-58　关节式刚柔过渡装置

切槽汇流排贯通式刚柔过渡：其刚柔过渡元件本体为相隔一定距离切槽且深度逐渐变化的汇流排，其本体材质与汇流排材质相同，其结构如图 7-59 所示。

图 7-59　切槽汇流排贯通式刚柔过渡装置

（一）架空刚性接触网的特点

刚性接触网是一种几乎没有弹性的接触网形式，适用于隧道内安装，其设计速度一般不大于 160 km/h。

（1）刚性悬挂分成若干锚段，每个锚段长度一般不超过 250 m，跨距一般为 6～12 m，且与行车速度有密切的关系。整体悬挂布置呈正弦波的形状，一个锚段形成半个正弦波，各悬挂点与受电弓中心的距离（相当于柔性接触悬挂的拉出值或"之"字值）一般不大于 200 mm。架空刚性接触网与柔性网相比的最大差异是不设对接触网进行轴向加力的补偿装置，从而避免了断线事故，接触导线允许磨耗量也比柔性网大得多。

架空刚性接触网主要由架空刚性汇流排和接触导线及其支持网装置组成。汇流排是一根刚度较大的断面呈Ⅱ形的铝材质导电体，通过定位网装置安装于轨道的上方，接触导线被安放在汇流排的夹线槽中，接触导线被汇流排自然地夹紧，接触网两端不设张力补偿装置，汇流排和接触导线的轴向没有补偿张力。接触网无补偿张力，又不存在汇流排和接触线断损的可能，从而避免了像柔性网那样的烧融、不均匀磨耗、高温软化、线材缺陷以及弓网故障等各种原因造成的断线事故。由于这样的特点，刚性接触网的故障一般是点故障，而柔性接触网的故障一般是断线故障，而断线故障范围一般为半个锚段甚至整个锚段，所以刚性接触网故障范围很小。另外，由于接触导线不受轴向张力，不存在断线之忧，接触导线的允许磨耗截面是柔性网的两倍，理论上允许到接近或达到汇流排的位置。

（2）弓、网之间是刚性接触，接触压力均匀，接触导线磨耗均匀。由于是刚性网，接触网本身不存在负荷集中点和硬点，所以接触网与受电弓接触时，网的抬升量很小，弓、网之间的接触压力变化量很小，弓、网间接触良好，接触导线的磨耗均匀。

（3）架空刚性接触网锚段和跨距较小，跨距与速度关系密切，其"之"字布置没有明显的拐点。Ⅱ形汇流排一般制成每根 10 m 或 12 m 长，锚段架设长度一般不超过 250 m，整个网布置呈正弦曲线，即两个锚段构成一个完整周期的正弦波。其"之"字布置不像柔性网有明显的转折点，最大拉出值不超过 200 mm。

（4）锚段关节、线岔结构简单，容易实现电分段功能。架空刚性接触网的锚段关节采用两段接触网相互侧向平行错开，平行段的长度为 4 m，端部向上弯曲 70 mm 左右，两网的水平距离根据需要确定，一般非绝缘关节为 200 mm，绝缘关节为 250 mm。

线岔采用无交叉线岔结构，正线接触网不中断，侧线单独一根，与正线接触网侧向错开，其水平间距一般为 20 mm，侧线网端部向上弯曲 70 mm 左右。

架空刚性接触网的电分段有两种结构：绝缘锚段关节式与分段绝缘器式。柔性网在侧线或过渡线上只能采用分段绝缘器来实现电分段，而架空刚性网可以采用绝缘锚段关节代替分段绝缘器来实现电分段，这样接触网就变得简洁了，同时还可以节省投资，维护检修工作也变得较简单。

（5）精度要求高，与轨道的关系密切。架空刚性接触网接触线高度误差为 5 mm，锚段关节和线岔始触点处两悬挂的高差为 3～4 mm，且两悬挂间的中心线要与受电弓的中心线重合。在曲线地段，为了保证接触线不出现偏磨现象，汇流排横断面的中心线要与轨面垂直。这几个参数与轨道参数关系密切，轨道的超高略加改变或起拨道床时，对接触线的高度及接触线的偏磨都将产生影响，尤其是对锚段关节和线岔处两接触线的高差影响大，如不及时跟随调整，可能产生打弓、拉弧现象，严重的情况下，会使接触线和受电弓受到损伤。

（6）结构高度小，能很好地满足低净空隧道的要求。架空刚性接触网相对于柔性网而言，可以不考虑受流时导线的抬升、接触线的震动以及链形网结构高度占用的空间，因而所用净空相差至少 100～150 mm。另外，在锚段关节和线岔处，柔性接触网需要设置重力式下锚补偿装置，占用空间大，而架空刚性接触网在锚段关节和线岔处，尤其是复式道岔处，无须设置下锚补偿装置，安装简单，不需要隧道额外增加空间。所以架空刚性接触网能够很好地满足低净空隧道要求，比较适用于城市轨道交通。

（7）维护检修，事故处理简单。架空刚性接触网结构简单，零部件较少，各零部件的连接牢靠，事故概率低，无论是日常维护检修还是事故抢修、接触导线更换，架空刚性接触网的工作量比柔性接触网要少得多。

### （二）架空刚性接触网与柔性接触网的比较

架空刚性接触网与柔性（弹性）接触网有较大和明显的差别，主要体现在以下几个方面：

（1）刚性悬挂、柔性悬挂都能满足最大离线时间、传输功率、电压电流、受电弓单弓受流电流以及最大行车速度的要求。

（2）由于刚性较柔性有如下特点，刚性悬挂方式下，受电弓的安全性和适应性要明显好于柔性悬挂。

① 刚性汇流排和接触线无轴向力，不存在断排或断线的可能，从而避免了柔性钻弓、烧融、不均匀磨耗、高温软化、线材缺陷以及受电弓故障造成的断线故障。由于这样的特点，刚性悬挂的故障是点故障，柔性悬挂的故障范围为一个锚段，所以刚性悬挂事故范围小。当然柔性悬挂的断线故障率还是非常小的，能够满足运营要求。

② 刚性悬挂的锚段关节简单，锚段长度是柔性悬挂的 1/7~1/6，因此固定金具窜动回转范围小，相应地提高了运行中的安全性和适应性。

（3）弓网摩擦副的更换周期。更换周期对受电弓以运营公里考核，对接触网则以运营弓架次总量或运营年限考核。正常的更换周期主要取决于摩擦副的磨耗量。磨耗量包括由机械磨耗和电气磨耗。机械磨耗主要取决于摩擦副材质和平均接触力。电气磨耗取决于离线率和受流电流。更换周期还取决于受电弓滑板和接触线允许磨耗量的大小。

从理论上分析，在机械磨耗方面，摩擦副材质是相同的，在接触压力方面，刚、柔接触压力幅度不同，但平均接触压力是相近的。在电气磨耗方面，离线率是相近的。不同的是柔性悬挂采用双根接触线，在均匀接触的时候，滑板和导线的压强相差近一倍，导线的离线电流相差近一倍，因此，刚性悬挂的磨耗理论上较柔性悬挂要大。另一个不同点是，刚性的接触压力变化偏差较柔性小，因而，在磨耗的均匀性上刚性又好于柔性。

在允许磨耗量方面，柔性悬挂接触线磨耗量不超过 15% 时，安全系数为 2.5；磨耗量为 15%~25% 时，安全系数为 2.2；最大允许磨耗量为 25%。而刚性悬挂接触线没有张力，理论上接触线允许磨耗至汇流排夹口边缘，只要保证受电弓与汇流排不接触，平均来说，刚性悬挂接触线的最大允许磨耗是柔性悬挂的两倍。综合起来，从更换周期角度来看，刚、柔悬挂是相近的。

（4）运营维护：无论是日常维护还是事故抢修、导线更换，刚性悬挂的工作量要少于柔性悬挂。

## 第四节 接触轨

### 一、接触轨系统概述

接触轨是城市轨道交通线路敷设的与轨道平行的附加轨,又称为第三轨,其功用与架空接触网一样,通过它将电能输送给电动车组,相当于接触线的作用,主要任务是传输电能。接触轨敷设在线路的钢轨旁边,一般在远离站台的一侧。运行过程中,电动车组伸出的集电靴与之接触而传送电能。

微课视频:
接触轨

接触轨(第三轨)馈电方式最早在伦敦地铁采用,由于接触轨构造简单、安装方便、可维修性好,并对隧道建筑结构等的净空要求较低,受流性能满足 DC 750 V 供电的需要,因而在标准电压直流 750 V 供电系统中得到广泛采用。其中接触轨为正极,走行轨为负极。接触轨系统允许电压波动范围为直流 500~900 V。

世界上城市轨道交通中的直流牵引网电压等级繁多,接触轨系统的电压等级有 600 V、630 V、700 V、750 V、825 V、900 V、1000 V、1200 V、1500 V 等。国外接触轨系统的标称电压一般在 1000 V 以下。西班牙巴塞罗那城轨交通曾采用过直流 1500 V 及 1200 V 接触轨(现在已经拆除),美国旧金山 BART 系统为直流 1000 V 接触轨。目前国内接触轨系统标称电压有直流 750 V 和 1500 V 两种,国际上接触轨电压等级的发展趋向是 IEC 标准中的直流 600 V、750 V。

接触轨(第三轨)受电方式在北美的城市轨道交通及轻轨系统中应用较广,随着工业技术的发展,接触轨在材料选用、悬挂结构方式等方面取得长足的发展,主要体现在接触轨选用复合材料制造加工,其导电性能、耐腐蚀性能大大提高。绝缘支持和防护技术则采用了先进的整体式结构。

目前全世界有 60 多个城市的地铁采用了接触轨供电方式。我国轨道交通建设起源于北京,20 世纪 60 年代初,北京在修建城市轨道时采用了接触轨的受电方式。接触轨安装于线路行车方向的左侧,集电靴采用上部接触方式受电。这一受电方式的优点是集电靴接触稳定,车辆受电良好。

1984 年 12 月,天津地铁 1 号线中段 7.4 km 建成通车,其接触轨系统与北京地铁早期建成线路的接触轨系统一致。2001 年 7 月因线路需向两端延伸改造而停运,开始建设天津地铁 1 号线(延伸)工程,线路全长 26.2 km,2005 年底建成通车。本工程采用直流 750 V 上部受流接触轨系统,接触轨材料为钢铝复合接触轨。武汉市轨道交通 1 号线 2004 年运营,全长 28.5 km,一期工程为高架线路,全长 10.234 km,一期工程为 4 辆车编组(2 动 2 拖),车辆为变压变频交流传动车,直流牵引供电系统电压为直流 750 V,车辆再生制动时为直流 1000 V;接触轨为下部接触受流,走行轨回流。

我国北京、武汉、广州、天津等城市的多条地铁线路采用了接触轨系统。广州市轨道交通 4 号线大学城专线工程,采用直流 1500 V 接触轨系统,下部受流,接触轨材料为钢铝复合接触轨。其接触轨系统外观如图 7-60 所示。

1—走行钢轨；2—接触轨；3—绝缘支架。

图 7-60　广州市轨道交通 4 号线的接触轨系统外观

## 二、接触轨系统的分类

接触轨系统可根据不同的技术特征进行分类。接触轨系统的技术特征有三个：一是电压等级；二是导电轨材质；三是受流方式。

### （一）按照电压等级划分

按照电压等级划分，接触轨系统在我国有直流 750 V 和直流 1500 V 两种。在国际上发展趋向于 IEC 标准中的 600 V、700 V。

### （二）按照导电轨材质划分

按照导电轨材质划分，可分为高电导率低碳钢导电轨和钢铝复合轨。低碳钢导电轨的主要特点是磨耗小、制作工艺成熟、价格较低。钢铝复合轨是钢和铝组合而成，其工作面是钢，其他部分是铝，主要特点是电导率高、质量轻、磨耗小、电能损耗低。随着科技的进步和技术的发展，钢铝复合轨的优势日趋明显。国内外越来越多城市的城市轨道交通选用钢铝复合轨替代低碳钢导电轨。

### （三）按照受流方式划分

接触轨系统根据受流位置的不同，即按与受流靴的摩擦方式不同，可分为上部受流接触轨、下部受流接触轨和侧部受流接触轨三种形式。

（1）上部受流接触轨面朝上，固定安装在专用绝缘子上，并且由固定在枕木上的弓形肩架予以支持，如图 7-61 所示。上部受流接触轨因接触靴在其上面滑动，所以固定方便，但不易加防护罩。我国北京、天津采用的就是上部受流的方式。这种方式的接触力不由受流器的质量和磨耗情况决定，而只受弹簧支座的控制，受流平稳，并减少在间隙和道岔等处的电流冲击，结构简单，设备费和维护更新费用较低。

（2）下部受流接触轨面朝下安装，如图 7-62 所示。下部受流接触轨主要由导电轨、绝缘支架、防护罩等构成。绝缘支架由顶部支架、中部支架、下部支架三部分组成，并共同构成悬臂结构。导电轨通过顶部、中部支架悬挂在下部支架上。下部支架则根据线路情况固定在整体道床上或碎石道床的轨枕上。防护罩靠自身弹性及支撑垫块固定在导电轨上。

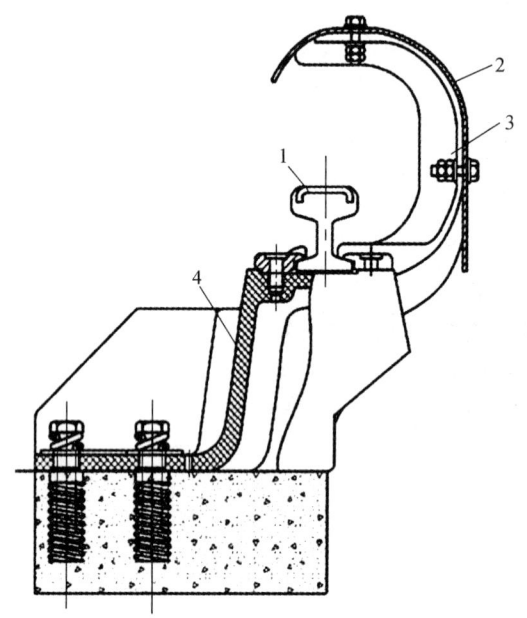
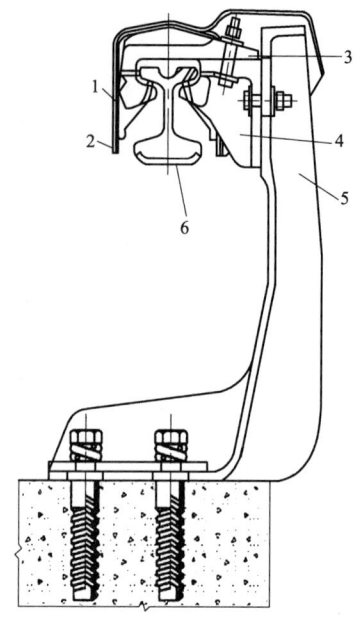

1—钢铝复合接触轨；2—保护罩；
3—防护罩支架；4—绝缘支座。

图 7-61　上部受流接触轨

1—接触轨防护罩；2—支架防护罩；3—绝缘支架上部；
4—绝缘支架中部；5—绝缘支架下部；
6—钢铝复合接触轨。

图 7-62　下部受流接触轨

这种方式的优点在于可以加防护罩，对工作人员较为安全，并且接触轨的安装高度及水平方向均可做适度调整；此外，其遮挡风雪、避免尘屑的条件也优于上部受流接触方式，能够较好地保障牵引网系统的安全、可靠运行；但下部受流方式相对于上部受流方式，其结构较为复杂，设备费和维护更新费用较高，因此下部受流接触方式在经常冰冻或下雪而造成集电困难的地区使用较为普遍。

（3）侧部受流接触轨为接触轨侧放，受流器接触面和道床面垂直，工作方式与上部受流接触轨相似，是近年来新开发的一种接触轨悬挂方式，应用较少，适用于"牵引轨＋回流轨"的布置方式，如图 7-63 所示。

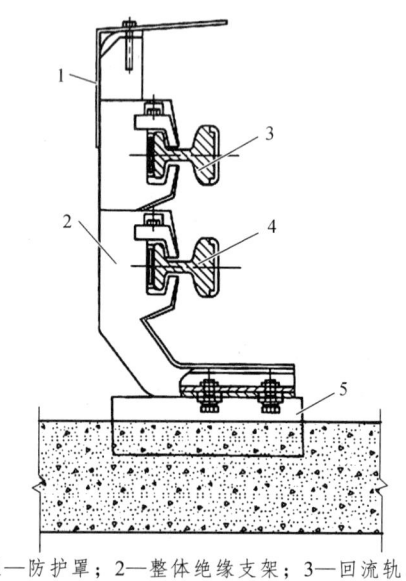

1—防护罩；2—整体绝缘支架；3—回流轨；
4—正极供电轨；5—底座。

图 7-63　侧部受流接触轨

### 三、接触轨系统的结构

接触轨系统由正极供电网和负极回流网两部分组成。供电网由接触轨、弯头、连接板、膨胀接头、绝缘支架或绝缘子、绝缘防护罩、锚结、隔离开关、电缆等组成；回流网由回流轨、有关电气设备及电缆等组成。

供电网中接触轨通过绝缘子固定。接触轨支架是将接触轨固定于走行轨一侧的特定位置，对接触轨进行支撑和定位，能够承载系统中所有可能出现的静载和动载。

在车辆运行过程中，弯头可使受流器完好地导入、导出接触轨。接触轨端部弯头主要是为了保证集电靴顺利平滑地通过接触轨断轨处而设置。

锚结固定于接触轨锚段的中间，使接触轨的热胀冷缩能够均匀向接触轨两端或膨胀接头的工作行程方向伸缩。

连接板（鱼尾板）分为供电点连接板和接触轨连接板。供电点连接板用于馈出电缆与接触轨的过渡连接；接触轨连接板用来连接接触轨。

接触轨、绝缘支架或绝缘子、防护罩是接触轨系统中馈电、支撑、防护的三大件，也是它的三大主要结构。

#### （一）接触轨

接触轨按材质可分为高导电率低碳钢导电轨和钢铝复合轨。我国城市轨道第三轨供电中，接触轨采用理论质量为 50 kg/m（或 60 kg/m）高导电率低碳钢轨，轨头宽度为 90 mm。低碳钢导电轨的主要特点是磨耗小、制作工艺成熟、价格较低，北京地铁 1 号、2 号、八通线及 13 号线都采用这种接触轨。但其缺点在于质量大、电阻高，与 1500 V 架空接触网相比，牵引变电所数量较多。因此，自 20 世纪 70 年代以来，国外开始研究导电性能优越的铜接触轨和使用耐磨性好的钢材与导电性好的铝合金材料构成复合接触轨来取代低碳钢接触轨。

钢铝复合接触轨的主要材料为铝材，因此它与低碳钢接触轨相比，具有质量轻、电阻小的特点。同时它为了增加接触轨的耐磨性能，将不锈钢带作为接触面，这使钢铝复合接触轨的寿命可达 50 年以上。目前，采用接触轨的新建线路已逐步采用钢铝复合接触轨代替低碳钢接触轨。

但钢铝复合接触轨也有其不足的地方，除了自身价格高于低碳钢接触轨外，还要求每一轨间用螺栓连接的接头缝隙不大于 0.1 mm，这个安装精度要求很高，对施工和管理提出了较高的要求；另外，如果采用有机聚合材料的绝缘子，则需要根据运用情况考虑材料的抗污秽、抗漏电和抗老化等性能的要求。

#### （二）绝缘子

接触轨绝缘子多应用于上部受流方式，也可与金属支架配合用于下部受流方式。绝缘子的主要功能是在所有运行条件下实现接触轨对地绝缘，对接触轨进行支撑和定位，能够承载系统中所有可能出现的静载和动载。

绝缘子有瓷绝缘子和复合绝缘子两种。北京地铁 1 号、2 号线均使用的是瓷绝缘子。由于瓷件是脆性材料，因而在运输、安装、维护中瓷件易受到硬器撞击而破碎，这使瓷绝缘子的广泛应用受到了一定制约。

近年来复合绝缘子的发展迅猛,性价比和可靠性都不断提高,但复合绝缘子的品种规格繁多,产品非标准化,给制造、设计、施工和运营都带来了许多不便。目前北京地铁13号线、八通线、5号线、10号线都使用了这种绝缘子。

上部受流方式绝缘子可以用在露天。在隧道内,由于接触轨弯头处与非弯头处的安装高度不同,同时考虑到方便调整弯头处支架位置,因此在弯头第一个支撑点均采用绝缘子。

### (三)防护罩

防护罩的使用是为了尽可能地避免人员无意中触碰到带电的设备。它被固定在防护罩支架上。为了确保人身安全,在所有接触轨上都安装了防护罩。一般采用玻璃纤维增强树脂材质的防护罩,它在工作支撑条件下可承受 100 kg 垂直荷载,在高温下具有自熄、无毒、无烟和耐火的性能。

玻璃钢防护罩采用拉挤工艺制造,外表面有聚氨酯耐气候性涂层。其优点在于可自动化连续生产,产品均匀,质量稳定,产品规格多样化。

### (四)接触轨接头

考虑到接触轨的热胀冷缩和电分段,各轨节的连接主要有三种形式:正常接头、温度接头和绝缘接头。

1. 正常接头

正常接头采用铝制鱼尾板进行各段导电轨的固定,两轨端紧密接合,不预留温度伸缩缝,但要求接头与支持点的距离不小于 600 mm。

2. 温度接头

温度接头也称为膨胀接头,是用来满足由于环境温度改变和电流通过接触轨导致轨温升高而使接触轨产生热胀冷缩的需要。在温度接头处,轨端留有空隙,其大小视温差不同而定。轨头上的鱼尾板用螺栓固定在一边的钢轨上,而另一端的钢轨自由地放在鱼尾板中间,当接触轨随温度发生长度变化时,它可以自由地在鱼尾板内移动。为了保证电气方面的良好接触,在温度接头处用软裸铜线做的连接器加以连接。一般每 90 m 设置一个温度接头,以确保接触轨系统的安全运行。

3. 绝缘接头

在绝缘接头处,使用铝制鱼尾板紧扣轨端,而轨端的空隙留 50 mm。

## 四、接触轨的电分段

接触轨分段有电分段和机械分段。机械分段指接触轨在机械方面有明显的分段,而在电气上直接接通。电分段是在电气上隔离,其作用是缩小故障范围,同时有利于保护设置。

### (一)电分段的设置位置

电分段的设置位置:
(1)有牵引变电所的车站。

（2）车辆段或停车场与正线的接口处。

（3）车辆段或停车场内不同的供电分区之间。

（4）折返线、联络线和区间存车线之间。

（二）电分段的形式

1．分段式电分段

在有牵引变电所的车站设电分段，分段式电分段一般设置在进站端。列车从一个供电分区到另一个供电分区时，由于一节动车不取流，不会造成两个供电分区电连接。

2．短轨式电分段

短轨式电分段情况下，列车从一个供电分区到另一个供电分区时可以实现不间断取流。其特点是短轨必须通过短路器单独供电，这样就增加了供电系统的复杂性。

短轨式电分股有两个要求：一是必须实现不间断供电；二是不应造成两个供电分区电连接。断电区的长短必须根据严格的计算，结合编组实际确定。

 思考题

1. 什么是牵引网？它包含哪几个部分？
2. 馈电线和回流线的作用分别是什么？
3. 简述城市轨道交通接触网系统的分类。
4. 架空接触网和接触轨有何区别？
5. 刚性架空接触网和柔性架空接触网之间有何异同？
6. 简述柔性架空接触网系统接触悬挂的类型。
7. 简述锚段关节、中心锚结和下锚补偿装置的作用。
8. 接触轨系统的设备主要有哪些？

# 参考文献

[1] 贺威俊,高仕斌. 轨道交通牵引供变电技术[M]. 成都:西南交大出版社,2018.

[2] 李建民,城市轨道交通供电系统概论[M]. 成都:西南交大出版社,2012.

[3] 李建民,张志军. 基于外延三角形接线的 24 脉波整流变压器分析[J]. 城市轨道交通研究,2008,(11):33-36.

[4] 陈静. 基于西安地铁钢轨电位限制装置的研究[J]. 电子设计工程,2014,22(14):84-87.

[5] 姚振强. 钢轨电位限制装置与杂散电流的关系分析[J]. 智能建筑与城市信息,2014,(03):100-103.

[6] 于志永. 分级式钢轨电位限制装置的研究[J]. 城市轨道交通研究,2017,20(09):136-139.

[7] 李建民. 基于双边供电的直流牵引馈线保护研究[J]. 电力自动化设备,2007,(11):55-59.